Kapp-Putsch

AF557307

Klaus Gietinger

Kapp-Putsch

1920 – Abwehrkämpfe – Rote Ruhrarmee

Schmetterling Verlag

Bibliografische Informationen *der Deutschen Nationalbibliothek*
Die Deutsche Nationalbibliothek verzeichnet diese Publikation in der Deutschen Nationalbibliografie; detaillierte bibliografische Daten sind im Internet über http://dnb.d-nb.de abrufbar.

ROSA LUXEMBURG STIFTUNG

Dieses Buch ist mit freundlicher
Unterstützung der RLS entstanden.

Schmetterling Verlag GmbH
Libanonstr. 72A
70184 Stuttgart
www.schmetterling-verlag.de
Der Schmetterling Verlag ist Mitglied von aLiVe. der assoziation Linker Verlage

ISBN 3-89657-177-X
1. Auflage 2020 [2]

Titelbild: Sammlung Spethmann

Printed in Poland
Alle Rechte vorbehalten
Satz und Reproduktionen: Schmetterling Verlag
Druck: Sowa, Piaseczno

Inhalt

Vorwort

«Kapp-Putsch? – nie gehört», ist meist die Antwort durchaus auch historisch gebildeter Menschen. Dabei greift der Name Kapp-Putsch zu kurz. Er müsste mindestens Kapp-Lüttwitz-Putsch oder besser Kapp-Lüttwitz-Pabst-Putsch heißen und eigentlich dürfte der Hintermann nicht fehlen. Dann wären wir bei Kapp-Lüttwitz-Pabst-Ludendorff-Putsch. Das ist aber viel zu lang. Bleiben wir beim Kapp-Putsch. Ein vergessenes Ereignis deutscher Geschichte. Jetzt genau 100 Jahre her und doch ein äußerst wichtiges Kapitel. Es war der erste Versuch nach nicht einmal eineinhalb Jahren, die Weimarer Demokratie zu zerschlagen, und es war im Abwehrkampf der letzte Versuch, die Novemberrevolution zu vollenden. Was das genau bedeuten mag, steht neben anderem auch in diesem Buch. Auf den Putsch folgte ein Generalstreik, wie ihn niemand weder zuvor noch danach in Deutschland gesehen hat und es entwickelte sich die größte Aufstandsbewegung seit den Bauernkriegen 1525. Es war der Anfang vom Ende Weimars und die letzte vergebene Chance, zu einer gesicherten Demokratie zu kommen, die eines nicht haben durfte, eine ihr feindlich gesinnte Armee und Verwaltung. Es war auch die letzte Chance der Arbeiterbewegung, zu ihrem Recht zu kommen, mitzubestimmen, bei dem, was dort geschah, wo sie schuften mussten. Kurz: Eine letzte Chance, Räte, die etwas zu sagen hatten, durchzusetzen.

Rekapituliert man, welche Politik zu dem Putsch führte, wie er abgewandt wurde und wie denen, die in abgewandt hatten, mitgespielt wurde, kommt man zu ähnlichen Feststellungen wie Oskar Maria Graf: «Sie sind Hunde gewesen wie ich, haben ihr Leben lang kuschen und sich ducken müssen, und jetzt, weil sie beißen wollten, schlägt man sie tot.»[1] Tatsächlich will man manchmal nicht glauben, was sich hier abspielte. Nicht eine Wiederholung des Novembers 1918 als Farce, wie Marx in Anlehnung an Hegel es einmal die Geschichte betreffend formulierte, sondern ein Trauerspiel mit traumatischen Folgen. 100 Jahre danach ist es an der Zeit, sich nochmals damit zu beschäftigen, sachlich, aber nicht ohne Zorn, mit dem Florett statt dem Degen, aber doch

1 Graf, Gefangene, S. 501

mit einer Waffe, der Waffe der Kritik, die die Kritik der damaligen Waffen beinhaltet.

Die letzten quellenbasierten Gesamtdarstellungen liegen mehr als 40 Jahre zurück. Johannes Ergers Darstellung von 1967[2] ist stark auf die Putschisten bezogen. Erwin Könnemanns und Hans-Joachim Kruschs «Aktionseinheit» (1972) DDR-geprägt und die Rolle der KPD überbetonend, George Eliasbergs «Ruhrkrieg» (1974) aus der Sicht eines gewandelten Kommunisten, Widerstandskämpfers und Sozialdemokraten, der immerhin Mitarbeiter einer Stiftung war, die noch heute den Namen eines der Hauptverantwortlichen für das Desaster trägt. Und Erhard Lucas' dreibändiges Mammutwerk «Märzrevolution 1920» (1970–1978), aus dem Blickwinkel eines undogmatischen Linken, ist die bislang differenzierteste und präziseste und wegen ihrer Detailgenauigkeit auch manchmal eine ermüdende Darstellung. Lucas' Sicht wandelte sich im Laufe der acht Jahre (und damit innerhalb der drei Bände), wie er selbst zugab vom «verdeckten Leninismus» zu einer Aufgabe des klassischen Revolutionsbegriffs und damit dem von der Macht. Zu Recht erscheint das umfangreiche Werk in diesem Jahr im Verlag «Buchmacherei» in einer Neuauflage. Klaus Theweleit wurde durch Lucas und seine Forschungen zu einem Klassiker der Sozialpsychopathologie des Faschismus angeregt: Männerphantasien (1977).

Alle sind sie Klassiker, die Geschichte quellenbasiert interpretieren, aber heute kaum noch gelesen, verstauben sie in den Regalen oder sind – abgesehen von Theweleit und der Lucas'schen Neuausgabe – nur noch antiquarisch erhältlich. Vermutlich wird dieses Buch hier kein Klassiker, aber das gleiche Schicksal teilen, es wird der nagenden Kritik der Mäuse ausgesetzt sein. Unabhängig davon ist eine kompakte Gesamtdarstellung zum hundertsten Jahrestag fällig. Gerade auch, wenn eine neue lokale Untersuchung wie Rainer Pöppingheges Büchlein «Republik im Bürgerkrieg» trotz Basisrecherche und trotz einsichtiger Passagen alte Erfindungen wiedergibt. Hierbei, bei der Produktion von «Fälschungen» (Eliasberg), spielt Hans Spethmanns Buch «12 Jahre Ruhrbergbau» von 1928[3] eine große Rolle.

Seit 2002 gibt es jedoch eine Quellenedition, herausgegeben von Erwin Könnemann und Gerhard Schulze, «Der Kapp-Lüttwitz-Ludendorff-Putsch»: Dokumente, die ihresgleichen suchen. Befreit von der

2 Erger, Kapp, zu den Quellen und der Literatur siehe den Anhang.

3 Spethmann, Ruhrbergbau, Bd. II, auch als «Volksausgabe», Die Rote Armee an Rhein und Ruhr, Berlin 1930.

Einschränkung durch marxistisch-leninistische Dogmatik, versammelt sie die wichtigsten Quellen zum Kapp-Putsch und den Abwehrkämpfen. Ein fast unermesslicher Schatz, der in Deutschland nur noch vergleichbar ist mit Imanuel Geiss' Edition der Julikrise 1914, die die unmittelbare Vorschichte des Ersten Weltkrieges uns nahebrachte und wer diesen Krieg zu verantworten hatte. Selbstverständlich erspart auch Könnemanns und Schulzes Sammlung nicht vollständig den Gang ins Archiv bzw. heute ins Onlinearchiv, aber sie ist eine kaum zu ersetzende Basisquelle. Dies zeigt sich auch in ihrem Tauschwert. Konnte ich die Edition vor ca. 15 Jahren noch für 29,50 Euro am Büchertisch erwerben, ist sie heute antiquarisch nur noch für sage und schreibe 250 Euro zu haben. Es gibt auch nur wenige Bibliotheken, die sie vorweisen können. Seit Lucas' Gesamtdarstellung gibt es einige ausführliche regionale Untersuchungen, so zu Hamm/Pelkum von Jürgen Lange, «Die Schlacht bei Pelkum im März 1920» (1994) und zu Bochum und Umgebung: «Kapp-Putsch und Märzrevolution 1920» (Bd. I–III) von Günter Gleising und Anke Pfromm.

Trotz aller Quellenfixiertheit und Klassiker-Lektüre möchte ich nicht darauf verzichten, zwei Herren besonders zu danken, auch wenn sie nicht mehr unter uns sind. Sowohl Johannes Erger (1928–2003) als auch Erwin Könnemann (1926–2016) haben mir persönlich wertvolle Hinweise gegeben, dies teils schon Anfang der 90er-Jahre. Danken möchte ich auch für ihre Hilfe: Hellmut G. Haasis, Erich Später, Frank Raberg, Dietmar Schulte, Anke Pfromm, Günter Gleising, Gerd Lüdersdorf, Isabelle Bastuck, Karl Schweizer und Iris Schumacher. Und weil es so schön ist, zu Beginn noch eine Anekdote: Als ich in meinem Studium in Verfassungsgeschichte von einem Schüler von Ernst Rudolf Huber (dem «Kronjuristen» des Dritten Reiches), der wiederum Schüler von Carl Schmitt war, also von meinem Prüfer, diesem Schüler des Schülers, einem sehr konservativen Professor (und Pfadfinder), namens Hans-Jürgen Toews, geprüft wurde, fragte er mich: «Geben Sie doch mal ein Beispiel für eine erfolgreiche Reichsexekution in der Weimarer Republik!» Meine Antwort: «Der Kapp-Putsch.» Der Professor: «Genau falsch!»

Das sollte mir nicht nochmals passieren, ich sah nach.

Putschisten vor der Reichskanzlei, vmtl. am 13.3.1920

I. Vorgeschichte und Ursachen

Als die Putschisten am 13. März 1920 die Reichskanzlei in Berlin betraten, war wenige Minuten zuvor die legale Regierung der Weimarer Koalition aus SPD, Deutscher Demokratischer Partei (DDP) und Zentrum, inklusive des Reichspräsidenten Friedrich Ebert geflohen. Zurückgelassen hatten die Koalitionäre den Reichsjustizminister und Vizekanzler Eugen Schiffer (DDP) und einen Unterstaatsekretär, vergleichbar mit einem heutigen Staatssekretär, namens Heinrich Albert (SPD). Der empfing die Hochverräter: «Herr Kapp lüftete ein wenig den Filzhut» und erwiderte auf Alberts Frage, was die Herren wünschten:
«Wir ergreifen die Staatsgewalt.»
Albert, nicht verlegen, wollte mehr wissen:
«Aufgrund welcher Legitimation?»
Kapp:
«Mit dem Recht des 9. November 1918.»[4]

4 Bericht eines Ministerialbeamten über die Flucht der Regierung und die «Machtergreifung» durch Kapp, vom 13.3.1920, Könnemann/Schulze (Hrsg.) 2002, Dok. 90, S. 136.

Der 9. November 1918 war den Putschisten des 13. März 1920, den Kapp-Putschisten, eine Schmach. Diese «Schmach», die sie selbst jahrzehntelang kräftig mit provoziert hatten, wollten sie beseitigen. Das, was sie als Revolution ansahen, wollten sie mit einer Konterrevolution vernichten. Eine Konterrevolution, die schon das Zeichen der braunen Zukunft trug: das Hakenkreuz. Nicht zuletzt «litten» deutsche Faschisten, allen voran Adolf Hitler, unter den Geschehnissen dieses Tages. Sie sprachen nicht nur von «Novemberverbrechern», sondern Hitler begründete sogar den Barbarossa-Erlass von 1941, der es deutschen Soldaten ermöglichte, ungestraft jedes Kriegsverbrechen während des Überfalls der Wehrmacht auf die Sowjetunion zu begehen, mit diesem Datum[5].

Auch und gerade die Kapp-Putschisten wollten jenen Tag vergessen machen. Doch was war das für eine Revolution 1918, die am 9. November begann und daher gemeinhin als Novemberrevolution bezeichnet wird?

November 1918

Im Jahr 1918 ging der Erste Weltkrieg ins vierte Jahr und hatte schon Abermillionen Opfer gekostet, auch unter der Zivilbevölkerung. Die Oktoberrevolution 1917, die Revolution der Bolschewiki unter Wladimir I. Lenin und Leo Trotzki (und der linken Sozialrevolutionäre) in Russland hatte den Krieg im Osten zwischen den Mittelmächten (Deutschland und Österreich-Ungarn) und Russland - und damit auch den Zweifrontenkrieg - beendet. Im März 1918 musste das junge bolschewistische Russland einen Gewaltfrieden mit dem Deutschen Reich schließen.

Der «Friedensvertrag» von Brest-Litowsk dokumentiert ein weiteres Mal den durch und durch expansionistischen, aggressiven Charakter

---

5 «Behandlung der Straftaten von Angehörigen der Wehrmacht und des Gefolges gegen Landeseinwohner. 1. Für Handlungen, die Angehörige der Wehrmacht und des Gefolges gegen feindliche Zivilpersonen begehen, besteht kein Verfolgungszwang, auch dann nicht, wenn die Tat zugleich ein militärisches Verbrechen oder Vergehen ist. 2. Bei der Beurteilung solcher Taten ist in jeder Verfahrenslage zu berücksichtigen, dass der Zusammenbruch im Jahre 1918, die spätere Leidenszeit des deutschen Volkes und der Kampf gegen den Nationalsozialismus mit den zahllosen Blutopfern der Bewegung entscheidend auf bolschewistischen Einfluss zurückzuführen war und dass kein Deutscher dies vergessen hat.» https://www.1000dokumente.de/index.html?c=dokument_de&dokument=0093_kgs&object=translation&st=&l=de (Abgerufen am 23.10.2019).

des Deutschen Reiches, das diesen Weltkrieg auch maßgeblich verursacht hatte.

Und so sollte mit diesem Vertrag das ganze Baltikum deutsch werden. Ebenso ein «polnischer Grenzstreifen» östlich von Pommern und Schlesien. Polen und die Ukraine waren als deutsche Vasallenstaaten vorgesehen.

Russland verlor ein Drittel seiner Bevölkerung und seines Ackerlandes, 50 % seiner Industrie, 75 % seiner Schwerindustrie, 80 % seiner Eisenvorräte und 90 % seiner Kohleförderung.[6] Zudem musste Russland sich in einem zweiten Vertrag verpflichten, auch noch sechs Milliarden Goldmark Reparationen zu bezahlen.

Doch ein solches «Schutzgebiet» der Deutschen erforderte den Unterhalt eines größeren Truppenkontingentes, das im Westen, wo die deutschen Truppen immer noch tief in Frankreich standen, dann fehlte. Trotzdem wollte die deutsche Oberste Heeresleitung (OHL) unter dem faktischen Militär-Diktator General Erich Ludendorff (der zusammen mit Paul von Hindenburg die OHL führte) nun die Entscheidung auf Teufel komm heraus erzwingen. Denn die US-Armee, deren Regierung 1917 auf der Seite der Entente (England, Frankreich und Russland) in den Krieg eingetreten war, schickte sich an, in Frankreich massenhaft Fuß zu fassen.

Es kam zu mehreren (allerdings letzten) deutschen Offensiven, die auf der Seite der Entente bis zu 330.000 und auf deutscher Seite 200.000 Tote forderten. Nunmehr erschöpfte sich das deutsche Heer endgültig, spätestens im August 1918 wusste auch Ludendorff, dass der Krieg verloren war. Er setzte eine Parlamentarisierung durch, um den bürgerlichen und SPD-Politikern, so Matthias Erzberger (Zentrum), Gustav Bauer und Philipp Scheidemann (beide SPD), die nun blauäugig in die Regierung eintraten, die Schuld an der Niederlage zuschieben zu können und er forderte Waffenstillstandsverhandlungen.

Schließlich musste aber auch Ludendorff, nachdem er den Krieg bald danach wieder fortsetzen wollte, gehen, der Kaiser entließ seinen Diktator, kurz bevor auch er gehen musste. Und der Zentrumsmann Erzberger - eben kein Militär, auch das war von den Militärs geschickt eingefädelt - wurde Anfang November 1918 (ausdrücklich mit Billigung Hindenburgs) ins auf weite Strecken systematisch zerstörte Frankreich losgeschickt, einen Waffenstillstand auszuhandeln.

6 Winkler, Geschichte des Westens, Bd. 2, S. 79.

Fast gleichzeitig versuchte die deutsche Admiralität eigenmächtig in einem letzten Schlag mit der gesamten deutschen Flotte gegen England zu fahren, um die britische Flotte - die fast doppelt so groß und schlagkräftig war - herauszufordern bzw. «ehrenhaft» unterzugehen. Dies war für die Matrosen auf den Schiffen - die von den Waffenstillstandsverhandlungen wussten - zu viel, es kam zur offenen Rebellion, die sich schließlich über ganz Deutschland ausbreitete und binnen weniger Tage auch die Hauptstadt erreichte. Die Revolution war da. Am 9. November 1918 erzwangen die Volksmassen auf der Straße, angeführt von den Revolutionären Obleuten und dem Spartakus-Bund, die Übergabe der Kasernen des Heimatheeres in Berlin. Gleichwohl bestand die Masse der Revolutionäre aus braven Sozialdemokraten und Sozialdemokratinnen, die in ganz Deutschland Frieden, Brot und Demokratie wünschten. Der Kaiser floh nach Holland. Ironie der Geschichte: Eben jene Flotte, die des Kaisers Lieblingskind war, trug entscheidend zu seinem Untergang bei. Am 11. November musste Erzberger den Waffenstillstand im Wald von Compiègne unterzeichnen. Was ihn drei Jahre später das Leben kostete - er wurde im August 1921 als vermeintlicher «Erfüllungspolitiker» im Urlaub von ehemaligen Freikorpsmännern der Brigade Ehrhardt ermordet.

Dass die Novemberrevolution sich aus der bewaffneten Macht, ja aus der Marine entfaltete, empfanden viele Offiziere, insbesondere Marineoffiziere, als große Demütigung. Die «Elite des Kaisers», die sich bis dato als künftiger Ritterorden des Reiches gesehen hatte[7], wurde in einen Schockzustand versetzt und war nicht in der Lage, sich der Revolte zu widersetzen. Martin Niemöller, damals Kapitänleutnant und Kommandant eines U-Bootes, später Freikorpsführer, noch später Widerständler, notierte: «Ich bin bei allem Grauen des Krieges mit sehr großer Selbstverständlichkeit und ohne eine Erschütterung, die mich in der letzten Tiefe der Seele gepackt hätte, hindurchgekommen. [...] die Erschütterung, die endlich die Grundfesten meines Wesens und Daseins ins Wanken brachte, [...] das war erst die Revolution, die kein Umbruch, sondern ein Zusammenbruch war! Damals versank mir eine Welt.»[8]

Nachdem sie ihre erste Lähmung überwunden hatten, suchten die Marineoffiziere die Ursachen nicht in ihrem eigenen Handeln, dem unmenschlichen Drill, den fast feudalen Zuständen auf den Schiffen, dem

7 Herwig, Elitekorps, S. 98–207.
8 Niemöller, U-Boot, S. 210.

Gestürmtes Gefängnis in Wilhelmshaven

widerlichen Essen, das sie ihren Matrosen hatten vorsetzen lassen und ihre Sklavenhalterattitüde, sondern es gab bei ihnen nur einen Gedanken: Rache. Rache für die «Schmach», die «Erniedrigung». Ihr Antrieb: Hass, tiefer Hass auf die «Massen», auf die Revolte und die, die sie angeblich geschürt hatten: Die USPD, die 1917 gegründete Partei, deren Mitglieder wegen ihres konsequenten Friedenskurses aus der SPD geworfen worden waren, sowie (erst noch innerhalb der USPD) Spartakus unter Führung von Karl Liebknecht und Rosa Luxemburg.

Die Offiziere und die OHL erfanden die Dolchstoßlegende: Nicht das deutsche Heer habe verloren, sondern die «Heimat», die der «unbesiegten» Truppe an der Front den Dolch in den Rücken gestoßen habe, habe versagt. Eine Lügengeschichte, die noch heute von Historikern wie Gerd Krumeich wieder aufgewärmt wird.[9]

Auch auf Grund dieser Lebenslüge organisierten sich Ende 1918 aus den Resten des kaiserlichen Heeres und der Marine Offiziersbrigaden, rachsüchtige, hoch gewalttätige Freikorps. Männer, die, folgt man Klaus Theweleits Analyse[10], nicht zu Ende geboren waren, psychische Krüppel, Produkte einer durchmilitarisierten, gewalttätigen Gesellschaft, die sich einen Körperpanzer zulegen mussten und wenn er aus Stahl war. Männer, die panische Angst vor Auflösung hatten, die sich von wimmelnden, molekularen revolutionären Massen, wie auch von

9 Gerd Krumeich, Der Dolchstoß war nicht bloß eine Legende, FAZ vom 10. Juli 2017. Mark Jones antwortete am 8. August 2017 in der FAZ, Mark Jones, Es waren einfach keine Soldaten mehr in der Reserve.

10 Theweleit, Männerphantasien, 2. Bde.

den «Fluten» der «roten Frauen» - von Rosa Luxemburg und anderen «Teufelsweibern» (General Georg Maercker) - äußerst bedroht sahen. Männer, die weiße unbefleckte Frauen (Krankenschwestern, Madonnen, Mütter) sich zum Ideal erkoren. Männer, die nicht nur, wie es Heinrich Heine formulierte, den Stock verschluckt hatten, mit dem sie geschlagen wurden, sondern die die Gewalt der Väter, der Kadettenanstalt, der Drill des Kasernenhofs zu Kampfmaschinen mit einem permanenten Stachel im Fleisch zugerichtet hatten; die in der Sucht nach dem massenfreien «entleerten Platz»[11] der Gegenmasse, dem Marschieren im Block, der Truppe sich unterwarfen.

Die in der gewaltigen Entladung des Krieges und Bürgerkriegs, mit dem Schießen in «höhnische lachende» Gesichter, in die Menge, sich Befriedigung verschafften, aber den Stachel nicht loswurden und daher immer weitermachen mussten. Soweit die Freikorps.

Wer aber verfügte schon am 10. November 1918 faktisch über die Macht, obwohl er die Revolution hasste wie die Sünde? Die Führung der Sozialdemokratie hatte sich bis zuletzt, auch noch am 9. November 1918 gegen eine revolutionäre Erhebung gestemmt. Erst als diese unter keinen Umständen mehr zu verhindern war, hatte sich Friedrich Ebert (SPD) - in einem abgesprochenen Theatercoup[12] - die Reichskanzlerschaft vom letzten Kanzler des Kaiserreiches, Max von Baden, übergeben lassen, in der Hoffnung, die Revolution abwürgen zu können. Ebert, der Nachfolger des 1913 gestorbenen Parteiführers August Bebel, wollte gar die Monarchie erhalten und fürchtete, wie er sich ausgedrückt hat, dass die Revolutionäre, also seine Parteigänger an der Basis, die die Revolution machten, von ihm die Umsetzung des Parteiprogrammes fordern würden[13]. Ein Schizo-Zustand: Der Parteiführer fürchtet sich vor seinem eigenen Programm, dem Erfurter Programm von 1891, das das allgemeine Wahlrecht für Männer und Frauen forderte, die Demokratisierung des Militärs qua einer Milizarmee von unten und die Sozialisierung der Großindustrie. Zudem waren ihm, wie vielen anderen SPD-Oberen - ähnlich den kaiserlichen Offizieren - die eigenen Wählermassen suspekt, solange sie auf der Straße demonstrierten und nicht still und gesittet ihr Kreuzlein in der Wahlkabine machten. Denn nur dazu waren sie nach Ansicht der Führung der SPD da.

11 Theweleit, Männerphantasien, Bd. 2, S. 44 und 312.
12 Machtan, Kaisersturz, S. 256.
13 Ebert, laut dem Publizisten Ernst Jäckh, zitiert nach Mühlhausen, Ebert 2006, S. 98.

Deshalb wollte Ebert so schnell als möglich eine gewählte Nationalversammlung. Um den eigenen Massen sowie der im Krieg durch ihn und andere rechte SPD-Führer abgesprengten USPD, den einflussreichen Revolutionären Obleuten in den Betrieben und der kleinen Spartakusgruppe Herr zu werden, verbündete sich Ebert aus ähnlicher Angst, wie dieses selbst hegte, mit dem alten Militär. Denn er fürchtete sich vor dem, was in Russland passiert war. Dort hatten ja die Bolschewisten das Oberste zuunterst gekehrt und waren dabei nicht zimperlich vorgegangen. Zahlreiche Vertreter der alten Eliten waren von ihnen im roten Terror erschossen worden. Dabei wollten in Deutschland weder Eberts Parteigenossen an der Basis, die Massen auf den Straßen noch die in der USPD noch die Revolutionären Obleute, ja nicht einmal Rosa Luxemburg, die Lenin schon vor Jahrzehnten heftig kritisiert hatte, und auch nicht Karl Liebknecht irgendwelchen roten Terror einführen. Aber die Mehrzahl der Revolutionäre – man kann es nicht oft genug sagen, hauptsächlich SPD-Genossen – wollte das Erfurter Programm der SPD umgesetzt sehen: Wahlrecht für alle, demokratische Milizarmee, Sozialisierung der Großbetriebe. Dazu hatten sich spontan Arbeiter- und Soldatenräte gebildet, die in keinem Parteiprogramm vorgesehen waren. Recht disparate Gebilde an der Basis, die tatsächlich einige Zeit im November und Dezember 1918 über Macht verfügten. Auch hier hatten die SPD-Mitglieder, die SPD-Sympathisanten und -Wähler die Mehrheit. Sie als, wie üblich, nach russisch-bolschewistischem Vorbild gebildet zu erklären, greift zu kurz. Denn schon die Anarchisten Pierre-Joseph Proudhon und Michael Bakunin waren noch vor ihrem Intimfeind Karl Marx Vordenker der Räte, die in der Pariser Kommune 1871 und in der Revolution 1905 erstmals als jederzeit abwählbare Räte mit imperativem Mandat (also nur dem Wählerwillen verpflichtet) auftauchten. Außerdem kamen sie im November 1918 oft aus dem Parteiapparat.

Ebert aber wollte keine Räte, auch nicht aus dem Apparat und keine Basisdemokratie, das war außerhalb seines Denkhorizontes und dem der anderen SPD-Oberen (Philipp Scheidemann, Gustav Bauer, Gustav Noske, Wolfgang Heine et al.). Diese gutbezahlte Arbeiterbürokratie (die Genannten waren ursprünglich hauptsächlich Handwerker, einer Büroangestellter, einer Rechtsanwalt) hatte sich ihren Platz an der Sonne des Wilhelminischen Reichs gesichert und sie wollten sich ihre Sitze weder von Matrosen noch den eigenen Wählern, schon gar nicht von den «Spartakisten» – als solche wurden alle links von Ebert sich Bewegenden stigmatisiert - nehmen lassen. Der nationalistische Virus hatte sie längst, manchen mehr, manchen weniger, erfasst. Im Weltkrieg erlaubte sich der rechte Flügel von ihnen, Annexionen zu fordern, so Edurad David, der die Dünalinie (in Weißrussland!) als ideale deutsche Grenze im Osten ansah. Und in Afrika müsse Belgien der Kongostaat weggenommen werden.[14] Noske, der «Militärexperte» der Partei, war Anhänger des sogenannten Septemberprogramms von 1914, welches der Adlatus des damaligen Kanzlers Bethmann Hollweg, Kurt Riezler, eine Mephisto-Figur, ausgearbeitet hatte, das die Nachbarn Deutschlands zu Vasallenstaaten degradieren und sich gleichzeitig aus ihnen überall ein Stück herausschneiden wollte.

Andere Sozialdemokraten, wie der weithin als gemäßigt geltende Scheidemann, schickten 1915 folgende Neujahrsbotschaft an ihre Wähler: «Wir wollen siegen» mit «unbeugsamem Willen»[15], Scheidemann betonte zudem im April 1916, man müsse ein «politischer Kindskopf» sein, wenn man sich einbilde, dass «kein einziger Grenzstein verrückt werden darf»[16] (sicherlich nicht nach innen). Internationalisten waren sie längst keine mehr. Eberts Ideal nach innen war die «Heerstraße der parlamentarischen Beratung», keine molekulare Masse auf der Straße, sondern ein molarer Block, eine autoritative-konstitutionelle parlamentarische Demokratie, mit einem mächtigen Reichspräsidenten, der einer mehrfach von Ebert (und Bauer) gewünschten «Volksgemeinschaft» vorstand. Eine Volksgemeinschaft, die, so Bauer, auf die «Ansammlung neuer deutscher Werte»[17] ausgerichtet war und mehr als nur die Arbeiterinnen und Arbeiter umfasste, damit dem Klassenkampf abschwor, gleichzeitig aber nationalistisch andere Gruppen, wie z.B. «Ostjuden», ausschloss. Schon Ende 1919 wollte deswegen Wolfgang Heine (preußischer Innenmister, SPD) die Grenzen nach Polen schließen und sein Nachfolger Carl Severing (SPD, tatsächlich ein Arbeiterkind) - von ihm werden wir noch einiges hören - ließ 1921 wörtlich «Konzentrationslager» für «Ostjuden» und «lichtscheue Elemente» einrichten, die erst 1923 auf hartnäckigen Druck von SPD, USPD und KPD aufgelöst wurden. «Die Weimarer Lager sind nicht vergleichbar mit den ‹Todesfabriken› des Nationalsozialismus und doch stehen sie für uns heute in ei-

14 Rintelen, Bauer, S. 114.

15 Komplett wiedergegeben bei Dittmann, Erinnerungen, Bd. 2, S. 271. Siehe auch Herzfeld, Sozialdemokratie, S. 80.

16 Zitiert nach Frölich, Bürgerkrieg, S. 170.

17 Zitiert nach Rintelen, Bauer, S. 198f.

Carl Severing

ner Entwicklungslinie mit ihnen.»[18] Die Insassen wurden regelmäßig geschlagen, schlecht ernährt, ihre Betten waren voller Wanzen und als es in einer Baracke brannte, wurde den Insassen die Flucht verwehrt, als sie trotzdem flüchteten, wurden sie brutal verprügelt.

Aus alldem erscheint es daher logisch, dass Ebert im November 1918 – wie er sich ausdrückte – für den Erhalt der «Firma»[19], des Deutschen Reiches, plädierte und deshalb als «Konkursverwalter des alten Regimes»[20] so wenig wie möglich geändert haben wollte. Also beabsichtigte er nicht einmal die alten halbabsolutistischen Eliten loszuwerden, er hatte schon in den Weltkriegsjahren des Wilhelminischen Reiches gut mit ihnen zusammengearbeitet – obwohl er dafür bislang wenig soziale Zugeständnisse bekam. Trotzdem wollte er, nun an der Macht, weder die Monarchie noch den Adel noch die ostelbischen halbfeudalen Junker noch die preußische Verwaltung, ja nicht einmal die preußische Armee in die Wüste schicken, im Gegenteil. Und so kam ihm in der Nacht des 10. November 1918[21] ein Anruf sehr gelegen.

Ebert erhielt, in der Reichskanzlei sitzend, militärischen Beistand. Denn plötzlich klingelte das Telefon. Am anderen Ende der direkten Leitung (der «Geheimleitung») saß der Nachfolger Ludendorffs, der Chef der OHL Wilhelm Groener.

Der schwäbische Generalleutnant schlug dem badischen Arbeiterführer Ebert ein baden-württembergisches Bündnis vor. Groener dazu sieben Jahre später unter Eid: «Der Zweck dieses Bündnisses, das wir

18 Promutico, Alternative zur Abschiebung, S. 216, (Abgerufen, 20.8.2019)

19 Machtan, Kaisersturz, S. 151; Mühlhausen, Ebert, 2006, S. 98.

20 Ebert bei der Eröffnung der Nationalversammlung, 6.2.1919 in Weimar, Ritter/Miller, Dokumente, S. 208.

21 Erich Otto Volkmann, Archivrat im Reichsarchiv schreibt, dies sei sogar schon in der Nacht vom 9. auf den 10. November geschehen, Volkmann, Revolution, S. 68.

Friedrich Ebert

Wilhelm Groener

am 10. November abends geschlossen hatten, war die restlose Bekämpfung der Revolution, Wiedereinsetzung einer geordneten Regierungsgewalt, Stützung dieser Regierungsgewalt durch die Macht einer Truppe und baldigste Einberufung einer Nationalversammlung.»[22]

In seinen Lebenserinnerungen schiebt Groener nicht nur alle Schuld an der Revolution auf die Juden[23], sondern formuliert noch griffiger: Er habe in jener Nacht «die Bekämpfung des Bolschewismus» gefordert und Ebert habe eingewilligt.[24] Unter «Bolschewismus» verstand Groener (nah bei Ebert) fast alles links vom SPD-Vorsitzenden. Den führenden SPD-Männern war diese Aussage 1925 peinlich und Scheidemann spielte das Bündnis herunter.[25] Auch die SPD-Geschichtsschreibung[26]

22 Groener, Kreuzverhör im Dolchstoßprozess, in: Herzfeld, Sozialdemokratie, S. 384.

23 Groener, Lebenserinnerungen, zitiert nach Berthold/Neef, Militarismus, S. 422f.

24 Ebd., S. 418.

25 Aussage Scheidemann im Dolchstoßprozess, in: Herzfeld, Sozialdemokratie, S. 340; Könnemann, Truppeneinmarsch am 10.12.1918, in: ZfG, Bd. 16 (1968), S. 1592.

26 Müller-Franken, Novemberrevolution, S. 172.

bzw. -hagiografie[27] leugnet beharrlich den gegenrevolutionären Bund oder verteidigt ihn[28].

Es bestand «Übereinstimmung in wesentlichen Grundsatzfragen».[29] Man wollte das angebliche «Chaos» der Arbeiter- und Soldatenräte, die sehr wohl ordentlich arbeiteten, verwalteten, ja sogar die Rückführung der noch tief in Frankreich und Belgien stehenden Fronttruppen mitorganisierten, in bewährter preußischer militärischer Ordnung bekämpfen und war d'accord in der «entschiedenen Ablehnung des Bolschewismus sowohl als auch des Rätesystems»[30], was für beide identisch war. «Drastisch gesagt hat Groener in jenen Revolutionswochen unausgesetzt auf Ebert als militärischer ‹Scharfmacher› gewirkt.»[31] Und Ebert sträubte sich nicht, sich «scharf» machen zu lassen. Die Führung der Sozialdemokratie verbündete sich auf Gedeih und Verderb mit den Kriegsverbrechern des Ersten Weltkrieges. Die hatten 1914 das neutrale Belgien überfallen, in den ersten Tagen des Weltkriegs tausende von belgischen und französischen Zivilisten, darunter Frauen und Kinder, ja Babys exekutieren lassen, Kulturgüter absichtlich zerstört, den Gaskrieg erfunden, den unbeschränkten U-Bootkrieg, die Bombardierung Londons mit Zeppelinen befohlen wie die Deportation von Zwangsarbeitern sowie 1917 schließlich beim Rückzug - bis heute fast gänzlich unbekannt - die Taktik der verbrannten Erde erstmals flächendeckend praktiziert und in Frankreich eine Kahlschlag-Wüste hinterlassen. Ein Bündnis mit diesen Männern konnte nur zu weiteren Verbrechen führen, diesmal mitten in Deutschland.

Wie sah es aber in den ersten Tagen der Novemberrevolution 1918 aus? Die Massen bevölkerten die Straßen, die Monarchie war auch durch Ebert nicht mehr zu retten. Scheidemann rief am 9. November 1918 die Republik (gegen den Willen Eberts) aus, Liebknecht kam mit der Ausrufung der Sozialistischen Republik auf dem Balkon des Stadtschlosses zwei Stunden zu spät. Der alte, fürs Heimatheer zuständige Kriegsminister Heinrich Scheüch blieb gar im Amt und unterstützte die SPD-Oberen, wo es ging - mit Autos, Waffen, Offizieren und seinem Kommunika-

27 Mühlhausen, Ebert, 1999, S. 158; Mühlhausen, Ebert, 2006, S. 110f.

28 Witt, Ebert, S. 101f.

29 Kolb, Arbeiterräte, S. 121.

30 Ebd.

31 Dittmann, Erinnerungen, Bd. 2, S. 585. Wilhelm Dittmann wusste offensichtlich wie Hugo Haase und Emil Barth von den täglichen Telefonaten Eberts mit Groener. Aussage Dittmann im Ledebour-Prozess, in: Ledebour-Prozess, S. 554.

Der Rat der Volksbeauftragten

tionsapparat - beim Bremsen der Revolution. Am 10. November konstituierte eine tumultartige Versammlung von 3000 hauptsächlich Soldatenräten - große Teile davon waren vom neuen Stadtkommandanten Otto Wels (SPD) auf einen Nationalversammlungskurs eingeschworen worden - eine Regierung der Volksbeauftragten, die sich in der Nacht aus drei Mitgliedern der SPD (Ebert, Scheidemann, Otto Landsberg) und drei der USPD (Hugo Haase, Wilhelm Dittmann und Emil Barth) zusammensetzte. Einziger Radikaler in dieser Regierung war Emil Barth als Vertreter der Revolutionären Obleute. Karl Liebknecht hatte auf Druck seiner Spartakus-Gruppe eine Regierungsbeteiligung abgelehnt. Kontrolliert werden sollte die Regierung von einem Vollzugsrat der Arbeiter- und Soldatenräte, in dem die SPD die Mehrheit hatte, da viele Soldatenräte ihr zuneigten. Der Vollzugsrat verlor im Laufe der nächsten Wochen mehr und mehr an Macht, ihm gelang es nicht, die Regierung der Volksbeauftragten zu kontrollieren. In der Regierung selbst gelang es Ebert, faktisch die Oberhand zu erhalten. Zwar wurden wichtige bürgerliche Freiheiten verkündet, z. B. auch die Zensur abgeschafft (was man 1920 schnell wieder revidierte), aber die Kommandohoheit der Offiziere gegenüber den Soldaten ausdrücklich bestätigt. Dies auch mit den Stimmen der USPD-Volksbeauftragten, die im Übrigen von den fast jede Nacht stattfindenden Telefonaten Eberts mit Groener wussten und nichts

Carl Legien

Hugo Stinnes

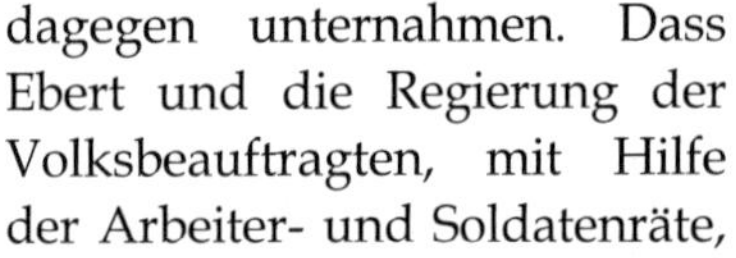

dagegen unternahmen. Dass Ebert und die Regierung der Volksbeauftragten, mit Hilfe der Arbeiter- und Soldatenräte, die im November und Dezember machtlose OHL mühelos hätte ablösen können, kam nicht einmal Emil Barth in den Sinn.

Parallel zu Ebert und Groener schlossen die Gewerkschaftschefs, am 18. November 1918, angeführt von Carl Legien, mit der Rüstungs- und Großindustrie, angeführt von Hugo Stinnes (der Abermillionen im Weltkrieg Profit gemacht hatte), ein Abkommen, das zwar zeitweise (1923 wieder abgeschafft) den 8-Stundentag (bei einer 6-Tagewoche) und Tarifverträge einführte, aber, ohne es zu erwähnen, auf jegliche Form von Sozialisierung oder Vergesellschaftung verzichtete. Das Erfurter Programm war schon hier Makulatur. Es sei nicht vergessen, dass bei diesem «Arbeitsgemeinschafts-Abkommen» die Gewerkschaftsbasis - oder gar die Arbeiterräte - erst gar nicht gefragt wurden. Schon während des Weltkrieges hatte Legien (auch von ihm werden wir noch hören) geäußert: «Wie die Dinge liegen, hört die Demokratie in den Gewerkschaften auf, jetzt haben die Vorstände in eigener Verantwortung zu entscheiden»[32].

Für die kommende Entwicklung zum Kapp-Putsch ist die einen Tag nach der Revolution schon einsetzende Zusammenarbeit von SPD-Führung bzw. Regierung mit den führenden Militärs der Kaiserzeit

32 Zitiert nach Raase, Gewerkschaftsbewegung, S. 9.

von entscheidender Bedeutung. Für Mitte Dezember 1918 war der Reichsrätekongress angesetzt, der wichtige Weichenstellungen beraten und beschließen sollte. Obwohl er zu zwei Dritteln mit SPD-Mitgliedern, alten «Parteisoldaten», besetzt war, die USPD wenig Einfluss, die Obleute und Spartakus so gut wie keinen, Luxemburg und Liebknecht nicht einmal Zutritt hatten, fürchtete sich die OHL vor diesem Basisgremium. Groener und die OHL planten daher für den 10. Dezember 1918 den Einmarsch von 15 Divisionen in Berlin, die man noch aus den Fronttruppen zusammenstellen wollte, und mit ihnen den Putsch nicht nur gegen die Arbeiterräte, sondern auch gegen andere unliebsame Demokraten. Die Besetzung der strategischen Punkte der Hauptstadt war ebenso geplant wie die Absetzung der Soldatenräte, die in den Kasernen des Heimatheeres großen Einfluss hatten. Selbst der militäraffine Stadtkommandant Wels sollte gestürzt und durch einen Offizier ersetzt, Ebert zum diktatorischen Reichspräsidenten (zum Kaiserersatz mit mehr Macht allerdings als der Kaiser) erklärt werden. Zweifellos ein Bürgerkriegsplan[33] mit dem Ziel einer mit Ebert dekorierten Militärdiktatur.

Allein Ebert wurde über diesen Putschversuch informiert, und der stimmte ihm anfänglich zu, unterrichtete daher wohlweislich nicht einmal seine Amtskollegen von der SPD, schon gar nicht die der USPD. Mehrere Militärs, die mit ihm persönlich Verbindung hielten, darunter Major Kurt von Schleicher (am Ende der Weimarer Republik der letzte Reichskanzler und Steigbügelhalter Hitlers), versuchten ihm diesen Plan schmackhaft zu machen, der die Todesstrafe allein schon für Waffenbesitz und vieles andere mehr vorsah. Teile dieses Plans kamen den Räten zu Ohren, aber Ebert war trotzdem entschlossen, die Truppen der OHL einmarschieren zu lassen. Pech war nur, dass wenige Tage vorher - am 6. Dezember 1918 - einige Beamte des Außenministeriums, Studenten, rechte Antisemiten und Doppelagenten wie Colin Ross, der auch mit anderen Putschwilligen scheinheilig im Vollzugsrat saß, schon losschlagen wollten und kläglich scheiterten.[34] Ebert scheute sich bei diesem ersten unkoordinierten Vorstoß, sich zum Diktator ausrufen zu

33 Urheber des Plans war Oberst Hans von Haeften, der Verbindungsoffizier zwischen der OHL und Ebert und gleichzeitig Geheimdienstchef der Abteilung Abwehr des Außenministeriums (AA). Haeften: «Der Versuch zu einer Gegenrevolution November/Dezember 1918», BA-MA, Nachlass Haeften, N 35/7, Bl. 126–131. Ausführlich hierzu: Gietinger, Blaue Jungs, S. 130–143.

34 Gietinger, Blaue Jungs, S. 130ff.

lassen, die als Putschunterstützung vorgesehene Volksmarinedivision aus Matrosen weigerte sich mitzumachen und befreite u. a. den schon gefangengenommenen Vollzugsrat, unter ihnen das Regierungsmitglied Emil Barth (USPD). Doch an einer Kreuzung hatten Reste des alten Militärs, die sogenannten Maikäfer, in eine Demonstrationsmenge geschossen, es gab Tote. Ebert und Wels gerieten in Verdacht, mit den Putschisten gemeinsame Sache gemacht zu haben. Ebert wurde nun vorsichtig und versagte der OHL die Unterstützung für den eigentlichen Putsch. Den bewaffneten Einmarsch setzte er allerdings gegen nur lauen Widerstand der USPD-Volksbeauftragten durch.

Jetzt aber war die Luft raus. Zwar folgte Ebert brav dem Vorschlag Major Schleichers zu einer Volksgemeinschaftsrede an die Soldaten[35], indem er der Dolchstoßlegende Vorschub leistete und ausrief: «Kein Feind hat euch überwunden.»[36] Aber jetzt noch die Revolution überwinden war den meisten einfachen Soldaten zu viel. Sie gingen nach Hause. Gleichwohl versuchten nun die heimgekehrten Offiziere die Oberhand in den Kasernen des Heimatheeres in Berlin zu gewinnen. Einer der «Rührigsten» (Noske) war Hauptmann Waldemar Pabst, der mit seiner Garde-Kavallerie-Schützen-Division (GKSD), bislang noch eine kaiserliche Elitetruppe, als einer der Ersten aus Frankreich nach Berlin geeilt war, um die Revolution zu zerschlagen. Schon zu diesem Zeitpunkt hatte die OHL längst beschlossen, die schon erwähnten Freikorps aufzustellen, hauptsächlich aus Offizieren, Unteroffizieren, Hasardeuren und Kleinbürgern, die vom Krieg noch nicht genug hatten, auf die Lizenz zum Töten von Revolutionären, gewalttätige Entladung, guten Lohn und Brot hofften und dies auch sehr schnell bekamen. Diese Freikorps begann man mit Wissen und Genehmigung Eberts schon im Dezember 1918 aufzustellen, da die OHL sah, dass die alten kaiserlichen Truppen zum Schlag gegen die Revolution nicht ausreichten.[37] Noske, der Militärfachmann der SPD, den man Anfang November nach Kiel geschickt hatte, um die Matrosenrevolte zu ersticken, stellte dort auch schon eine Unteroffiziersbrigade aus Deckoffizieren auf (Eiserne Brigade) und die «echten» Marineoffiziere organisierten sich

35 Schleicher, Brief an einen unbekannten Empfänger, 1.12.1918, Nachlass Schleicher, BA-MA, N 42/11, Bl. 2–7, abgedruckt bei Könnemann, Truppeneinmarsch, S. 1602 und in: Haffner u.a., Zwecklegenden, S. 79.

36 Ebert, Schriften, Bd. 2, S. 127ff.

37 Ausführlich hierzu, Gietinger, Konterrevolutionär, S. 87ff. und November 1918, S. 101–109.

Pabst reitet an der Spitze der GKSD durchs Brandenburger Tor

selbst ebenfalls in zwei Brigaden, der Brigade des Kapitänleutnants Hermann Ehrhardt (diese Truppe wird noch eine ganz wichtige Rolle spielen) und der von Korvettenkapitän Wilfried von Loewenfeld (3. Marinebrigade)[38]. Auch von ihm werden wir noch hören. Zum Hassobjekt all dieser Truppen wurde nicht nur die Revolution, sondern speziell die Volksmarinedivision.

Die Volksmarinedivision[39] gründete sich Anfang November aus Matrosen, die in den Küstenstädten revoltiert hatten, aber aus Berlin stammten und jetzt heimgekehrt waren. Als Erste bewachten sie die neue Regierung der Volksbeauftragten, wählten ihre Führer selbst und bildeten eine revolutionäre Truppe, die mehrheitlich aus SPD, USPD-Mitgliedern und Sympathisanten, aber auch aus bürgerlichen Demokraten (DDP) und Spartakusanhängern bestand. Graf Wolff von Metternich, ein Agent des Geheimdienstes des alten Außenministeriums, hatte sie ins Hohenzollern-Stadtschloss und den angrenzenden Mar-

38 Wie die Marinebrigade Loewenfeld entstand, BA-MA, RM 135/45, ab Bl. 107; sowie Marinebrigaden I-III, BArch MA, RM 135/2.

39 Ausführlich hierzu, Gietinger, Blaue Jungs, S. 98ff.

Richard Müller eröffnet den Reichsrätekongress

stall gelockt und vergeblich für den Putsch vom 6. Dezember zu missbrauchen versucht, einer ihrer Führer war gar ermordet worden. Metternich musste abtreten und floh auf sein Schloss in Holland. Die neue Leitung, darunter Heinrich Dorrenbach, geriet danach ins Visier des Stadtkommandanten Wels, der sich mit kaiserlichen Offizieren umgab und mindestens mit dem Putsch gegen die Soldatenräte sympathisierte. Man warf den Matrosen - weitgehend unberechtigt - Plünderung des Schlosses vor. Dorrenbach wiederum versuchte, die massiv durch die heimgekehrten reaktionären Offiziere bedrohte Basisdemokratie der Räte im Heimatheer zu retten und scharte diese um sich.

Parallel beschloss der Reichsrätekongress die Ablehnung des reinen Rätesystems und die Wahl zur Nationalversammlung im Januar - dieser Fakt wird isoliert meist in den Geschichtsbüchern betont -, aber auch die sofortige Sozialisierung der dafür reifen Betriebe, was meist weggelassen wird.

Dorrenbach wiederum erreichte mit faktisch allen Soldatenräten des Heimatheeres, indem er mit ihnen in den Kongress eindrang, dass dieser die sogenannten Hamburger Punkte (mit den Stimmen der SPD-Delegierten, aber gegen den Willen Eberts) beschloss. Sie sahen eine radikale Demokratisierung des Heeres, eine Milizarmee, vor, bei der es keine Rangabzeichen mehr gab, die Offiziere gewählt wurden und die Räte das Sagen hatten.[40] Faktisch eine Forderung des Erfurter Programms, ja der bürgerlichen Revolution von 1848.

Doch das Bündnis Ebert/Groener funktionierte hervorragend und nach einer Intervention von Groener, bei lauem Widerstand der USPD-Volksbeauftragten, wurde das Beschlossene beschlusswidrig (Demokratie galt der SPD-Führung nur etwas, wenn es ihr ins Konzept passte) auf die lange Bank geschoben und schließlich faktisch beerdigt. Das war die vertane Chance zur Demokratisierung des Militärs und der Zerschlagung des preußischen Militarismus.

40 Ausführlich, Gietinger, Blaue Jungs, S. 147–156, auch für das Folgende.

Der Volksmarinedivision ging es nun aber an den Kragen. Wels sperrte ihr an Weihnachten die Löhnung – im Gegensatz zu allen anderen Garnisonen –, verlangte ihren Auszug aus Schloss und Marstall, verhinderte schon vereinbarte Verträge mit ihnen und reizte sie bis aufs Blut.[41] Als sie aus Protest erst die Reichskanzlei kurzfristig abriegelte und vor Wels' Amtssitz Unter den Linden zog, wurden die Matrosen aus einem Panzerwagen und aus der Universität heraus beschossen, wo Pabst die Reste seiner GKSD einquartiert hatte. Drei Matrosen starben. Die Matrosen nahmen jetzt Wels und zwei seiner Mitarbeiter fest, brachten ihn ins Schloss und bedrohten ihn mit dem Tode. Obwohl einer ihrer Anführer zusammen mit Georg Ledebour (USPD) in der Reichskanzlei bis zuletzt verhandeln wollte – es ging wie gesagt zentral um die Auszahlung der Löhnung – wurden sie dort abgewiesen bzw. Ebert ließ sich verleugnen. Zu dieser Zeit hatte er nämlich schon auf Druck des Kriegsministers Scheüch und auf telefonischen Druck von Groener zusammen mit seinen SPD-Genossen Scheidemann und Landsberg – die heimgegangenen USPD-Mitglieder der Regierung informierte er nicht – beschlossen, «die Matrosen totzumachen»[42], wie Groener sich später ausdrückte. Hauptmann Pabst leitete den Angriff auf das Schloss mit Maschinengewehren, Artillerie und Gasgranaten. Im Schloss selbst waren nur wenige Matrosen, da ihnen ja Ebert zuvor Verhandlungen am nächsten Tag versprochen hatte und Heiligabend vor der Tür stand. Dass der inzwischen einzige Gefangene der Matrosen, Wels, durch diesen Angriff hochgefährdet war, störte keinen. Ebert wollte, wie der Kriegsmi-

Das durch Regierungsfeldhaubitzen zerstörte Schlossportal, Weihnachten 1918

41 Gietinger, Blaue Jungs, S. 163–181, auch für das Folgende.

42 Kreuzverhör Groeners im Dolchstoßprozess, in: Herzfeld, Sozialdemokratie, S. 387f.; Tagebucheintragung Groener, 23.12.1918, BA-MA, N 46/25, H 1, Bl. 26.

nister später öffentlich gestand, die Matrosentruppe zerschlagen, Wels interessierte nicht mehr. Es gibt auch Zeugenaussagen, die bekunden, Wels sei sogar schon in der Nacht freigelassen worden. Wie auch immer, die wenigen Matrosen verteidigten sich tapfer, in den Fabriken heulten die Sirenen und immer mehr Volk, hauptsächlich Arbeiter und Arbeiterinnen, versammelten sich um das Schloss, beschimpften und entwaffneten die Geschützbesatzungen - einige wurden auch durch bewaffnete Arbeiter ausgeschaltet und das Unternehmen geriet für das Bündnis Ebert/Groener, die SPD-Führer, die OHL, Pabst und die Reste der kaiserlichen Truppen zum Desaster. Die molekulare Masse, vor der sich die Militärs und die SPD-Führung so fürchtete, hatte gewonnen. Es war aber ein Pyrrhussieg.

Wer nun erwartet hätte, Ebert, der die USPD-Volksbeauftragten am nächsten Tag belog, er habe den Befehl zum Angriff nicht gegeben, würde zurücktreten, sah sich getäuscht. Die USPD-Volksbeauftragten, allen voran Haase, verlangten nun endlich die Umsetzung der Hamburger Punkte, doch da sich die USPD aus dem Zentralrat, der seit dem Rätekongress den Vollzugsrat ersetzt hatte, zurückgezogen hatte, stand keine politische Macht hinter ihm. Auf die Idee, mit der Volksmarinedivison, die sich in einem Geheimbeschluss im Falle eines Zwistes für Haase und gegen Ebert entschieden hatte, reinen Tisch in der Reichskanzlei zu machen und die Hilfe des Berliner Vollzugsrates zu erbitten, kam nicht einmal Emil Barth. Stattdessen folgte ein beleidigter Rückzug der USPD aus der Regierung. Ein Zwist und ein Rücktritt, den sich Groener immer von Ebert gewünscht hatte und ein großer Fehler von Haase, Dittmann und Barth.

Die reine SPD-Regierung holte sich nun ihren Militärfachmann Noske aus Kiel und der betrieb sofort den weiteren raschen Aufbau der Freikorps, ja verkündete das neue Programm: «Auf jeden schießen, der der Truppe vor die Flinte läuft»,[43] ohne Blut sei es nicht zu machen. Auch Pabst zog seine Lehren und wandelte seine kaiserliche Resttruppe in ein hochgewalttätiges Freikorps um, erhielt hohe Geldbeträge von Stinnes und anderen Kapitalisten, entließ die «spartakistisch verseuchten Elemente» und baute einen riesigen militärischen Apparat auf, mit allem, was es an schweren Waffen gab. Auch der General Georg Maercker baute neue Truppenblöcke auf, gutbezahlt und gutversorgt.[44] Ebert und Noske waren zufrieden. Um die Jahreswende hatte sich die KPD gegründet,

43 Böhm, Adjutant, S. 121.

44 Neuerdings zu Maercker: Kristen, Leben in Manneszucht.

Hauptmann Waldemar Pabst (oben)

Gustav Noske 1920 (rechts)

Luxemburg und Liebknecht nabelten sich damit von der USPD ab, kampften aber gleichzeitig innerparteilich gegen die radikalen Bremer, deren Ablehnung der Beteiligung an den für Januar geplanten Wahlen ihnen ein Dorn im Auge war. «Ihr wollt Euch Euren Radikalismus ein bißchen bequem und rasch machen»[45], rief Luxemburg aus. Sie selbst hätte die Partei lieber Sozialistische Partei genannt. Wie auch immer, die neue Partei hatte recht wenig Einfluss und wirkte zu dieser Zeit sektiererisch.

45 Rede für die Beteiligung der KPD an den Wahlen zur Nationalversammlung, Luxemburg, Werke, Bd. 4, S. 478.

Als dann im Januar die letzte USPD-Bastion, der Polizeipräsident Berlins Emil Eichhorn, abgesetzt werden sollte, kam es zu Massenprotesten und Massendemonstrationen ungeahnten Ausmaßes.[46] Teile der Revolutionären Obleute, der USPD sowie Liebknecht glaubten, dies sei die zweite Revolution. Dorrenbach behauptete, die gesamte Volksmarinedivision, ja alle Berliner Truppen stünden auf Seiten der Protestierenden, was sich später als falsch herausstellte. Alle Heimattruppen, auch die Volksmarinedivision (VMD), erklärten sich nämlich im Laufe des Aufstands als neutral. Gegen den Rat der Leitung der Revolutionären Obleute, Richard Müller und Ernst Däumig, erklärte der Revolutionsauschuss aus Liebknecht, Teilen der KPD, der Obleute und der USPD die Regierung Ebert für abgesetzt, handelten danach aber dilettantisch, ja militärisch unprofessionell. Jetzt schlug Noskes und Pabsts Stunde. In einem ehemaligen Mädchenstift in Berlin-Dahlem organisierten sie die Freikorps, einige hatte sich schon vorher selbst unter der Führung von konterrevolutionären Offizieren zusammengerottet. Die schossen nun die spontanen Besatzer der Zeitungen mit Artillerie und Flammenwerfern aus den Redaktionen heraus, begingen die ersten Morde und sorgten für blutige Ruhe. Luxemburg – die zeitweise dem Aufstand gefolgt, ja ihn befeuert hatte – und Liebknecht, die beide jegliche Regeln der Konspiration missachteten, flohen nicht, wurden von einer Bürgerwehr gefangengenommen (die viel Geld dafür bekam) und ins Eden-Hotel transportiert.[47] Dort hatte Pabst sein Hauptquartier mit ca. 70 Offizieren aufgeschlagen. Er beschloss, die beiden ermorden zu lassen, holte sich die indirekte Zustimmung Noskes (Pabst «müsse selbst verantworten, was zu tun sei»), forderte eine Spezialtruppe aus Marineoffizieren an und ließ von diesen Liebknecht und Luxemburg getrennt und angeblich auf dem Transport ins Gefängnis umbringen. Noske und Ebert verhinderten – gegen den Protest ihrer Basis – eine Aufklärung des Mordes, indem sie die Kameraden der Mörder über diese zu Gericht sitzen ließen. Selbstverständlich sprach das Kameradengericht die Mörder frei und Noske bestätigte dies auch noch höchstamtlich, just kurz bevor die Kapp-Putschisten ins Marschieren kamen.

Durch den Mord an den mythischen Führungsfiguren (auch Leo Jogiches, der nachfolgende KPD-Führer, und Dorrenbach wurden von ei-

---

46 Ausführlich: Gietinger, November 1918, S. 110–126 und Blaue Jungs, S. 181–194.

47 Ausführlich: Gietinger, Leiche, S. 27–116.

nem Pabst-Mann, Mitglied der GKSD, ermordet) und die Exekutierung des Januaraufstandes war die Arbeiterschaft großteils paralysiert.

Weitere Streiks und Aufstände im Ruhrgebiet (dazu kommen wir noch), in Sachsen und Thüringen folgten, waren teils recht erfolgreich, aber nicht koordiniert. Schließlich beschloss die Vollversammlung der Berliner Arbeiterräte mit den Stimmen von SPD, USPD und KPD in kurzzeitiger Einheit den Generalstreik.[48] Man forderte nicht nur die Umsetzung des Erfurter Programms (Sozialisierung, Miliz), sondern auch der Hamburger Punkte, die Auflösung der Freikorps und die Bestrafung der Kriegsverbrecher. Die Regierung, nach der Wahl am 19. Januar 1919 eine Koalition aus SPD, Zentrum und DDP, scherte sich nicht um die Beschlüsse auch der SPD-Basis, schon gar nicht der anderen Arbeitervertreter.

Agents Provocateurs plünderten derweil. Reste der verkleinerten Volksmarinedivison (VMD), die gegen die Plünderer vorgingen, wurden von den Freikorps beschossen, einer ihrer Anführer getötet und so ging die VMD zu den Aufständischen über. Die Vollversammlung hatte ausdrücklich nicht die Ablösung der Regierung gefordert und auch den bewaffneten Kampf untersagt. Aber nicht nur Provokateure, sondern auch Arbeiter und einzelne Matrosen hatten sich Waffen aus Polizeirevieren gewaltsam besorgt. Dies war nun der willkommene Anlass für Noske und die inzwischen auf 50.000 Mann angewachsenen Freikorps gegen die Aufständischen vorzugehen. Eine von Pabsts GKSD verbreitete Zeitungsente, «Spartakisten» hätten zahlreiche Polizisten gelyncht («Lichtenberger Geiselmorde»), wurde (auch vom SPD-Organ Vorwärts) bis auf 160 Tote aufgeblasen – tatsächlich war nur ein besonders übler Polizist von betroffenen Frauen verprügelt worden und gestorben – und gab Pabst die Gelegenheit, Noske einen unglaublichen Befehl vorzulegen. Jeder kämpfend mit der Waffe in der Hand Angetroffene sei sofort zu erschießen, ein völkerrechtswidriger Befehl zur Gefangenentötung, der sich als eine Lizenz zum Morden erwies. Noske unterschrieb, obwohl er wenige Jahre vorher noch einen ähnlichen bekanntgewordenen (aber dann nicht umgesetzten) Armeebefehl im Reichstag als gegen die Arbeiter gerichtet gegeißelt hatte. Noske bekam später die Zustimmung eben jenes Reichstages für seinen Mordbefehl und den Applaus der gesamten SPD-Fraktion. In wenigen Tagen wurden 1200 Menschen in Berlin ermordet, Häuser mit Artil-

48 Ausführlich hierzu: Weipert, Zweite Revolution, S. 41–159; Lange, Schießbefehl, 69–157; Jones, Gewalt, S. 237–292; Gietinger, November 1918, S. 149–168.

Vormasch der GKSD mit erbeutetem britischen Panzer Mark IV im Scheunenviertel, März 1919

lerie, Minenwerfern, Panzern, Flammenwerfern, ja mit Bomben aus Flugzeugen belegt. Nicht die USA oder Großbritannien, die deutschen Freikorps haben Berlin zuerst bombardiert.

Noske rechtfertigte auch noch weiter verschärfte Befehle von Pabst und ließ es sich nicht nehmen, bei den wenigen Gerichtsverhandlungen gegen die Mörder für diese auszusagen, wobei sie dann immer freigesprochen wurden. Seinen Freikorpsoffizieren vermittelte er, dass er sie immer und überall decke.

Diese waren nun der Überzeugung, der rechtswidrige Schießbefehl gelte für immer, obwohl er offiziell kurz nach den Massenmorden zurückgezogen worden war.

Auch Ebert begrüßte die Massaker, verdrehte sie geschickt ins Gegenteil, denn «je rascher und durchgreifender» die Freikorps vorgingen, umso weniger «Blutvergießen» bewirkten sie, und empfahl für die Zerschlagung der bayerischen Räterepublik das gleiche «durchgreifende»[49] Vorgehen. Das folgte als Nächstes, mit dem erwarteten Erfolg.

Ende April 1919 umzingelten massenhaft aufgebotene Freikorps unter dem Oberbefehl von General Franz Ritter von Epp, einem späteren Nazi, auch von ihm werden wir noch hören, die bayerische Haupt-

49 Ebert, BArch-Berlin, R 601/617, Bl. 24 und R 43 I/2212, [zit. nach Mühlhausen], Ebert, 2006, S.291.

Stuttgarter und Tübinger Studenten-Freikorps auf dem Weg nach München. Das Zeichen der Zukunft am Fahrzeug

stadt. Ein kurzzeitiger Rückschlag durch die von dem Pazifisten Ernst Toller geführte Rote Armee in Dachau änderte nichts daran, dass sich der Ring um die Rote Armee zuzog. Mit unglaublicher Brutalität fielen die Freikorps in München ein, hatten vorher ein Verhandlungsangebot Tollers abgelehnt und beachteten auch die vor den Räten (aus SPD, USPD und KPD) nach Bamberg geflüchtete Schattenregierung des Ministerpräsidenten Johannes Hoffmann (SPD) überhaupt nicht.[50] Russische Kriegsgefangene, Zivilisten, katholische Gesellen, SPD-Anhänger wurden wahllos und bestialisch hingeschlachtet. Maßgebliche Männer der Räteregierung wie der Matrose Rudolf Egelhofer oder scheinbar maßgebliche wie Gustav Landauer wurden auf grausamste Weise umgebracht.[51] Etwa 1000 Opfer lagen erschlagen auf den Straßen.

Der Pabst/Noske'sche Mordbefehl machte dies erst möglich. Schließlich wurden Hunderte Jahre Zuchthaus verteilt, Eugen Levine (KPD) mit Zustimmung der SPD zum Tode verurteilt und trotz Protests von

---

50 Ausführlich: Gietinger, November 1918, S. 180–186.

51 Als Vorwand für das Münchner Massaker diente die Erschießung von zehn Verhafteten, darunter sieben der frühfaschistischen Hakenkreuzler der Thule-Gesellschaft, zwei Mitgliedern der GKSD und einem Unschuldigen im Luitpoldt-Gymnasium als Reaktion auf erste Massaker der Freikorps in Vororten von München. Die einzige wirkliche Gewalttat der Räteregierung, von der sich Toller und der Vollzugsrat scharf distanzierten.

Stoßtrupp Killinger der Marinebrigade Loewenfeld, rechts vorn Killinger

Literaten wie Thomas Mann und Rainer Maria Rilke hingerichtet. Dieses schon nicht mehr beispiellose «Aufräumen» in München bereitete den Boden für die faschistische Bewegung der kommenden Jahre in der Stadt. Und auch im Kapp-Putsch sollte München eine Sonderrolle spielen. Selbstverständlich hatten die GKSD und die Marinebrigade Ehrhardt ihren Anteil an der Vernichtung der Münchner Räterepublik. Die Ehrhardt'sche Brigade war 5000 Mann stark, schwerbewaffnet, schlagkräftig und trug seit Dezember 1919 das Zeichen der Zukunft am Stahlhelm: das Hakenkreuz. Noske bewunderte diese Truppe «des nationalen Wiederaufstiegs»[52] und traute ihr und Loewenfelds Einheit zu, «die ganze polnische Armee in Fetzen zu schlagen. Sie waren als Kampftruppen viel wertvoller als irgendeine andere Formation.»[53] Man verfügte auch über eine eigene Offizierssturmtruppe, angeführt von dem späteren SA-Führer und NS-Ministerpräsidenten von Sachsen, Manfred Killinger. Schon vor dem Putsch sprengte diese illustre Gemeinschaft der Frontoffiziere – braune Schlägertrupps antizipierend – Versammlungen nicht genehmer Parteien, verprügelte Juden oder «Judenverdächtige» und haute demokratisch gesinnten Offizieren (solche gab es auch) «aufs Maul».[54] Es existierten Verbindungen zu völkisch-rassistischen Verbänden wie dem Deutschvölkischen Schutz- und Trutzbund (DSTB).[55] Die Brigade Ehrhardt war eine frühfaschistische, extrem antisemitische Elitetruppe.

Somit kommen wir nun zu einem Kapitel, das auch in der neueren Geschichtsschreibung konsequent ausgelassen wird. Dem Versuch der

52 So Erger über deren Gefühlslage; Erger, Kapp, S. 114. Siehe dazu auch Theweleit, Männerphantasien, Bd. 2, S. 383ff.

53 Aussage Noske im Jagow-Prozess, Brammer, Fünf Tage, S. 27.

54 Meinl, Nazis gegen Hitler, S. 30f.

55 Meinl, Nazis gegen Hitler, S. 31.

raschen konsequenten Remilitarisierung des Deutschen Reiches durch Pabst und die OHL unter den Augen und mit tatkräftiger Unterstützung der SPD-Führung. Das Jahr 1919 war Pabsts Stunde und die Stunde der Militärs. Das Reich, heute als Weimarer Republik bezeichnet – die damals keiner so nannte, die aber später so genannt wurde, weil die Nationalversammlung aus Angst vor den revolutionären Massen sich unter General Maerckers Schutz nach Weimar verzogen hatte –, war schon zu Anfang auf dem besten Weg in eine durchmilitarisierte protofaschistische Gesellschaft.

Auf dem Weg zu einer durchmilitarisierten Gesellschaft

Die Geburt der Sicherheitspolizei (Sipo)

Noch bevor die Revolution in Berlin und Bayern im Mai 1919 vollständig liquidiert schien, machte sich Pabst Sorgen um das Versagen der Polizei in der Novemberrevolution. Niemand von ihnen hatte auf die Revolutionäre geschossen. Das musste nach Pabsts Ansicht in kommenden Auseinandersetzungen vermieden werden. Also brauchte man eine neue Polizei. Eine militarisierte Polizei, die so genannte Sicherheitspolizei. Pabst entwarf ein Konzept und schickte es unter der Tarnbezeichnung «Reorganisierung der Schutzmannschaft» am 10. März 1919 an Noske.[56] Der war sofort begeistert. Einen zweiten Anhänger fand Pabst im designierten preußischen Innenminister Wolfgang Heine (SPD), einem «außerordentlich sympathischen, gemäßigten und klar blickenden Manne»[57]. Heine bekam den Plan zwei Tage später von Noske zugeschickt.[58] Noske und Heine versuchten unter Umgehung des preußischen Abgeordnetenhauses sofort Tatsachen zu schaffen, da ihnen auch klar war, dass die Alliierten nicht begeistert sein würden, also überrumpelt werden mussten. «Es darf zur Zeit nicht langatmig in kostenreichen Kommissionen verhandelt werden, sondern es muss gehandelt werden.»[59]

56 Freiheit, Nr. 381, 11.8.1919, AA vom 11.8.1919. Dort ist man auch der Ansicht, «dass alle Pläne zur Vergewaltigung der Arbeiterschaft und zur Aufrichtung einer militärischen Gewaltherrschaft» von der GKSD, also Pabst stammten.

57 Pabst, Memoiren, S. 91, Nachlass Pabst, BA-MA, N620/2.

58 Ebd.

59 Noske, laut Freiheit, Nr. 381, AA vom 11.8.1919.

Die ganze bisherige Polizei sollte völlig verschwinden.[60] An ihre Stelle sollte nach Pabst, Noske und Heine «eine aus ausgewählten, militärisch organisierten jungen Leuten bestehende Polizeitruppe treten, welche mit Pkws, Lkws, Maschinengewehren, Handgranaten, Minenwerfern, Flak und Flugzeugen ausgerüstet[61], in Kasernen untergebracht und besonders im Straßenkampf und für Waffendurchsuchungen geschult werden sollte».[62] Den nichtmilitärischen Rest sollte dann die «Wohlfahrtspolizei»[63] (rekrutiert aus der alten Schutzpolizei), eine der Stadtverwaltung unterstellte Ansammlung von Freunden und Helfern, ohne Machtbefugnisse und allenfalls zur Verkehrsregelung dienlich, bilden. Ein typisches Merkmal dieses Planes war die Verwischung der bürgerlichen Trennung von Polizei und Militär.[64] Nachdem man aber sowieso schon mit dem Militär «polizeiliche Aufgaben», nämlich die Aufstandsniederschlagung, erledigt hatte, konnte man den Spieß auch umdrehen: Eine militarisierte Polizei sollte künftige Aufstände niederschlagen können, wie das Militär selbst. «Dass diese Militärs ‹Landesbeamte› und nicht Soldaten genannt werden ist eine preußische Verlogenheit.»[65]

Noske beschreibt das in seinem zur Zeit des Faschismus in Deutschland geschriebenen Buch folgendermaßen: «Die Soldaten, die im Jahr 1919 zusammengerafft wurden, sind anfänglich nur eine Polizeitruppe gewesen. Sie sollten jedoch den Kern einer neuen Wehrmacht bilden. Deshalb waren sie sobald als möglich von Polizeiaufgaben zu befreien. Darum erließ ich schon im Anfang meiner Amtstätigkeit in Berlin eine Verfügung an das preußische Ministerium des Innern, in der ich dringend forderte, dass unverzüglich mit der Bildung einer Berliner Polizei begonnen werde.»[66] Den Urheber des Planes, den «geistigen Vater»[67] –

60 Denkschrift Pabst, in: Hessisches Staatsarchiv Marburg, Rep. 150, Nr. 1964.

61 Buder, Reorganisation Polizei, S. 96ff.

62 Pabst, Memoiren, S. 90, Nachlass Pabst, BA-MA, N620/2.

63 Denkschrift Pabst.

64 «Wilhelm II. hatte seine Androhung aus dem Jahre 1891, das Militär gegen den ‹inneren Feind› einzusetzen, glücklicherweise niemals bis zur letzten Konsequenz wahr gemacht – und so darf es als besonders böse Ironie der Geschichte gelten, dass es ausgerechnet ein Politiker der SPD war, der sich zu diesem verheerenden Schritt entschloss.» Wette, Innere Sicherheit, in: Die Zeit, Nr. 24 vom 5.6.2003

65 Ignaz Wrobel [Kurt Tucholsky], Wahlunrecht, Die Weltbühne, Nr. 23, S. 663, siehe auch GW, Bd. 2, S.348.

66 Noske, Erlebtes, S. 99.

67 Leßmann, Polizei, S. 79.

oder wie Tucholsky ihn nannte, «der Papa von das Kind»[68] –, dessen Truppe dann tatsächlich den Kern der neuen Wehrmacht bildete, nennt Noske nicht.

Wolfgang Heine

Es ging Pabst - und da war er schlauer als Noske - hauptsächlich darum, eine ihm gefügige Polizei - geplant waren 10.000 «in grünes Tuch»[69] gekleidete Männer - in Berlin zu haben, die sich künftigen Putschen gegen Weimar anschließen und nicht etwa wie die Schutzmannschaft zur «jüdischen Demokratie» (Pabst) stehen würde. Deshalb schleuste er Kameraden aus seiner GKSD in die Sipo ein, so die berüchtigten von-Kessel-Brüder, Eugen und Hans[70], sowie einen mit ihm befreundeten Oberst Walther Arens[71]. Laut Doris Kachulle gehörten sie alle dem so genannten Ludendorff-Kreis an[72], zu dem auch Pabst zu zählen ist[73]. Ludendorff wiederum war der Mann hinter den kommen den Putschisten. Logische Folge der ganzen innenpolitischen Polizei-Aufrüstung: Die von Pabst mit Hilfe der SPD-Führung aufgebaute Sipo schützte weder die Regierung noch sonst jemanden während des Kapp-Putsches im März 1920, sondern schloss sich den Putschisten an oder rührte keinen Finger gegen sie. Gegen den Abwehrkampf der Arbeiter spielte sie dann eine große Rolle. Kein Wunder, dass ihr Hauptförderer Heine später auf der Kabinettsliste der Kapp-Putschisten stand.

---

68 Ignaz Wrobel [Kurt Tucholsky], Wahlunrecht, Die Weltbühne, Nr. 23, S. 663, siehe auch GW, Bd. 2, S. 348.

69 Noske, Erlebtes, S. 99.

70 Eine Liste mit 35 aus der Kraftfahrstaffel Kessel in die Sipo übergetretenen Männern (darunter die von-Kessel-Brüder) findet sich in den Untersuchungsakten gegen Kurt Vogel, BA-MA, PH 8 V/ 22, Bl. 7.

71 Buder, Reorganisation Polizei, S. 191f.

72 Doris Kachulle, Armee für den Bürgerkrieg, in: Doris Kachulle, Waldemar Pabst und die Gegenrevolution, Bulletin für Faschismus- und Weltkriegsforschung, H. 5, Berlin 2007, S. 15–17 (Zuerst in: jW vom 30.4.1999). Kachulle war die erste, die den Aufbau der faschistischen Sipo in Zusammenarbeit von Pabst, Noske und Heine thematisierte.

73 Siehe Thoss, Ludendorff-Kreis.

Heine wiederum nahm Pabsts Vorschlag 1919 als Muster für die preußische Polizei. In aller Eile wurden die Einheiten – am preußischen Landtag vorbei – aus dem Boden gestampft.[74]

Auch der Dezernent für das Polizeiwesen im Ministerium des Innern, der geheime Regierungsrat Georg Doyé,[75] arbeitete hier mit Pabst zusammen. Doyé galt neben Pabst als derjenige, der kräftig das Gerücht von den Lichtenberger Geiselmorden hatte streuen lassen.[76] Doyé wurde übrigens von den Hochverrätern im März 1920 zum Staatssekretär ernannt.

Doch so ganz ohne Widerstand lief dieses Schauspiel der Entmachtung der demokratischen Polizei nicht ab. Die Schutzmannschaft war nicht bereit, den Sicherheitsdienst rein militärisch aufzuziehen und zu regeln. Es kam zu Protestkundgebungen. Am 8. September 1919 demonstrierten 2500 Polizisten sowie der Reichsverband der deutschen Polizei gegen die Pläne der Allianz Pabst/Noske/Heine.[77] Die Polizisten wollten «der Regierung und dem Hauptmann Pabst sagen, dass die Schutzmannschaft noch da ist und dass sie nicht versagt hat. Wir rücken von der Sicherheitspolizei ab.»[78] Alle Redner erhielten stürmischen Beifall von den Polizisten aus ganz Deutschland, die auch das undemokratische Zustandekommen der Richtlinien geißelten. Der preußische Innenminister könne ihnen offensichtlich nicht verzeihen, dass sie am 8. November 1918 kein Blutbad angerichtet hätten. Man betrachtete die «Militärpolizei» als verfassungswidrig.[79] Noske, der sich ja nach eigenen Worten um Paragrafen nicht kümmerte, kümmerte sich auch nicht um den Protest der Polizisten. Es waren wieder die Alliierten, die im Juni 1920 aufgrund des Versailler Vertrages für die Auflösung der Sipo sorgten. Doch auch der Einsatz der Alliierten konnte die Polizei nicht mehr völlig entmilitarisieren bzw. demokratisieren. Ein großer Teil der Sipo landete bei der Ordnungspolizei[80] und sorgte hier weiter für Recht und Gerechtigkeit. Es dürfte kaum mehr erwähnenswert sein, dass das Gros der Sipo-Offiziere später bei SA und SS ankamen.

---

74 Severing, Mein Lebensweg, Bd. 1, S. 249; Buder, Reorganisation Polizei, S. 46ff.

75 Zu Doyé siehe Buder, Reorganisation Polizei, S. 50, Anm. 24.

76 Gumbel, Vier Jahre Mord, S. 15.

77 Die Freiheit vom 9.9.1919, MA; Kachulle, Armee, S. 15ff.; Buder, Reorganisation Polizei, S. 54ff.

78 Polizeiinspektor Becker, laut Die Freiheit vom 9.9.1919, MA.

79 Ebd.

80 Kachulle, Armee, S. 16.

Die Technische Abteilung/Nothilfe

Nicht jedem Anfang wohnt ein Zauber inne. Der 32-jährige Reserveleutnant Otto Lummitzsch, der 1915 an der Durchführung des ersten deutschen Gaseinsatzes beteiligt war, wollte sich am 6. Januar 1919 grade dem Freikorps Reinhard anschließen, als er Unter den Linden eine «völlig zwecklose, aus unerklärlichen Gründen aufgeflammte Schießerei»[81] beobachtete und daraufhin - ähnlich unerklärlich - beschloss, ein technisches Freikorps zu gründen, das im Fall eines Generalstreiks den Notbetrieb bei den Gas-, Wasser- und Elektrizitätswerken aufrechterhalten sollte. Der Gedanke, dass der Erste Weltkrieg eine völlig zwecklose Schießerei – zumal mit dem von ihm eingesetzten Gas - gewesen sei, war ihm offensichtlich nicht gekommen. Auch ist nichts bekannt darüber, dass er versucht hätte, in dieser Zeit die Notversorgung der Bevölkerung etwa mit Sauerstoff oder Brot zu organisieren.

Lummitzsch entwarf ein Konzept. Dieses Konzept stellte er sofort Pabst vor. Der datiert die Begegnung auf «etwa acht Tage vor dem Einmarsch in Berlin».[82] Also muss es noch am 6. Januar 1919 gewesen sein, kurz nach Ausbruch des Januaraufstandes.

Pabst zerbrach sich nach eigener Darstellung gerade in Dahlem zusammen mit Noske den Kopf, «um den Gang der lebenswichtigen Betriebe aufrecht zu erhalten», als der «Adjutant der Gas-Truppen im großen Hauptquartier», Lummitzsch, ihm seine Aufwartung machte. Er überreichte einen «bis aufs Kleinste durchgearbeiteten Plan». Pabst war entzückt und mit Genehmigung seines herzkranken Kommandeurs Generalleutnant Heinrich von Hofmann wollte er Noske dafür gewinnen. Doch Pabst kamen Bedenken. War Noske nicht ein alter Gewerkschafter und würde er nicht zögern, die Aufstellung einer «Streikbrecher Organisation»[83] zu genehmigen? Pabst dachte nach und beauftragte den 2. Adjutanten Noskes, einen Hauptmann Schmidt – mit dem republikanisch angehauchten 1. Adjutanten Major Erich von Gilsa verstand er sich nicht –, den Plan Noske spät in der Nacht, «wenn er richtig müde ist»,[84] vorzulegen. Noske unterschrieb, was er wohl

81 Linhardt, Technische Nothilfe, S. 59f.

82 Betrifft die Garde-Schü.[tzen-]Div.[ision] während der Revolution 1918–19, Bl. 1, Typoskript Pabsts, Nachlass Pabst, BA-MA, N 620/2; siehe auch Wirren, 1940, S. 227f.

83 Betrifft die Garde-Schü.[tzen-]Div.[ision] während der Revolution 1918–19, Bl. 1, Typoskript Pabsts, Nachlass Pabst, BA-MA, N 620/2.

84 Ebd.

auch ausgeschlafen getan hätte. Denn seinem Pabst konnte der sozialdemokratische Oberbefehlshaber nichts ausschlagen, alter Gewerkschafter hin oder her. Lummitzsch durfte seine Streikbrechertruppe aufbauen. Die Technische Abteilung (TA) war geboren. Lummitzsch ernannte man zum Führer und drei Eskadrons (Elektrizität, Gas und Wasser) wurden in Lichterfelde (wo Pabst als Kadett geschunden worden war[85]) aufgestellt. Noske schritt die Formation ab, zeigte sich vom «ausgezeichneten» Zustand derselben beeindruckt und verkündete, dass zukünftig politische Streiks unmöglich würden.

32 % aus der Streikbrechertruppe, so Pabst, seien Sozialdemokraten gewesen. Aber auch gestandene Chemiker des Gaskrieges wie Fritz Haber[86] sowie die späteren Nobelpreisträger Otto Hahn, James Franck und Gustav Hertz sollen zu den Gründungsmitgliedern und Aktivisten der TA gehört haben.[87] Die TA war direkt dem Stab der GKSD bzw. dem Korps und damit Pabst unterstellt.[88] Drei ineinandergreifende Zahnräder wählte man als Abzeichen, ein Motiv, das das THW 1950 erneut wählte, als es – wiederum von Lummitzsch – im Auftrag von Innenminister Gustav Heinemann (damals CDU) aufgebaut wurde.

Schon im März 1919 kam die TA beim Generalstreik und Aufstand in Berlin zum Einsatz.[89] Das Kraftwerk in Moabit wurde im Notbetrieb gefahren, während Pabsts und Noskes Mordbefehle zahllosen Menschen das Leben kosteten. Ebenfalls mit dabei war die TA beim Verkehrsstreik im Sommer 1919.

Der Streikbrecher-Gedanke verbreitete sich auch bei den anderen Freikorps und im Sommer schossen die TAs in ganz Deutschland wie

Technische Nothilfe betreibt als Streikbrechertruppe im März 1920 ein Kraftwerk.

---

85 In dem jetzt das Bundesarchiv Berlin residiert.

86 Der besten Kontakt zu Oberst Max Bauer hatte und «sich um die Entwicklung des gesamten Gaskampfes außerordentlich verdient gemacht habe». Stenogramm zu einem Briefentwurf Bauers vom 7.3.1920, BA-Ko, Nachlass Bauer, N 1022/28, 1c, Bl. 36.

87 Linhardt, Technische Nothilfe, S. 62, mit Quellenangaben.

88 Wirren, 1940, S. 46.

89 Linhardt, Technische Nothilfe, S. 67.

Pilze aus dem Boden.[90] Schlosserkommandos wurden aufgestellt[91], mit denen man in Bürgerwohnungen zwecks Waffensuche eindringen wollte (im März hatte man bei Waffenfunden die Bewohner auf Pabsts und Noskes Befehl entsprechend gleich ermordet). Auch die Reichspost-Fernsprechämter bekamen Unterstützung, indem ihnen Lummitzsch als Notstromaggregate Dieselmotoren aus den in Kiel liegenden U- und Torpedobooten lieferte.[92] Bei der Gelegenheit scheint man auch gleich Abhöreinrichtungen in den Fernsprechämtern installiert zu haben, um «Linksradikale» auszuhorchen, denn im Nachlass Pabst finden sich auch Abhörprotokolle der TA. Als Opfer von Lauschangriffen werden u.a. genannt: Maximilian Harden, Grunewald, Wernerstr. 16, Dr. Rudolf Breitscheid, Fasanenstr. 58 und Heinrich Sklarz, Emserstraße 22.[93] Harden war kein Linksradikaler, aber ein unbequemer Publizist, auf den die Organisation Consul (OC) einige Jahre später einen Mordanschlag verübte, den er schwerverletzt überlebte. Breitscheid war ein unbequemer Sozialdemokrat (der später im KZ ermordet wurde) und Sklarz, als Freund der SPD-Führung, früher Kontaktmann und Finanzier der Bolschewiki (allerdings im Auftrag der OHL), zudem Jude, ebenfalls Zielscheibe der Rechten.

Mit dem Ende der Freikorps auf Druck der Entente – wir werden uns dem noch widmen – kam auch das Ende der Technischen Abteilung. Sie wurde am 1. März 1920 aufgelöst[94], erlebte aber in Form der Technischen Nothilfe, erneut unter Lummitzschs Antrieb, diesmal aber – zur Tarnung – von der Reichswehr getrennt und dem Innenministerium unterstellt, eine Wiedergeburt. Allerdings stammt der Gründungsbefehl noch von Reichswehrminister Noske.[95] Technik und Personal wurden in der Hauptsache übernommen.[96] Beim Putsch und Generalstreik sollten sie eine wichtige Rolle spielen.

90 Richtlinien für die Organisation von lokalen Ortsgruppen, vom 9.8.1919, Nachlass Pabst, BA-SAPMO, NY 4035/2, Bl. 38–40. Auch das Freikorps Lichtschlag bat um Ausbildungskräfte, Nachlass Pabst, BA-SAPMO, NY 4035/2, Bl. 35–37.

91 Wirren, 1940, S. 227f.; Linhardt, Technische Nothilfe, S. 69.

92 Wirren, 1940, S. 227f.; Linhardt, Technische Nothilfe, S. 69f.

93 Abhörprotokolle der TA im Nachlass Pabst, BA-SAPMO, NY 4035/2, Bl. 44–55, hier Bl. 47, 48 und 53.

94 Abschrift Bittschreiben Lummitzsch an «Reichsverband Deutscher Industrieller», die Auflösung durch die Entente zu verhindern, Nachlass Pabst, BA-SAPMO, NY 4035/2, Bl. 79.

95 Wette, Noske, S. 620, mit Quellenhinweis in Anm. 538.

96 Liste im Nachlass Pabst, BA-SAPMO, NY 4035/2, Bl. 70, siehe auch Bl. 64.

Die Einwohnerwehren

Schwesterorganisationen von TA und TN und entsprechend mit ihnen verflochten waren die Einwohnerwehren. Zu ihrem wichtigsten Initiatoren zählte Waldemar Pabst. Unterm Dach seiner GKSD wurde das verschreckte und um seinen Besitz fürchtende Bürgertum militärisch organisiert.

Pabst hatte sich schon Anfang Januar 1919[97] um die damals noch in einer Grauzone operierenden Einwohnerwehren in Berlin gekümmert.[98] Bürger z. B. aus Wilmersdorf hatten sich unter seiner Aufsicht zusammengeschlossen, eine Uniform angezogen und nach Gutdünken Polizei gespielt. «Im Dienst trugen sie Stahlhelm, ein Gewehr älterer Herkunft, Seitengewehr, Koppel und Handgranaten. Die Angehörigen waren alte Offiziere, Unteroffiziere, Handwerker, Arbeiter, ehemalige Beamte und Lehrer usw.»[99] So waren auch Luxemburg und Liebknecht widerrechtlich von einer dieser vom Großkapital finanzierten Selbstjustiz-Gruppen festgesetzt und wie dargestellt zu Pabst ins Eden-Hotel gebracht worden. Oberleutnant a.D. Vogel, einer von der Luxemburg-Mördertruppe, war aktives Mitglied der Wilmersdorfer Bürgerwehr.

Einwohnerwehr Wilmersdorf vor dem Haus in der Mannheimer Straße, in dem sie Luxemburg und Liebknecht festsetzten

Im Januar standen schon 4300 Mann mit 100 Maschinengewehren und «Hunderttausenden von Gewehre(n)»[100] unter Waffen.

Die Richtlinien für das Verhalten im Straßenkampf wurden von Pabst ausgearbeitet und hatten den bekannten völkerrechtswidrigen

97 Könnemann, Einwohnerwehren, S. 205.

98 Noskes Befehl an die GKSD zur listenmäßigen Aufstellung von Einwohnerwehren erfolgte erst nach der Ermordung Luxemburgs und Liebknechts, am 20.1.1919. Richtlinien vom 20.1.1919, Dok. 2, Könnemann, Einwohnerwehren, S. 351f.

99 Pabst, Memoiren, S. 62.b, Nachlass Pabst, BA-MA, N 620/2.

100 Noske, Erlebtes, S. 98.

Ton: Jeder mit der Waffe in der Hand Angetroffene als auch Plünderer sollten «sofort erschossen» werden: «je schärfer die Mittel um so schneller der Erfolg. Der Gegner ist feige und hält bei energischem Zugreifen nicht stand. Deshalb keine halben Maßnahmen wie Schreckschüsse, Manöver usw. (...) Artillerie- und Minenfeuer, gegen das es in Straßenkämpfen keinen Schutz gibt, schafft in kürzester Zeit Ordnung. Die schärfsten Mittel sind deshalb die Humansten.»[101] Dem hatten bekanntlich nicht nur Noske und Heine, sondern auch Ebert zugestimmt.[102]

Gleichwohl wird die Kampfkraft der Einwohnerwehren von Erwin Könnemann niedrig eingeschätzt. Zur Beihilfe zum Mord wie bei Luxemburg und Liebknecht, zu Denunziationen und Freiheitsberaubung langte es jedoch allemal.

Selbstverständlich waren die Einwohnerwehren bestens vernetzt mit den verschiedenen Geheimdiensten von GKSD, Außenministerium und den preußischen Staatskommissaren für öffentliche Ordnung, zu denen Pabst beste Kontakte pflegte.

Um dieselbe Zeit hatte einer deren Hauptfinanziers, der Bankier Salomon Marx, den Großbürgerrat von Berlin gegründet, in dem sich das Bürgertum gegenrevolutionär - also auch gegen ihre eigene, die bürgerliche Revolution, die ihnen immerhin die parlamentarische Demokratie und Grundrechte gebracht hatte - organisierte.

Auch in anderen Städten wurden Einwohnerwehren mithilfe der SPD gegründet. So in Magdeburg, wo der Stahlhelmführer Franz Seldte im Februar 1919 eine Einwohnerwehr aufstellte und sich in Berlin die Genehmigung von Noske und Pabst dafür abholte.[103]

Überhaupt blieb nirgends die Unterstützung der SPD-Führung aus. Der preußische Innenminister und Pabst-Intimus Wolfgang Heine verfügte am 18. März 1919 noch während der von Pabst und Noske organisierten März-Massaker an Arbeitern, Matrosen und Unbeteiligten, die landesweite Aufstellung von Einwohnerwehren aus «zuverlässigen Mitgliedern» der Bevölkerung, um den «großen Gefahren» begegnen zu können, die durch «Einschleppung und Verbreitung» nicht von Pest oder Cholera, sondern «bolschewistischer und spartakistischer Ideen

101 Richtlinien, Militärarchiv Potsdam, Stellvertretendes Generalkommando XII. Armeekorps, Nr. 9548, Bl. 55 ff.; teilweise abgedruckt bei Gietinger/Roth, Gegenrevolution, S. 99, sowie Könnemann, Einwohnerwehren, S. 215.

102 Ebert, BA-Berlin, R 601/617, Bl. 24 und R 43 I/2212, zitiert nach Mühlhausen, Ebert, 2006, S. 291.

103 Originalvollmacht, abgedruckt bei Noske, Erlebtes, S. 98.

und damit im engstem Zusammenhang stehende Tätigkeit plündernder und raubender Banden insbesondere dem platten Lande und den kleinen Städten erwachsen».[104] Während in Berlin hundertfach Bürger qua menschenrechtswidrigem Befehl liquidiert wurden, befleißigte sich Heine einer Sprache, die den «Gegner als minderwertig, verächtlich und toll» herabsetzte, ihm «fiktive Gräuel» anhängten und «eine gewisse Pogromstimmung erzeugen» sollte.[105] Die SPD-Führung oder -Oligarchie (ein Begriff des Gustav-Bauer-Biografen Karlludwig Rintelen) «organisierte ihre rechten Hände»[106] wiederum mit Hilfe Pabsts. Das so aufgeputschte Bürgertum wurde anfangs unter dem Dach der Abteilung VIII der GKSD vereinigt. Diese Dachorganisation innerhalb Pabsts Einfluss wurde dann Mitte Mai 1919 ausgegliedert und in die Zentralstelle für Einwohnerwehren übernommen. Noch am 6. Mai 1919 hatte Pabst die Einbeziehung der Einwohnerwehren in den Polizeidienst verfügt und die Unterstützung des Polizeipräsidenten Eugen Ernst (SPD) erhalten.[107] Der Befehl Pabsts regelte die Heranziehung der Einwohnerwehren zur Polizeiarbeit in allen Details, ließ auch die Unfallversicherung nicht aus, leitete zur Spitzeltätigkeit an und schlug Mafia-Methoden für Geschäftsleute vor: «Es schadet nichts wenn hier ein gewisser Zwang ausgeübt wird, etwa dadurch, dass die Geschäfte, deren Inhaber sich der Einwohnerwehr fernhalten, nicht beobachtet und geschützt werden sollen.» [108]

Doch auch taktische Ratschläge fehlen nicht: «Spartakus wird nicht in Nikolassee niedergeschlagen, sondern am Alexanderplatz.»[109] Auch Gedenkmünzen des Noske'schen Reichswehrministeriums waren schon eingeplant. Die rücksichtslose Durchsetzung des seit 2. Mai 1919 geltenden Belagerungszustandes wurde den «Bürgern in Uniform» eingebläut. Jede Versammlung im Freien oder Demonstration sei verboten «und nötigenfalls mit Waffengewalt zu sprengen».[110]

104 Rundschreiben Heines vom 18.3.1919, Dok. 7, Könnemann, Einwohnerwehren, S. 357; Linhardt, Technische Nothilfe, S. 140. Tonangebend in den ländlichen Einwohnerwehren waren übrigens meist Großgrundbesitzer, Könnemann, Einwohnerwehren, S. 210.

105 Jung, Noskes Schießbefehl, S. 70.

106 Nußer, Wehrverbände, S. 79.

107 Abteilungsbefehl Nr. 45 des GKSK, Abteilung VIII, vom 6.5.1919, Dok. 12 bei Könnemann, Einwohnerwehren, S. 364–368.

108 Ebd., S. 365.

109 Ebd., S. 366.

110 Ebd., S. 366.

Während die vorgebliche Revolutionsregierung eine Rote Garde oder eine wirkliche Volksbewaffnung strikt ablehnte, waren «zivile» Waffenträger in Form von diktatorisch befehligten Einwohnerwehren nicht unwillkommen. Die Levée en masse war bei den Preußen wie der SPD unbeliebt. Die autoritär geführte Bürger-Truppe in Uniform durfte sich bilden. Dies hatte auch Groener dringend nach den Märzkämpfen 1919 empfohlen.

Die Alliierten (die Entente) zeigten sich hier als wahre Hüter der Volksherrschaft, indem sie schlicht und einfach die Auflösung der paramilitärischen, antidemokratischen, SPD-gestützten Einwohnerwehren verlangten. Noske versuchte dem zu entgehen, indem er - sich wiederum auf eine Richtlinie Pabsts stützend[111] - versuchte, die Einwohnerwehren als Zivilinstitutionen zu tarnen. Dazu müssten «die Wehren schon jetzt jeden militärischen Charakters entkleidet werden. Ihre Leitung muss in die Hände der Zivilbehörden übergehen.» Noske wollte sie hier, wieder analog zu Pabst, «als rein bürgerlichen Selbstschutz zur Verstärkung der Polizei»[112] getarnt sehen.

Gleichzeitig wurden die Wehren als «freiwillige, unpolitische Selbstschutzverbände» deklariert. Sie «rekrutierten sich überwiegend aus örtlichen Honoratioren, Kriegervereinen, Schützengilden sowie Turn- und Sportvereinen».[113]

Doch alle Tarnung nützte nichts. Die SPD-Regierung musste zähneknirschend gehorchen. Am 1. Dezember 1919 forderten die Alliierten die Reichsregierung auf, sämtliche Einwohnerwehren bis zum 31. März 1920 aufzulösen. Dies war einer der Gründe für den Kapp-Putsch. Die Alliierten verlängerten ihr Ultimatum schließlich noch mal bis zum 10. April 1920. Der preußische Innenminister Carl Severing erließ daraufhin einen Auflösungsbefehl (9. April 1920)[114], der allerdings Ausnahmen zuließ (Ostpreußen)[115] und auch nicht überall Beachtung

111 Richtlinien für den Aufbau des Zeitfreiwilligensystems, Nachlass Pabst, BA-SAPMO, NY 4035/2, Bl. 116-118.

112 Schreiben Noskes an die Regierung in Altenburg vom 5.7.1919, Dok. 16, bei Könnemann, Einwohnerwehren, S. 373.

113 Bruno Thoß, Einwohnerwehren, 1919–1921, in: Historisches Lexikon Bayerns, URL: www.historisches-lexikon-bayerns.de/artikel/artikel_44363 (Abgerufen: 20.9.2019).

114 Rape, Heimwehren und die bayerische Rechte, S. 38.

115 Der Oberpräsident der Provinz Ostpreußen an den Reichsminister des Innern, Königsberg, 17. August 1920, AdR, Kabinett Fehrenbach. 25. Juni bis 4. Mai 1921, bearb. von Peter Wulf, Bd. 1, Dok. 52, S. 123–125.

fand. Vor allem in Bayern wurde der Auflösungsbefehl zuerst von Gustav Ritter von Kahr, dem faktischen Diktator des Freistaats nach dem Kapp-Putsch, ignoriert. Auch nach Kahrs kurzzeitigem Rücktritt griff in Bayern der Auflösungsbefehl (Juni 1921) der Reichsregierung nur teilweise, denn die dortigen Einwohnerwehren (Orgesch, Orka) wurden in eine Tarnorganisation (Bund Bayern und Reich) übergeführt. Das Unwesen der paramilitärischen Verbände konnte außerdem durch Neugründungen fortgeführt werden und erhielt regierungsamtlich bzw. durch die bayerische Reichswehr und bayerische Industrielle massive Unterstützung. Ernst Röhm (später oberster SA-Führer) war hier leitend tätig. Maßgeblichen Anteil hatten diese Verbände schließlich am Hitler-Ludendorff-Putsch vom November 1923.

Von der Division zum Korps

Pabsts Freikorps schwoll im Frühjahr 1919 durch Einverleibung anderer Freikorps immer mehr an. Es wandelte sich von der Division zum Armeekorps. Aus der GKSD wurde das GKSK, das die Stärke von drei Divisionen erreichte. Es bestand aus 52 verschiedenen Einheiten, darunter 6 Kavallerieregimentern, 4 Artillerieregimentern, 2 Flak-Abteilungen und 3 Fliegerstaffeln. Ihm gehörten die Division von Heuduck an, die Division von Lettow (inklusive der drei Marinebrigaden von Roden, Ehrhardt und von Loewenfeld), die Brigade Reinhard und die Brigade Grautoff (welche auch das «sozialdemokratische» Regiment Reichstag einschloss).[116] Hinzu kam die oben erwähnte Technische Abteilung, zu der wiederum die Fliegende Kraftfahrstaffel Kessel - seine Spitzelorganisation - gehörte.[117] Insgesamt an die 50.000 Mann.[118] Pabsts Stab zog im Mai aus dem Eden-Hotel in die Bendlerstraße. Tür an Tür mit Reichswehrminister Noske.[119] Des kleinen Hauptmanns Truppen waren der zentrale Machtfaktor in der Reichshauptstadt. Und für ihn war klar, dass dieses Korps die Macht für sich beanspruchte. Noske sollte dabei den Diktator spielen. Und wenn er nicht mitmachte, würde man auch ohne ihn zur Tat schreiten.

116 Aufstellung in: Wirren, 1940, S. 211–215; Ungenau Weipert, Zweite Revolution, S. 180f, Anm. 93, aufgrund unzureichender Literaturkenntnis.

117 Wirren, 1940, S. 227f.

118 Pabst, Memoiren, S. 93, Nachlass Pabst, BA-MA, N620/2. Laut Wirren, S. 123 bzw. 211ff., 40.000 Mann.

119 Pabst, Memoiren, S. 107, Nachlass Pabst, BA-MA, N620/2.

Boykottbewegung und Freiwilligendank

«Gegen die Freiwilligen geht eine starke Empörung durch die Arbeiterklasse», schreibt der Arbeiterführer Ernst Heilmann (SPD) 1919. Jener Heilmann, der - wie Peter Lösche sybillinisch schrieb - bereit war, «auch mit außerparlamentarischen Mitteln die Demokratie zu verteidigen».

Heilmann klagte weiter: «Die Freiwilligen werden als weiße Garde der Reaktion betrachtet und mit den schärfsten Mitteln bekämpft. In tausenden gewerkschaftlichen und politischen Zusammenkünften ist der Beschluss durchgesetzt worden, jeden, der nach dem 1. Mai 1919 noch im Freiwilligenheere in der Reichswehr bleibt für alle Zukunft zu boykottieren und nicht wieder in den Betrieb hereinzulassen, jede Zusammenarbeit mit ihm abzulehnen, ihn ‹zu meiden wie die Pest›.»[120] Offensichtlich wehte dem Pakt aus Sozialdemokratie und Freiwilligen Kampfverbänden inzwischen der Wind ins Gesicht.

Zwar speisten sich die etwa 400.000 Mitglieder der Freikorps aus Offizieren, Studenten, Handwerkern, entwurzeltem Kleinbürgertum, arbeitslosen und verwahrlosten Randgruppen der Arbeiterschaft. Doch wurde die so genannte Boykottbewegung nicht nur von der SPD-Spitze als Bedrohung empfunden. Auch die führenden Militärs waren sich klar darüber, dass durch diese Haltung die «Überführung in bürgerliche Berufe sehr erschwert»[121] würde.

Am 6. April 1919 beschloss der Bezirksparteitag der SPD von Berlin, dass im Vorwärts keine Inserate mehr mit Freikorpswerbung aufgenommen werden sollten.[122] Bis dahin war im Zentralorgan dazu seit Februar massenhaft aufgerufen worden.

Am 9. April 1919 wandte sich Noske in einem Befehl an die Abteilung Lüttwitz. Die ihm «unterstellten Freiwilligentruppen» würden «von radikaler Seite in ganz besonders unerhörter Weise geschmäht. Die Reichsregierung verurteilt diese verbrecherische Tätigkeit ihrer Gegner aufs schärfste.» Noske vergaß hinzuzufügen, dass es sich bei den Gegnern um seine eigenen Parteigenossen an der Basis und in den Gewerkschaften handelte. Noske gab seinen Truppen «die bestimmteste Garantie», dass sie «in keiner Weise in ihren staatsbürgerlichen

120 Heilmann, Noskegarde, S. 3.

121 Brief von Hofmanns an das Generalkommando Lüttwitz, in: Mitteilungen des GKSK, hrsg. vom Korps-Vertrauensrate, 1. Jg., 14.5.1919, Nr. 6 im BA-SAPMO, NY 4035/2 Bl. 158, (S. 6).

122 Vorwärts, Nr. 174 vom 7.4.1919; Wette, Noske, S. 448.

Rechten geschmälert werden».[123] Und er sprach den Freiwilligen nochmals seinen Dank aus.

Am 23. April betonte er bei einer Besichtigung von Freikorpstruppen auf dem Danziger Festungsgelände: «Ich weiß, dass gewisse Kreise», wieder ist auch die eigene Partei gemeint, «in den Freiwilligenverbänden und in der neu zu bildenden Reichswehr eine Gefahr für die Arbeiterschaft und die neu gewonnenen Freiheiten sehen.» Nochmals betonte er, seine Truppen gegen den Boykott «mit allen mir zur Verfügung stehenden Mitteln» in Schutz zu nehmen. Noske versprach vor allem den aktiven Unteroffizieren, sie «sobald wieder ruhige Verhältnisse eingetreten sind» ins Zivil- und in ein «befriedigendes Leben» zu führen. Noske war stolz auf seine Truppen, die «unser Vaterland wieder zu Ruhe und Ordnung zurückbringen» und forderte nicht nur «den richtigen militärischen Geist», sondern «noch höheres Pflichtbewusstsein und noch festere militärische Disziplin». Er versprach ihnen dafür, dass «unsere Heimat einer glücklicheren Zukunft entgegensieht. Die Treue, die Sie dem Vaterlande beweisen, soll durch Treue vergolten werden.»[124] Noske lehnte sich hier sehr weit aus dem Fenster. Wer Treue und «bestimmteste Garantie» versprach, musste sie auch halten.

Am 25. April 1919 stellte der Initiator der Technischen Abteilung, die zu diesem Zeitpunkt noch unter Pabsts Fittichen im GKSK firmierte, Lummitzsch[125] ebenfalls Gefahr für den Geist der Freikorps fest:

«Die Freiwilligenverbände werden offenbar von einem Teil des Bürgertums als das notwendige Übel einer schweren Zeit ertragen, von einem großen Teil der Bevölkerung aber sogar mit fanatischem Hass verfolgt.»[126]

Das Wort «ertragen» steht hier nicht in Anführungszeichen. Man war sich also durchaus klar, welche Spur, um nicht zu sagen Blutspur man hinterließ und wie dies in großen Teilen der Bevölkerung ankam.

Lummitzsch, in Erahnung der Tatsache, dass die Zeiten der Truppen, «die unter der Führung des Reichswehrministers Noske das deutsche Vaterland in schwerer Zeit vor dem Schrecken des Bolschewismus mehrfach errettet haben», gezählt sein könnten, forderte nun einen so

123 Wortlaut des Befehls vom 9.4.1919, in: Mitteilungen des GKSK, hrsg. vom Korps-Vertrauensrat, 1. Jg., 14.5.1919, Nr. 6 im BA-SAPMO, NY 4035/2 Bl. 158, (S.4).

124 Ebd., S. 4.

125 Zu Lummitzsch siehe Linhardt, Technische Nothilfe, S. 59ff.

126 Entwurf des «Freiwilligendanks», GKSD, Techn. Abt, «Geheim», Nachlass Pabst, BA-SAPMO, NY 4035/2 Bl. 18–21.

genannten «Freiwilligendank». Die Freiwilligen sollten in Umsetzung von Noskes Treue-Versprechen:

1. in bürgerlichen Berufen untergebracht werden und
2. Siedlungsrechte erhalten[127].

Als Siedlungsflächen nahm man ehemalige Truppenübungsplätze ins Visier. Der «Freiwilligendank» war dazu ausersehen, als Führungsorganisation die nun als Bauern mit «Haus und Hof, Garten und Land» tätigen Ex-Freikorpsmänner anzuführen und zu «Kommandiertenregimentern» zusammenzustellen. D.h., es sollte ein Reservoir von faschistoiden Wehrbauern entstehen, «dauernd kampf- und einsatzbereit gehalten».[128] Selbstverständlich wurde hierbei weiblicher Beistand benötigt: «Auch die Soldatenfrau ist auf Mustergütern des Freiwilligendanks mit den Pflichten einer Landmannsfrau (sic!) bekannt zu machen.»[129]

Werbeplakat für den Freiwilligendank

Lummitzsch wies nochmals darauf hin, dass Noske in Danzig «Treue um Treue» versprochen hatte.[130]

Am 5. Mai 1919, die Räterepublik in München war gerade blutig zerschlagen, kündigte Pabsts vorgesetzter General Hofmann Noske an, dass man «veranlasst durch die Boykottbewegung» einen Vorschlag zur «Überführung der Freiwilligen in die Landwirtschaft» ausarbeite und nahm dafür den «Gasübungsplatz Breloh und den Truppenübungsplatz Munsterlager»[131] ins Visier. Noch wusste man nicht, was aus Versailles an Unbillen auf die Freiwilligen zukommen sollte.

Am 7. Mai fand eine Konferenz der Militärs mit Noske statt, an der auch Pabst und Hofmann teilnahmen. Man beschäftigte sich mit

127 Ebd., Bl. 19.
128 Ebd., Bl. 20.
129 Ebd., Bl. 20.
130 Ebd., Bl. 19; siehe auch Linhardt, Technische Nothilfe, S. 75.
131 Brief von Hofmann an Noske, Nachlass Pabst, BA-SAPMO, NY 4035/2, Bl. 5.

den Boykottbeschlüssen von vorausgegangenen Gewerkschaftsversammlungen. Noske «gab seiner tiefsten Entrüstung Ausdruck über den schamlosen Terror». Er meinte natürlich nicht das Vorgehen seiner Freikorps in München, sondern die Gewerkschaftsbasis, die die Absicht habe, Freikorpsmitglieder «auf die Straße zu setzen und dem Hunger preiszugeben». Er erklärte, dass «die Beschlüsse, die darauf abzielen, Deutschlands jetzige Wehrmacht zu zertrümmern, objektiv Landesverrat bedeuten». Wieder lehnte sich Noske ganz weit aus dem Fenster und flocht ein, «Deutschland befinde sich noch im Kriegszustand». Man würde die Boykottierung «mit allen ihr zu Gebote stehenden Machtmitteln»[132] verhindern. Was nichts anderes – der Belagerungszustand galt ja noch immer – [133] als die Androhung bedeutete, die Boykottler wegen «Landesverrats» ins Zuchthaus zu werfen. Notfalls konnte auch auf eine Erneuerung des Pabst/Noske-Mordbefehls zurückgegriffen werden – der ja sowieso schon als «Gewohnheitsrecht» praktiziert und ausgedehnt wurde.

Schon vorher hatte Noske Arbeiterräten, die die Entlassung von Freikorpsangehörigen gefordert hatten, mit Verhaftung gedroht und Gewerkschaftern klargemacht, dass sie hier nicht die Beschlüsse ihrer Basis umzusetzen hätten, sondern «soviel Einfluss haben müssten, um unzulässige Beschlüsse in ihren Versammlungen zu verhüten». Demokratie hin, Demokratie her. Wenn es darauf ankam, entschied Noske, der es nicht zulassen konnte, dass seine Truppen, die zu diesem Zeitpunkt schon längst im Blut wateten, in ihren von ihm zugesicherten staatsbürgerlichen Tötungsrechten eingeschränkt würden.

Noske erließ «eine Verfügung, die den Boykott früherer Reichswehrangehöriger unter schwere Strafe stellte».[134] Der Boykott wurde von den ängstlichen Gewerkschaftern offiziell eingestellt. Ganz aufgehört habe es nicht, so Noske.[135]

Doch neue Unbill kam auf ihn zu, es galt den Parteitag der SPD im Juni zu überstehen. Hier traf ihn heftige Kritik der Parteibasis, die Noskes Rücktritt forderte. Doch Noske überstand auch dies. Der Trick: In seiner Verteidigungsrede wies er auf Kontakte des Ex-Volksbeauftrag-

---

132 Zitate aus einem Bericht, in: Mitteilungen des GKSK, hrsg. vom Korps-Vertrauensrate, 1. Jg., 14.5.1919, Nr. 6 im BA-SAPMO, NY 4035/2 Bl. 158, (S. 6).

133 Alte Reichskanzlei (AdR), Kabinett Bauer, Dok. 13, S. 51, Anm. 5 und Dok. 70, S. 278f.

134 Noske, Kiel, S. 121.

135 Ebd., S. 121; siehe auch Paulus, Freikorps, S. 689, Anm. 17.

ten Emil Barth (USPD) mit der GKSD hin. Barth gelüste es «nach meinen Kanonen (hört, hört, Heiterkeit)». Er habe nämlich mit der GKSD drei Stunden verhandelt und diese davon zu überzeugen versucht, den Unabhängigen beim Sturz der Regierung zu dienen. Tatsächlich musste Barth - den offensichtlich eine Hassliebe mit Pabst verband - mit Hofmann gesprochen haben. Barth gab schließlich eine Erklärung ab, dass er dies getan hatte, ohne den Vorstand der USPD zu informieren, und dass nicht über den Sturz der Regierung geredet worden sei.[136] Offensichtlich glaubte Barth aber tatsächlich, in Pabst einen Bündnispartner finden zu können, wobei er bei dem eisernen Antibolschewisten aber auf Granit stieß. Die USPD distanzierte sich sofort von Barths Bemühungen, denn «die revolutionäre Arbeiterschaft weiß, dass sie in ihren Kämpfen für Sozialisierung und Freiheit, keinen schlimmeren Gegner hat als die Söldnertruppen, die Offizierskamarilla und den Reichswehrminister Noske».[137]

Gleichwohl schlug die Mitteilung Noskes auf dem Parteitag «wie eine Bombe ein»[138] und brachte die SPD-Mitglieder rasch dazu, von ihm abzulassen und sich die USPD als Sündenbock zu suchen. Vermutlich hätte sich Noske auch ohne diesen Hinweis halten können, denn sämtliche Anträge gegen ihn wurden mit großer Mehrheit abgeschmettert. Offensichtlich fand sich die Basis von SPD und Gewerkschaften inzwischen mit den Methoden der Führungsoligarchie ab bzw. begrub der einfache SPD-Mann manche konkrete Utopie jenseits von Noskes Militarismus. Gehen musste der erste sozialdemokratische Wehrminister erst, als es zu spät war.

Versailles

Doch mit einer anderen Macht konnte der autoritäre Charakter Noske nicht so umspringen. Am selben Tag, als er sich mit den Militärs wegen der Boykottbewegung traf, geriet die «jetzige Wehrmacht» von alliierter Seite in Gefahr. Der Entwurf des Versailler Vertrages wurde bekannt.[139]

136 Freiheit vom 12.6.1919 AA und 13.6.1919 MA.

137 Erklärung der USPD vom 12.6.1919, Freiheit vom 13.6.1919, MA.

138 Wette, Noske, S. 455.

139 Erwin Könnemann, Vom Pabst-Putsch im Juli 1919 zum Kapp-Putsch im März 1920. Zur Genesis militärischer Staatsstreiche, in: Revue Internationale d'Histoire Militaire, Nr. 71, Kommission für Militärgeschichte, Potsdam 1989, S. 127; Wette, Noske, S. 461; Mühlhausen, Ebert, S. 256.

Die detaillierten militärischen Bestimmungen dieses Vertrages[140] verlangten die Reduzierung der «jetzigen Wehrmacht» von etwa 500.000 auf 100.000 Mann (plus 15.000 Mann für die Marine) binnen eines knappen Jahres. Rechte Öffentlichkeit und vor allem die Militärs waren geschockt. Dabei hatte man sich lange Zeit großen Illusionen hingegeben, die Alliierten würden moderat mit den Konkursverwaltern der aggressiven Kriegspolitik des Wilhelminischen Reiches umspringen. Insbesondere die Militärs hatten geglaubt, durch das Bündnis mit der rechten SPD-Führung Milde von den ehemaligen Kriegsgegnern zu bekommen. Eine zum Teil scheinheilige Empörungswelle vor allem auch bei der SPD[141] brandete durch das Nachkriegsreich. Eine Protestkundgebung nach der andern folgte landauf, landab. Scheidemann tat seinen berühmten Ausspruch von der Hand, die verdorren müsse, die diesen Friedensvertrag unterschreibe. Nur die USPD gab sich moderat.[142]

Noske sprach davon, dass die Alliierten «ein großes Volk (...) infamiert» hätten und Deutschland wehrlos machen wollten.[143]

Es soll hier nicht die ganze Geschichte um die Annahme des Versailler Vertrages erzählt werden, wichtig ist, wie große Teile des Offizierkorps dies mittels des Kapp-Putsches revidieren wollten.

Pabst warnte am 28. Mai 1919 in einem Brief an die Regierung, den Walther von Lüttwitz, der oberste General der erst einige Wochen alten Reichswehr, unterstützte, vor großer Unruhe in seiner gigantischen Truppe und forderte eine «zufriedenstellende Erklärung» der Regierung über die Unterbringung der Männer in Zivilberufen. Unverhohlen sind auch schon Drohungen beigemischt.[144] Kriegsminister Reinhardt, inzwischen ein weitgehend loyaler «Vernunftrepublikaner», berichtete deswegen am 14. Juni 1919 im Reichskabinett über «Unruhen innerhalb der Freiwilligentruppen».[145]

In den Wochen nach dem 7. Mai 1919 machte die deutsche Regierung Abmilderungsvorschläge, die aber von den Alliierten nicht angenommen wurden. Im Gegenteil, man reagierte am 16. Juni mit einem Ultimatum, das eine Annahme des Vertrages ohne Wenn und Aber

---

140 Nach Könnemann waren 20 Seiten des über 400 Seiten starken Vertragswerkes der Reduzierung des deutschen Militärapparates gewidmet. Könnemann, Pabst-Putsch, S. 128.

141 Wette, Noske, S. 463.

142 Ebd., S. 463f.

143 Noske, Kiel, S. 148.

144 Teilweise abgedruckt in: AdR, Kabinett Scheidemann, S. 453, Anm. 4.

145 Wette, Noske, S. 453.

innerhalb von sieben Tagen forderte, bei Strafe des Einmarsches. Die Regierung der Weimarer Koalition unter Führung der SPD[146] und noch deutlicher Reichspräsident Ebert[147] als auch die Militärs[148] erwogen in diesem Fall militärischen Widerstand, also einen neuen Krieg gegen die Entente. Der sonst als moderat geltende Kriegsminister Reinhardt schlug ein «Ausweichen nach Osten» und damit eine zeitweilige Aufgabe des westlichen Teils des Reiches vor, als auch einen Überfall gegen Polen.[149]

In einer so genannten Kriegsratsitzung vom 19. Juni 1919, zu der Noske alle wichtigen Kommandeure lud, wollte er wissen, ob die Generäle zu ihm stünden und ob an etwaigen Widerstand gegen die Entente zu denken sei.

Ein nicht nur in der deutschen Militärgeschichte, sondern in der Geschichte überhaupt einmaliges Ereignis. Ein sozialdemokratischer Reichswehrminister befragte dreißig wilhelminische Generäle, Admiräle und Generalstabsoffiziere - zum Großteil Hauptmitverantwortliche am Ausbruch des Ersten Weltkrieges und an den von deutschen Truppen begangenen Verbrechen - was zu tun sei und legte dabei sein eigenes Schicksal in die Hände dieser Männer.[150] In seinen Rechtfertigungsbüchern äußerte er sich, wie Wolfram Wette bemerkte, «in befremdlicher Kürze»[151] über diesen Kriegsrat. Was Noske nicht erwähnte: Er versprach den Militärs, dass im Fall von Philipp Scheidemanns Rücktritt (den dieser angekündigt hatte) er neben seinem Amt des Reichswehrministers auch noch das des Regierungschefs bekomme, also zusätzlich Reichskanzler würde. Nicht Superminister, sondern Superkanzler oder ganz einfach Diktator. Er wollte das aber nur machen, wenn «Führer und Truppe hinter ihm ständen».[152] Oberstleutnant Ernst van den Bergh verstand richtig, dass dies «eine Art Diktatur mit sich brächte».[153] Gro-

146 Ebd., S. 469.
147 Mühlhausen, Ebert, S. 258, 260, 264.
148 Wette, Noske, S. 466ff.
149 Könnemann, Pabst-Putsch, S. 128; Kurt Schützle, Der «Kriegsrat» am 19. Juni 1919, in: Zeitschrift für Militärgeschichte, H 5, 1966, S. 584ff.; Mühlhausen, Ebert, 2006, S. 262; Wette, Noske, S. 466. Mühlhausen und Wette erwähnen den geplanten Angriff auf Polen nicht.
150 Groener selbst, der für die Annahme des Vertrages war, hielt den Kriegsrat für äußerst gefährlich. Groener, Lebenserinnerungen, S. 503.
151 Wette, Noske, S. 471; Noske, Kiel, S. 151; ders.; Erlebtes, S. 105.
152 Schwengler, Völkerrecht, S. 218.
153 BA-MA, N 112/11, S.69; zitiert bei: Schwengler, Völkerrecht, S. 218; Wette, Noske, S. 477.

ener und auch andere Offiziere zogen aus Noskes Ausführungen ebenfalls den Schluss, er stelle sich als Diktator zur Verfügung.[154] Man war freudig erregt und versicherte Noske (ein letztes Mal) die Treue. Mit einem Diktator Noske wollte man sogar den Versailler Vertrag – Ausnahme bildeten die «Schmachparagrafen» – schlucken.

Es war allen klar, dass die Truppen zu schwach sein würden, den Alliierten militärisch entgegenzutreten und dass im Fall einer Neuaufnahme des Krieges mit Aufständen im Proletariat gerechnet werden musste. Aber einige zogen pathetisch (so auch Hindenburg) den «Untergang» einer Annahme vor. Noske verließ schließlich den Kriegsrat, um auf eine Fraktionssitzung zu gehen, während sich zur gleichen Zeit die Militärs nicht einigen konnten, ob man gegen die Regierung vorgehe, wenn sie den Vertrag annehme.

Nach langem Hin und Her wollte die Reichsregierung dann doch unterzeichnen, wenn die so genannten Schmachparagrafen[155] entfielen, also die Forderung nach Auslieferung der Kriegsverbrecher (inklusive Wilhelms II. und Bethmann Hollwegs) und das faktische Eingeständnis der alleinigen Kriegsschuld.[156] Da die Alliierten auch hier (erstmal) nicht mit sich reden ließen, kam es am 23. Juni im Reichskabinett zu einem Noske'schen Kabinettstückchen.

Mit tränenerstickter Stimme klagte er, «eine Besetzung Deutschlands sei der Annahme des Vertrages vorzuziehen», da Letzteres «Chaos und den Verfall der Truppe und damit des Reiches (sic!)» zur Folge haben würde.[157] Gleichzeitig verlor er die Nerven, kündigte seinen Rücktritt an und verließ völlig aus der Fassung geraten den Saal. Dieses Rücktrittsangebot steigerte Noskes Ansehen – trotz seiner prinzipiellen Bereitschaft zu unterzeichnen – nochmals bei den Militärs und ließ natürlich auch deren Erwartungen ansteigen. Am gleichen Tag stimmte Noske im Kabinett – wenige Stunden nach seinem tränenreichen Abgang – wirkungsvoll, aber zweifelsfrei nur zur Schau gegen den Ver-

---

154 BA-MA Nachlass Schleicher, N 42/11, Aufzeichnungen Groener; auch abgedruckt in: AdR, Kabinett Scheidemann, S. 481; siehe auch Pabst, Kapp, S. 830.

155 Es waren dies die Artikel 227–230, die den Kaiser und andere wegen der Kriegsverbrechen in Belgien vor Gericht stellen wollten und der Artikel 231, der das Deutsche Reich zum Kriegsschuldigen erklärte, Horne/Kramer, Kriegsgreuel, S. 481.

156 Mühlhausen, Ebert, 2006, S. 265.

157 Schwengler, Völkerrecht, S. 227, Anm. 472 und Horne/Kramer, Kriegsgreuel, S. 494. Wette, Noske, S. 491 und Miller, Bürde, S. 295f. enthalten uns diese Aussage Noskes vor.

trag.[158] Der Reichswehrführung konnte er nun versichern, «er sei überstimmt worden».[159]

Pabst traute diesem Frieden nicht und traf zusammen mit seinem Kommandeur «Vorbereitungen, um bei einem etwaigen Umfall der Regierung unsere Ankündigung wahr machen zu können, dass wir einen solchen n i c h t dulden würden».[160]

In genau dieser Zeitspanne erneuerte Noske sein Treuegelübde gegenüber den Freikorps und führte aus:

«Die Taten der Vergangenheit geben die Bürgschaft für die Zukunft. Da nach dem Machtspruch der Entente das alte Heer der allgemeinen Wehrpflicht durch eine Freiwilligen-Truppe ersetzt bleiben soll, werden die in der Stunde der Not geschaffenen Freikorps zu einer dauernden Einrichtung des Staates werden. Aber je kleiner die Schar, umso größer die Aufgabe. Bei dem Neuaufbau unseres Vaterlandes werden die Freiwilligen, unsere Reichswehr, Frieden und Freiheit gegen jeden gewaltsamen Eingriff zu schirmen haben. Wer die von Vertretern des ganzen Volkes geschaffene Staatsordnung einzureißen sucht, wer nicht auf Aufbau, sondern auf Zerstörung des Reichs bedacht ist, den muss die eiserne Faust daran hindern, unserem Volke unendlichen Schaden zu tun.»[161]

Dies musste von den Freiwilligen so verstanden werden, als würden die Freikorps, wenn auch in verkleinerter Form, «zu einer dauernden Einrichtung des Staates», also bestehen bleiben. Offensichtlich glaubte Noske selbst daran. Wobei er ein Jahr später – nach der Erfahrung des Kapp-Putsches – eine ganz andere Meinung vertrat: «Eine geworbene Truppe» stelle «eine Polizeitruppe dar, die wie die Erfahrungen gelehrt haben, die Gefahr in sich birgt, eine Prätorianerbande zu werden.»[162]

Erst da nahm auch er das Wort «Bande» in den Mund. Waren die Freikorps für ihn zunächst eine Art Schutzstaffel, die mit «eiserner Faust» frühere Parteigenossen und die Nochparteigenossen an der Basis zur Raison brachten und sie hinderten «unserem Volke unendlichen Schaden zu tun», waren sie jetzt plötzlich gefährdet, ins Bandenwesen abzudriften. Dies, weil sie es gewagt hatten, ihn mit den Waffen zu

158 Wette, Noske, S. 492.

159 Friedrich Stampfer, Die ersten 14 Jahre der Republik, Offenbach 1947, S. 124ff.

160 Ebd., S. 118.

161 Gustav Noske: Meine Gedanken über die Freikorps, aus einer Broschüre zum Jubiläum des Freikorps Lützow 1813–1919, Staatsarchiv München, Staatsanwaltschaft 3082 III, Bl. 421.

162 Noske, Kiel, S. 148.

bedrohen, die er ihnen massenweise und ohne Skrupel gegeben hatte, und weil sie es sich herausgenommen hatten, ihn auf die gleiche Stufe zu stellen wie Luxemburg und Liebknecht, wie Jogiches, Landauer, Kurt Eisner, Levine, Dorrenbach und wie die Ermordeten alle hießen. Dabei hatten die Freikorps seine Rechtsgrundsätze, die im Grunde mit ihren übereinstimmten, nur gegen ihn selbst gewendet: Auf jeden zu schießen, der der Truppe vor die Flinte lief. Die eiserne Faust, die er geschmiedet hatte, war nur ganz knapp an ihm vorbeigeschrammt.

Doch greifen wir nicht vor. Am 24. Juni 1919 gab es nochmals eine Kommandeursbesprechung (die meisten Teilnehmer hatten Generalsrang oder waren wenigstens Oberst), an der auch Pabst, als Hauptmann(!) teilnahm. Mehrere Offiziere erhoben nun schwere Vorwürfe gegen Noske, der ihnen ja mehrfach die Treue gelobt hatte. Lüttwitz erhob schwere Vorwürfe, Ehrhardt erhob schwere Vorwürfe. Doch Pabst blieb relativ ruhig und brachte es auf den Punkt: Das Offizierskorps werde zur Verfügung stehen, «wenn in Zukunft die Gedankengänge der Offiziere auch in der Politik der Regierung ihren Ausdruck fänden».[163]

Es ist dies nur wenig mehr als Ebert am 10. Dezember 1918 beim Einmarsch der Fronttruppen in Berlin versprochen hatte: «Ihr seid die Zukunft.» Und es ist dies nur wenig mehr als das, was auch Noske kurz zuvor über die Rolle der Freikorps beim «Neuaufbau unseres Vaterlandes» versprochen hatte: «Die Treue, die Sie dem Vaterlande beweisen, soll durch Treue vergolten werden.»

Die SPD-Oberen standen bei den Offizieren im Wort, eine militarisierte autoritäre Volksgemeinschaft aufzubauen (mit Freikorps, Einwohnerwehren und Zeitfreiwilligen) und konnten es nicht halten, nicht weil etwa ihnen ihr «rotes Herz» (Harry Graf Kessler) oder die «Heerstraße der parlamentarischen Beratung» (Ebert) entgegenstand, sondern weil da eine höhere Macht, die der Entente war. Die Führung der SPD stand mit dem Rücken zur Wand. Die Offiziere legten Noske sinngemäß folgende Forderungen vor:

1. Keine Auslieferung des Kaisers und der «so genannten Kriegsverbrecher».
2. Keine «Schmähungen» mehr gegen die Truppe «seitens einzelner Mitglieder der Regierungspartei» und der Presse.
3. Rücktritt »besonders missliebiger Regierungsangehöriger»[164].

163 Oertzen, Freikorps, S. 359.
164 Gemeint war offensichtlich Erzberger.

4. Kein «Kuhhandel» mehr. Die Regierung nutze die von der Armee durch «Opfermut (...) eingetretene Lage» nicht, sondern lasse im Gegenteil «die Truppe häufig im Stich».[165]

Noske lehnte eine «eigentliche Diskussion», so behauptet er es jedenfalls später, ab. Er habe die «Herren» vor die Wahl gestellt, «aus dem Dienste zu scheiden oder weiter als Soldat ihre Pflicht zu tun».[166] Einen weiteren Beleg für diese Widerworte gibt es nicht. Auch Noskes Biograf Wolfram Wette bezweifelt hier den Wahrheitsgehalt der Noske'schen Aussage.[167] Zumal er fünf Tage vorher sein politisches Schicksal in die Hand der Militärs gelegt hatte. Die Meldung eines Verbindungsoffiziers nach Bayern gibt daher das Gespräch etwas anders wieder: «Noske bekam bittere Wahrheiten zu hören, z.B. auch über die Haltung des ‹Vorwärts› gegen die Offiziere. Er hat Abhilfe versprochen. Er sieht auch ein, dass jetzt auch allmählich zu schärferen Mitteln zur Beendigung der Revolution gegriffen werden muss.»[168] Und unter Ziffer 2 werden die schärferen Mittel angeführt: «Man will die Dinge weiter treiben lassen, um alle Welt, vor allem die politischen Führer von der Notwendigkeit einer ‹sozialen› Diktatur (vielleicht die Kombination Noske, Heine, Lüttwitz möglich) zu überzeugen. Ein Aufstand wäre direkt willkommen.»[169]

Auch Lüttwitz berichtet nichts von einer Zurechtweisung: «Unter Wahrung der Regierungsautorität versprach Noske, nun erneut mit aller Kraft für Ruhe, Ordnung und Aufnahme der Arbeit einzutreten, auch für die Armee zu sorgen und dabei nötigenfalls vor den schärfs-

165 Ursachen und Folgen, III, S. 532f. Die Version von Lüttwitz (Lüttwitz, Meine Erklärungen zum Kapp-Unternehmen, mit eigenhändiger Unterschrift, Nachlass Luetgebrune, BA-KO, N 1150/27, S. 6 und Lüttwitz, Leitfaden für meine Verteidigung, S. 3f, im Nachlass Bauer BA-KO, N 22/29) weicht in Details ab und nennt Pabst nicht dezidiert als Sprecher. Teilweise auch abgedruckt bei Erger, Kapp, Dok. 2, S. 304.

166 Noske, Kiel, S. 155; Volkmann, Revolution, S. 317f. berichtet nichts von einer Zurechtweisung durch Noske. Schwengler, Völkerrecht, S. 235 folgt Noske weitgehend.

167 Wette, Noske, S. 500, Anm. 216.

168 Meldung des bayerischen Verbindungsoffiziers beim Reichswehr-Gruppenkommando I, Major Wilhelm Adam, an den Chef der Armee-Abteilung im bayerischen Ministerium für militärische Angelegenheiten, Major Hermann von Leeb, über die politische Lage, vom 25.6.1919, in: Hürten, Revolution und Kapp-Putsch, S 156.

169 Ebd.

ten Mitteln nicht zurückzuschrecken.»[170] Zwei Tage vorher hatte Noske General Maercker versichert: «Er habe die Schweinerei jetzt auch satt.»[171] Was Maercker als Zustimmung zu einer Noske-Diktatur auffasste.

Am 28. Juni 1919 kam es schließlich zur bedingungslosen Annahme des Versailler Vertrages. Noske trat nicht zurück, wurde aber weder Reichskanzler noch Diktator. Ebert konnte es sich vor seiner Basis schlicht nicht leisten, den verhassten Noske in ein solches Amt zu heben. Schon am Tag nach dem Kriegsrat hatte Ebert deswegen gegenüber Groener geäußert: «Dass für das Fallenlassen der Kombination Noske [Reichswehrminister und Reichskanzler, K.G.] (...) auch die Sorge maßgebend gewesen sei, seine Ministerpräsidentschaft [so hieß zu dieser Zeit der Regierungschef, danach wieder ‹Reichskanzler›, K.G.] würde auf die Arbeiterschaft provozierend wirken. Dieser Grund war allerdings nicht von der Hand zu weisen.»[172] Ebert hatte sich allerdings ausbedungen, Noske für «spätere, eventuell noch schwierigere Situationen aufzusparen».[173]

Pabst jedoch schlug nun in einer Denkschrift[174] plötzlich moderate Töne an. Offensichtlich machte er sich Hoffnungen, dass, wie Noske verkündet hatte, die Freikorps bleiben konnten und dass das Heer und damit auch die Freikorps nur auf 200.000[175] und nicht auf 100.000 Mann reduziert werden müsste.

---

170 Lüttwitz, Meine Erklärungen zum Kapp-Unternehmen, mit eigenhändiger Unterschrift, Nachlass Luetgebrune, BA-KO, N 1150/27, S. 6.

171 Maercker, Kaiserheer, S. 289; Volkmann, Revolution, S. 300; Wette, Noske, S. 483.

172 BA-MA, Nachlass Schleicher, N 42/12, Bl. 95, auch abgedruckt als «Aufzeichnungen des 1. Generalquartiermeisters über die Tage in Weimar», in: AdR, Kabinett Scheidemann, Dok. 114, S. 476–492, hier 482, auch 490f. siehe dazu auch: Mühlhausen, Ebert, S. 268; Wette, Noske, S. 482.

173 BA-MA, Nachlass Schleicher N 42/12, Bl. 141; siehe auch Könnemann, Pabst-Putsch, S. 128. Diese Äußerung Groeners fand ihren Weg nicht in die Edition des «Kabinetts Scheidemann».

174 Richtlinien für den Aufbau des Zeitfreiwilligensystems, 1. Generalstabsoffizier der GKSK, Nachlass Pabst, BA-SAPMO, NY 4035/2, Bl. 116–118.

175 Aussage Noske vom 10.12.1921 im Jagowprozess, Nachlass Luetgebrune, BA-KO, N 1150/26, S. 293 RS; Noske, Kiel, S. 168.

Zeitfreiwillige

Pabst hatte selbstverständlich auch gleich ein Konzept parat: Das Zeitfreiwilligensystem sei «auf das ganze Reich auszudehnen».[176] In einem weiteren als «streng geheim» deklarierten Papier führte Pabst aus, dass durchaus die Möglichkeit bestünde, dass die Entente «mit einer gewissen Aufrechterhaltung des Einwohner- und Zeitfreiwilligensystems sich einverstanden erklärt». Weniger wahrscheinlich sei es aber, dass die Alliierten «sich einer irgendwie wesentlichen Vermehrung des uns zugebilligten Waffenbestandes» zustimmten. Pabst plante deswegen, den Zeitfreiwilligen ihre Waffen mit nach Hause zu geben und zusätzlich noch «Waffendepots über das ganze Land verteilt zu schaffen».[177] Es war hier also eine Art geheime rechte Milizarmee geplant. Zusammengenommen ist dies der Versuch, trotz des Versailler Vertrages eine komplett durchmilitarisierte Gesellschaft zu schaffen:

200.000-Mann-Heer, militarisierte Polizei mit 100.000 Mann sowie bewaffnete Technische Nothilfe gegen Streiks sowie Einwohnerwehren plus reichsweite Zeitfreiwillige und militärisch organisierte Wehrbauern, damit wäre man auf weit über 1.000.000 Bewaffnete gekommen. Zu allen diesen Plänen gaben Noske und die SPD-Oberen ihren Segen oder behinderten sie nicht.[178] Wäre dies alles nicht auf den entschiedenen Widerstand der Alliierten gestoßen, die letztlich - wenn auch zeitverzögert - das 100.000-Mann-Heer und die Auflösung aller Zeitfreiwilligenverbände durchsetzten, hätte sich hier schon sehr früh eine faschistisch-militaristische Gesellschaft[179] mit Hilfe Eberts, Noskes, Heines bzw. Severings (alle SPD) etabliert. Es ist also auch der Entente zu verdanken, dass die Weimarer Republik nicht schon früher in einen faschistischen Staat abdriftete.

---

176 Noske macht in einem Schreiben zu den Einwohnerwehren am 5.7.1919 ganz ähnliche Vorschläge. Könnemann, Einwohnerwehren, Dok. 16, S. 373.

177 Papier von Pabst mit «streng geheim!» überschrieben, Nachlass Pabst, BA-SAPMO, NY 4035/2, Bl. 115.

178 Noske, Erlebtes, S. 98; Wette, Noske S. 444.f.; Nußer, Wehrverbände, S. 174; Könnemann, Einwohnerwehren, Dok. 12, S. 364ff. Siehe auch Noskes Befehl zur Aufstellung von Zeitfreiwilligen vom 11.9.1919, Faksimile in: Illustrierte Geschichte der deutschen Revolution, 1929, S. 450.

179 Die sich nun im Verborgenen als «Schwarze Reichswehr» organisieren musste.

Geheime Schubladenverordnungen mit Todesfolge

Aber nicht nur die Verschwörer hielten ihre Pläne unter der Decke. Auch die Weimarer Koalition aus SPD, DDP und Zentrum, seit Januar 1919 im Amt, hatte geheime Pläne, die dann für die Abwehrkämpfe während und nach dem Kapp-Putsch eine wichtige Rolle spielten. Pabsts nach deutsch-militaristischem Brauch im März 1919 entwickelter Schießbefehl führte noch sehr lange ein geheimes Eigenleben und wäre beinahe Teil eines Ausführungsgesetzes der Weimarer Verfassung geworden. Angewandt wurde er sowieso regelmäßig. Doch ohne Rechtsgrundlage. Dies versuchte die SPD nach dem Märzmassaker 1919 in Berlin zu ändern. Aufgrund der Weimarer Verfassung war ein neues Gesetz nötig. Unter dem Druck Noskes hielt man das alte Gesetz über den Belagerungszustand von 1851 außerdem für zu stumpf. Die Preußen schossen der SPD-Führung nicht schnell genug. Deswegen ließ man im Juli 1919 Entwürfe zu einem neuen Gesetz über den Belagerungszustand als Ausführungsgesetz des Artikels 48 der Weimarer Verfassung anfertigen. Darin ging nun, im Gegensatz zum alten Gesetz, beim einfachen Belagerungszustand (jetzt: Ausnahmezustand) schon die vollziehende Gewalt von den Zivilbehörden auf den Reichswehrminister über (§ 1-5) und es waren «außerordentliche Volksgerichte» vorgesehen (§ 6–10).[180]

Die Regierung, darunter Kanzler Bauer, Reichswehrminister Noske und Innenminister David (alle SPD) sowie Heine, Innenminister für Preußen (auch SPD), verlangte sogar eine Verschärfung, nämlich dass die vorher als Volksgerichte bezeichneten Justizgremien jetzt als «Standgerichte für besondere Tatbestände (Betreffen mit der Waffe in der Hand, Betreffen bei Plünderungen und dergl. (sic!)) vorgesehen werden».[181] Die Strafe dafür: der Tod. Wir erkennen den Pabst/Noskischen Ungeist, der sich anschickte, in einer Regierung mit einem sozialdemokratischen Kanzler Bauer und einem sozialdemokratischen Reichspräsidenten Ebert als Staatsoberhaupt Gesetz zu werden. Und dies, obwohl Pabst nach seinem ersten Putschversuch schon beurlaubt war und obwohl sich die SPD traditionell immer als Gegner der Todesstrafe ausgegeben und bei den Verfassungsberatungen für die Ab-

180 AdR, Kabinett Bauer, Dok. 31, vom 22.7.1919, S. 139, Anm. 5.

181 BA-KO, R 43 I/2698, Bl. 131; AdR, Kabinett Bauer, Dok. 31, vom 22.7.1919, S. 139; Erhard Lucas-Busemann, «Notstand» 1920. Friedrich Ebert und der Mechterstädter Arbeitermord vom 25.3.1920, in: Haffner u. a., Zwecklegenden, S. 195.

schaffung gestimmt hatte.[182] Diese Standgerichte sollten übrigens neben den außerordentlichen Kriegsgerichten (die nur für minderschwere Verbrechen zuständig waren) bestehen und aus drei «unbescholtenen Bürgern», also Laien, und einem Offizier als Vorsitzenden bestehen.[183] Standgericht und Todesstrafe schon für «Plünderungen und dergleichen», wo das Strafgesetzbuch nur Zuchthaus vorsah. Außerdem kam man überein, dass wenn jemand «auf frischer Tat, mit Waffen in der Hand betroffen» würde, das Urteil der Standgerichte nur auf Todesstrafe lauten könne (sic!) und durch Erschießen vollstreckt werden müsse. Berufung oder Revision war nicht möglich.

Immerhin schlug der Reichsjustizminister vor, Letzteres (§6–10) erst beim verschärften Belagerungs- bzw. Ausnahmezustand zuzulassen.[184]

Als Bestätigungsinstanz der Standgerichte war zunächst der Militärbefehlshaber vorgesehen. Also immerhin eine Bestätigungsinstanz. Im März und Mai 1919 war ja willkürlich und ohne Standrecht erschossen worden.

Im August 1919 kam dann eine leichte Abschwächung des Entwurfs. Standgerichts-Todesurteile sollten erst vollstreckt werden, wenn der Reichspräsident von seinem Begnadigungsrecht keinen Gebrauch machen wollte.

Ebert machte außerdem Bedenken gegen die Todesstrafe geltend, ließ sich aber durch die «vehemente Forderung» Noskes umstimmen.[185] Der wollte nicht nur die Standgerichte, sondern auch den Tod eines jeden, der «mit der Waffe in der Hand» angetroffen wurde. Noske wollte auch die Bestätigung durch den Befehlshaber der kämpfenden Truppe, also eine Sofortvollstreckung möglich machen.[186] Es war jener Noske, der noch 1911 gegen solche geheimen Bestimmungen des Militärs protestiert hatte. Und es war genau das, was General Oskar von Watter ein halbes Jahr später fürs Ruhrgebiet fordern sollte.

Am 10. September 1919 beschloss das Kabinett, den Entwurf geheim zu halten und zwar auch vor den Landesregierungen.[187] Man fürchte-

182 Aber von den Bürgerlichen überstimmt worden war.

183 Rintelen, Bauer, S. 205.

184 Kabinettssitzung vom 30.7.1919, AdR, Kabinett Bauer, Dok. 35, S. 152, Anm. 5. Dies geschah dann auch Anfang 1920. Lucas-Busemann, Notstand, S. 197.

185 Mühlhausen, Ebert 2006, S. 725.

186 Kabinettssitzung vom 2.12.1919, AdR, Kabinett Bauer, Dok. 120, S. 451, Anm. 4.

187 Kabinettssitzung vom 30.7.1919, AdR, Kabinett Bauer, Dok. 35, S. 153; Lucas-Busemann, Notstand, S. 16f.

te offensichtlich extremen Widerstand sowohl der Unterschichten als auch der USPD, die ja in einigen Landesregierungen saß.

Wie gesagt, es handelte sich um eine bloße Verordnung, eine der Regelungen, die immer dann aus der Schublade geholt wurde, wenn es die Regierung für nötig hielt. Der einfache Ausnahmezustand für Berlin wurde danach vom März 1919 bis März 1920 praktisch permanent verhängt und auch im übrigen Reich inflationär eingesetzt. Der verschärfte Ausnahmezustand zweimal, insbesondere am 19. März 1919[188]. Dazu kommen wir noch.

Die Verfassung jedoch verlangte ein Reichsgesetz, das nie erlassen wurde. Damit war die Verhängung des Ausnahmezustands per geheimer Schubladenverordnung verfassungswidrig und illegal.[189] Ein Tatbestand, der den Noske-Biografen Wette völlig unberührt lässt und den der Ebert-Biograf Mühlhausen gar nicht sieht.[190]

Welchen Auslegungsspielraum diese geheime Schubladenverordnung zuließ, würde sich während und nach dem Kapp-Putsch noch zeigen.

Der erste Putschversuch

Streiks

Den letzten Ausschlag für den ersten Putschversuch gab ein Verkehrsstreik Ende Juni 1919 in Berlin. Schon bevor dieser losging, hatte Noske befohlen, dass Aufstände «unter rücksichtsloser Anwendung von Waffengewalt» niederzuschlagen seien und dass bei Streiks der Eisenbahn die Durchführung der «notwendigen Transporte» unter «Anwendung von Waffengewalt zu erzwingen» seien.[191] Er drohte mit dem verschärften Belagerungszustand – der einfache galt schon seit dem 2. Mai 1919[192] – und befahl auch, «die führenden Personen zu verhaften».[193] Als am 26. Juni tatsächlich ein «Generalstreik der Eisenbahner» in Berlin einsetzte, verbot ihn Noske schlicht und einfach und ordnete «Arbeitszwang» an.[194] Die noch nicht verabschiedete Verfassung garan-

188 Rintelen, Bauer, S. 204ff, 207ff..

189 Von Walter Mühlhausen nicht erwähnt, Wette behandelt das Thema gar nicht.

190 Mühlhausen, Ebert, 2006, S. 722–727 und 733ff.

191 Noske, Kiel, S. 165.

192 Welcher bis zum 5. Dezember 1919 galt, Wirren, 1940, S. 123.

193 Wirren, 1940, S. 124.

194 Wirren, ebd.

tierte zwar das Streikrecht, aber Noske scherte sich nicht darum. Pabst durfte sogleich im Auftrag Noskes den Streik mit Gewalt brechen.

Der Hauptmann beauftragte die Marinebrigaden 2 (Ehrhardt) und 3 (Loewenfeld)[195], welche uns noch öfter begegnen werden – das Kommando hatte von Loewenfeld persönlich –, Güter- und Personenbahnhöfe zu besetzen. Arbeitsverweigerer sollten mit einem Jahr Haft bestraft werden, Streikposten oder Streikende seien «unter Anwendung rücksichtsloser Waffengewalt» festzunehmen oder «unschädlich zu machen». Weiter wurde von Pabst der Plan verfolgt, durch die Kraftfahrstaffel Kessel die Arbeitsunwilligen aus ihren Wohnungen zu holen und sie unter militärischer Bewachung zu einer Sammelstelle zu führen. Sollten sie dann einem Offizier gegenüber weiter ihre Arbeitsunwilligkeit anzeigen, seien sie nach Moabit zu bringen und durch «außerordentliche Kriegsgerichte» abzuurteilen. Arbeitswillige müssten außerdem unter dauernder militärischer Bewachung arbeiten und sollten auch ihre Freizeit qua «Massenunterbringung» im Angesicht von Gewehrläufen verbringen. Bei Widerstand sei «rücksichtslos von der Waffe Gebrach» zu machen.[196] Das bedeutete Arbeitszwang unter einer Militärdiktatur. Am 28. Juni 1919 marschierten die beiden Marinebrigaden auftragsgemäß in Berlin ein und besetzten die Bahnhöfe.[197] En passant ließ Pabst auch gleich noch den Groß-Berliner Vollzugsrat – ein Rudiment der Revolution – verhaften. Wobei Unterlagen des Vollzugsrates über den Mord an Luxemburg und Liebknecht gleich mitverschwanden.[198] Der eklatante Bruch des Streikrechts durch Noske und Pabst wurde vom neuen Reichskanzler und Ebert-Freund Gustav Bauer (einem ehemaligen Gewerkschaftsführer!) gedeckt. Was beweist, wie mühelos die SPD-Führung sich gegenseitig half, die Bürde der Macht zu ertragen.

Schon am 27. Juni hatten die ehemaligen USPD-Volksbeauftragten Haase und Dittmann Bauer aufgesucht und das Streikverbot Noskes als unrechtmäßig bezeichnet.[199] Bauer, der wie Ebert die Volksgemein-

---

195 Abschrift des Korpsbefehls vom 27.6.1919 des GKSK, im Nachlass Pabst, BA-MA, N 620/3, ohne Paginierung.

196 Ebd.; siehe auch Pabst, Memoiren, S. 126, Nachlass Pabst, BA-MA, N620/2; Wirren, 1940, S. 124f.

197 Ebd., Wirren, S. 124f; Krüger, Ehrhardt, S. 31f.

198 Pabst, Memoiren, S. 126, Nachlass Pabst, BA-MA, N620/2; AdR, Kabinett Bauer, S. 20, Anm. 3.

199 Unterredung Bauer mit Haase und Dittmann, AdR, Kabinett Bauer, Dok. 6, S. 20f.

schaft predigte, die Mobilisierung von «Höchstleistung an Arbeit» durch «Ansammlung neuer deutscher Werte», konnte hierfür die «ewigen Streiks» nicht brauchen. Er rechtfertigte dann Noskes und Pabsts Vorgehen und ließ die zwei ehemaligen Parteifreunde abblitzen[200].

Bei den Eisenbahnern herrschte große Verbitterung über den Noske-Erlass und das Vorgehen der Pabst-Truppen. Die Eisenbahner forderten: Senkung der Lebensmittelpreise, Mitbestimmung bei der Erfassung und Verteilung von Lebensmitteln und die Demokratisierung des Eisenbahnbetriebs.[201] Doch nun protestierte sogar ein von Parteirechten beherrschter Gewerkschaftskongress.[202] Eine Konferenz der gewerkschaftlichen Zentralvorstände, die noch vor der Gewerkschaftskonferenz zusammengetreten war, forderte ebenfalls die Zurücknahme des Erlasses. Noske geriet in die Defensive. Er ließ Pabst, sie saßen ja beide in der Bendlerstraße, mitteilen, es drohe eine Regierungskrise. Die Partei decke ihre Aktionen nicht, sie müssten abgebrochen und die Verbände zurückgezogen werden.[203] Pabst erklärte, das sei unmöglich, das Vertrauen der Truppe in Noske sei durch die Annahme des Friedensvertrages (inklusive der «Schmachparagrafen») erschüttert. Noske verliere damit den letzten Rest an Vertrauen. Noske log und entgegnete ihm, wenn er seine Ämter niederlege, folge ein Reichsminister aus dem linken Flügel der SPD. Was nicht stimmte. Doch Pabst musste murrend gehorchen.[204] Die Rücknahme des Erlasses folgte am nächsten Tag (30. September 1919).[205] Den Streikführern wurde «unter Bewilligung hoher Lohnforderungen nachgegeben».[206]

Die Freikorps und Militärs fühlten sich nunmehr komplett angeschmiert. Der Pakt mit der SPD hatte zwar die soziale Revolution im Wesentlichen zerschlagen, doch der versprochene Freikorps-Militärstaat war am Widerstand der Entente und zuletzt gar an den Gewerkschaften erstmal gescheitert. Überhaupt hatten sich die Siegermächte von diesem Pakt nicht täuschen lassen und gegenüber dem preußisch-deutschen Militarismus keine Milde gezeigt.

Die SPD aber war – das hatte der Verkehrsstreik letztlich bewiesen – für die Interessen Pabsts und den Großteil der wichtigsten Militärs und

200 Zitiert nach Rintelen, Bauer, S. 198f.
201 Die Freiheit vom 29.6.1919, Beilage.
202 Rintelen, Bauer, S. 198.
203 Pabst, Memoiren, S. 127, Nachlass Pabst, BA-MA, N620/2.
204 Pabst, Memoiren, S.127–131, Nachlass Pabst, BA-MA, N620/2.
205 Die Freiheit vom 30.6.1919, MA.
206 Wirren, 1940, S. 124.

Offiziere nicht mehr zu gebrauchen. Man konnte nur noch versuchen, die wenigen für Pabst (und letztlich auch für Lüttwitz und Ludendorff) nützlichen Männer herauszubrechen und mit ihnen einen faschistischen Freikorpsstaat aufzubauen.

Pabst putscht

Pabst war mit seinen Plänen nicht allein. Spätestens seit der Zerschlagung der Münchner Räterepublik schossen Putsch- und Diktaturpläne wie Pilze aus dem Boden. Erstes Objekt der Begierde war dabei Noske. Ihm trauten die Militärs alles zu.

Doch alle verwarfen aus unterschiedlichsten Gründen ihre Pläne. Pabst sollte der Erste sein, der sie zu verwirklichen trachtete. Schließlich war er es gewesen, der – immer in Zusammenarbeit mit der SPD-Führungsriege – das kampfstärkste und radikalste Freikorps kommandierte, der die Führer der Revolution und eine große Anzahl ihrer Anhänger beseitigt hatte. Er war es gewesen, der die Polizei militarisierte, der die Einwohnerwehren aus der Taufe hob und das Zeitfreiwilligensystem entwickelte, der die Technische Abteilung mitkreiert und den Wehrbauernplan unterstützt hatte. Der den Alliierten beinahe eine verdeckte Millionenmilizarmee untergejubelt hätte mit einem kleinen Berufsheer als offizielles Aushängeschild. Pabst war ein Hansdampf in allen Gassen. «Der Kreuz-Bube»[207] der Konterrevolution. Ein großer kleiner Hauptmann, der im Bund mit der SPD-Führung die Basis für einen durchmilitarisierten Führerstaat geschmiedet hatte und der ihn nun auch verwirklichen wollte, eben weil nicht einmal Noske seine Versprechungen hatte halten können.

Am 5. Juli 1919 schlug er dem Reichswehrminister ganz offen eine Militärjunta vor mit Noske als großem Diktator.[208] Offensichtlich hoffte Pabst so noch die anstehende Ratifizierung des Versailler Friedensvertrages zu verhindern. Doch Noske ahnte nun – der Verkehrsstreik und der Parteitag im Juni hatten es ihm gezeigt –, dass die im Kriegsrat von ihm angebotene Führerrolle mit der Basis seiner Partei nicht zu vereinbaren war. Das hätte Noske vielleicht noch gemeistert, aber er wusste gleichzeitig, dass er bei der Arbeiterschaft inzwischen so verhasst war, dass eine Diktatur Noske-Pabst zum Generalstreik und zu seinem Untergang führen würde, «neun Zehntel auch der Mehrheitssozialde-

207 Jones, Gewalt, S. 215f.
208 Volkmann, Revolution, S. 322ff.

mokraten» gegen ihn wären.[209] Noske war gefangen. Er musste einen Rückzieher machen und Pabsts Truppe entmachten.[210]

Nachdem er auf seine Diktator-Rolle verzichtet hatte, blieb ihm auch nichts anderes übrig, als die drei Divisionen mächtige Truppe, die mit ihren 50.000 Mann mindestens halb so stark war wie das von den Alliierten zugestandene Heer, nun dringend zu entflechten.[211]

Doch jetzt sah Pabst sein «Lebenswerk», die Weiße Garde, bedroht und handelte entsprechend. Am 8. Juli 1919 versuchte er Lüttwitz' Stabsoffiziere Major Max von Stockhausen und Major Kurt von Hammerstein-Equord (Lüttwitz' Schwiegersohn) zum Mitmachen beim Staatsstreich zu überreden. Beide lehnten ab und informierten Hans von Seeckt, den Chef des als «Truppenamt» getarnten Großen Generalstabes. Pabst sprach auch mit Major Kurt von Schleicher, der offensichtlich Groener informierte. Groener war nun klar: Pabst «will den kleinen Napoleon spielen». Am gleichen Tag trafen sich die Männer, die bislang im Hintergrund geblieben waren: Ludendorff und Kapp mit den Generälen Friedrich von Loßberg und Otto von Below in Kapps Wohnung. Wolfgang Kapp machte die Generäle mit den Plänen des GKSK bekannt und bedrängte Below «gegen die Regierung loszuschlagen».[212] Der hielt dies für verfrüht. Die Truppe habe nicht genügend Führer in ihrer Hand, «das Volk sei gegen uns!» Below empfahl zwei Jahre zu warten und dann sich an Lüttwitz zu halten.

Am 9. Juli 1919 wiederum beging Noske - ahnungslos, aber in passender Gesellschaft - seinen 52. Geburtstag im Weimarer Schloss Belvedere. Im Kreis der Offiziere des Landesjägerkorps von General Maercker ließ sich Noske bejubeln. Der General hielt eine Lobeshymne auf ihn. Er freue sich, ihn in ihrer Mitte zu sehen wegen seines unerschrockenen und erfolgreichen Eintretens «für die Truppe». Einen Toast wollte Maercker aber nicht aufbringen am Tage der «Ratifizierung des Schmachfriedens».

Gleichwohl herrschte bei der Geburtstagsparty keine Grabesstimmung. Noske machte lustige Bemerkungen über den General, der den Auftrag hatte, die Nationalversammlung mit seinem Freikorps zu

209 Volkmann, Revolution, S. 323; Könnemann, Pabst-Putsch, 1989, S. 128,

210 Volkmann, Revolution, S. 324.

211 Noske gibt an, daraufhin die GKSK auf andere Truppenteile aufgeteilt zu haben, Brammer, Verfassungsgrundlagen, S. 17; Noske, Kapp, S. 199f.; Oertzen, Freikorps, S. 362 irrt nach Erger, Kapp, S. 36.

212 Aufzeichnungen Below, BA-MA, Nachlass Below N 87/35, Könnemann/Schulze (Hrsg.) 2002, Dok. 8, S. 13f.

schützen - die Soldatenräte, die das ebenfalls hatten machen wollen, waren verjagt worden. Maercker, so das Geburtstagskind Noske, sei ein Städtebezwinger, womit er «scherzweise» auf die Rolle Maerckers bei der blutigen Zerschlagung der Revolution «in bis jetzt über 20 Städte(n)» anspielte. Schon kurz zuvor hatte Noske General von Seeckt in Sektlaune bescheinigt, dass dieser die Reichswehr «aus der parlamentarischen Drecklinie» halten wolle, so sprach der Reichswehrminister über das Parlament. Noske bekam von seinen Offizieren einen «silbernen Bleistift mit eingraviertem Eichenlaubkragenzeichen des Landesjägerkorps» geschenkt und betonte nochmals, dass er ihnen als Reichswehrminister noch längere Zeit erhalten bleibe und er trotz Versailles «für die Freikorps eintreten werde».[213]

Generalmajor Maercker 1920

Doch während er den Bestand seiner präfaschistischen Schutztruppe weiter bewahren wollte, waren andere dabei, sie ihm abspenstig zu machen, denn wenige Tage nach Noskes Geburtstagsgrüßen trat der eben entlassene und verbitterte Oberst a. D. Max Bauer[214] - einer der Organisatoren des Gaskrieges im Ersten Weltkrieg[215] - an den «Städtebezwinger» heran und forderte ihn auf, mit seinen Landesjägern die Nationalversammlung zu bezwingen bzw. zu verjagen.[216]

Oberst Bauer war mit Pabst befreundet, sie hatten in Berlin im gleichen Haus gewohnt,[217] und beide gehörten zur «Verschwörertruppe»

---

213 Alles nach Böhm, Adjutant, S. 155; siehe auch Kristen, Leben in Manneszucht, S. 233ff.

214 Vogt, Bauer, S. 206f.

215 Nachlass Oberst Max Bauer BA-KO, N 1022/1e, Denkschrift über den Gaskrieg, vermutlich Herbst 1915.

216 Ebd., S. 213.

217 Ebd., S. 652, Anm. 2. Vogt dürfte diese Information von Pabst haben, Brief Pabst an Regierungsdirektor Körner, vom 14.7.1965. Nachlass Pabst, BA-MA, N 620/20, ohne Paginierung.

um Ludendorff – der heimlichen Zentralgestalt des kommenden Putsches, fast eine Art Dr. Mabuse des Frühfaschismus –, dessen engster Mitarbeiter zudem Bauer war. Kapp und Lüttwitz müssen auch zu dieser Truppe gezählt werden. Am 8. Juli 1919 waren auch sie zusammengetroffen. Allerdings hatte die Gruppe keinen Plan für ein einheitliches Vorgehen. Pabst preschte nun vor. Er wollte endlich «Schluss machen» und seinen Waffenrock von der «parlamentarischen Drecklinie» der Demokratie befreien.

In einer «Verschwörungsbesprechung» (Groener) mit den prinzipiell putschwilligen Generälen Lüttwitz, Below und Loßberg wurde Pabst nun Unterstützung zugesagt. Es war der gleiche Tag, an dem Noske seinen Geburtstag feierte und sich von Maercker und seinen Offizieren hatte hochleben lassen. Doch Seeckt, der ebenfalls an der «Verschwörungsbesprechung» teilnahm und sich gleichfalls ein Direktorium, eine Diktatur wünschte, war überzeugt davon, dass rein militärische Revolten misslingen müssten. Eine nicht ganz falsche Einschätzung. Seeckt jedenfalls war vom militärischen Ungehorsam Pabsts nicht sehr erfreut und ging gegen ihn in Stellung. Er habe den Hauptmann «wegen seiner törichten Ideen in der schärfsten Weise zur Rede gestellt u. ihm angedroht, ihn verhaften zu lassen, wenn er dumme Streiche mache. Pabst soll komplett größenwahnsinnig geworden sein.» Schreibt Groener am 9. Juli 1919 in sein Tagebuch. Auch Loßberg und von Below hätten «das Schlachtfeld gekränkt verlassen».[218] Nach Pabsts Angaben sei Seeckt innerlich nicht abgeneigt gewesen, habe aber wegen der Entwicklung im Ausland und des falschen Zeitpunktes nicht mitgemacht.[219]

Nun waren aber Pabst und seine Putschfreunde tatsächlich nicht untätig gewesen und hatten auch im Ausland vorgefühlt. Bauer hatte am 5. Juli mit Colonel Ryan, dem Chef des Stabes des britischen Militärgouverneurs in Köln, Gespräche geführt[220]. Sie hofften auf eine ähnliche Bolschewismusfurcht der Alliierten wie bei ihnen und argumentierten: Die Auflösung des GKSK führe zu einer Bolschewisierung Deutschlands und gefährde damit die Erfüllung des Versailler Vertrages.

Bauer legte Ryan dar, dass in Bälde mit einer Aktion der GKSK zu rechnen, diese aber nicht als Wiederaufrichtung des Militarismus zu verstehen sei. Inoffiziell erklärte sich Ryan mit der Aktion einverstan-

---

218 Groener, Tagebuch, Bl. 16RS–108RS, BA-MA, N 46/25, gekürzt als Dok. 5, bei Erger, Kapp, S. 305f.; Könnemann, Pabst-Putsch, S. 128.

219 Mitteilung Pabst an Erger, Erger, Kapp, S. 36.

220 Könnemann, Pabst-Putsch, S. 131.

den, wenn sie dazu diene, in Deutschland wieder «Ruhe und Ordnung herzustellen». Ludendorff solle sich jedoch nicht offiziell, sondern nur inoffiziell an der Aktion beteiligen.[221] Was dessen Intention entsprach.

Allerdings war es eine recht absurde Vorstellung der Putschisten, man könne über einen Colonel eines alliierten Stabes das Verhalten der Entente beeinflussen.[222] Wie auch immer. Pabst ließ sich auch durch Seeckts Abkanzelung nicht beirren, ging nicht in den Urlaub, sondern machte weiter dumme Streiche.[223] Pabst überredete seinen Kommandeur von Hofmann die Aufteilungsordre Noskes nicht zu befolgen.[224] Was dieser auch tat. Und er trommelte alle Kommandeure des GKSK zusammen, machte ihnen klar, dass ihre konterrevolutionäre Truppe zerlegt werden und damit ihre Schlagkraft verlieren sollte und vereinbarte mit ihnen am 12. Juli 1919, in die Offensive zu gehen.

Man formulierte ein Ultimatum mit drei Forderungen an die Reichsregierung, die «innerhalb einer Frist von 6 Stunden» anzunehmen seien und bat den offiziellen Kommandeur von Hofmann, sie über Lüttwitz durchzureichen:

1. Das GKSK wird nicht aufgelöst,
2. Es gibt eine Sicherungs-Garantie für alle ins Zivilleben Entlassenen und
3. «Die Truppe verlangt daher eine Umformung der Reichsregierung derart, dass unter dem bisherigen Reichspräsidenten eine starke Regierung aus Bürgerlichen und Mehrheitssozialistischen Kreisen etwa in Form eines Direktoriums die Regierungsgewalt übernimmt.»[225]

Unter Eberts Oberaufsicht sollte also eine SPD/Bürgerjunta (Noske?, Heine?, Ernst?, Stresemann?, Schiffer?) die Geschicke der Nation leiten. Reichspräsident Ebert war offensichtlich für Pabst auch ein Mann des Vertrauens, unter dessen Oberaufsicht er sich eine kleine, feine Junta vorstellen konnte. Jedenfalls wollte Pabst dies nun endlich erzwingen.

---

221 Notiz Kapp vom Juli 1919 sowie Entwurf einer Note an die Alliierten, ebenfalls vom Juli 1919, Könnemann/Schulze (Hrsg.) 2002, Dok. 8 und 11, S. 17.

222 Könnemann, Pabst-Putsch, S. 131.

223 BA-SAPMO, Nachlass Pabst, NY 4035/1 Bl. 75 und BA-SAPMO, NY 4035/2 Bl. 17, im Anhang.

224 BA-SAPMO, Nachlass Pabst, NY 4035/1 Bl. 75 im Anhang, sowie Könnemann, Pabst-Putsch, S. 129.

225 Nachlass Pabst, BA-SAPMO, NY 4035/2, Bl. 17.

Es ist nicht bekannt, ob diese Forderungen über «Exzellenz» Lüttwitz die Reichsregierung jemals erreicht haben. Denn Lüttwitz befand sich im Urlaub. Jedenfalls bot sich Pabst kurz darauf die Gelegenheit, eine Demonstration der USPD am 21. Juli 1919 als Vorwand zum Losschlagen zu nutzen[226] und seine Truppen gegen die Regierung in Marsch zu setzen. Ein «spontaner Putschversuch», wie von Hagen Schulze angeführt[227], war es sicher nicht[228]:

Pabst versuchte andere Formationen, «nötigenfalls auch über die Köpfe der höheren Führer hinweg», mit seinem «Demonstrationsmarsch» zum Eingreifen zu zwingen.[229] Oberst Bauer hatte vor, Pabst zuzuarbeiten, da er ja genau einen Tag vorher den «Städtebezwinger» Maercker um das Bezwingen bzw. Verjagen des Parlaments gebeten hatte.

Maercker, der zwei Wochen früher Noske noch beschenkt und gefeiert hatte, weigerte sich, weil er «das Unternehmen für aussichtslos und militärisch für undurchführbar hielt».[230] Was nicht heißt, dass er es für unangemessen hielt. Auch seine Aussagen im Jagow-Prozess zeigen, dass er einer Diktatur nicht grundsätzlich abgeneigt war.

Doch Pabst marschierte nun. Nach einer Version informierte er von Hofmann davon nicht, sondern handelte eigenständig.[231] Nach einer anderen wusste sein Kommandeur Bescheid.[232] Die geplante Verlautbarung beinhaltete Folgendes:

Reichspräsident und Reichskabinett hätten die Forderungen abgelehnt. Sie seien zurückgetreten. Letzteres natürlich in Annahme eines Gelingens des Putsches.

Reinhardt und Groener sollten in Pension geschickt und unter Hausarrest gestellt werden (Letzteres verschweigt Erger höflich)[233]. General Ernst von Oven, der «Befreier» von München, sollte neuer Kriegsminis-

226 Pabst, Memoiren, S. 131, 132; Wette, Noske, S. 512.

227 Schulze, Freikorps, S. 213.

228 Nachlass Bauer, BA-KO, N 1022/29, Bl. 8–10, vollständig bei Könnemann/Schulze (Hrsg.), 2002, Dok. 9, S. 14–16; gekürzt bei Erger, Kapp, Dok. 6, S. 306.

229 Pabst, Kapp, S. 830. Hagen Schulze nutzt diesen Begriff, um verharmlosend mutzumaßen, der Putschversuch habe sich auf Demonstrationsmärsche beschränkt. Schulze, Freikorps, S. 213.

230 Aussage Maercker im Jagow-Prozess, Brammer, Verfassungsgrundlagen, S. 16f.

231 Pabst, Memoiren, S. 121. Pabst bringt hier den zeitlichen Ablauf durcheinander und setzt die Aktion einen Monat zu früh an, Nachlass Pabst, BA-MA, N 620/2.

232 Erger, Kapp, S. 36.

233 Erger, Kapp, S. 36f.

ter werden und von Hofmann - also faktisch Pabst - der Befehlshaber «über die gesamte Wehrmacht Deutschlands». Die von ihm initiierten Einwohnerwehren und die Sipo sollten sich anschließen, ebenso die anderen Truppen im Reich. Zeitungen wären verboten bzw. unter Zensur gestellt worden. Bei Zuwiderhandlungen drohte die Todesstrafe. Das war nach Pabst auch die angemessene Strafe für Streik, Gewalttat, Unruhe oder die Aufforderung dazu, Behinderung von Arbeitswilligen, selbstverständlich auch bei Sabotage, Plündern und sonstigen Gewalttaten, aber auch für bloßes Flugblattverteilen oder Abreißen von Regierungsflugblättern. In Erneuerung seines Morderlasses sah er für Waffenträger der Gegenseite ebenfalls den Tod vor.

Nachdem aber Ebert und Noske nicht wollten oder nichts von ihrem Glück erfuhren, sollte nun Lüttwitz zum Militärdiktator über ganz Deutschland gemacht werden.[234] Für Lüttwitz jedoch kam der Putsch zum falschen Zeitpunkt: Zu früh, zu unvorbereitet und ohne Unterstützung «im Volk» war hier nur ein Desaster programmiert. Der oberste General mit direkter Befehlsgewalt brach seinen Urlaub ab und griff dem Unternehmen in die Zügel. Zusammen mit General Maercker hielt er Pabst in letzter Minute vom Einmarsch in Berlin ab.[235] Lüttwitz bedauerte das später sehr, da er in der Rückschau zur Zeit des NS-Regimes dem «Unternehmen» große Chancen auf Erfolg konstatierte.[236]

Pabst hätte nun eigentlich verhaftet und nach Noskes Rechtsauffassung - würde man sie für die politische Rechte genauso anwenden wie für Links - vor Gericht und dann wegen Hochverrats hingerichtet gehört. Er wurde aber weder verhaftet noch entlassen, sondern nur in Urlaub geschickt. Noske dagegen behauptet, er habe ihn «innerhalb weniger Stunden» entlassen, «sobald ich den Nachweis einer unzulässigen Betätigung hatte».[237] Womit er wohl Pabsts Putschversuch meinte. Jedoch ist dies, wie öfter beim ersten sozialdemokratischen Wehrminister, das Gegenteil der Wahrheit. Pabst wurde Ende November / Anfang Dezember sogar noch für die «Verwendung im Generalstab in

234 Die Erlasse im Nachlass Bauer sind für einen Militärdiktator formuliert, lassen aber offen, wer das sein soll. Gegenüber Erger gab Pabst Lüttwitz als den Auserwählten an. Erger, Kapp, S. 36f.

235 Lüttwitz, Verteidigung, im Nachlass Luetgebrune N 1150/27; Pabst gibt an, auch von Hofmann habe auf ihn eingeredet. Pabst, Memoiren, S. 121, Nachlass Pabst, BA-MA, N620/2.

236 Lüttwitz, Leitfaden, in: Nachlass Bauer, BA-KKO. N 1022/29, S. 118–129 und Lüttwitz, Kampf, S. 84f.

237 Noske, Kiel, S. 200.

Stuttgart bzw. Münster»[238] vorgeschlagen. Seeckt hielt es offensichtlich auch nicht für nötig, Pabst zu entfernen und wollte ihn in einem westdeutschen Stab unter Kontrolle haben.

Doch Pabst lehnte ab und bat bei Lüttwitz um seinen Abschied.[239]

Bitter jedoch war für einen Mann wie Pabst, dass ihm der Majorsrang und die Generalstabsuniform verweigert wurde, um die er gebeten hatte[240]. Die sollte er sich erst später holen. Zu Feinden erklärte er fortan auch die Uniformträger Schleicher und Hammerstein, die ihn bei Seeckt angeschwärzt hatten.[241] Und Groener, den er schon lange wegen seiner (angeblich) zu regierungsfreundlichen Haltung hasste, war nun wie Kriegsminister Reinhardt ebenfalls auf seiner Liste.

---

238 Brief Pabsts an das Reichswehrkommando I, vom 20.12.1919, in: Nachlass Pabst, BA-SAPMO, NY 4035/2, Bl. 2., der die von Pabst gegenüber Erger gemachten Aussagen, Erger, Kapp, S. 38, belegt.

239 Brief Pabst an Lüttwitz vom 3.12.1919, in: Nachlass Pabst, BA-SAPMO, NY 4035/2, Bl. 1.

240 Ebd. Noske hätte ihm sogar den Majorsrang gegönnt und schiebt Pabsts Meuterei auf Bauer, Noske, Kiel, S. 200.

241 Pabst, Memoiren, S. 134, Nachlass Pabst, BA-MA, N620/2.

Die Nationale Vereinigung – Das Putsch-Zentrum

Das GKSK wurde in die Brigaden 15, 30, 31 und 40 aufgeteilt[242] und bildete damit den Kern der Reichswehr[243]. Pabst stand nun ohne bewaffnete Macht und ohne «Ehrenkleid» da. Er hatte entsprechende Rachegedanken.[244] Dies beflügelte ihn jedoch, nunmehr in Zivil das Geschäft der Konterrevolution weiterzubetreiben und eine Zentrale hierfür aufzubauen, dessen Herzstück er werden sollte. Pabst schwang sich zum Organisator einer Verschwörergruppe auf, einer, die es verstand, im Geheimen wie in der Öffentlichkeit eine emsige Aktivität zu entwickeln und die endlich auch der SPD die Rechnung für den 9. November 1918 präsentieren wollte. Um die Zusammenhänge zu begreifen, muss hier nochmals kurz zurückgeblendet werden.

Der Doyen

Am 26. Februar 1919, zwei Tage vor seiner Verhaftung wegen Mordverdachts und noch keine zwei Wochen nach Liebknechts Erschießung «auf der Flucht», musste Kapitänleutnant Horst von Pflugk-Harttung erneut einen Transport mit dem Automobil erledigen. Diesmal galt es jedoch nicht unterwegs jemanden zu ermorden, sondern eine Person als Leibwache zu beschützen. Ein bulliger, niemals lächelnder Mann kam an diesem Tag aus dem schwedischen Exil am Bahnhof an. Es war Pabsts ehemaliger oberster Vorgesetzter und sein großes Vorbild, der Ex-Militärdiktator Deutschlands, General a. D. Erich Ludendorff. Der Feldherr außer Dienst hatte sich witzigerweise mit «Charles Newman»[245] einen englischen Decknamen gegeben und kurz zuvor Friedrich Ebert, inzwischen Reichspräsident, seine Ankunft brieflich angekündigt: «Ich will dem deutschen Volke wieder dienen, wie ich es bisher tat.»

Der Mann, der hier sprach, hatte, als er noch im kühlen Norden weilte, seiner Frau brieflich mitgeteilt, wie er dem deutschen Volke weiter dienen wollte: «Die größte Dummheit der Revolutionäre war

242 Wirren, 1940, S. 123.
243 Gordon, Reichswehr, S. 418.
244 Pabst, Memoiren, S.135, Nachlass Pabst, BA-MA, N620/2.
245 Könnemann, Pabst-Putsch, S. 133.

Erich Ludendorff

es, dass sie uns alle am Leben ließen. Na, ich komme einmal wieder zur Macht, dann gibt's kein Pardon. Mit ruhigem Gewissen würde ich Ebert, Scheidemann und Genossen aufknüpfen lassen und baumeln sehen!»[246]

Die stringente «Analyse» des kurzzeitigen Fahnenflüchtigen hat etwas für sich. Es war offensichtlich ein Fehler der Revolutionäre gewesen, dass sie ihn und seine militärischen Kameraden in den obersten Etagen der OHL am Leben gelassen hatten.

Aber Revolutionäre wie Liebknecht[247], Ledebour und vor allem Luxemburg wollten keinen Terror. Davon abgesehen, hätten sie auch nicht die Macht dazu gehabt, solche Offiziere wie Ludendorff zum «obersten Befehlshaber» abzuberufen. Gleichwohl ist die Analyse Ludendorffs mit einem entscheidenden Doppelfehler belastet: Ebert und Scheidemann waren keine Revolutionäre und sie waren Terror nicht abgeneigt. Vielleicht hatte das Ludendorff bei seiner Rückkehr schon begriffen. Er sah sich wenigstens zeitweise mit Ebert und Scheidemann in einem Boot. «In der Stunde der Not braucht es jede Kraft, die selbstlos nun an die Heimat denkt.» Ebert und Scheidemann, aber vor allem auch Noske dachten - in diesem Sinne - selbstlos an die Heimat.

Deswegen hatte Noske das «Aufknüpfen» von Luxemburg und Liebknecht mit ruhigem Gewissen seinem treuen Pabst überlassen. Ludendorff wurde jedenfalls von Pflugk-Harttung und seinen Kameraden ins Hotel chauffiert und dort mit einer persönlichen Leibwache Pabsts davor bewahrt, nicht doch noch zu baumeln. Pabst schloss da von sich auf «Spartakus» und war sich nicht ganz sicher, ob sie nicht auch auf der Abschussliste stünden. Eine Liste, die es nie gegeben hat. Wie auch immer, Pabst sicherte lieber seinen Lehrmeister.

---

246 Margarete Ludendorff, Ludendorffs Frau, S. 203.

247 Als Stadtkommandant Fischer am 6.1.1919 in die Hände des Revolutionsausschusses geriet, wurde er von Liebknecht wieder auf freien Fuß gesetzt.

Hindenburg- und Ludendorff-Propagandagemälde

Und Scheidemann, inzwischen Reichsministerpräsident der ersten Weimarer Regierung, sah sich bemüßigt, Ludendorff, dessen Entlassung er noch im Oktober 1918 verhindern wollte, anzugreifen. Ludendorff war beleidigt und Scheidemann hatte sich – während der Freikorpsterror im ganzen Land tobte – offiziell nach rechts abgegrenzt.

Als dann aber auch der zweite Mann in dem Ex-Diktator-Duo, nämlich Hindenburg, am 2. Mai 1919, kurz vor der Moabiter Prozesskomödie gegen die Luxemburg- und Liebknecht-Mörderoffiziere der GKSD, offiziell in den Ruhestand versetzt wurde, schrieb ihm die SPD-Führung Elogen.

Ebert sprach ihm für seine «dem Vaterlande während des Krieges und in jetziger Zeit unter großer Aufopferung geleisteten Dienste den unauslöschlichen Dank des deutschen Volkes» aus.[248] Dass der Mann, der hunderttausende von Menschen auf dem Gewissen hatte, «in Treue auf seinem Posten ausgeharrt» habe, werde ihm «das deutsche Volk niemals vergessen».

Und Noske telegrafierte ihm, er werde in der Geschichte fortleben, wie er «als ruhmgekrönter Feldherr unsere Heere im Feindesland geführt» habe. Auch hier der «unauslöschliche Dank des Vaterlandes». Gustav Bauer sprach ihn im Juli 1919, inzwischen Reichskanzler, seinen «unabänderlichen Dank»[249] aus.

248 Mühlhausen, Ebert, 2006, S. 294 und Wette, Noske, S. 522.

249 Noskes und Gustav Bauers Telegramme, in: Vossische Zeitung vom 3.7.1919,

Während die sozialdemokratischen Führungsmänner den späteren Reichspräsidenten, Nachfolger Eberts und noch späteren Steigbügelhalter Hitlers vorerst in den Ruhestand schickten, schickte sich Pabst «unabänderlich» an, Kontakte mit anderen Verschwörern zu knüpfen.

Die Verschwörer in der Schellingstraße 1

Den Generallandschaftsdirektor Wolfgang Kapp kannte Pabst schon vom Januar 1919, als dieser ihn im Eden-Hotel aufgesucht und um Unterstützung für seine Pläne geworben hatte.[250]

Wolfgang Kapp

Kapp und Ludendorff waren zwei Zentralfiguren der Gruppe, die sich ab Herbst 1919 Nationale Vereinigung (NV) nannte. Während Ludendorff als Doyen im Hintergrund sich täglich von Pabst berichten ließ[251], fungierte die «starke Herrennatur»[252] Kapp als Organisator von Geld aus den Beständen der herrschenden Eliten. Als Aufsichtsratsmitglied der Deutschen Bank hatte er beste Kontakte und konnte zahlreiche Geldinstitute von der Unterstützung seiner Sache überzeugen.[253] Zudem verfügte er über intensive Beziehungen zum Nationalen Club, einem gleichfalls im Oktober 1919 gegründeten Verband aus leitenden Bankiers, Industriellen, Ministerialbeamten und Großgrundbesitzern,»[254] mit dem man eng kooperierte.[255] Und dessen Ziel ebenfalls «die Einigkeit im nationalen

---

zitiert nach Rintelen, Bauer, S. 200.

250 Pabst, Kapp, S. 834.

251 Erger, Kapp, S. 86.

252 Pabst, Kapp, S. 834.

253 Ein Dokument aus dem Nachlass Kapp nennt zehn Geldinstitute, die sich allein in Königsberg für die finanzielle Unterstützung von Kapp bereit erklärten, Könnemann/Schulze (Hrsg.), 2002, Dok. 52, S. 84f.

254 AdR, Kabinett Bauer, S. 281, Anm. 2.

255 Pabst, Memoiren, S. 137; Nachlass Pabst, BA-MA, N620/2.

Lager»[256] war. Mitglieder im Nationalen Club waren u.a. Kuno Graf von Westarp, Alfred Hugenberg, Hugo Stinnes, Karl Helfferich und der unvermeidliche Ludendorff. Nachweislich unterstützt wurde die NV von Hugo Stinnes und Geheimrat Carl Duisberg von den Bayer-Werken. Außerdem gab es Verbindungen zur Gutehoffnungshütte, zu MAN und zur Schichau-Werft.[257] Kapp saß außerdem zusammen mit dem ebenfalls putschgeneigten Pfarrer Gottfried Traub im Hauptvorstand der DNVP, der Partei der Großindustrie, die ebenfalls im gleichen Haus ihrem Willensbildungsprozess nachging.

Oberst Bauer, die rechte Hand Ludendorffs, wie Pabst aus dem Dienst gedrängt und entsprechend rachedurstig, bildete mit diesem das Leitungsduo - die eigentlichen Arbeitstiere - innerhalb der Nationalen Vereinigung. Auch Bauer war ein emsiger Geldeintreiber und noch nach dem Kapp-Putsch hatte er die Stirn, vom Mittelsmann des Industriellen Stinnes, Dr. Karl Fehrmann, die Auszahlung der restlichen Raten von den zugesagten 1,5 Millionen Mark zu fordern.[258] Zu Recht bezeichnet Bruno Thoss den Stab der GKSD als «die Keimzelle des Ludendorff-Kreises»[259] und hier der Nationalen Vereinigung.

Oberst Bauer

Aus diesem Stab hatte Pabst sowohl den späteren Wirtschaftsberater Ludendorffs Arnold Rechberg mitgenommen[260] als auch den Leiter seiner Propaganda- und Geheimdienstabteilung Dr. Fritz Grabowsky.

256 zitiert nach: Fricke, Parteien in Deutschland, Bd. 1, S. 342, Anm. 4.

257 Erger, Kapp, S. 97, nach Aussagen von Pabst und der Tochter von Kapp; siehe auch Nachlass Bauer, N 1022/29.

258 Brief Oberst Bauers vom April 1920 an Karl Fehrmann, in: BA-KO, Nachlass Bauer N 1022/28, Bl. 25–26; Könnemann/Schulze (Hrsg.), 2002, Dok. 334, S. 498f; Trebitsch-Lincoln, Abenteurer, S. 192.

259 Thoss, Ludendorff-Kreis, S. 58.

260 Schriftsatz von Pabsts Rechtsanwalt Dr. Siegfied Löwenstein vom 5.1.1925 an die Oberreichsanwaltschaft Leipzig. Nachlass Pabst, BA-SAPMO, NY 4035/3, Bl. 10.

Dieser hatte Kontakt zu «800 größeren Zeitungen»[261] in Deutschland und betrieb sein PR-Geschäft mit großem Geschick.

Ebenfalls aus dem Stab der GKSD stammte der Stiefsohn «Charles Newmans», Heinz Pernet[262], der sich dann später beim Hitler-Putsch im November 1923 in München seine Sporen verdiente. Ein weiterer Kamerad Hitlers und Ludendorffs vor der Feldherrnhalle, der dieses Unternehmen allerdings mit seinem Leben bezahlte, der Baltendeutsche Max Erwin Scheubner-Richter, schloss sich der Gruppe ebenfalls an.

Mit von der Partie war auch der Zahnarzt und Ghostwriter Ludendorffs, Dr. Karl Schnitzler, der ihm Artikel, Erlasse, Gesetze und Aufrufe für die Zukunft schrieb. Wieder entdecken kann man auch Major Franz von Stephani, der beim «Spartakusaufstand» mit der Ermordung der so genannten Vorwärts-Parlamentäre am 10. Januar 1919 und der darauf folgenden Stürmung des Vorwärts-Gebäudes den Ruhm für sich in Anspruch nehmen konnte, als Erster mit dem Massakrieren der Linken begonnen zu haben. Der aus einer jüdischen Familie stammende Stephani beeindruckte mit dieser Leistung, seinem Wirken in der NV und im Ludendorffkreis so sehr, dass er später zum «Ehrenarier» ernannt wurde und SA-Führer werden durfte. Ein weiterer Paradiesvogel der Konterrevolution, eine Figur wie aus einem Groschenroman: Ignaz Trebitsch-Lincoln,[263] der durch Bauer in den Putsch-Zirkel eingeführt wurde.[264]

Last but not least darf auch Korvettenkapitän Hermann Ehrhardt nicht fehlen, der Kommandant der 2. Marinebrigade, die als Teil des GKSKs noch nicht demobilisiert war und nun, nachdem Pabst ohne bewaffnete Macht dastand, die militärische Basis der Verschwörer bildete. Doch auch von sozialdemokratischer Seite gab es Unterstützung. Der Oberpräsident der Provinz Ostpreußen, August Winnig, selbstverständlich ein «besonders kluger Kopf», arbeitete den Verschwörern ebenfalls zu.[265]

---

261 Abteilungsbefehl Nr. 45 des GKSK, Abteilung VIII, 6. Mai 1919, abgedruckt bei Könnemann, Einwohnerwehren, Dok. 12, S. 365.

262 Thoss, Ludendorff-Kreis, S. 59.

263 Trebitsch-Lincoln, Abenteurer, S. 147–225.

264 Und von dem Pabst später behauptete, er habe sich schon früh von ihm distanziert. Siehe Briefwechsel Pabst mit Bauers Sohn 1934, in: N 1022/66, Bl. 109 und 111, und Briefwechsel Pabst mit Theodor Heuss, 8., 14. und 27.6.1961, BA-KO, Nachlass Heuss, N 1221, 251.

265 Pabst, Memoiren, S. 136, Nachlass Pabst, BA-MA, N620/2.

Schon am Ende des Ersten Weltkrieges war es Kapp gelungen eine präfaschistische Sammlungsbewegung aus Militärs, herrschenden Eliten und Industriellen zur so genannten Vaterlandspartei zusammenzufassen und ihr Massencharakter zu verschaffen. Kapp liquidierte nun diese Partei und leitete die vorhandenen Gelder und die Infrastruktur in die Nationale Vereinigung, deren Hauptgeschäftsführer und Organisator Pabst wurde.

August Winnig (SPD), Oberpräsident von Ostpreußen

War die Vaterlandspartei eine Bewegung gesetzter Herren[266] (z.B. dem Vater der Liebknechtmörder, Heinz und Horst Pflugk-Harttung), kamen nun die jüngeren Frontoffiziere[267] hinzu, die Rache für den 9. November 1918 üben wollten. War die Vaterlandspartei bis zuletzt Anhängerin eines Annexions- und Siegfriedens, so wollte die Nationale Vereinigung die Errungenschaften der Novemberrevolution – waren sie auch relativ gering – liquidieren.

Gleichwohl verstand sich die Nationale Vereinigung nicht als Partei. Pabst war ein dezidierter Feind von Parteien. Insofern hatte er auch nie Ambitionen, zum Massenagitator[268] oder Bierkellerredner zu mutieren, wie es zur gleichen Zeit in Bayern Adolf Hitler versuchte. Nein, Pabst kam nun in seine spezifische Rolle als Verschwörer und Putschorganisator. Wobei ihm aus seinem misslungenen Putschversuch im Sommer klar war, dass es ganz ohne Massenunterstützung und rein militärisch nicht funktionieren würde. Die NV war eine Art Dachverband[269] der Konterrevolution, wobei die einzelnen Verbände und Bünde ihre Selbständigkeit behielten. Auch darf man sich die emsigen Aktivitäten der Männer, die in der Schellingstraße in Berlin aus- und eingingen nicht als völlig konspirativ vorstellen. Das Klischee von im Verborgenen arbeitenden dunklen Gestalten trifft hier nicht. Die Nationale Vereini-

266 Stegmann, Erben Bismarcks, S. 497–519.
267 Ausnahme: Oberst Bauer war schon Mitglied der Vaterlandspartei gewesen.
268 Erger, Kapp, S. 86.
269 Könnemann, Pabst-Putsch, S. 133.

gung hatte eine offizielle, sehr publikumswirksame Seite und eine inoffizielle, die am Staatsstreich arbeitete.

Zunächst die offizielle:

Am 1. Dezember 1919 wurde Noske vom preußischen Innenminister auf die Richtlinien der Nationalen Vereinigung hingewiesen. «Diese Richtlinien enthalten immerhin Stellen, die nicht unbedenklich sind.»[270] Noske gibt sie in seinem Buch wieder: Zusammenfassung der gesamten nationalen Bewegung ohne Rücksicht auf Parteizugehörigkeit und nationale Beeinflussung der Truppe der Einwohnerwehren und der Zeitfreiwilligen im «nationalen Sinne».[271]

Nun war dies noch unbedenklich für Noske und seine Freunde. Zumindest richtete es sich nicht dezidiert gegen die SPD-Führung oder die Regierung aus SPD, DDP und Zentrum.

Doch die Ziele der NV waren durchaus noch anderer Natur. Zur Verteidigung und Vertuschung seiner Rolle beim Kapp-Putsch ließ Pabst 1924 von seinem Rechtsanwalt Folgendes verbreiten - wobei die Verquickung von publizistischer und konspirativer Tätigkeit deutlich wird -: Zweck der NV sei die «Zusammenfassung aller nicht international marxistisch eingestellter Männer» - fortan ein Lieblingsthema Pabsts - «zur Bekämpfung des Bolschewismus» und zur «gemeinschaftlichen Behandlung großer nationaler Fragen in der Öffentlichkeit».[272] Im Detail hieß dies Pressearbeit gegen die Auslieferung «der so genannten. Kriegsverbrecher»[273] und abseits der Presse «Sammlung von Geldmitteln zwecks Unterbringung der Auszuliefernden, Ausfindigmachung von geeigneten Quartieren», sowie die «Bereitstellung von Pässen». Man habe dieses Ziel «in Übereinstimmung mit den Bestrebungen des Auswärtigen Amtes verfolgt».[274]

Neben der Pressearbeit im Ausland «zwecks Widerlegung des Schuldbekenntnisses» wird vor allem «die praktische Gegenarbeit» zur «völlig aufgezwungene(n) Wehrlosigkeit» genannt. Und hier war Pabst wieder in seinem alten Fahrwasser. Militarisierung der Gesellschaft trotz Versailles:

---

270 Brief des Innenministeriums vom 1.12.1919 an Noske, in: BA-SAPMO, Nachlass Noske, NY 4056/3, Bl. 20f.

271 Noske, Kiel, S. 201f.

272 Schriftsatz Rechtsanwalt Löwenstein, Nachlass Pabst, BA-SAPMO, NY 4035/3, Bl.4.

273 Siehe dazu auch Pabsts Aussage über Pflugk-Harttung, in: BA-SAPMO, NY 4035/3, Bl. 40.

274 Ebd.

«Aufrechterhaltung einer geheimen, der Entente verborgenen Wehrmacht durch geeignete Unterbringung der zu entlassenden Reichswehrleute und Schaffung der Möglichkeit weiterer militärischer Ausbildung größerer Volkskreise.» Außerdem war die «Heranziehung der Jugend zur Nationalen Vereinigung unter Ausschaltung jeglicher Parteipolitik» vorgesehen.

Auch dies war noch nicht unbedingt konträr zu den Zielen der SPD-Führung , wehrte sich doch auch Noske gegen die «Wehrlosmachung» und wurde doch hier die von Ebert, Bauer und David gern gesehene «nationale und soziale Volksgemeinschaft»[275] propagiert.

Doch wird im obigen Text - denn Pabst wollte damit ja seine Unschuld am Kapp-Putsch belegen - immer noch nicht Tacheles geredet über die originären Ziele. Den eigentlichen Zweck der NV umriss Kapp 1922 nach dem misslungenen Staatsstreich in seinem schwedischen Exil:

«Gründung der Nationalen Vereinigung durch Lange [Pseudonym Ludendorffs, K.G.] unter Leitung von Major Pabst. Zwecke:

1. Militärisch: Sammelpunkt der gutgesinnten, aktionsbereiten nationalen Offiziere - Militärische Organisation der preußischen Provinzen und der Bundesstaaten. Unterbringung der Baltikumtruppen.
2. Politische Propaganda: durch Erweckung der Stimmung und Schaffung eines Resonanzbodens für die Gegenrevolution in der Bevölkerung unter Anlehnung an die Organisationen der Heimat- und Landbünde, der Organisation Escherich in Bayern usw.[276]

Einerseits sollte also der Staatstreich militärisch organisiert, illegale Truppen (Stichwort «Schwarze Reichswehr») übers ganze Land verteilt und von konterrevolutionären Offizieren angeführt werden.

Dabei war beabsichtigt, auch die so genannten Baltikumtruppen zu verwenden. Freikorps, die in den Baltikumstaaten (anfangs im Einverständnis mit den Alliierten) gegen die Rote Armee vorgegangen waren und dabei schlimmste Massaker unter der Zivilbevölkerung angerichtet hatten. «Wir erschlugen, was uns in die Hände fiel, wir verbrannten, was brennbar war. Wir sahen rot, wir hatten nichts mehr von menschlichen Gefühlen im Herzen. Wo wir gehaust hatten, da stöhnte der Boden unter der Vernichtung.»[277]

---

275 Pabst, Kapp, S. 831.
276 Denkschrift Kapp (1922), Könnemann/Schulze (Hrsg.), 2002, Dok. 375, S. 576.
277 Salomon, Die Geächteten, S. 167f.

Otto Lichtschlag

Schließlich mussten auch diese Truppen aufgrund des Druckes der Alliierten – wieder entgegen der Intention der Führungsschicht der SPD und damit der Regierung – demobilisiert werden. Dies wollte die NV verhindern, um die «Baltikumer» für den Putsch verwenden zu können. Teile der Truppen wurden daher als Landarbeiter getarnt auf Gütern in Pommern und der Uckermark einquartiert, die eigentlichen Landarbeiter entlassen.[278] Große Teile der Baltikumer integrierte man in die Marinebrigade Ehrhardt. Pabst hatte Kontakt zum Kommandeur Rüdiger von der Goltz[279] und war in Verbindung mit dem berüchtigten Leutnant Hermann Berchtold in Bayern.[280] Im Westen diente Hauptmann Otto Lichtschlag vom gleichnamigen Freikorps als Verbindungsmann sowie der uns schon bekannte Major Hans von Lützow und sein Freikorps, das bei der Aufteilung des GKSK ins Ruhrgebiet verlegt worden war.[281] Ein ganzes Offiziers-Netzwerk mit permanentem Informationsaustausch wurde hier also aufgebaut.

Andrerseits – dies lernte man aus den fehlgeschlagenen rechten Putschen vom 6. und 10. Dezember 1918, dem Angriff auf die Matrosen am 24. Dezember 1918 und Pabsts ureigenem Putschversuch vom Sommer 1919 – war es nötig bei der dafür anfälligen Bevölkerung einen «Resonanzboden» für die Konterrevolution, eine Massenbasis zu finden. Es war Pabst und der Verschwörergruppe klar, sie mussten an die Jugend,

278 Bericht der Reichszentrale für Heimatdienst, Ende März 1920, Könnemann/Schulze (Hrsg.), 2002, Dok. 310, S. 441ff.

279 Der Kontakt Pabsts lief über Major Josef Bischoff und Leutnant Karl von Borries vom Stab der Eisernen Division, Könnemann/Schulze (Hrsg.), 2002, Dok. 70, 310, S. 112, und Anm. 3, sowie S. 442.

280 Gumbel, Verschwörer, S. 17; Bericht der «Münchner Post», mit Dokumenten, vom 4.4.1920, Könnemann/Schulze (Hrsg.), 2002, Dok. 317, S. 454. In der Münchner Post (und auch bei Könnemann) wird Berchtold allerdings mit Hauptmann Berthold verwechselt, zu dem wir noch kommen.

281 Lucas, Märzrevolution, Bd. 1, S. 74ff., mit Belegen.

sie mussten die studentischen, die kleinbürgerlichen Schichten und Arbeitslosen, ja die Randgruppen der Arbeiterbewegung erreichen, wollten sie ihren geplanten Putsch zum Erfolg führen.

Schon früh war es gelungen auch die DNVP[282] und ihren Führer Karl Helfferich für das Unternehmen zu gewinnen. Es gab geheime Treffen zwischen den rechten Parteien und der NV.

Gustav Stresemann (DVP)

Daran waren nicht nur Mitglieder der DNVP beteiligt, auch die DVP und ihr Frontmann Gustav Stresemann hatten schon früh ein Interesse, die durch die Novemberrevolution an die Macht gekommene SPD zu stürzen. So meldete sich Pabst 1924 aus seinem Exil in Österreich, wo er sich durch die Strafverfolgung im Deutschen Reich in seiner Reisefähigkeit eingeschränkt sah und seine Pension nicht ausbezahlt bekam. Er forderte von den Mitgliedern der Rechtsparteien mehr Einsatz für seine Amnestierung. An den Grafen von Westarp (einem der Mörder der sieben Parlamentäre, die im Januar 1919 den Vorwärts besetzt hatten) schrieb Pabst, er habe es bisher vermieden, einen Druck «in dieser Angelegenheit» auszuüben. Nun aber wollte er alle in die Vorbereitungen des Kapp-Putsches Verstrickten öffentlich machen. Und er nannte Namen, u.a. «Dr. Stresemann».[283] Und betreffs Gustav Stresemann, den späteren Reichskanzler und Außenminister, der ja der gemäßigteren Rechtspartei DVP angehörte, schrieb er an den Hauptgeschäftsführers der DNVP Hans-Erdmann von Lindeiner:

«Anstatt der bei Graf Westarp erwähnten Zugehörigkeit zu dem am 18. Jänner 1920 in der Victoriastraße [der Wohnung Ludendorffs, K.G.]

282 Schreiben von Freytag-Loringhausen (DNVP), in: Ursachen und Folgen, Bd. IV, S. 82f.

283 Brief Pabsts an Westarp vom 15.5.1924, in: BA-SAPMO, R 8005/491 (früher: V 282/1), Materialsammlung zum Kapp-Putsch, Bl. 41.

aufgestellten Neunerausschuss, habe ich mir erlaubt Herrn Stresemann an seine verschiedenen Besprechungen mit mir in seiner Wohnung bezw. in der des Dr. Maretzky zu erinnern, deren Thema im wesentlichen die Beseitigung der November-Verbrecher aus der Regierung zunächst mit Hilfe der GKSD und später mit derjenigen der Exz. v. Lüttwitz unterstehenden Truppen war.»[284]

Oskar Maretzky, wie Stresemann Mitglied der DVP, war sogar von Kapp in den Kreis der Ministerkandidaten aufgenommen worden. Aus Pabsts Drohung ergibt sich jedoch, dass Stresemann schon früh, also zu Zeiten, als Pabst noch mächtiger Herr des GKSK war (Sommer 1919), von einem Putsch gegen die Regierung wusste und ihn auch unterstützte. Zweifellos beflügelte diese Drohung Pabsts die Herren der Rechtsparteien und dezidiert Stresemann – inzwischen Vernunftrepublikaner – sich für eine Amnestie einzusetzen. Pabst konnte vermelden: «Sehr entgegenkommend hat Dr. Stresemann geantwortet.»[285]

Doch Anfang 1920 gerieten die Verschwörer unter Zeitdruck. Es konnten noch so viele rechte und bürgerliche Zeitungen beliefert und regierungsfeindliche Truppenvorträge gehalten, noch so viele wöchentliche Pressekonferenzen abgehalten, noch so zahlreiche Propagandabroschüren verbreitet werden. Es konnten noch so viele Kontakte mit sympathisierenden Politikern, Offizieren und Militärs im ganzen Land geknüpft werden. Der Druck der Alliierten auf Entwaffnung der Freikorps und Zeitfreiwilligen ließ nicht nach.

Außerdem gab es zusätzliche Schwierigkeiten. Nicht alle Rechten und alle Geldgeber aus den herrschenden Eliten waren für den Putsch oder bis ins Letzte eingeweiht. Daher ja auch das offizielle Programm, in dem vom Staatsstreich keine Rede war.

Außerdem schien nach der Liquidierung der Räterepublik in München klar: Die Revolution war geschlagen. So leiteten die herrschenden Eliten ihr Geld lieber in die Kassen der rechten Parteien und gaben sich mit der durch die Arbeitsgemeinschaft und das Stinnes-Legien-Abkommen mühsam arrangierten, aber labilen «sozialen Ruhe» vorerst zufrieden. Vor allem fürchtete man als Reaktion auf einen Rechtsputsch die Einheitsfront der gemäßigten und «radikalen» Linken.[286]

---

284 Brief Pabsts an von Lindeiner, vom 16.5.1924, ebenda, Bl. 37 und 37RS. Zuerst entdeckt hat Doris Kachulle die Bedeutung dieses Briefes, siehe: Kachulle, Pabst, S. 17–20.

285 Brief Pabsts an von Lindeiner, vom 1.7.1924, ebenda, Bl. 13 und 13 RS.

286 Bericht des BASF-Vorstandsmitglieds Dr. Bueb an Dr. Oster, Könnemann/

Außerdem gab es Eifersüchteleien und Animositäten zwischen den unterschiedlichen Fraktionen. So berichtet ein gewisser Lindeiner von der DNVP, selbst früher Mitglied im Stab der GKSD, er habe Dr. Grabowsky in den Räumen der NV getroffen (die DNVP residierte im gleichen Haus, man benutzte die gleiche Telefonzentrale) und habe ihn als unaufrichtig empfunden.[287] Warum, sagte er nicht, es kann durchaus ein antisemitisches Ressentiment gewesen sein. Vom gleichen Menschen war auch der mit den Verschwörern sympathisierende Admiral Adolf von Trotha nicht begeistert, der ihn für einen wirren Polen hielt.

Gleichfalls auf Widerspruch stieß der zur Großspurigkeit neigende Trebitsch-Lincoln, der Protegé von Bauer war. Später distanzierte sich Pabst gegenüber Theodor Heuss von ihm, genauso wie von Rechtsanwalt Bredereck (Nationalverband der Offiziere).

Heuss warf Bredereck vor, dieser sei «in seinem Beruf kriminell vorgegangen».[288] Was durchaus stimmte, schließlich hatte Bredereck zusammen mit Wilhelm Canaris (dem späteren Abwehrchef Hitlers) die in Schweden weilenden Liebknecht-Mörderbrüder Pflugk-Harttung mit Geld versorgt. Pabst konnte Heuss ja nicht gestehen, dass das alles auf sein Betreiben hin geschehen war. Er versicherte 1961 dem ahnungslosen Alt-Bundespräsidenten, dass er die beiden «Bösewichte» Lincoln und Bredereck, sofort nachdem er von der Pressetätigkeit der beiden für die Kapp-Regierung erfahren hatte, ihrer Posten enthoben habe. Apropos Canaris, selbstverständlich gehörte auch er zur Verschwörertruppe. Der Kapitänleutnant, mit Pabst befreundet und als Richter behilflich bei der Vertuschung des Lu-

Wilhelm Canaris (ca. 1924)

Schulze (Hrsg.), 2002, Dok. 151, S. 211-13.

287 Brief des Hauptgeschäftsführers der DNVP Hans-Erdmann von Lindeiner vom 7.12.1921, BA-SAPMO, S. 232/1, Bl. 94–96.

288 Brief Theodor Heuss an Waldemar Pabst vom 14.6.1961, in: BA-KO, Nachlass Heuss, N 1221, 251.

xemburg/Liebknechtmordes, Befreier des Oberleutnant a.D. Vogel aus dem Gefängnis und 1919/20 im Vorzimmer von Noske residierend, war ebenfalls mit dabei. Mehr noch, Canaris ließ die in der Schellingstraße 1 (Sitz der NV) ein- und ausgehenden Industriellen, Partei- und Putschfreunde aus den herrschenden Eliten sogar bespitzeln. Dies berichtet F.W. Heinz, ebenfalls Verschwörer und Bekannter von Pabst[289]. Heinz hat hier wohl sein Handwerk gelernt, denn nach dem II. Weltkrieg wurde er Chef des ersten rein deutschen Geheimdienstes und war direkt Adenauer unterstellt.

Auch wurde die NV «scharf beobachtet»,[290] eine Observation durch preußische Staatsorgane, die allerdings nicht ganz so intensiv ausfiel wie bei den Linken. Noske hatte den Staatskommissar für öffentliche Ordnung Herbert von Berger gebeten, Pabsts Truppe zu überprüfen.

Doch Berger, der mit Pabst gut bekannt war und schon zu Zeiten der GKSD mit ihm zusammengearbeitet hatte, gab Entwarnung bzw. verharmloste, wo es ging. Am 2. Oktober 1919 hielt er in einem Bericht[291] «die Gefahr eines reaktionären Putsches für zur Zeit nicht für drohend». Man verfüge «in diesen Kreisen» über «ungenügende Mittel und Anhängerschaft», Ludendorff sei - das widersprach Bergers Informationen - nicht das Haupt der Gruppe. Auch habe von der Goltz, der immerhin mit dem weißrussischen General (und Judenmörder) Denikin zusammenarbeite und über 40.000 Mann (eben jene Baltikum-Truppen, die Pabst für sich haben wollte) verfügte, Verbindung zu Ludendorff. Man denke aber «nicht an praktische Pläne für die nächste Zeit». In Verbindung mit «gegenrevolutionärer Arbeit» würde auch der Name Pabst genannt. Und obwohl Berger in genau diesem Bericht zum ersten Mal über den versuchten Pabstputsch vom Sommer berichtete, wollte er die jetzigen Putschaktivitäten Pabsts «nur mit großen Fragezeichen» wiedergeben. Die meisten der am damaligen Putschversuch beteiligten Offiziere würden sich ruhig verhalten und von ihnen sei «nichts zu befürchten». Besser konnte Berger Noske und die Reichsregierung nicht irreführen. Warum, werden wir später erörtern.[292]

289 Mueller, Canaris, S. 106.

290 Das Acht-Uhr-Blatt von 1920, zitiert nach Pabst, Kapp, S. 833.

291 Bericht des preußischen Staatskommissariats für die Überwachung der öffentlichen Ordnung vom 2.10.1919, R 43 I/2706, Bl. 171–172, abgedruckt, in: AdR, Kabinett Bauer, Dok. 71, S. 281–284.

292 Siehe auch Pabsts Andeutungen, in: Pabst, Kapp, S. 833.

Noske, der es versäumt hatte, einen ihm loyalen demokratischen Geheimdienst aufzubauen, verspürte nun zu Recht «ein Gefühl von Unbehagen». Auch eine Haussuchung bei der NV blieb ergebnislos, weil «nur oberflächlich durchgeführt»[293], ja, Noske hegte sogar den Verdacht, sie habe gar nicht stattgefunden.

Der Sozialdemokrat und sein Parteigenosse Heine, die ja mit Pabst selbst die Polizei militarisiert und mit den entsprechenden Sympathisanten ausgestattet hatten, brauchten sich nun nicht zu wundern. Jedenfalls musste Noske klar sein, «dass Fäden zwischen der Polizei und den Kappleuten gesponnen waren»[294], nur dass er selbst das Garn dazu Pabst geliefert hatte, wollte ihm nicht einleuchten.

Hauptproblem für Pabst war aber weder die SPD noch die Polizei noch irgendein Geheimdienst. Hauptproblem waren die Alliierten. Pabst klagte schließlich später selbst, dass ihnen die Zeit davonlief. Die Auflösungsorder drängte zum Handeln, obwohl der Aufbau der NV «noch nicht annähernd beendet war, ja im Westen des Reiches noch in den ersten Anfängen steckte».[295] Denn vom «Juni [19]19 wo wir die Arbeit begonnen hatten (sic!), bis zum März [19]20 konnte niemand ein ganzes Reich so durchorganisieren, wie es notwendig gewesen wäre, um wenigstens den größten Teil der Nation mitzureißen».[296]

293 Pabst, Memoiren, S. 139, Nachlass Pabst, BA-MA, N 620/8. Abschriften aus Schnitzlers Tagebuch finden sich im Nachlass Luetgebrune, BA-KO, N 1150/24, Bl. 127ff.; Aktionsplan aus den beschlagnahmten Papieren Schnitzlers, Könnemann/Schulze (Hrsg.), 2002, Dok. 82, S. 126f.

294 Noske, Kiel, S. 202.

295 Pabst, Kapp, S. 834.

296 «Das Kapp-Lüttwitz-Unternehmen», Maschinenschrift von Pabst (vermutlich 1967), in: Nachlass Pabst, BA-MA, N 620/3, ohne Paginierung, auch Könnemann/Schulze (Hrsg.), 2002, Dok. 390, S. 623.

Massaker vor dem Reichstag

Am 13. Januar 1920 demonstrierten circa 100.000 Menschen in Berlin vor dem Reichstag gegen die Lesung des Betriebsrätegesetzes (BRG). «Dieses Gesetz schrieb nur einige wenige innerbetriebliche Mitspracherechte für die Betriebsräte fest.»[297] Daher hatten USPD, KPD, die Betriebsrätezentrale, der kurzzeitig reaktivierte «rote» Vollzugsrat und 15 große Gewerkschaften dazu aufgerufen.[298] Sie forderten das «volle Mitbestimmungs- und Kontrollrecht» durch «revolutionäre Betriebsräte»[299] in den Fabriken. Die von Pabst mitgegründete Sicherheitspolizei (Sipo), die dem preußischen Innenminister Wolfgang Heine (SPD) unterstand – der Polizeipräsident war nach wie vor Eugen Ernst (SPD) –, feuerte in die Menge. Hans von Kessel, ein Sipo-Mann und Spitzel Pabsts, behauptete in der NS-Zeit, er habe als Kommandeur den Schießbefehl gegeben, 42 Tote und über 100 Verletzte blieben liegen. Es war das größte Massaker an einer Demonstration, das bis dato in Deutschland stattgefunden hat. Reichskanzler Gustav Bauer (SPD) – die Weimarer Koalition hatte im September der kunstbeflissene Stadt Goethes und Schillers wieder den Rücken gekehrt und erneut ihr Quartier (samt Nationalversammlung) in der alten Reichshauptstadt aufgeschlagen – behauptete, die Demonstranten hätten versucht, den Reichstag zu stürmen, ein Behauptung, die aus der Luft gegriffen war und durch keinerlei Belege untermauert werden kann. Freilich hatten vermutlich Agents provocateurs oder Durchgedrehte zweimal geschossen, waren Sipo-Leute, die sich in die Menge gewagt hatten, verprügelt worden, doch ein Sturm auf das Parlament war von keiner Seite der Rätebewegung geplant worden. Die paramilitärische Sipo war eben extrem gereizt und wollte durch Schüsse in die – unbewaffnete – Menge für einen freien Platz sorgen. Ein klassischer Theweleitscher Topos[300]. Sogar Maschinengewehre bellten an diesem Wintertag und Handgranaten flogen in die Massen.

297 Axel Weipert hat die Ereignisse dieses Tages am genauesten erforscht: Weipert, Vor den Toren der Macht. Die Demonstration am 13. Januar 1920 vor dem Reichstag, in: Jahrbuch für Forschungen zur Geschichte der Arbeiterbewegung, H II, 2012, S. 16–32, hier S. 16; siehe auch ähnlich Weipert, Zweite Revolution, S. 160–189. Ich folge hier Weipert.

298 Weipert, Zweite Revolution, S. 161.

299 Freiheit vom 12.1.1920, M, und Rote Fahne vom 13.1.1920, zitiert nach Weipert, Zweite Revolution, S. 160.

300 Theweleit, Männerphantasien, Bd. 2, S. 312.

Bis zu Axel Weiperts Arbeit behaupteten Historiker den angeblich beabsichtigten Sturm auf den Reichstag, so der sonst zuverlässige Eberhard Kolb[301]. Der Sozialdemokratie nahestehende HistorikerInnen wie Miller widersprechen dem zwar, lasten der USPD und dem Vollzugsrat aber an, dass sie die Massen nicht im Griff gehabt hätten[302] und Winkler, der wie öfter auf unzureichender Quellenbasis schreibt, gibt sich zweideutig[303]. Wikipedia bringt gar Friedrich Stampfers Räuberpistolen vor, Demonstranten hätten Parlamentarier mit Revolvern bedroht, lässt den ehemaligen Vorwärts-Redakteur den Sturm behaupten und gibt daraufhin zum Besten, es sei bis heute historisch «höchst umstritten»[304], ob gestürmt worden sei oder nicht, was nach Weiperts Forschungen schlicht nicht mehr zutrifft. Bauer und Stampfer erzählten jahrelang Legenden. Wie auch immer, bei der USPD und der KPD kam das Massaker übel an, Reichspräsident Ebert verhängte noch am gleichen Tag den erst im Dezember zurückgenommenen Ausnahmezustand, Noske erhielt die vollziehende Gewalt (Art. 48 Verfassung), 44 linke Zeitungen wurden verboten, die Parteiführer Ernst Däumig (USPD), Paul Levi (KPD) und sogar völlig unbeteiligte Anarchisten, wie Rudolf Rocker, verhaftet.[305] Der seit Anfang Januar 1920 laufende Eisenbahnerstreik im Ruhrgebiet, Teil einer neuen Streikwelle, wurde sodann durch die Verhaftung der Streikleitung zerschlagen. Bauer gab der USPD und der KPD die Alleinschuld, die Sipo habe sich mustergültig verhalten.[306] Mustergültig sollte sie sich wenige Wochen später putschend gegen die Regierung wenden. Das Massaker löste unter den Linken große Verbitterung aus.

301 Kolb, Weimarer Republik, S. 38.

302 Miller, Bürde, S. 358f;

303 Winkler, Von der Revolution, S. 284ff., hier S. 289.

304 https://de.wikipedia.org/wiki/Blutbad_vor_dem_Reichstag_am_13._Januar_1920 . (Abgerufen am 29.10.2019)

305 Weipert, Zweite Revolution, S. 172.

306 Weipert, Zweite Revolution, S. 174.

II. Der Kapp-Putsch

Die Besetzung der Hauptstadt

Drei Tage vor dem Massaker vor dem Reichstag, am 10. Januar 1920, trat der Versailler Vertrag in Kraft. Die Militärs, darunter auch der halbwegs loyale General von Seeckt, wurden immer nervöser. Man wollte sich auf jeden Fall einer Verkleinerung des Heeres widersetzen. Auch Seeckt zielte jetzt auf Noske als Diktator.

Am heftigsten reagierte, wie nicht anders zu erwarten, General von Lüttwitz und drohte mit offener Rebellion. Dabei waren die Militärs gar nicht so schlecht gefahren. Die so genannten Schmachparagrafen, die die Auslieferung der Kriegsverbrecher forderten und die zur größten Unruhe unter dem Offizierskorps geführt hatten, erfuhren durch beharrliches Klagen der SPD-dominierten Weimarer Koalition bei den Alliierten eine Zurücknahme.[307] Die SPD-Führung hatte es dabei tunlichst vermieden, eine unabhängige Untersuchung durchzusetzen. Das nicht nur wegen der Kooperation mit den alten Militärs und den jungen Freikorpsoffizieren, sondern auch, «weil ihre eigene Rolle während des Krieges öffentlich diskutiert worden wäre».[308]

Schon vorher hatte die Führungstruppe der SPD die Auslieferung Hindenburgs, Ludendorffs und anderer als Kriegsverbrecher hintertrieben. Und selbst in der NS-Zeit fand Pabst da lobende Worte für seine Lebensabschnittsgefährten, sie hätten «tatsächlich auch ein Auge zugedrückt».[309] Pabst selbst traf natürlich auch Vorkehrungen, dass die Vorgabe Groeners: «Wer Dreck am Stecken hat, soll verschwinden»,[310] erfüllt wurde. Im Stab des GKSK fand sich neben Heinz von Pflugk-Harttung auch Fregattenkapitän Albert Scheibe ein, er war Leiter der Presse- und Nachrichtenabteilung, also des Geheimdienstes der Admiralität, sowie Geschäftsführer des Arbeitsausschusses deutschnationaler Industrieller und Mitglied des rechten Flügels der DNVP. Man

307 Hankel. Leipziger Prozesse, S. 46ff.; Schwengler, Völkerrecht, S. 308ff.; Erger, Kapp, S. 109.

308 Horne/Kramer, Kriegsgreuel, S. 497.

309 Pabst, Kapp, S. 830.

310 Aufzeichnungen über die Stellungnahme von Generalleutnant Groener zur Auslieferungsfrage vom 12.7.1919, Nachlass Schleicher, BA-MA N 42/12, Bl. 150f.

gründete die Tarnorganisationen «Landbund» und «Ferienkinder».[311] Von Sommer bis Herbst 1919 waren hierzu 6000–8000 Verstecke organisiert worden. Was zeigt, dass man annahm, nicht wenige hätten «Dreck an Stecken» bzw. würden zur Verantwortung gezogen. Auch sollten die Gesuchten nicht nur untertauchen, sondern durch schwerbewaffnete Leibwachen geschützt werden. Nach Auflösung der GKSK blieb Scheibe im engen Kontakt mit Pabsts NV. Finanziert wurden die «Ferienkinder» aus «einem unkontrollierten Fonds der Marine» und des Admirals von Trotha, der für geheimdienstliche Tätigkeiten zur Verfügung stand.[312] Doch niemand musste sich verstecken. Die SPD-Oberen zeigten Vaterlandstreue. Schon am Tag nach der Unterzeichnung des Friedensvertrages hatte der neue Innenminister Eduard David vorgeschlagen, Verhandlungen mit den Alliierten zur Auslieferungsverhinderung vorzunehmen.

Man einigte sich schließlich, die Kriegsverbrecherfrage und damit u. a. die Massenverbrechen des deutschen Heeres in Belgien und Frankreich dem Reichsgericht in Leipzig zu übergeben, womit sie faktisch ungesühnt blieben und für die Militärs beerdigt waren.[313] Übrigens hieß der bei der Reichsanwaltschaft für Beschuldigungen wie «Begehung von Gräueltaten» (z. B. in Belgien) zuständige Reichsanwalt Paul Jorns.[314] Es war jener Kriegsgerichtsrat, der die Morde an Luxemburg und Liebknecht vertuscht hatte.

Doch nun sollten die Marinebrigaden, die offen konterrevolutionären Reste der GKSD auf Drängen der Alliierten Kontrollkommission beseitigt werden.[315] Diese Brigaden waren indirekt die Hausmacht der NV und direkt die von Lüttwitz. Natürlich sprach dieser wieder von den Gefahren des Bolschewismus, die Deutschland drohten. Er sorgte sich, dass die Russen nach der Schneeschmelze kämen und durch Polen aufs Deutsche Reich vorstoßen würden, wenn die Marinebrigaden nicht mehr da seien.[316] Aber eigentlich ging es um ganz was anderes.

---

311 Schwengler, Völkerrecht, S. 246–250; Hankel, Leipziger Prozesse, S. 44, Anm. 9; Gietinger, Leiche, S. 129f.

312 Schwengler, Völkerrecht, S. 250.

313 Horne/Kramer, Kriegsgreuel, S. 506ff.; Hankel, Leipziger Prozesse, S. 89ff.

314 Hankel, Leipziger Prozesse, S. 61; Gietinger, Leiche, S. 127f.

315 Abschrift Aussage Noske vom 10.12.1921 im Jagow-Prozess, Nachlass Luetgebrune, BA-KO, N 1150/26, Bl. 293f.; Schultheiss' Europäischer Geschichtskalender 1920, I (1924), S. 44; Erger, Kapp, S. 115.

316 Abschrift Aussage Noske vom 10.12.1921 im Jagow-Prozess, Nachlass Luetgebrune, BA-KO, N 1150/26, Bl. 293RS.

Waren die Brigaden weg, war an Putsch so schnell nicht mehr zu denken. Dies stachelte Lüttwitz an. Ihm drohte nun das Gleiche wie Pabst, mit dem er über die NV ständig in Verbindung stand. Lüttwitz weigerte sich, die Brigaden aufzulösen. Da die Brigade Nr. 3 (Loewenfeld) in Schlesien - und ein Teil in Kiel - operierte, ging es hauptsächlich um die Marinebrigade Ehrhardt, die im Lager Döberitz 25 Kilometer vor der Stadt kampierte. Lüttwitz befahl seinen Kommandeuren, die Brigade nicht aufzulösen. Doch sein Schwiegersohn, Kurt von Hammerstein, ging, ähnlich wie beim Pabstputsch, wieder zu Seeckt. Seeckt, der zwar den Versailler Vertrag, was die Heeresverminderung anbetraf, ebenfalls nicht erfüllen wollte, liebäugelte jedoch mit einem anderen Plan. Er wollte den Westen des Reiches gegen die dann einmarschierenden Alliierten verteidigen, gleichzeitig Polen im Osten überfallen und sich mit der Roten Armee Russlands verbünden. Ähnliche Pläne hatte ja auch Oberst Bauer. Für Pabst als altem Bolschewistenfeind war dies undenkbar. Wie auch immer.

Seeckt teilte nicht Lüttwitz' Bolschewistenfurcht. Im Gegenteil, er wollte eine Art Rechtssozialismus mit Vergesellschaftung der Schlüsselindustrien und einem Ständerätesystem. Die Verkleinerung der «Wehrmacht» störte ihn, die Auflösung der Marinebrigade nicht. Im Gegenteil, die Unruhetruppe war auch bei ihm unbeliebt.

Wie gesagt, die antisemitische Brigade selbst war 5000 Mann stark, trug seit Dezember 1919 das Zeichen der Zukunft am Stahlhelm: das Hakenkreuz. Noske bewunderte diese Truppe «des nationalen Wiederaufstiegs»[317], verfügte aber - gezwungenermaßen - am 29. Februar die Auflösung zum 10. März 1920.[318] Gleichwohl verstieß er hier ganz offen gegen seine früheren Versprechen. Er konnte die Freikorps nicht halten, musste die Militarisierung der Gesellschaft zurücknehmen. Es kam zu einer scharfen Auseinandersetzung mit Lüttwitz. Der meuterte nun ähnlich wie sein Bruder im Geiste, Pabst, und verkündete auf einer Festivität der Brigade - zu der Noske diesmal nicht mehr eingeladen war, sondern aus der Berliner Volkszeitung davon erfahren musste[319] - er werde nicht zulassen, dass man seine Truppe zerschlage. Noske zögerte trotzdem, den General zu entlassen oder gar zu verhaften.

---

317 So Erger über deren Gefühlslage, Erger, Kapp, S 114. Siehe dazu auch Theweleit, Männerphantasien, Bd. 2, S. 383ff.

318 Abschrift Aussage Noske vom 10.12.1921 im Jagow-Prozess, Nachlass Luetgebrune, BA-KO, N 1150/26, Bl. 294.

319 Noske, ebenda, Bl. 294RS.

Doch Lüttwitz' Stabsoffiziere, darunter Generalmajor Martin von Oldershausen und Hammerstein – beide später von Pabst als Verräter bezeichnet[320] – gaben an, sich gegen ihn gestellt und ihm geraten zu haben, sich von Kapp zu trennen.[321] Lüttwitz tat das Gegenteil. Er beriet sich mit den Rechtsparteien und es darf angenommen werden auch mit der NV, speziell mit Pabst, mit dem er «sehr häufig Rücksprachen» hatte.[322]

Walther von Lüttwitz und Gustav Noske

Am 3. März traf sich der höchste General mit Oberst Arens, dem Stabschef der Sipo[323], der Pabst «ziemlich genau» kannte[324], d.h. der mit ihm befreundet und durch diesen auf jenen Posten gekommen war. Die Sicherheitspolizei war, wie wir wissen, auch eine Schöpfung von Letzterem und mit seinen Leuten etwa der ehemaligen Kraftfahrstaffel Kessel gut versorgt[325]. In einem Informationsbericht über die Sipo gingen die Verschwörer davon aus, dass große Teile zu ihnen halten würden.[326] Lüttwitz wollte nun direkt wissen wie sich die insgesamt 9000 Mann starke Truppe verhalten würde. Später hat Arens behauptet, er habe Lüttwitz von seinem Vorhaben

320 Brief Pabsts an Westarp vom 15.5.1924, in: BA-SAPMO, R 8005/491 (früher: V 282/1) Materialsammlung zum Kapp-Putsch, Bl. 41.

321 Erger, Kapp, S. 116.

322 Aussage Rechberg vom 19.6.1925 vor dem Untersuchungsrichter des Staatsgerichtshofes, BStU, MfS, HA IX/11 AS 6/69, Bd. 11, Bl. 218.

323 Bericht Hergts an den Oberreichsanwalt vom 8.7.1920, in: BA-SAPMO, R 8005/491 (früher: V 282/1) Materialsammlung zum Kapp-Putsch, Bl. 100–103; Bericht der Sicherheitspolizei vom 22.3.1920 über die Stellung zum Putsch, Könnemann/Schulze (Hrsg.), 2002, Dok. 255, S. 355.

324 Aussage Arens vom 17.6.1925 vor dem Untersuchungsrichter des Staatsgerichtshofes, BStU, MfS, HA IX/11 AS 6/69, Bd. 11, Bl. 206.

325 Kessel, Handgranaten, S. 224.

326 Informationsbericht über die Verwendbarkeit der Berliner Sicherheitspolizei, Könnemann/Schulze (Hrsg.), 2002, Dok. 38, S. 63.

abbringen wollen.[327] Doch es ist anzunehmen, dass er ihm seine Loyalität, mindestens Neutralität versichert hat. Denn andernfalls wäre Arens auf die Idee gekommen, Noske oder sonst ein Regierungsmitglied über die Staatsstreichpläne von Lüttwitz zu informieren. Nach Pabst war mit Arens sogar die Unterstützung des «Unternehmens» abgesprochen.[328] Denn die politische Polizei stand «in der Mehrzahl ideologisch auf unserer Seite».[329]

Auch einige Tage später gab Stabschef Arens dem Kommandeur Ehrhardt ähnliche Auskunft: Die Sipo, einzig ernstzunehmender militärischer Gegner - demokratische Volkswehr oder Polizei hatte man keine -, würde den Putschisten nicht in die Parade fahren. Im Gegenteil. Hinzu kam: Der uns schon bekannte Doyé, zuständig für die Sipo im preußischen Innenministerium, war ebenfalls ein Sympathisant des Putsches und wurde von den Putschisten dann auch prompt zum Staatssekretär ernannt. Gleiches galt für den Kommandeur Oberst Schönstadt, der, wie war es anders zu erwarten, mit Pabst im Stab der GKSD gewirkt hatte.

Lüttwitz gebärdete sich inzwischen immer aggressiver und erzählte bei einem Treffen mit Vertretern der Rechtsparteien am 4. März 1920, er werde zur Not seine Truppen durch einen Überfall auf die Reichsbank finanzieren.[330]

Staatskommissar von Berger, welcher ja in seinen Berichten immer bagatellisiert hatte, kam am 6. März mit Lüttwitz, General von Oven und Oldershausen zusammen. Berger bot sich nun, anstatt die Regierung von den Umsturzplänen Lüttwitz' zu informieren, als Vermittler an und wollte Lüttwitz' Forderungen, die inzwischen auch eine Regierungsumbildung beinhalteten, nahebringen. Doch Ebert wollte, dass Lüttwitz selbst mit ihm spreche. Am 10. März war ein Treffen vereinbart. Berger signalisierte Lüttwitz, dass Ebert sich auf seine Vorschläge einlassen würde.[331] Lüttwitz hoffte nun, Ebert und Noske könnten den Diktaturplänen zustimmen, wie sie es zusammen mit Heine schon im Frühjahr 1919 getan hätten, falls «in der Herstellung der Ordnung»

327 Könnemann/Schulze (Hrsg.), 2002, Dok. 255, S. 355f.

328 Mittelung Pabst, nach Erger, Kapp, S. 134.

329 Pabst, Memoiren, S. 138, Nachlass Pabst, BA-MA, N 620/8.

330 Aussage Reichsjustizminister a. D. Karl-Rudolf Heinze, in: Brammer, Verfassungsgrundlagen, S. 24.

331 Lüttwitz, Meine Erklärungen zum Kapp-Unternehmen, mit eigenhändiger Unterschrift, Nachlass Luetgebrune, BA-KO, N 1150/27, S. 9.

kein Fortschritt erzielt würde.[332] Am 7. März 1920 kamen Reinhardt, Lüttwitz und andere Generalstabsoffiziere mit Noske zusammen. Lüttwitz widersetzte sich erneut der Heeresverminderung und vor allem der Auflösung der Marinebrigaden. Noske verlangte es.

Am gleichen Tag entzog der Reichswehrminister den in Holland weilenden, des Mordes an Rosa Luxemburg verdächtigen Oberleutnant a. D. Vogel der Strafverfolgung, indem er gegen den Rat sämtlicher Rechtsgutachten das lächerliche Urteil des Canaris/Pabst'schen Kameradengerichts bestätigte.[333] Offensichtlich wollte er die designierten Aufrührer damit beruhigen.[334] Doch der Zug war längst abgefahren.

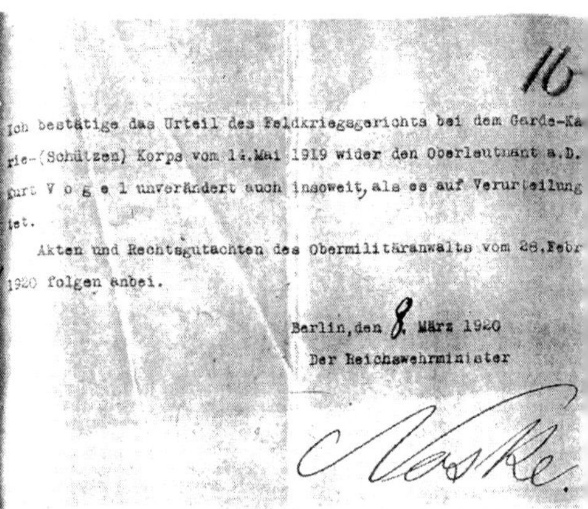

16

Ich bestätige das Urteil des Feldkriegsgerichts bei dem Garde-Kavallerie-(Schützen) Korps vom 14.Mai 1919 wider den Oberleutnant a.D. Kurt V o g e l unverändert auch insoweit, als es auf Verurteilung ist.

Akten und Rechtsgutachten des Obermilitäranwalts vom 28.Febr 1920 folgen anbei.

Berlin, den 8. März 1920
Der Reichswehrminister
Noske.

Noskes Versuch, die Putschisten mit einer Bestätigung des milden Urteils gegen Vogel zu beruhigen

Lüttwitz traf am 10. März mit Ebert zusammen und stellte ihm ein Ultimatum. Er verlangte Neuwahlen, die Einsetzung von Fachministern, ihn als Oberbefehlshaber der gesamten Reichswehr und die Nichtauflösung der Marinebrigaden. Außerdem wollte er Ebert und Noske im Amt behalten[335], schließlich sollten sie die Diktatur politisch anführen.

Staatsschützer Berger wiederum hatte am 8. März einen lauen Bericht[336] an die Regierung gesandt, in der er aufrührerische Aktivitäten der Verschwörergruppe andeutete – ohne natürlich einen einzigen Namen und schon gar nicht den Pabsts zu nennen. Berger verharmloste auch hier wieder, es sei allgemeiner Wille, «es zu einem eigentlichen

332 Ebd., S. 11.

333 Noskes Bestätigung mit eigenhändiger Unterschrift vom 8.3.1920, BA-MA, PH 8 V/8, Bl. 164

334 Siehe auch Gietinger, Leiche, S.78f.

335 Aussage Noske vor dem Reichsgericht am 10.12.1921, Nachlass Luetgebrune, BA-KO, N 1150/26, Bl. 299RS.

336 Der preußische Staatskommissar zur Überwachung der öffentlichen Ordnung an den Reichskanzler, 8.3.1920, AdR, Kabinett Bauer, Dok. N. 183, S. 653ff, Abschrift auch in: Nachlass Luetgebrune, BA-KO, N 1150/24, Bl. 86–93. Text gleichfalls abgedruckt bei: Noske, Kiel, S. 204f. und Ursachen und Folgen, Bd. IV, S. 85–87.

reaktionären Umsturz (...) nicht kommen zu lassen». Noske gab an, den Bericht erst zwei Tage später bekommen zu haben.[337] Dies dürfte durchaus zutreffen, denn wie Pabst später zugab, arbeitete Berger für sie: «Infolge der zwischen den Mitgliedern des Staatskommissariats und mir bestehenden engen gesellschaftlichen Beziehungen waren wir aber ständig genau im Bilde über den Inhalt der Spitzelberichte, darüber hinaus erfuhren wir so ziemlich alles, was im Staatskommissariat und sogar im Reichskabinett vor sich ging und geplant wurde.»[338]

Ebert lehnte Lüttwitz' Forderungen ab, Noske, der bei dem Gespräch dabei war, widersetzte sich dem Ultimatum des Generals gleichfalls heftig, deutete aber laut Erger an, dass man - durch die Verhandlungen mit England - eventuell ein 200.000-Mann-Heer halten könnte.[339] Der Reichswehrminister drohte dem widerspenstigen Militär außerdem mit dem Generalstreik[340] - eine Noske'sche Singularität - so er dumme Streiche machen wolle.

Da die Marinebrigaden weiterhin aufgelöst werden sollten, trennte man sich im Zorn. Noske ließ den hochverräterischen General jedoch nicht verhaften (von wem auch?), womit dieser durchaus gerechnet hatte[341], sondern entzog ihm nur das Kommando über die Marinebrigaden, welches er dem Admiral von Trotha übertrug und damit vom Regen in die Traufe geriet. Den Oberbefehl über das Reichswehrgruppenkommando I und die Lüttwitz von Seeckt noch kurz vorher zugeschlagenen Kommandos über Norddeutschland und Ostpreußen[342] entzog er ihm allerdings nicht. Reichlich naiv warteten Ebert und Noske am nächsten Morgen vergeblich auf den Rücktritt Lüttwitz', der am Abend vorher ohne ein Wort zu sagen die Reichskanzlei verlassen hatte.[343]

---

337 Noske, Kiel, S. 204.

338 Pabst, Memoiren, S. 135, Nachlass Pabst, BA-MA, N 620/8.

339 Die Behauptung Ergers lässt sich aus den Quellen nicht verifizieren, im Gegenteil. In seiner Aussage vor dem Reichsgericht gibt Noske an, Lüttwitz habe diese Hoffnung gehabt, nicht er. Nachlass Luetgebrune, BA-KO, N 1150/26, Bl. 299. Nach Lüttwitz hielt Noske nun an dieser Hoffnung nicht mehr fest. Lüttwitz, Meine Erklärungen zum Kapp-Unternehmen, mit eigenhändiger Unterschrift, Nachlass Luetgebrune, BA-KO, N 1150/27, S. 9.

340 Lüttwitz, Meine Erklärungen zum Kapp-Unternehmen, mit eigenhändiger Unterschrift, Nachlass Luetgebrune, BA-KO, N 1150/27, S. 10.

341 Abschrift Aussage von Oven vor dem Reichsgericht am 12.12.1921, in: Nachlass Luetgebrune BA-KO, N 1150/26, Bl. 300.

342 Und zwar am 15.2.1920 und am 2.3.1920. Könnemann/Schulze (Hrsg.), 2002, Dok. 71, S. 112

343 Aussage Noske vor dem Reichsgericht am 10.12.1921, Nachlass Luetgebrune

Am 10. März waren außerdem Noske «Mitteilungen zugegangen» - von wem, schweigt er sich in seinem Buch aus, von Berger jedenfalls kamen sie nicht[344] -, dass zwischen Lüttwitz, Kapp, Bauer und Pabst «Beziehungen bestanden, die zu einer Gefahr werden könnten».[345] Am nächsten Tag, es war der 11. März 1920, enthob Noske nach seinen Aussagen Lüttwitz seines Amtes[346], nach Lüttwitz' Bericht wurde er nur beurlaubt.[347] Noske wollte von Oven zu dessen Nachfolger machen, doch der lehnte ab. Gleichzeitig erfuhr Noske auch, dass im Büro der NV «ein reges Kommen und Gehen»[348] stattfand. Noske unterschrieb deswegen am gleichen Morgen Haftbefehle gegen Pabst, Kapp, Schnitzler und Grabowsky.[349] Gegen Oberst Bauer erfolgte dieser erst am 12. März[350].

Noske ließ, um die Verhaftung Pabsts sicherzustellen, extra seinen Parteigenossen und Polizeipräsidenten Eugen Ernst, dessen Ernennung die Januarkämpfe 1919 ausgelöst hatte, antreten und gab ihm den Befehl, Pabst und seine Kameraden zu verhaften. Nach Heines Erinnerungen, war er es, der Ernst kommen ließ und ihm den Auftrag gab.[351] Ernst, «ein vierschrötiger, zäher Kleinbürger, ohne beunruhigende Phantasie, satt und solide, den Charakter des jetzigen Regimes gut ver-

---

BA-KO, N 1150/26, S. 304. Bei Brammer, Verfassungsgrundlagen, S. 25 entsteht der Eindruck, Noske habe das schon am 10.3. getan. Dies ist falsch. Erger, Kapp, S. 122.

344 Nach Noskes Aussage vor dem Reichsgericht am 10.12.1921 waren es Reichswehroffiziere, Nachlass Luetgebrune, BA-KO, N 1150/26, Bl. 299.

345 Aussage Noske im Jagow-Prozess; Brammer, Verfassungsgrundlagen, S. 24. Nach den Aussagen der Reichswehroffiziere Meuzischewitz, Stockhausen und Schleicher gaben sie entsprechende Berichte an Noske weiter, Schriftsatz von Pabsts Anwalt an die Oberreichsanwaltschaft vom 5.1.1925, in: BA-SAPMO, NY 4035/3, Bl. 16

346 Aussage Noske vor dem Reichsgericht am 10.12.1921, Nachlass Luetgebrune, BA-KO, N 1150/26, Bl. 304.

347 Lüttwitz, Meine Erklärungen zum Kapp-Unternehmen, mit eigenhändiger Unterschrift, Nachlass Luetgebrune, BA-KO, N 1150/27, S. 10. Ebenso Verteidigungsschrift Lüttwitz, ebenda, S. 6.

348 Brammer, Verfassungsgrundlagen, S 25.

349 Aussage Noske vor dem Reichsgericht am 10.12.1921, Nachlass Luetgebrune, BA-KO, N 1150/26, Bl. 304; Brammer, Verfassungsgrundlagen, S. 25; Noske, Kiel, S. 208.

350 Original im Nachlass Bauer, BA-Ko, N 1022/29, Bl. 11. Noske stellt dies in seinem Buch richtig dar, im Jagow-Prozess glaubte er irrtümlich, Bauers Haftbefehl sei schon mit den anderen ergangen.

351 Heine, Erinnerungen, Bd. 2, Bl. 516, BA-KO, Kleine Erwerbungen, Nr. 371-18; Buder, Reorganisation Polizei, S. 192.

Eugen Ernst 1946 auf dem Vereinigungsparteitag von SPD und KPD

körpernd», hatte schon im Februar 1919 gegenüber Harry Graf Kessler geäußert, dass die Freikorps «unbedingt zuverlässig» seien. «Er spricht wie ein altkonservativer Handwerker» und blieb deswegen während des Putsches auf seinem Posten, um den Hochverrätern zuzuarbeiteten.

Er war für Pabst sogar mal als Mitglied eines Diktatorentriumvirates «Noske, Erzberger und Ernst»[352] in der Diskussion. Offensichtlich hatte er, ähnlich seinem Parteifreund Oberpräsident Winnig in Königsberg, große Sympathien für die Putschisten. Denn wie Pabst berichtete, ließ sich Ernst, noch bevor ihn Noske zu sich bestellte, von Kapp über den Putsch «unterrichten und machte dann während des Umsturzes Kapp und Lüttwitz keine Schwierigkeiten».[353] Ausdrücklich trat die Kapp-Regierung Gerüchten entgegen, Ernst habe seinen Posten verlassen.[354] Ernst war ein klassischer Opportunist, der just nach dem Zweiten Weltkrieg in die SED eintrat.

So blieb Dr. Maretzky von der DVP, der ja wie sein Parteifreund Stresemann zu den Sympathisanten Pabsts gehörte und in dessen Wohnung schon Treffen der Verschwörer zur «Beseitigung der November-Verbrecher» [355] stattgefunden hatten, der Posten des Polizeipräsidenten versagt.[356] Ernst brachte nun am 11. März zu seinem Parteigenossen

352 Aussage Ottmar Strauss vom 31.7.1925 vor dem Untersuchungsrichter des Staatsgerichtshofes, BStU, MfS, HA IX/11 AS 6/69, Bd. 11, Bl. 246.

353 Erger, Kapp, 124f.

354 Faksimile bei Pett (Hrsg.)/Reichardt (Bearb.): Kapp-Putsch und Generalstreik, S. 84.

355 Brief Pabsts an Westarp vom 15.5.1924, in: BA-SAPMO, R 8005/491 (früher: V 282/1), Materialsammlung zum Kapp-Putsch, Bl. 41.

356 Dr. Fritz Mittelmann, Deutsche Volkspartei (DVP), berichtet von diesem Angebot an Maretzky in einer Sitzung der DVP vom 15.3.1920, Protokoll in: Politisches Archiv des Auswärtiges Amtes (AA) Berlin, Nachlass Stresemann, Bd.

und Reichswehrminister noch den Regierungsrat Foboes von der Sipo mit, der laut Noske zwecks Verhaftung der Putschisten «Ausflüchte machte». Später wurde auch klar, warum. Foboes sympathisierte ebenfalls mit dem Staatsstreich und schloss sich ihm an. Staatskommissar Berger musste auch von der Absicht Noskes erfahren haben, die Übeltäter verhaften zu lassen, denn er bat den Reichswehrminister, «davon Abstand zu nehmen»[357], seinen Freund Pabst festzusetzen. Bei so viel ehrlichem Verständnis für die Verschwörer war klar, dass Pabst gewarnt wurde und die Polizei «versagt(e)»[358]. Der Leser kann sich heraussuchen, welcher der Herren Arens[359], Foboes, Berger oder Ernst[360] die «dritte Person»[361] war, die Pabst von seiner bevorstehenden Verhaftung in Kenntnis setzte und die Pabst auch in der NS-Zeit nicht nennen wollte. Der Autor tendiert zu Berger.

Was aber machte Pabst? Der hatte wohl einiges auf sich zukommen sehen und war erstmal in die Krankheit geflüchtet. Laut Aussage seines Hausarztes Dr. Hans Thalheim lag er bis zum 5. März krank mit «Bronchialkatarr und Kehlkopfkatarh»[362], nach Pabsts Aussage mit «Rippfellentzündung»[363], danieder und schleppte sich danach mühsam ins Büro in der Schellingstraße. Ob tatsächlich krank oder nur vorgetäuscht, Pabsts Hypochondrie zeigte an, dass er sich im Stress befand und unschlüssig war, ob das angeblich durch die Alliierten «aufgezwungene Unternehmen» klappen konnte. Das Vorpreschen seines Chefs mit dem Ultimatum an Ebert, das selbst Kapp als «blödsinnig»[364] bezeichnete, brachte dann die Räder zum Rollen. Offensichtlich wurde auch Pabst von der Dynamik dieser Ereignisse überrollt. Denn Lüttwitz

217; Könnemann/Schulze (Hrsg.), 2002, Dok. 153, S. 218.

357 Aussage Berger vor dem Untersuchungsrichter des Staatsgerichtshofes, BStU, MfS, HA IX/11, AS 6/69, Bd. 11, Bl. 249.

358 Aussage Noske, im Jagow-Prozess, in: Brammer, Verfassungsgrundlagen, S. 26.

359 Buder hält Arens aufgrund einer Formulierung in einem Sipo-Bericht für den Übeltäter, Buder, Reorganisation Polizei, S. 192; Sipo-Bericht vom 22.3.1920, in: AdR, Kabinett Bauer, Dok. 210, hier S. 744; Könnemann/Schulze (Hrsg.), 2002, Dok. 255, hier S. 357.

360 Lucas tendiert zu Eugen Ernst, Lucas, Märzrevolution 1920, Bd. 1, S. 88.

361 Pabst, Kapp, S. 833.

362 Aussage Dr. Hans Thalheim vom 17.6.1925 vor dem Untersuchungsrichter des Staatsgerichtshofes, BStU, MfS, HA IX/11, AS 6/69, Bd. 11, Bl. 21.

363 Schriftsatz von Pabsts Anwalt an die Oberreichsanwaltschaft vom 5.1.1925, in: BA-SAPMO, NY 4035/3, Bl. 8. Pabst versucht darin zu begründen, dass er nicht führend am Kapp-Putsch beteiligt gewesen sei.

364 Brammer, Verfassungsgrundlagen, S. 42.

hatte seine Kampfgenossen weder von seiner Unterredung mit Ebert und Noske informiert noch sein Ultimatum angekündigt. «Es kam uns daher höchst unerwünscht, dass der General sich bereits jetzt zu weit vorgewagt hatte.»[365] Nach Pabsts Angaben erzählte ihm Staatskommissar Berger am 10. März 1920 von seinen «Vermittlungsversuchen» zwischen Lüttwitz und Ebert.[366] Dass tatsächlich zwischen Berger und Pabst ein sehr enges Verhältnis bestand, geht auch aus den Aussagen von Dr. Robert Weismann hervor, Bergers Nachfolger:

«Ich habe Pabst kennen gelernt, als er noch Ia bei der Garde-Kavallerie-Schützen-Divisison war. Damals war ich Leiter der politischen Abteilung bei der Staatsanwaltschaft beim Landgericht Berlin. In dieser meiner Eigenschaft habe ich sehr oft mit Pabst zu tun gehabt aus Anlass von Kriminalfällen (sic!). Auch bei Sitzungen, welche vom Staatskommissar für öffentliche Ordnung [also von Berger, K.G.] einberufen wurden, habe ich mehrfach Gelegenheit gehabt, mit Pabst zusammenzutreffen.»[367]

Am 11. März 1920 vormittags wurde Pabst dann von Lüttwitz angerufen, der ihm mitteilte, man habe ihn, den kommandierenden General, seines Amtes enthoben und er werde jetzt seine «Forderungen mit Gewalt durchsetzen»[368]. Kurz nach dem Anruf von Lüttwitz erhielt Pabst dann «diskrete Mitteilung»[369], vermutlich vom Staatskommissar für öffentliche Ordnung, dass man ihn verhaften wolle. Beide Meldungen versetzten Pabst in Panik, er fuhr nach Hause und wies seine Frau an, die Koffer zu packen[370], dann eilte er zu seinem »Chef» Ludendorff[371] in die Viktoriastraße und zog heftig an der Wohnungsklingel. Ludendorff öffnete selbst und – so sagte er später vor Gericht aus – hatte den Eindruck, Pabst sei sehr aufgeregt gewesen und habe zwischen Tür und

365 Pabst, Memoiren, S. 136, Nachlass Pabst, BA-MA, N 620/8.

366 Schriftsatz von Pabsts Anwalt an die Oberreichsanwaltschaft vom 5.1.1925, in: BA-SAPMO, NY 4035/3, Bl. 11.

367 Aussage von Dr. Robert Weismann, Staatssekretär im preußischen Innenministerium vom 17.6.1925 vor dem Untersuchungsrichter des Staatsgerichtshofes, BStU, MfS, HA IX/11, AS 6/69, Bd. 11, Bl. 213.

368 Von Pabsts Anwalt in seinem Auftrag formulierter Schriftsatz (vermutlich Frühjahr 1925), der den Antrag auf Verfahrenseinstellung begründen sollte. BA-SAPMO, Nachlass Pabst, NY 4035/3 Bl. 38–43, hier Bl. 41.

369 Schriftsatz von Pabsts Anwalt an die Oberreichsanwaltschaft vom 5.1.1925, in: BA-SAPMO, NY 4035/3, Bl. 10.

370 Ebd., Bl. 11.

371 Aussage Ludendorff nach der Anklageschrift im Jagow-Prozess, in: Nachlass Luetgebrune. N 1150/ 26, Bl. 35.

Angel, von der Aktion Lüttwitz' bei Ebert erzählt. Er «schob seine Verhaftung auf diesen Schritt». Was der Verschwörer und sein Hintermann noch alles besprachen, behielt Ludendorff, der ja als «Dr. Mabuse» nicht in die Sache hineingezogen werden wollte, für sich. Die Unterhaltung sei wie «im Fluge» vergangen. Pabst raste nun mit Begleitschutz und dem Wagen, den ihm ein Hauptmann Brinkmann lieh, nach Döberitz zu Korvettenkapitän Ehrhardt.[372] Pabst, so Ehrhardt später, «machte einen ziemlich verstörten Eindruck»[373] und war sich tatsächlich nicht schlüssig, ob der Putsch klappen würde. Unzweifelhaft hatte er den Einmarsch «vorbereitet wenn auch nicht für den 12./13. [März, K.G.]».[374]

Aber das Vorpreschen Lüttwitz', womit der in den Augen Pabsts alles «verraten» hatte, sowie Pabsts drohende Verhaftung, ließen ihn stark zweifeln, ob das «Unternehmen» voreilig durchführbar wäre. Deswegen wurde er, nachdem er bei Ehrhardt in Döberitz übernachtet hatte, am 12. März auch «fahnenflüchtig», rief seine Frau an und bat sie nach Wiesbaden zu fahren, wohin er ihr folgen wollte. Er selbst fuhr mit einem Wagen Ehrhardts nach Magdeburg[375], wo es offensichtlich eine Spitzelzentrale gab, die flüchtigen Verschwörern Unterschlupf gewährte bzw. sie auf illegale Quartiere nach Bayern durchschleuste.[376] Pabst blieb in Magdeburg bis zum 13. März und hatte nach seinen Angaben die Fahrkarte nach Wiesbaden schon in der Tasche.[377] Als er aber am Morgen in der Zeitung las[378], dass Ehrhardt und Lüttwitz tatsächlich in Berlin einmarschiert waren, machte er einen erneuten Schwenk. Pabst hielt es nun «für seine vaterländische Pflicht» mitzuwirken, «damit die Dinge einen für das Land günstigen Verlauf nehmen»[379]. Er fuhr zurück nach Berlin und tauchte am Nachmittag desselben Tages in der von den Putschisten besetzten Reichskanzlei auf.[380]

---

372 Aussage Arnold, Ebd, Bl. 25f.

373 Abschrift der Anklageschrift gegen Ehrhardt vom 5.5.1923, Nachlass Luetgebrune, BA-KO, N1150/29, S. 15.

374 Brief von Kapp an Ludendorff, vom 4.3.1921, Könnemann/Schulze (Hrsg.), 2002, Dok. 356, S. 539f.

375 Abschrift der Anklageschrift gegen Ehrhardt vom 5.5.1923, Nachlass Luetgebrune, BA-KO, N1150/29, S. 15. Verfahrenseinstellungsantrag von Pabsts Anwalt Löwenstein vom 5.1.1925, in: Nachlass Pabst, BA-SAPMO, NY 4035/3, Bl. 13.

376 Nusser, Wehrverbände, S. 188, mit Belegen.

377 Verfahrenseinstellungsantrag, Nachlass Pabst, BA-SAPMO, NY 4035/3, Bl. 13.

378 Schreiben von Pabsts Anwalt Löwenstein an den Oberreichanwalt vom 25.10.1920, in: Nachlass Pabst, BA-SAPMO, NY 4035/3, Bl. 34.

379 Verfahrenseinstellungsantrag, Nachlass Pabst, BA-SAPMO, NY 4035/3, Bl. 13.

380 Abschrift der Zeugenaussage Friedrich v. Falkenhausen im Ermittlungsverfah-

Pabsts «Feigheit», um den Jargon seiner Kameraden zu benutzen, brachte für die Putschisten erhebliche Probleme mit sich. Er konnte durch seine panische Flucht die ihm zugedachte zentrale Rolle als Organisator des Putsches selbstverständlich nicht spielen. So kam es durch seine Abwesenheit zum großen Durcheinander. «Ich erinnere mich noch, dass Ehrhardt vergeblich nach dem Hauptmann Pabst suchen ließ und dass es alsbald hieß, in der Reichskanzlei herrsche eine solche Verwirrung, dass der Oberst Bauer notwendig dorthin abzugeben sei.»[381] Der Spezialist für den Gaskrieg musste nun «an Stelle des eigentlich dafür vorgesehenen, aber nicht auffindbaren Hauptmanns Pabst, die Stelle als Chef im Reichswehrgruppenkommando»[382] übernehmen.

Kapp war ein Jahr später im schwedischen Exil immer noch sehr schlecht zu sprechen auf den Wankelmütigen. Er schrieb in einem Brief an Ludendorff: «Sodann aber hat Pabst, wodurch er dem Unternehmen ungeheuren Schaden zugefügt hat, nach Erlass des Schutzhaftbefehls gegen ihn uns einfach im Stich gelassen, wo doch in ihm alle Fäden der Vorbereitung zusammenliefen. Infolgedessen sind die getroffenen Vorbereitungen, Druck und Erlass der Bekanntmachung, Verständigung der Generalkommandos durch besondere Boten usw. nicht zur Ausführung gebracht worden.» Tatsächlich hatte der nach Pabsts Rückkehr mit voller Wucht einsetzende Generalstreik dann verhindert, dass Proklamationen und Flugblätter im großen Stil gedruckt[383] und verteilt werden konnten. Doch Kapp ging sogar noch weiter. Pabst sei der eigentlich Schuldige daran, dass Ebert, Noske und Bauer sowie der Rest der Regierung entkommen seien. Die Begründung ist durchaus schlüssig:

«Pabst ist es wohl auch in der Hauptsache zuzuschreiben, dass der auf sich allein angewiesene Ehrhardt auf die verhängnisvollen Unter-

---

ren des Oberreichsanwalts (Bd. I, Bl. 1343), in: Nachlass Pabst, BA-SAPMO, NY 4035/3, Bl. 27RS. Nach dem Antrag Löwensteins auf Verfahrenseinstellung, Nachlass Pabst, BA-SAPMO NY 4035/3, Bl. 34, kam er erst am Abend in die Wilhelmstraße.

381 Aussage des 2. Generalstabsoffiziers der Brigade, Werner Kempf, vom 23.3.1923 vor dem Oberreichanwalt, Nachlass Luetgebrune, BA-KO, N1150/28, Bl. 406.

382 Ergänzungen von Oberst Bauer zu seiner Schrift «Der 13. März», in: Nachlass Bauer BA-KO, N 1022/29, Bl. 136.

383 Abschrift der Notiz des Oberreichsanwalts vom 5.10.1920 im Ermittlungsverfahren des Oberreichsanwalts (Bd. I, Bl. 1333), in: Nachlass Pabst, BA-SAPMO, NY 4035/3, Bl. 28.

handlungen mit Oldershausen und Oven am Vorabend des 13. März sich einließ und infolgedessen die Regierung Ebert (sic!) entwischen konnte.»[384]

Durch Pabsts Angst, dass der Putsch misslinge, eine Angst, die er wohl auch Ehrhardt in Döberitz vermittelte und durch seine Flucht verwirrte er den Kommandanten der Marinebrigade insoweit, als dieser sich nun auf Verhandlungen mit Oldershausen und anderen einließ und nicht sofort einmarschierte. Hätte er das getan, hätte Ludendorffs Wunsch, Ebert und Co «baumeln zu sehen» eine Realisierungschance gehabt. Jedenfalls wäre die SPD-Führungsriege ins Netz der Verschwörer gegangen.

Auch der Oberreichsanwalt notierte am 5. Oktober 1920, Maercker habe mitgeteilt, dass die Beteiligten «das Misslingen des Putsches zum großen Teil auf das Verhalten von Pabst» zurückführten.[385] Pabst selbst wollte später natürlich nichts davon wissen.[386] Der sonst so detailgenaue Erger geht in seiner 1967 erschienenen Studie zum Kapp-Putsch über das Verschwinden Pabsts und seiner «Reserviertheit» dem Unternehmen gegenüber rasch hinweg.[387] Er vermeidet es, seinem Helden, mit dem er in dauernden Kontakt stand, die Vorwürfe seiner Kameraden zu präsentieren.[388] Es lag dies vielleicht auch daran, dass der konservative Erger es sich mit seinem Informanten nicht verscherzen wollte. Der junge Historiker war außerdem von Pabsts resolutem Wesen eingenommen. Letzterer konstatierte schlicht, dass «aus einem Saulus ein halber Paulus geworden» sei[389].

Lüttwitz schien offensichtlich nicht gram über Pabsts zeitweilige «Fahnenflucht», er ernannte ihn am 14. März zum Major.[390] Ein Titel, den Pabst als Hochverräter unrechtmäßig trug, der ihm aber dann ex-

384 Brief von Kapp an Ludendorff vom 4.3.1921, Könnemann/Schulze (Hrsg.), 2002, Dok. 356, S. 540.

385 Abschrift der Notiz des Oberreichsanwalts vom 5.10.1920 im Ermittlungsverfahren des Oberreichsanwalts (Bd. I, Bl. 1333), in: Nachlass Pabst, BA-SAPMO, NY 4035/3, Bl. 27f.

386 Stellungnahme von Pabst zu den Aussagen im Verfahren des Oberreichsanwalts gegen Jagow (vermutlich Frühjahr 1925), in: Nachlass Pabst, BA-SAPMO, NY 4035/3, Bl. 31.

387 Erger, Kapp, S. 130.

388 Dass die Erlasse und Aufrufe nicht mehr gedruckt werden konnten, erwähnt er, nennt aber nicht den Urheber des Problems. Erger, Kapp, S. 129,

389 Brief von Pabst an Regierungsdirektor Körner vom 14.7.1965. Nachlass Pabst, BA-MA, N 620/20, ohne Paginierung.

390 Erger, Kapp, S. 204.

akt ein Jahr nach Hitlers «Machtergreifung» am 30. Januar 1934 vom Reichspräsidenten Hindenburg (inklusive der Erlaubnis, die Generalstabsuniform zu tragen) verliehen wurde.[391]

Admiral von Trotha, ca. 1939

Wie lief nun aber der Putsch in Berlin ab, nachdem Pabst am 12. März Reißaus genommen hatte? Am selben Tag erreichten Noske – der die Gefahr vorher überhaupt nicht ernst genommen und Scherze gemacht hatte[392] – immer bedrohlichere Meldungen über das Verhalten Ehrhardts und seiner Brigade. Noske wollte nun selbst zu Ehrhardt fahren und sich erkundigen, wovon Reinhardt dringend abriet.[393] So machte Noske den Admiral Trotha, «der dazu keine rechte Neigung hatte»[394] und Canaris, der, wie er sich 1925 ausdrückte, «im Stab des Reichswehrministers Noske als Bearbeiter für Marinefragen»[395] wirkte, zu Kundschaftern der Lage[396]. Es besteht kein Zweifel, dass er damit zwei Böcke zu Gärtnern gemacht hatte, denn Trotha sympathisierte mit den Putschisten und Canaris, als Freund Pabsts und Mitglied der NV, war selbst ein Verschwörer. Canaris, der 1923 seine damalige Tätigkeit wieder etwas anders definiert hatte, er sei nämlich in Noskes Stab für «die Angelegenheiten der beiden Marinebrigaden» zuständig gewesen, drückte es vor dem

391 Ernennung im Nachlass Pabst, BA-SAPMO, NY 4035/1, Bl. 13; siehe auch BStU, MfS, HA IX/11, AS 6/69, Bd. 18, Bl. 38.

392 Erger, Kapp, S. 133. Kuttner berichtet, noch in der Nacht des 12.3.1920 habe sich Noske seinen Optimismus nicht nehmen lassen, in: Vorwärts, 3.4.1920, zitiert nach Illustrierte Geschichte der deutschen Revolution, 1929, S. 459.

393 Aussage Noske vor dem Reichsgericht am 10.12.1921, Nachlass Luetgebrune, BA-KO, N 1150/26, Bl. 321. Brammer, Verfassungsgrundlagen, S. 26.

394 Aussage Noske vor dem Reichsgericht am 10.12.1921, Nachlass Luetgebrune, BA-KO, N 1150/26, Bl. 321.

395 Aussage Korvettenkapitän Canaris vom 19.6.1925 vor dem Untersuchungsrichter des Staatsgerichtshofes, BStU, MfS, HA IX/11, AS 6/69, Bd. 11, Bl. 222.

396 Erger, Kapp, S. 136.; Wette, Noske, S. 634, in Anlehnung an Erger.

Reichgericht in seiner unvergleichlichen Art so aus: Er habe sich «mit einem anwesenden, mir nicht mehr erinnerlichen Offizier der Brigade unterhalten, aber auch nichts Sachdienliches erfahren. Das Lager machte dem Admiral und mir den Eindruck der Ruhe.»[397] Und Noske erzählten sie: «Die Leute seien spazieren gegangen.»[398] Doch Ehrhardt wollte selbstverständlich, Lüttwitz' Befehl folgend, nicht spazieren, sondern marschieren.

Und Noske wollte, als ihm dies klar wurde, tatsächlich schießen und der Brigade in der Heerstraße (sic!) eine Falle stellen.[399] Doch der Reichswehrminister hatte keine Truppen dafür, wie Noske «aufs peinlichste berührt»[400] bei einem Rundgang durchs nächtliche Berlin feststellen musste. Die Sipo-Offiziere weigerten sich und Seeckt, der von Noske als neuer Truppenchef eingesetzte General, weigerte sich ebenfalls[401], «Truppe schießt nicht auf Truppe» lautete die Devise[402]. Übersetzt heißt das, wenn Konterrevolution gegen Konterrevolution vorging, konnte dies nur der Revolution nützen.[403] Das wollte man auf keinen Fall.

So wie der Staatskommissar ein Staatskommissar der Unordnung und die Polizei eine Polizei der Unsicherheit war, war Noske nun ein Minister ohne Reichswehr.

Die SPD-Führungsriege stand vor den Trümmern ihrer Militärpolitik. Sie hatte komplett versagt und war bankrott. Die Freikorps, denen sie Treue geschworen hatten – die sie aber nicht einhalten konnten – pfiffen nun auf ihre Treue und die, von denen Noske geglaubt hatte, sie stünden auf seiner Seite, taten es auch nicht. Da sich die SPD-Führung einer faschistischen Diktatur aus Angst vor einer zweiten Revolution ihrer Anhänger (plus der abgesprengten USPD und KPD) verweigerte, richteten sich die Gewehre nun gegen sie. Ihre Politik des Abwürgens

397 Aussage Canaris vor dem Oberreichsanwalt am 3.3.1923, Nachlass Luetgebrune, BA-KO, N 1150/28, Bl. 329, das Zitat davor Bl. 327f.

398 Aussage Noske im Jagow-Prozess, in: Brammer, Verfassungsgrundlagen, S. 26.

399 Aussage Noske vor dem Reichsgericht am 10.12.1921, Nachlass Luetgebrune, BA-KO, N 1150/26, Bl. 321RS.

400 Ebd.

401 Aussage Noske vor dem Reichsgericht am 10.12.1921, Nachlass Luetgebrune, BA-KO, N 1150/26, Bl. 322. Einzig Noskes Adjutant von Gilsa und der Chef der Heeresleitung Walther Reinhardt wollten mit Noske schießen, hatten aber auch keine Truppen, die ihnen folgten. Erger, Kapp, 143f.

402 Nach Erger stammt diese Bemerkung nicht von Seeckt, sondern von General Hülsen, Erger, S. 138, 142, Dok. 24, S. 321.

403 Siehe Ernst, Nachlass Reinhardt, S.62.

der Revolution drohte nun die SPD selbst abzuwürgen. Die Konterrevolution schickte sich an, ihre zeitweiligen Bündnispartner zu fressen. Ebert, Noske, Bauer, David, Müller konnten dem Präsentieren der Rechnung nur noch durch Flucht entgehen. Und wäre Pabst nicht vor ihnen geflüchtet, hätten sie keine Möglichkeit mehr dazu gehabt. Noske scheint geahnt zu haben, dass Pabst ihn mehrfach gerettet hat, sonst hätte er ihn nicht auch noch nach dem Putsch in Schutz genommen.

In der Nacht zum 13. März 1920 war man im Lager Döberitz in froher Stimmung. Feierlich mit schwarz-weiß-roten Fahnen, Hakenkreuz am Stahlhelm «und singend wurde abmarschiert». Kurz vor Mitternacht hörten die Generale Oldershausen und Oven – beide innerlich mit den Zielen der Putschisten einverstanden – davon, fuhren nach Döberitz[404] und wurden mit vorgehaltener Pistole empfangen. Gleichwohl gelang es ihnen, Ehrhardts Marsch nochmals zu verzögern. Ehrhardt, durch Pabsts Unentschlossenheit und Flucht verwirrt und nun mit dem «dritten oder vierten General» konfrontiert, ließ sich noch mal bremsen.[405] Er stellte der Regierung ein Ultimatum, was dieser die Möglichkeit zur Flucht gab.

Ehrhardt inmitten seiner Truppe während des Putsches, chauffiert im Dienstwagen der Sipo

Zehn Minuten bevor die Brigade das Regierungsviertel besetzte, entfernte sich die SPD-Spitze per Pkw aus der Reichshauptstadt. Zwei Minister der Koalitionsregierung, darunter der spätere Reichswehrminister Otto Geßler, wählten die Bahn als Alternative.[406] Ehrhards Greiftrupps stießen ins Leere, die Regierung war weg. Pabst erzählte hierzu Erger, es sei deswegen zu einer erregten Auseinandersetzung zwischen Kapp und Ehrhardt gekommen.[407] Nun befand sich Pabst zu diesem Zeitpunkt in Magdeburg, kann also erst aus zweiter Hand davon ge-

404 Abschrift der Aussage Oldershausen vor dem Reichsgericht vom 14.12.1921, in: BA-SAPMO, R 8005/491 (früher: V 282/1) Materialsammlung zum Kapp-Putsch, Bl. 85; Aussage Noske vor dem Reichsgericht am 10.12.1921, Nachlass Luetgebrune, BA-KO, N 1150/26, Bl. 321RS; Brammer, Verfassungsgrundlagen, S. 26.

405 Erger, Kapp, S. 140.

406 Erger, Kapp, S. 148f.

407 Erger, Kapp, S. 151.

hört haben, und wie von Kapp zu erfahren war, hielt dieser Pabst für den eigentlich Schuldigen an der misslungenen Festsetzung der SPD-Führungsriege. Diese hatte – und das ist sehr wichtig festzuhalten – kurz vor ihrer Verabschiedung noch einen Aufruf zum Generalstreik aufsetzen lassen.

«Darum sind die schärfsten Abwehrmittel geboten (...) Streikt! (…) Kämpft mit jedem Mittel um die Erhaltung der Republik! Lasst allen Zwist beiseite! (...) Proletarier vereinigt Euch! Nieder mit der Gegenrevolution!»[408], dichtete der Pressereferent der Regierung Ulrich Rauscher und der Parteivorsitzende Otto Wels setzte die Namen Ebert, Bauer, Noske, David, Müller darunter. Es gibt keinen Zweifel daran, dass die Führung der SPD diesen Aufruf herausgab.[409] Und während sie sich vor den eigenen Truppen in Sicherheit brachten, wurden sie von denen gerettet, die sie zuvor so unzuvorkommend behandelt hatten: den Arbeitern.

Arbeiter! Parteigenossen!

Der Militärputsch ist da! Die Baltikum-Landsknechte, die sich vor der befohlenen Auflösung fürchten, haben den Versuch unternommen, die Republik zu beseitigen, und **eine diktatorische Regierung** zu bilden.

Mit **Lüttwitz** und **Kapp** an der Spitze!

Arbeiter, Genossen!

Wir haben die Revolution nicht gemacht, um uns heute wieder einem blutigen Landsknechtregiment zu unterwerfen. Wir paktieren nicht mit den Baltikum-Verbrechern.

Arbeiter, Genossen!

Die Arbeit eines ganzen Jahres soll in Trümmer geschlagen, Eure schwer erkaufte Freiheit vernichtet werden.

Es geht um alles! Darum sind die schärfsten Abwehrmittel geboten.

Kein Betrieb darf laufen, solange die Militärdiktatur der Ludendorffe herrscht!

Deshalb legt die Arbeit nieder! Streikt! Schneidet dieser reaktionären Clique die Luft ab. Kämpft mit jedem Mittel um die Erhaltung der Republik! Laßt allen Zwist beiseite! Es gibt nur ein Mittel gegen die Diktatur Wilhelms II.:

Lahmlegung jeden Wirtschaftslebens!
Keine Hand darf sich mehr rühren!
Kein Proletarier darf der Militärdiktatur helfen!
Generalstreik auf der ganzen Linie!

Proletarier vereinigt Euch! Nieder mit der Gegenrevolution!

Die sozialdemokratischen Mitglieder der Regierung:
Ebert. Bauer. Noske. Schlicke. Schmidt. David. Müller.

Der Parteivorstand der Sozialdemokratischen Partei:
Otto Wels.

Generalstreikaufruf der SPD-Führung (Reichspäsident plus Reichskanzler plus Parteivorsitzender)

Dazu und zu den Abwehrreaktionen kommen wir gleich. General a.D. Ludendorff dagegen erwartete in aller Herrgottsfrühe triumphierend die Truppen am Brandenburger Tor. Später im Jagow-Prozess wollte er dies als harmlosen Sonntagsspaziergang ausgelegt wissen, was zu Lachsalven im Zuschauerraum führte. An diesem geschichtsträchtigen Objekt nahmen dann Kapp, Lüttwitz, Eugen von Kessel und

408 Aufruf der sozialdemokratischen Mitglieder der Reichsregierung zum Generalstreik, Könnemann/Schulze (Hrsg.), 2002, Dok. 97, S. 145; Faksimile in Illustrierte Geschichte der Revolution, 1929, S. 469. Die Fassung bei Brammer, Fünf Tage, S. 65, weicht davon ab. Siehe auch Ursachen und Folgen, IV, S. 92.

409 Miller, Bürde, S. 378f.

Stephani die Parade Ehrhardts ab. Aber auch die Sipo-Führung erinnerte sich später nicht mehr daran, dass ihre Truppen den Putschisten ein kräftiges «Hurra» zugerufen hatten. Amnesie gab es auch darüber, dass Pabsts rechte Hand Oberleutnant Hans von Kessel (der am 13. Januar vor dem Reichstag in die Menge hatte feuern lassen) auf Befehl von Oberst Arens dem Putschkapitän Ehrhardt als «Verbindungsoffizier» zugeteilt wurde und ihn im Dienstwagen der Polizei in die Reichskanzlei chauffierte, wo man von der Wache der Sipo militärisch begrüßt wurde.[410] Dass die vorher geflohene Reichsregierung mit militärischen Ehren verabschiedet wurde, findet sich allerdings nirgendwo. Auch Walter Stennes, Sipo-Offizier und später ein hoher SA-Mann, machte den Putschisten klar, dass er und seine Leute nichts gegen sie hätten.[411] Im Gegenteil: Stennes war ein Pabst-Mann.

Kapp rief sich im eben eroberten Terrain zum Reichskanzler aus. Lüttwitz ward Reichswehrminister. Einer der ersten Plakatanschläge verkündete, Pabsts Plänen folgend, für alles Mögliche die Todesstrafe. Eine Verordnung, die übrigens sogar manchem Industriellen zu weit ging. Und der Organisationsleiter, der den Putsch hatte unorganisiert gelassen, Hauptmann Pabst, erschien nun ebenfalls in der Reichskanzlei und meldete sich zum Dienstantritt. Die neue Regierung hatte zwar keine Unterstützung im Volk, dafür aber regen Zuspruch beim reichsweit stationierten Militär.

Noske behauptete das Gegenteil, der «weitaus größte Teil der Reichswehr» habe «loyal seine Pflicht getan».[412] Doch dies ist wie immer

Ernst von Oven

410 Kessel, Handgranaten, S. 261ff; Buder, Reorganisation Polizei, S. 194f.; Volkmann, Revolution, S. 361.

411 Aussage Hauptmann a. D. Walter Stennes, vom 21.3.1923, Nachlass Luetgebrune, BA-KO, N 1150/28, Bl. 412.

412 Noske, Kiel, S. 210.

bei Noske auslegbar.[413] Von Oven, der ja schon von Pabst im Sommer bei seinem Putschversuch als Kriegsminister vorgeschlagen worden war, schloss sich gleich den Putschisten an, da er Lüttwitz schon vorher «mit Wort und Handschlag seine Treue und seine Bereitwilligkeit, mit ihm zu gehen, versichert hatte».[414] Oven wusste übrigens später vor dem Reichsgericht zu berichten: «Dass wegen eines Putsches Abmachungen zwischen Kapp, Lüttwitz, Bauer, Pabst und Ehrhardt bestanden war damals Tagesgespräch.»[415] Nur Noske hatte davon nichts mitbekommen.

Vorbehaltlos hinter das neue Regime stellten sich außerdem: General Julius von Bernuth, Kommandeur des Wehrkreises II (Stettin), dem ganz Norddeutschland unterstand, General Paul von Lettow-Vorbeck, Befehlshaber der Reichswehrbrigade 9 (Schwerin), General Ludwig von Estorff und General Johannes von Dassel (beide Ostpreußen), General Gustav Hagenberg, Reichswehrbrigade 16 (Weimar), General Eberhard Graf von Schmettow (Breslau), General Karl-Albrecht von Groddeck, Reichswehrbrigade 4 (Sachsen, mit Berufung auf General Maercker), General Bernhard von Hülsen (Potsdam), General Walter von Hülsen, Reichswehrbrigade 10 (Hannover), Oberst Stachow (Braunschweig), Oberst Konrad Freiherr von Wangenheim (Hamburg), Admiral Magnus von Levetzow, Befehlshaber der Ostseestation (Kiel), Kapitän zur See Wossidlo (Cuxhaven), Vizeadmiral Andreas Michelsen, Kommandeur der Nordseestation (Wilhelmshaven), Admiral von Trotha, für die ganze Marine.

General von Seeckt, der auf die Putschbrigade nicht hatte schießen lassen, spielte Lüttwitz insofern zu, indem er ihm kurz zuvor noch die

General Hans v. Seeckt und Otto Geßler (1926)

413 Folgendes nach Erwin Könnemann, Einleitung zu: Könnemann/Schulze (Hrsg.), 2002, S VII–IX.

414 Pabst, Kapp, S. 833.

415 Aussage von Oven vor dem Oberreichsanwalt vom 22.1.1923, Nachlass Luetgebrune, BA-KO, N 1150/28, Bl. 241.

Reichswehrbezirke Norddeutschland und Ostpreußen zusätzlich unterstellt und damit seinen Machtbereich erheblich vergrößert hatte.

Die Garnisonsältesten von Halle, Stendal, Dessau, Aschersleben, Halberstadt, Cottbus, Görlitz, Pasewalk, Frankfurt/Oder und anderen Städten schlossen sich ebenfalls an. Zivile Regierungen, Verwaltungen wurden überall abgesetzt und durch putschfreundliche Militärs ersetzt. In Bayern wurde die sozialdemokratische Regierung Hoffmann durch Druck des Reichswehrkommandeurs 4, General Arnold von Möhl, sowie dem inzwischen zum Münchner Polizeipräsidenten aufgestiegenen Ernst Pöhner, einem späteren Nazi, mit Zustimmung der Führung der Bayerischen SPD davongejagt und durch den faktischen Diktator von Kahr ersetzt. Er blieb auch nach dem Putsch im Amt. Bayern war fortan ein Zentrum völkischer, antisemitischer, ja faschistischer Bünde und Freikorps, der ideale Nährboden für den Trommler Adolf Hitler.

General Oskar von Watter

Den von der Regierung ausgerufenen Generalstreik bekämpfte sofort General Roderich von Schoeler, Chef des Reichswehrgruppenkommandos 2 (Kassel), dem ganz Westdeutschland unterstand. Sein Stabschef General von Loßberg, ein ganz früher Mitkämpfer Pabsts, stand ihm bei. Gleichfalls für «Ruhe und Ordnung» sorgte General Oskar von Watter, Kommandeur des Wehrkreises VI, dem das rheinisch-westfälische Industriegebiet unterstand und der den Regierungswechsel in einem Telegramm an seine Korpsführer begrüßte: «Habe mich von der alten Regierung losgesagt, kann mich aber wegen Volksstimmung nicht auf den Boden der neuen Regierung stellen.»[416] Watter wartete jedoch ab, ob die Freunde in Berlin Erfolg haben würden.[417] Dass der General kein Anhänger von Kapp

416 Dortmunder Tageblatt vom 24.3.1920, Könnemann/Schulze (Hrsg.), 2002, Dok. 618, S. 956, Anm. 3., sowie Könnemann, Einleitung, S. VIII, Anm. 1.

417 Lucas, Märzrevolution 1920, Bd. 1, S. 98ff; Severing, Wetter und Watterwinkel, S. 132ff.

und Lüttwitz gewesen sei, wie von Hürten behauptet,[418] ist unhaltbar und durch Dokumente widerlegt. Watter war in die Vorbereitung des Putsches eingeweiht, hatte Kontakt und es bestand «Einvernehmen».[419] Die ihm unterstellten Freikorps Schulz, Lützow (letzteres hatte schon ein Jahr zuvor in München im Auftrag Pabsts gewirkt) und Lichtschlag - im Volksmund «Totschlag» genannt - schlossen sich sofort Kapp an und provozierten schwere Kämpfe im Ruhrgebiet.[420] Dazu und zu der Hauptrolle, die Watter hier spielen wird, später.

Die nach Dresden enteilte Regierung wurde allerdings auch dort nicht mit großem Hurra empfangen, da der für Sachsen zuständige General von Maercker, der Noske an seinem Geburtstag noch beschenkt und sich für ihn in Stücke hauen lassen wollte, schwankte, ob er sie nicht auftragsgemäß, wie von Lüttwitz befohlen, in Schutzhaft nehmen sollte.[421] Auch Noskes Hinweis, dass Lüttwitz längst abgesetzt sei, beeindruckte den General nicht. Maercker war, wie alle Offiziere seines Schlages, zutiefst irritiert von dem Generalstreikaufruf der Regierung, dies war, um mit Theweleit zu sprechen, für den nicht zu Ende geborenen Militär ein direkter Angriff auf seinen Körper- und Truppenpanzer. Nicht der Krieg, sondern der Generalstreik, die wimmelnde Masse, in die man hineinschießen musste, dass sie einen nicht mehr bedrohte und den Platz in Panik räumte, war hier das Schlimmste, was einem Offizier widerfahren konnte. Übrigens ließ wenige Tage später sein Stellvertreter General Müller in eine Menge vor dem bzw. im Post- und Telegrafenamt schießen, 60 Tote und 200 Verwundete waren die Folge.[422]

Und die ängstlichen Sozialdemokraten spürten bei Maercker sofort die Aggressivität, die ihnen auf Grund ihres Streikaufrufes entgegenschlug und so logen sie einfach, sie hätten mit dem Aufruf nichts zu tun.[423] Noch-Reichswehrminister Noske und Noch-Reichskanzler Bau-

418 Hürten, Kapp-Putsch als Wende, S. 21–23. Hürten ignoriert hier bewusst die Belege von Lucas, Märzrevolution 1920, Bd. 1.

419 Aktionsplan aus den beschlagnahmten Papieren Schnitzlers, Könnemann/Schulze (Hrsg.), 2002, Dok. 82, S. 126f., sowie Einleitung VIII und IX, je Anm. 1; Lucas, Märzrevolution I, S. 75–77, mit Belegen, sowie S.102.

420 Könnemann, Einleitung S. IX, in: Könnemann/Schulze (Hrsg.), 2002; Lucas, Märzrevolution, Bd. 2, S. 104ff.

421 Ausführlich dazu: Kristen, Leben in Manneszucht, S. 249–257.

422 Bericht Otto Meißner, Könnemann/Schulze (Hrsg.), 2002, Dok. 257, S. 362; Lucas, Märzrevolution 1920, Bd. 2, S. 168; Kristen, Leben in Manneszucht, S. 254.

423 Maercker, Kaiserheer, S. 354; Kristen, Leben in Manneszucht, S. 252.

er haben sich sogar direkt gegenüber Maercker noch am 13. März 1920 vom Streikaufruf distanziert.[424] Noske behauptete später sogar, er habe nie dazu seine Zustimmung gegeben, sondern der betrunkene Regierungssprecher Rauscher habe einfach die Namen daruntergesetzt.[425] Der Biograf Rauschers wiederum ist überzeugt, dass Rauscher die Rückendeckung Noskes und die von Wels gehabt hat.[426]

Und Ebert, wie verhielt sich der Reichspräsident? Aufschlussreich sind hier die Manöver seines Biografen, die wir gern wiedergeben. Zunächst fragt er sich, ob die Unterschrift unter den Aufruf zum Generalstreik zu Ebert passte, der den Ausnahmezustandsartikel der Weimarer Verfassung (Artikel 48) gern benutzt hatte, um Streiks zu bekämpfen und «Ruhe und Ordnung» wiederherzustellen. Und Mühlhausen bejaht es. «Durchaus», denn es sei ja um die Existenz der von Ebert geschaffenen Demokratie gegangen. Und nachdem das Militär (also Seeckt und seine Truppe) «seine Gefolgschaft aufgekündigt hatte», wäre der Generalstreik die einzig «wirkungsvolle Waffe, die die Regierung umgehend gegen die Putschisten ins Feld hätte führen können», gewesen. Also habe Ebert den Generalstreik befürwortet. Doch nun kommt der Haken. Denn Mühlhausen gibt durchaus zu, dass Ebert «sich später, als das Ende des Umsturzversuches abzusehen war, vom Aufruf zum Generalstreik distanzierte, ihn aber immer noch für die Gebiete als notwendig erachtete, wo sich die Putschisten behaupten konnten».[427] Da paktiert der Reichspräsident seit dem November 1918 mit dem alten Militär, fördert den Aufbau der Freikorps, lässt diese auf die Arbeiter und Arbeiterinnen los. Lässt die von Noske und von Pabst vorangetriebene Durchmilitarisierung der Gesellschaft mit zusätzlich Zeitfreiwilligen, Einwohnerwehren, Technischer Nothilfe und Sipo ohne Widerspruch zu, muss aber diese Verbände dann auf Druck der Entente auflösen, was zum Putsch führt, vor dem ihn Seeckt und die Reichswehr nicht schützen. Jetzt muss er den Generalstreik ausrufen und signieren. Dann leugnet er aber vor den Militärs, die ihn nicht schützen, ja bedrohen (Maercker) bzw. auch vor den Militärs, die ihn widerwillig schützen (General Otto Haas in Stuttgart), eben weil auch die Letzteren ihn sonst nicht schützen würden, seine Unterschrift.

424 Aussage Maercker vor dem Reichsgericht vom 13.12.1921, Könnemann/Schulze (Hrsg.) 2002, Dok. 365, S. 559, siehe auch S. 145, Anm. 3 mit Quellenangabe.

425 Mühlhausen, Ebert, 2006, S. 324, Anm. 33.

426 Mühlhausen, Ebert, 2006, S. 325, Anm. 34.

427 Mühlhausen, Ebert, 2006, S. 324f.

Gleichzeitig ist er aber immer noch dort für den Generalstreik, wo man ihn nicht mehr hat seine Macht ausüben lassen. Und was geht in einem Biografen vor, der ein solches Verhalten als ganz normal beschreibt? Jenes Verhalten von Ebert et al. bezeichnen andere, ebenfalls der Sozialdemokratie nahestehenden Historiker als unberechtigt[428] bzw. «moralisch bedenklich».[429]

Doch zurück nach Dresden am 13. März 1920. Maercker nahm Ebert und der Regierung die Staatskarossen ab und gab sie erst nach energischem Drängen des sächsischen Ministerpräsidenten Georg Gradnauer zurück. Außerdem bot Maercker sich als Verhandlungspartner mit Lüttwitz an, weigerte sich aber mehrfach, öffentlich zu erklären, dass er auf dem Boden der Reichsverfassung stehe. Dies aus Rücksicht auf «die Stimmung seiner Offiziere und seiner Truppe»[430]. Von der hatten die SPD-Oberen offensichtlich noch nie Wind bekommen. Aufgrund des «zweifelhafte(n) Verhalten(s) Maerckers», er sprach Noske übrigens nur noch mit «Herr Noske» an und nicht mehr als «Herr Minister»,[431] und in Erwartung drohender «Gewaltmaßnahmen seitens der Reichswehr gegen die Mitglieder der Reichsregierung»[432] entschwand die Weimarer Koalition nicht nach Weimar, wo der kommandierende General auch geputscht hatte, sondern nach Schwaben. Kurzzeitig hätte man also von einer Stuttgarter Republik sprechen können.

Aber auch in Stuttgart waren der aus Heidelberg stammende Reichspräsident Ebert und seine Parteigenossen nicht auf Rosen gebettet, denn General Haas, Kommandeur der Reichswehrbrigade in Württemberg, hatte zuvor, hier ganz Demokrat, seine Offiziere abstimmen lassen. Schon diese Tat zeigt, für wen er Sympathien zeigte. Hätte er abstimmen lassen, wenn eine Räteregierung in Berlin die Macht ergriffen hätte? Eine überwältigende Mehrheit der Offiziere (mit zwei Ausnahmen) bekannte sich zu Kapp.

Wie selbstverständlich ergriffen die Studentenbataillone in Stuttgart und Tübingen großteils für Kapp Partei. Aber die Mannschaften der Reichswehr in Württemberg hatten da weit weniger Sympathien

428 Miller, Bürde, S. 379.

429 Wette, Noske, S. 653.

430 Niederschrift des Geheimen Regierungsrats Dr. Meißner über die Vorgänge in Dresden und Stuttgart, Könnemann/Schulze (Hrsg.), 2002, Dok. 312, S. 445f.; Kristen, Leben in Manneszucht, S. 252.

431 Aufzeichnungen Reichsinnenminister Koch-Weser, Könnemann/Schulze (Hrsg.), 2002, Dok. 163, S. 225.

432 Niederschrift Meißner, Könnemann/Schulze (Hrsg.), Dok. 312, S. 447.

Generalmajor Otto Haas

für die Putschisten und vor allem die kasernierte Landespolizei, eine Art schwerbewaffnete Berufsarmee, stellte sich unter ihrem Polizeidirektor Paul Hahn (der nach dem Zweiten Weltkrieg übrigens mit Pabst zusammenarbeitete) auf Seiten der geflüchteten Reichsregierung.[433] Was natürlich zu Spannungen mit Haas und der Reichswehr führte. Zumal die württembergische Landesregierung sich weigerte, den Ausnahmezustand zu erklären und Haas die vollziehende Gewalt zu übertragen. Dies aber auch nur, weil Ministerpräsident Wilhelm Blos befürchtete, dass dann «die Arbeiter dem Radikalismus in die Arme getrieben würden».[434]

Am 13. März hatte Major Wolfgang Muff in einer Sitzung des Staatsministeriums auf die Frage von Blos, ob die Reichswehr die Nationalversammlung, falls sie nach Stuttgart käme, schütze, ausweichend geantwortet: General Bergmann sei an die Befehle des Reichswehrgruppenkommandos gebunden. Als wenn das die oberste Instanz war und diese nicht an die Regierung gebunden war. Und: Das Gruppenkommando sei «durch den Aufruf der Reichsregierung zum Generalstreik irritiert».[435] Blos antwortete, entweder er wusste es nicht besser, oder er log, dass doch nur die Gewerkschaften zum Generalstreik aufgerufen hätten.[436]

433 Das hinderte Hahn nicht, Studenten der Einwohnerwehr nach Gotha gegen die dortigen Arbeiter zu senden, wobei er mit seinem Innenminister Berthold Heymann (SPD) aneinandergeriet.

434 Protokolle der Regierung des Volksstaates Württemberg, Sitzung des Staatsministeriums von 14.3.1920, Dok. 131, S. 533, ich danke Frank Raberg für den Tipp und die Ausleihe; Lucas, Märzrevolution 1920, Bd. 2, S. 157.

435 Protokolle der Regierung des Volksstaates Württemberg, Sitzung des Staatsministeriums v. 13.3.1920, Dok. 130, S. 531.

436 Der Bearbeiter der Protokolle der Regierung des Volksstaates Württemberg, Ansbert Baumann, pflichtet hier, offensichtlich in Unkenntnis von Rauschers

Erst am Nachmittag des 14. März 1920 ließen sich dann General Walter von Bergmann, Befehlshaber des Wehrkreises V (Stuttgart), und General Julius Ritter von Dawans, Landeskommandant Badens, dazu herab, öffentlich für die verfassungsmäßige Regierung einzutreten. Den Schutz übernahm aber hauptsächlich die Landespolizei. Insbesondere die in Stuttgart zusammentretende Nationalversammlung wurde von Hahns Polizisten bewacht. So Fritz Elsas (DDP), der die Kappisten unpassend als «Rechtsspartakisten» in seinen Erinnerungen bezeichnete.[437]

Tagung der Nationalversammlung am 18. März 1920 in Stuttgart

«Schlächter» Haas, so titulierte ihn die KPD, hatte schon 1919 bei der Zerschlagung der Münchner Räterepublik Noskes Schießerlass – illegal – wieder aufleben lassen: «Wer den Regierungstruppen mit der Waffe entgegentritt ist ohne weiteres zu erschießen.» Und sich erlaubt, diesen auch noch zu verschärfen, denn Gefangene, die ohne Waffe angetroffen wurden, kamen vor ein Feldgericht, «das über die standrechtliche Erschießung zu bestimmen hat, das Urteil ist sofort zu vollstrecken».[438] Auch dies eindeutig gesetzeswidrig, was sogar das Generalkommando Oven (auch ein Putschsympathisant) feststellte[439]. Wie schon ausgeführt, gab das preußische Belagerungsrecht von 1851 dies nicht her und die Ausführungsbestimmungen zum Artikel 48 der Weimarer Verfassung waren geheime Schubladenverordnungen, die wie von der Verfassung vorgeschrieben, keine Gesetzeskraft hatten, also nicht galten. Haas warb dann noch Zeitfreiwillige an und hatte Gelegenheit die Rote Ruhrarmee mit seinen Soldaten – sogar als Vorgesetzter der bayerischen Truppen des Generals Epp – und natürlich auch mit seinen Stu-

---

und Wels' Generalstreikaufruf, Blos bei, indem er behauptet, Legien habe allein den Streik ausgerufen, S. 531, Anm. 947.

437 Erinnerungen von Fritz Elsas, S. 157, der Ausdruck auf S. 156. Für den Hinweis auf das Buch und dessen Ausleihe danke ich Frank Raberg.

438 Denkschrift des bayerischen Justizministers, in: Gumbel, Vier Jahre Mord, S. 110.

439 Verfahren gegen Haas wurden jedoch mehrfach eingestellt. Denkschrift des bayerischen Justizministers, in: Gumbel, Vier Jahre Mord, S. 111,

denten aus Stuttgart und Tübingen, bekämpfen zu dürfen.[440] Wobei er sich gegenüber antisemitischen Ausschreitungen der Reichswehr bzw. der Epp-Truppen, darunter das Freikorps Oberland, die nicht nur Hakenkreuze malten, sondern auch Juden beschimpften und bedrohten, machtlos zeigte. Er fertigte einen Erlass, der so wenig Wirkung zeigte, «daß sich die Ausschreitungen noch vermehrten».[441]

Den Putschisten schlossen sich deutschlandweit auch einige Sozialdemokraten an, so der Regierungspräsident Winnig von Ostpreußen, später ein Anhänger des Nationalsozialismus. Eugen Ernst, Polizeipräsident von Berlin, wurde in seinem Amt belassen. Auch der Breslauer Polizeipräsident Friedrich Vogt duldete die Putschisten und hielt seinen Posten. Nachdem sich Ebert und Noske einer durch die Obristen vorgesehen Befragung, ob man mitmachen wolle, entzogen hatten, standen nun auf den Kabinettslisten von Kapp die Sozialdemokraten Wolfgang Heine, Albert Südekum und Carl Severing.

Erste Abwehrkämpfe

Dem Aufruf zum Generalstreik der sozialdemokratischen Regierungsmitglieder Bauer, Noske, David u. a. sowie des Parteivorsitzenden Wels und des Reichspräsidenten Ebert vom 13. März 1920 folgte am gleichen Tag - vermutlich unabhängig - der des Allgemeinen Deutschen Gewerkschaftsbundes (ADGB) und der Arbeitsgemeinschaft freier Angestelltenverbände (Afa) mit der Unterschrift von Legien und Siegfried Aufhäuser: «Alle Betriebe müssen stillgelegt werden, ausgenommen sind nur die Wasserwerke, Krankenhäuser und Krankenkassen.»[442] Auch der Verband der deutschen Gewerkvereine (Hirsch-Duncker) billigte den Generalstreik.[443] Die christlichen Gewerkschaften hatten, dem Zentrum folgend, einen Vorbehalt, obwohl auch sie gegen Kapp et al. Stellung bezogen.[444] Gleichwohl nahmen auch die Zentrums-Partei und

---

440 Erfahrungsbericht der Gruppe Haas über ihren Einsatz im Ruhrgebiet vom 18.5.1920, Könnemann/Schulze (Hrsg.), 2002, Dok. 691, S. 1039ff.; Lucas, Märzrevolution 1920, Bd. 3, S. 107, 194, 241, 279, 323f., 362.

441 Bericht über antisemitische Ausschreitungen, Mitte Juni 1920, Nachlass Severing, Könnemann/Schulze (Hrsg.), 2002, Dok. 692, S. 1041ff., hier 1042; Lucas, Märzrevolution 1920, Bd. 3, S. 362.

442 Aufruf ADGB und Afa zum Generalstreik vom 13.3.1920, Könnemann/Schulze (Hrsg.) 2002,, Dok. 101, S. 156.

443 Brammer, Fünf Tage, S. 67.

444 Stellungnahme des Generalsekretariats der christlichen Gewerkschaften vom 13.3.1920, Könnemann/Schulze (Hrsg.), 2002, Dok. 102, S. 156.

die Deutsche Demokratische Partei (DDP) Stellung gegen den Putsch. Und die DDP schloss sich noch am gleichen Tag dem Generalstreik an.[445]

Zögerlich zeigte sich allerdings die Zentrale der KPD in Berlin unter Ernst Reuter, dem späteren Sozialdemokraten und Regierenden Bürgermeister von Westberlin («Völker der Welt, schaut auf diese Stadt»). Die Arbeiterklasse würde den Kampf gegen die Militärdiktatur aufnehmen, wenn der Augenblick günstig sei. «Dieser Augenblick ist noch nicht gekommen.»[446] Doch die große Mehrzahl der Bezirks- und Ortsorganisationen beteiligte sich an den Abwehrkämpfen, ohne die KPD-Zentrale zu fragen und die korrigierte sich auch am nächsten Tag.

Doch unabhängig von all diesen Aufrufen und schon davor hatten, so berichtete der Vorwärts, «Hunderttausende von Arbeitern in Berlin und im ganzen Reich spontan die Arbeit niedergelegt».[447] In der ganzen Republik arbeitete die Basis aller drei Arbeiterparteien - für einige Tage, im Ruhrgebiet sogar länger - wieder zusammen bzw. die Arbeiter handelten ganz selbständig und für einen kurzen Moment sogar unterstützt von der Basis des Zentrums und der DDP.

Nottransporte während des Generalstreiks in Berlin

Am Montag, den 15. März 1920, entfaltete der Generalstreik seine volle Wirkung. Nie zuvor und nie mehr danach sind so viele Menschen aus der arbeitenden Bevölkerung Deutschlands in den Streik getreten. Mindestens zwölf Millionen Menschen legten die Arbeit nieder.

Die putschenden Freikorps und die dem Putsch zustimmenden oder mit ihm sympathisierenden Reichswehreinheiten, ja selbst die, die zu der aus Berlin vertriebenen Regierung noch loyal zu stehen vorgaben (obwohl sie ja gegen den Putsch nichts unternahmen), waren allesamt zu sofortigen gewalttätigen Aktionen gegen den Abwehrkampf der

---

445 Erklärung der Fraktion der DDP vom 13.3.1920, Könnemann/Schulze (Hrsg.) 202, Dok. 103 und 104, S. 157f., sowie Anm. 1.

446 Verurteilung des Putsches durch die Zentrale der KPD, Könnemann/Schulze (Hrsg.), 2002, Dok. 105, S. 158–160, hier S. 159.

447 Vorwärts, Extraausgabe vom 15.3.1920.

Wasserfassen an öffentlichen Brunnen während des Generalstreiks

Arbeiter und Arbeiterinnen entschlossen. An zahlreichen Orten der Republik schossen sie ohne Vorwarnung in die demonstrierenden oder streikenden Verteidiger der demokratischen Republik. Das Prinzip «entleerter Platz», ein schon erwähnter psychotischer Zwang dieser soldatischen Männer bzw. Offiziere wurde massenweise praktiziert.

«Entleerter Platz»

Am Halleschen Tor in Berlin schoss die als Wache abrückende Brigade Ehrhardt schon am 13. März 1920 ohne Vorwarnung in eine nachdrängende Menge. Drei tote Passanten blieben auf dem Pflaster liegen. Am Wilhelmsplatz in Berlin-Charlottenburg feuerte ein Maschinengewehr der Putschisten in die Menge: Vier Tote und sechs Verletzte. Auch am Potsdamer Platz gab es mehrere Tote und Verletzte. In Steglitz wurde eine Reichswehrkompanie am Weitermarschieren gehindert. Der kommandierende Offizier ließ in alle Richtungen feuern: Acht bis zehn Tote und zahlreiche Schwerverletzte lagen in ihrem Blut.[448]

In Leipzig kam es in 18 großen Versammlungslokalen zu Protestversammlungen, an denen sich nicht nur die Basis von SPD, USPD und KPD beteiligten, sondern auch Teile des Bürgertums, des Mittelstandes schlossen sich an. Schließlich wogten am Sonntag, den 14. März 1920, auf den Straßen die Massen. Das 4000 Mann starke Zeitfreiwilligenregiment, das das reaktionäre Bürgertum – auch aus vielen deutschnationalen Studenten – seit November 1918 unter den Augen der in Leipzig besonders starken USPD zusammengesammelt hatte, schoss an drei Plätzen in die Menge, vierzig Tote und hundert Verletzte waren die Folge.[449] Es kam nun zu regelrechten Kämpfen zwischen Arbeitern und den Zeitfreiwilligen.

In Dresden feuerte die Reichswehr – wohl mit Genehmigung der Regierung des Ministerpräsidenten Georg Gradnauer (SPD) – aus allen Rohren eines Panzerwagens auf die von bewaffneten Arbeitern besetz-

448 Könnemann/Krusch, Aktionseinheit, S. 187.
449 Könnemann/Krusch, Aktionseinheit, S. 99f.

te Hauptpost und in die demonstrierende Menge auf dem Postplatz: circa sechzig Tote und zweihundert Verletzte.[450] Dies führte zu einer ungeheuren Empörung.

In Potsdam wurde eine unbewaffnete Demonstration am 16. März von der dortigen Reichswehr beschossen. Vier Tote und elf Verwundete blieben auf dem Pflaster liegen.[451]

In Gera schossen Reichswehrtruppen erst mit einem Maschinengewehr in die Luft und dann in die Menge. Arbeiter entwaffneten die Angreifer und griffen nun selbst eine Kaserne an, die schließlich die weiße Fahne hisste. 14 Tote und 25 Verwundete.[452] Auch in Weimar feuerte die Reichswehr in Menschenansammlungen. Die Opferzahl ist unbekannt.

In Gotha kam es am 18. März ebenfalls zu Kämpfen. Arbeiter eroberten alle strategischen Punkte, bis auf eine Fliegerwerft. Während eines Waffenstillstandes stellten die Putschisten durch Schwenken einer weißen Fahne eine Falle. Die hereinströmenden Arbeiter wurden mit Beilen, Spaten und Gewehrkolben massakriert. Dann flüchteten die Kapp-Anhänger. Die neunzig zurückgebliebenen Toten wurden auf Anweisung der Thüringer USPD-Regierung mit Landestrauer begraben.[453]

In Halle erreichten die Kämpfe erst nach dem 19. März ihren Höhepunkt, in Quedlinburg kamen 18 Arbeiter bei Auseinandersetzungen mit der Reichswehr zu Tode. Auch in Dessau hatte das Militär in unbewaffnete Demonstranten geschossen.[454]

In Cottbus schossen putschistische Truppen des Major Ernst Buchrucker rücksichtslos in Menschenansammlungen. Auch hier gab es mindestens vier Tote und fünf Schwerverletzte (darunter eine Frau und ein Schüler). «Der Leutnant gab den Befehl die Straße frei zu machen. Kurze Zeit darauf tackten schon die Maschinengewehre [...] Große Blutlachen mit Gehirnspritzern gaben noch in den späten Abendstunden Zeugnis von dem Blutbad.»[455] Buchrucker wurde

450 Bericht eines USPD-Funktionärs über die Vorgänge in Leipzig vom 1.4.1920, Könnemann/Schulze (Hrsg.), 2002, Dok. 426, S. 659f.

451 Bericht des Geheimen Regierungsrates Dr. Meißner über seine Dienstreise zur Reichsregierung nach Dresden und Stuttgart vom 22.3.1920, Könnemann/Schulze (Hrsg.), 2002, Dok. 257, S. 362; Könnemann/Krusch, Aktionseinheit, S. 193.

452 Könnemann/Krusch, Aktionseinheit, S. 205f.

453 Könnemann/Krusch, Aktionseinheit, S. 212.

454 Könnemann/Krusch, Aktionseinheit, S. 219, zu den Kämpfen, S. 218ff.

455 Märkische Volksstimme (SPD), Cottbus, vom 16.3.1920, Könnemann/Schulze (Hrsg.), 2002, Dok. 517, S. 794f.

später, wie zahlreiche andere hochverräterische Offiziere, nur beurlaubt.[456]

Schon mit diesem unvollständigen Ausschnitt kommen wir in den ersten Tagen des Putsches auf ca. 250 Tote, meist unbewaffnete Demonstranten, die Opfer der Reichswehr, der paramilitärischen Verbände und der Freikorps wurden.

Brennpunkte des Abwehrkampfes I

Generalstreik war das eine, die Entwaffnung der Konterrevolution und die Bewaffnung der Arbeiter das andere. Beides funktionierte in gemeinsamen Aktionen der drei Arbeiterparteien, ihrer Anhänger, auch mit Teilen der Landarbeiter und des Bürgertums. Erneut bildeten sich Räte und Vollzugsausschüsse. Für wenige Tage war die Klassenspaltung und die Spaltung in der Arbeiterklasse überwunden, bis der Putsch am 17. März deswegen scheiterte und letztlich der Streik - regional durchaus unterschiedlich - einige Tage später abgebrochen wurde.

Berlin

In Berlin war die Konterrevolution - die Brigade Ehrhardt - militärisch übermächtig. Trotzdem gelang es in Hennigsdorf, Spandau, Staaken, Velten, überall dort wo große Industriebetriebe waren, die Einwohnerwehren zu entwaffnen.[457] Ähnliches gelang in Eberswalde und Niederfinow, wo Land- und Forstarbeiter die Einwohnerwehren sowie örtliche Reichswehrkommandos wehrlos machten und tausend Gewehre und vierzig MGs erbeuteten. Auch im Südosten Berlins, in Grünau, Köpenick und Schönweide, wo es große Industriebetriebe gab, schlossen sich Arbeiterparteien, Gewerkschaften und Parteilose zu Aktionsausschüssen zusammen und bewaffneten sich. Arbeiterpatrouillen beschlagnahmten in Bohnsdorf und Friedrichshagen Waffen von Villenbesitzern und Großbauern. Am 16. März bildet sich im Südosten ein Verteidigungskomitee mit den dortigen Vorsitzenden der USPD. Ein sozialdemokratischer Arbeiter namens Nemitz schüttete Sand in die Schmierbuchsen

456 Abschlussbericht des Staatssekretärs im Reichswehrministerium an das Reichswehrministerium über das Verhalten von Heer und Marine, Könnemann/Schulze (Hrsg.), 2002, Dok. 347, S. 520, Anm. 3.

457 Dies und das Folgende nach Könnemann/Krusch, Aktionseinheit, S. 192ff.

Ehrhardt-Truppen in Berlin. Auf Lkw und Stahlhelm das Zeichen der Zukunft

eines Reichswehrpanzerzuges, so dass dieser liegenblieb. Mit Ausnahme von Potsdam gelang es der Konterrevolution nicht, die Umgebung Berlins unter ihre Kontrolle zu bringen. Der Machtbereich von Lüttwitz' und Ehrhardts Truppen endete schon an der Stadtgrenze.

Sachsen

Das Proletariat (auch SPD-Anhänger) bewaffnete sich meist spontan in Leipzig, Dresden, Borna, Frankenberg, Hermsdorf, Hohenstein-Ernstthal, Mügeln, Oschatz, Pirna, Riesa, Wurzen und Zeithain, teils gegen den Willen örtlicher SPD-Funktionäre.[458] Sehr schwierig wurde es in Städten mit Reichswehrgarnisonen. Doch z. B. in Riesa gelang es sogar, Reichswehreinheiten und Sipo trotz erheblichen Widerstands zu entwaffnen.

Chemnitz, das keine Reichswehrgarnisonen, sondern nur ein Zeitfreiwilligen-Bataillon beherbergte, entwickelte sich zu einem Zentrum des ostdeutschen Arbeiter-Widerstands. Schon am 13. März 1920 erklärte ein Aktionsausschuss aus SPD, KPD und USPD, er habe in «Chem-

458 Nach Könnemann/Krusch, Aktionseinheit, S. 194ff.

nitz und Umgegend die politische Macht und vollziehende Gewalt übernommen»[459]. Technische Nothilfe und Bürgerrat wurden für aufgelöst erklärt, Wahlen zu Räten und Aktionsausschüssen verkündet und am 15 März durchgeführt: zehn Abgeordnete für die KPD, neun SPD und je einer USPD und DDP[460]. Die USPD war recht schwach in der Stadt, die KPD sehr stark und die SPD-Vertreter passten sich hier dem «linksradikalen» Kurs an. Mühelos wurden die Zeitfreiwilligen entwaffnet, die politischen Gefangenen befreit und eine Arbeiterwehr aufgestellt.[461]

Auch im Vogtland und im Erzgebirge kam es zu Vollzugsratswahlen, die Rätebewegung erwachte im ganzen Land aufs Neue. In Plauen umzingelten Arbeiter Reichswehr-Lkws und sozialisierten die dortigen Waffen.

Im lokalen Bereich bildeten die Arbeiterwehren die reale Macht, dies ging oft so weit, dass sie nicht nur die Verwaltungen kontrollierten, sondern sich diese ihnen sogar unterstellten. In Chemnitz, Zwickau, Borna, Glauchau und Plauen verhandelte die Verwaltung mit den bewaffneten Räten über die Versorgung der Bevölkerung, den Unterhalt der Arbeiterwehren und - nicht unwichtig - die Bezahlung der Streiktage. Teilweise wurden die Verwaltungen ganz ausgeschaltet.

Das Proletariat und Teile des Bürgertums von Chemnitz, das kurzzeitig unter der Kontrolle aus allen drei Arbeiterparteien (hauptsächlich KPD und SPD) aufblühte, demonstrierte, dass die Novemberrevolution starke basisdemokratische Kräfte geboren hatte. Deren Kampf wurde nicht nur in der DDR als «Höhepunkt in der ruhmreichen Geschichte der Arbeiterbewegung in Sachsen»[462] gesehen. Erhard Lucas bedauert es sogar, dass die Räte, als Reichspräsident Ebert und mehrere Minister, so der spätere Reichswehrminister Otto Geßler, die aufgrund von Benzinmangel (das es noch nicht an Tankstellen gab) während ihrer Flucht aus Berlin in Chemnitz gestrandet waren, diese nicht festsetzten.[463] Man hätte sie zur Aufgabe des die Putschisten begünstigenden Ausnahmezustandes, ja zu Erklärungen der Legitimität des Generalstreiks und des bewaffneten Widerstands zwingen können. Ihr späterer Widerruf hätte sie demaskiert. Nun, Ebert und Genossen widerriefen ja schon in

459 Chemnitzer Tagblatt vom 14.3.1920; Könnemann/Schulze (Hrsg.) 2002, Dok. 394, S. 629.

460 Könnemann/Schulze (Hrsg.) 2002, Dok. 394, S. 630, Anm. 1.

461 Lucas, Märzrevolution 1920, Bd. 2, S. 163.

462 Könnemann/Krusch, Aktionseinheit, S. 199.

463 Lucas, Märzrevolution 1920, Bd. 2, S. 163f. u. 221f., Anm. 189.

Dresden und später in Stuttgart und das hatte ihnen, auch wenn dies nicht groß publiziert wurde, gar nichts geschadet. Viel wichtiger: Eine solche unter Druck gemachte Erklärung hätte wohl zum noch früheren Abfall der SPD-Anhänger geführt.

Heinrich Brandler, der Anführer der KPD in Chemnitz, der ihnen gewahr wurde, ließ sie laufen und bekannte sich im Übrigen zum Spartakusprogramm von Rosa Luxemburg, das bestimmte, dass die KPD nie anders die Regierung übernehmen werde, «als durch den klaren, unzweideutigen Willen der großen Mehrheit der proletarischen Masse in Deutschland»[464].

Die Arbeiter hatten in Chemnitz die Macht, durften aber nicht weiterschreiten, da in anderen Teilen Deutschlands die Ungleichzeitigkeit der Bewegung noch Ähnliches verhindert hatte.

Brandler, der später in der KPD in Ungnade fiel und in der DDR-Geschichtsschreibung heftig angegriffen wurde, auch weil er den kämpfenden Arbeitern in Leipzig und Dresden nicht zu Hilfe kam, sondern erst Chemnitz sichern wollte, geriet zusammen mit Fritz Heckert (KPD) in eine Zwickmühle, als nach dem Zusammenbruch des Putsches die SPD-Vertreter in Chemnitz den Abbruch des Streiks verlangten. Die KPD-Vertreter (und nicht nur Brandler, was ihm später allein angelastet wurde[465]) mussten zustimmen, sahen ein Versagen der SPD-Vertreter, verlangten aber auch die Fortdauer der Bewaffnung des Proletariats, die Kontrolle in den Betrieben und einen Rätekongress. Die SPD-Vertreter akzeptierten diese Bedingungen. Doch dies später deutschlandweit durchzusetzen, gelang nicht.

Im Gegensatz zu Chemnitz ging es in Leipzig nicht ganz so glorreich

Was Soldaten lieb haben – Freikorpswerbung

464 Das Spartakusprogramm, http://www.kpd-sozialgeschichte.homepage.t-online.de/quellen.html#sparprog (Abgerufen am 30.10.2019).

465 Könnemann/Krusch, Aktionseinheit, S. 428; kritisch dazu, Lucas, Märzrevolution 1920, Bd. 2, S. 222, Anm. 195.

123

Barrikaden in Leipzig

zu, sondern es kam zu blutigen Auseinandersetzungen. Das Massaker der Reichswehr vom 14. März 1920 ist schon beschrieben worden. Danach entbrannten weitere scharfe Kämpfe. Die Reichswehr und Zeitfreiwilligenverbände (4000 Mann) wurden in der Innenstadt (in einer Kaserne und der Universität) eingeschlossen, Haussuchungen bei Zeitfreiwilligen und in Studentenverbindungshäusern ergänzten das Waffenarsenal der Arbeiter, die auch aus Halle und den Gewehrfabriken in Suhl damit versorgt wurden und – was sonst außer in Halle nirgends vorkam – Barrikaden bauten.

Im Süden der Stadt vertrieben Arbeiter die Zeitfreiwilligen, in den westlichen Vororten entstand «eine zusammenhängende Kampflinie», hunderte von Arbeitern hatten sich bewaffnet, zum Teil mit Schießgewehren der Naumburger Jäger, die schon 1919 von der Leutzscher Matrosenkompanie enteignet worden waren. Im Norden formierten sich Ortswehren. Die heftigsten Kämpfe aber entstanden im Osten der Stadt, wo sich die Zeitfreiwilligen in der Uni verschanzt hatten. Es kam zu andauernden Feuergefechten. Die Dresdener Regierung versuchte zu deeskalieren, indem sie den Ausnahmezustand aufhob, doch der mit den Putschisten sympathisierende General Senfft von Pilsach verkündete ihn ohne Widerspruch der Dresdener Regierung wieder.

In Dresden selbst hatten SPD und USPD recht moderat auf den Putsch reagiert und nur einen eintägigen Generalstreik verkündet, obwohl die Massen, ohne lange zu fragen, den Streik selbst organisiert hatten und zu weitaus mehr bereit waren. Hinzu kam, dass die KPD unter Otto Rühle einen scharfen linksradikalen Kurs fuhr, der wenig bündnisfähig war. Trotzdem hatte die Reichswehr unter General Maerckers Stellvertreter Müller am 15. März ein Massaker inszeniert, das wir auch schon erwähnt haben.

Gleichwohl standen – nach Könnemann und Krusch, Lucas sieht das differenzierter – die Zeichen für die Reichswehr im heftig umkämpften Leipzig nicht günstig, als sich der USPD-Vertreter Richard Lipinski am 17. März 1920 mit dem aus Dresden herbeigeeilten SPD-Minister Albert Schwarz und mit General Senfft von Pilsach auf Waffenstillstandsverhandlungen einließ und schließlich aus unerfindlichen Gründen nichts anderes als eine Kapitulation unterschrieb: Herausgabe der Gefangenen, Waffenabgabe, Reichswehr bleibt in der Stadt, keine Auflösung der Zeitfreiwilligenverbände, sondern nur Abtransport, danach Abbruch des Generalstreiks. Der Basis den Vertrag vorzulegen, trauten sich die USPD-Führer erst am 19. März. Da war der Waffenstillstand schon beidseitig gebrochen worden und Senfft von Pilsau stellte ein Ultimatum, das die Arbeiter aufforderte, gefälligst unbewaffnet wieder ihrer Arbeit nachzugehen. Nachmittags griff er dann die nur noch spärlich besetzten Barrikaden auch mit Artillerie an. Reichswehrsoldaten stürmten das Volkshaus und zündeten es an. Zwei Villen gingen als Gegenreaktion in Flammen auf. Eine gemeinsame bewaffnete Aktion der Arbeiter von Chemnitz, Leipzig und Dresden war nun nicht mehr möglich.

Das Volkshaus in Leipzig nach der Brandstiftung der Freikorps

Doch die Massaker in den beiden größten Städten Sachsens hatten heftige Empörung unter der Arbeiterschaft des Landes hervorgerufen und so bestanden die Aktionsausschüsse und Vollzugsräte weiter fort. Am 18. März kam es gar zu einer Landesdelegiertenkonferenz in Chemnitz, an der 400 Delegierte aus 100 Orten Sachsens und aus dem angrenzenden Thüringen und Bayern zusammenkamen. Der Generalstreik wurde noch fortgeführt und die sofortige Entwaffnung und Auflösung der Reichswehr, der Sicherheits- und Einwohnerwehren, wie auch der Zeitfreiwilligenverbände, zudem die Bewaffnung des Proletariats gefordert. Weiter verlangte der Beschluss (mit nur zwei Gegenstimmen) die Wahl von Betriebsräten, die Freilassung der politischen Gefangenen und die Bezahlung der Streiktage durch die Kapitalisten.[466]

Opfer

466 Könnemann/Krusch, Aktionseinheit, S. 204.

Thüringen

In Thüringen - das zu der Zeit aus sieben Kleinstaaten bestand - entwickelten sich neben dem Ruhrgebiet die härtesten Kämpfe. Die Reichswehrbefehlshaber hatten putschistisch einfach die sozialdemokratischen Koalitionsregierungen in Weimar, Gera und Altenburg für abgesetzt erklärt und in Gotha die reine USPD-Regierung.[467] Alle Kundgebungen waren verboten. Gleichwohl führten die Beschäftigten den Generalstreik geschlossen durch. Die Arbeiter orientierten sich stark an der USPD und konnten in den Kleinstaaten großen Druck ausüben.[468]

Der für Südthüringen zuständige Kommandeur Paulus von Stolzmann, auch von ihm werden wir noch hören, verkündete sogar den verschärften Ausnahmezustand für sein Gebiet.

In Altenburg sollte die SPD-DDP Regierung auf Wunsch der putschenden Militärs binnen zwei Stunden die Kapp-Regierung anerkennen, doch die Mannschaften und Unteroffizier verweigerten den Befehl und eine verfassungstreue Einwohnerwehr nahm die Offiziere im Kasino fest.[469]

In Gera lagen achthundert als besonders gewalttätig und blutrünstig bekannte «Baltikumer». Auch hier versuchte ihr Kommandeur, Major von Coburg, die dortige Landesregierung abzusetzen, doch die war nach Greiz entkommen.[470] Die Kaserne in Gera und alle anderen wichtigen Gebäude wurden, nachdem die Putschisten in die Menge geschossen hatten und überwältigt worden waren, von bewaffneten Arbeitern angegriffen und die Besatzung ergab sich. Zahlreiche Waffen wurden erbeutet. Ein Aktionsausschuss forderte den Aufbau einer Roten Armee.

Die Glocken läuteten Sturm, Radfahrer jagten durch die Stadt, die Hörner der Arbeitersportler riefen die Bewaffneten zu den Sammelplätzen. Von Plauen her kamen zwei Reichswehrbataillone. Bei einem Dorf stießen Aufklärungsabteilungen der Arbeiter auf die Putsch-Truppen. Verstärkung aus Gera, Greiz, Weida, Werdau und Zeulenroda eilte herbei, inzwischen zweitausend bewaffnete Arbeiter. Sie kesselten die rechten Verbände ein und besetzten die umliegenden Höhen. Ein Ausbruchsversuch scheiterte im Feuer. Ein adliger Minister des «Volksstaates Reuß», SPD-Mitglied Freiherr Joachim von Brandenstein, verhan-

467 Für das Folgende Könnemann/Krusch, Aktionseinheit, S. 205–215; Lucas, Märzrevolution 1920, Bd. 2, S. 170–173.

468 Lucas, Märzrevolution 1920, Bd. 2, S. 171.

469 Lucas, Märzrevolution 1920, Bd. 2, S. 171.

470 Ebd.

delte mit dem kommandierenden Major Boltze. Brandenstein bluffte und gab an, seine Leute hätten Artillerie. Die Reichswehr-Bataillone kapitulierten, ein einmaliger Vorgang in Mitteldeutschland, und sie konnten so nicht die Putschisten in Leipzig unterstützen. Die Einheiten wurden aufgelöst und zahlreiche Waffen erbeutet.

Plakatwand in Plauen

Auch im feinsinnigen Weimar wurden Volkswehren gebildet, obwohl die Reichswehr Plakate hatte drucken lassen: «Wer zum Generalstreik aufruft, wird erschossen»[471] und in die Menge schoss. Generalstreik und Bewaffnung der Arbeiter waren die Antwort. Sie nahmen den Einwohnerwehren in der Umgebung und der Sipo innerhalb der Stadt die Waffen ab. Putsch-General Hagenberg kontaktierte nun wieder die abgesetzte SPD-Regierung August Baudert, währenddessen erzwangen die Arbeiter am 19. März – die Kappisten in Berlin hatten sich schon zwei Tage vorher aus dem Staub gemacht – den Abzug der nicht mehr besonders schillernden Reichswehr und der Sipo aus der Stadt Goethes und Schillers.

Suhl war von Reichswehrtruppen überfallen worden, Hilfe kam aus Zella-Mehlis, wo Arbeiter in einem ehemaligen Rüstungsbetrieb fünf Panzerautos erbeutet hatten. Die Reichswehreinheit kapitulierte. Mehr als siebzig Soldaten unterschrieben einen Aufruf, dass sie betrogen und belogen worden seien und riefen ihre Kameraden auf, die Waffen niederzulegen. Ein Panzerzug aus Meiningen wurde mit heftigem Feuer vertrieben, die bewaffneten Arbeitertrupps machten sich auf den Weg, um Gotha zu befreien und liefen in die schon beschriebene Falle mit neunzig Toten. Gleichwohl waren sie siegreich. Die Landesregierung löste die Zeitfreiwilligenverbände und rief zum Eintritt in die Volkswehren auf.

Die Thüringer Volkswehrarmee aus fünftausend Kämpfern entstand und wurde auch von der Landesregierung gestützt. Ihr Oberbefehlshaber war August Creutzberg von der USPD, gleichzeitig Vorsitzender des Arbeiterrates der Waggonfabrik in Gotha.

471 Zitiert nach Könnemann/Krusch, Aktionseinheit, S. 209.

Bogislav von Selchow

Der Gedenkstein für seine Opfer

Gleichwohl gelang es hessischen Freikorps aus Marburg, mit hohem Studentenanteil, unterstützt durch den Aufruf des Beauftragten der Reichregierung, Albert Grzesinski (SPD), am 20./21. März 1920 nach Thüringen einzudringen. [472]

Es gab keinerlei Gefechte. Willkürlich wurden Arbeiter verhaftet. Der Befehlshaber Bogislaw von Selchow, einer der Erfinder des braunen Mythos vom «jüdischen Bolschewismus», wollte 15 von ihnen nach einem Standgerichtsbefehl des Generals Stolzmann vom 13. März 1920, erlassen am Tage des Kapp-Putsches, an die Wand stellen. Der Befehl gab fast wörtlich die schon erwähnte illegale Geheimverordnung des Kabinetts wieder, allerdings ohne dass sie von Ebert - wie notwendig - in Kraft gesetzt worden war. Außerdem erließ Stolzmann selbstherrlich - wie Pabst - eine zusätzliche Verschärfung: Er setzte abweichend sich statt des Reichspräsidenten als Bestätigungsinstanz ein. Doch die Brigadeführung - eine Instanz zwischen Selchow und Stolzmann - lehnte die Erschießungen ab. Deshalb wurden die Gefangenen nach einem Wink von Selchow am 25. März 1920 hinterrücks ermordet. Am selben Tag noch bestätigte Ebert den Befehl Stolzmanns, setzte ihn in Kraft und gab ihn rückwirkend (sic!) als «in meinem Namen erlassen» aus. Ob Ebert damit die Morde legalisieren wollte, ist fraglich, da anzunehmen ist, dass er davon noch nichts wusste. Es zeigte sich aber

472 Nach Lucas-Busemann, Notstand, S. 181–200.

erneut, dass Ebert nicht zögerte, gegen links jedes Mittel anzuwenden und jeden noch so illegalen Befehl, der Rechtlosigkeit Tür und Tor öffnete und ein allgemeines Mordklima förderte, nachträglich gutzuheißen.[473]

Es braucht fast nicht erwähnt zu werden, dass die Mörder (denn es gab ja nicht einmal ein Standgericht) freigesprochen wurden.[474]

Mitteldeutschland

Die Reichswehrgarnisonen im mitteldeutschen Industriegebiet bekannten sich fast ausnahmslos zu Kapp oder nahmen die abwartende «Ruhe und Ordnungs»- bzw. «Ich bekenne mich nicht zur Verfassungs»-Haltung ein, um abzuwarten, welche Regierung sich durchsetzte. Deshalb entwickelten sich in fast allen Industriestandorten Mitteldeutschlands, so in Halle, Eisleben, Jeßnitz, Osterfeld, Weißenfels, Zeitz und Quedlinburg, Kämpfe zwischen bewaffneten Arbeitern und Reichswehreinheiten, teils auch noch nach dem Scheitern des Putsches am 17. März 1920.

In Magdeburg nahm der kommandierende General der Reichswehrbrigade 4, Generalmajor Wilhelm Groddeck, auf einer Sitzung der «städtischen Körperschaften» erst die in der Reichswehr weit verbreitete «Position» ein, er habe für Ruhe und Ordnung zu sorgen, ohne auf Fragen, ob er auch die «republikanische Verfassung»[475] schütze, zu antworten. Auf öffentlichen Druck hin bekannte er sich schließlich offen zu Kapp und ließ Flugblätter gegen «Verlodderung» sowie der «Arbeitsscheu und der Verhetzung»[476] von Flugzeugen abwerfen. Rektor und Senat der Uni gaben den Studenten dagegen schon mal vorlesungsfrei, damit sie sich bei den Zeitfreiwilligen zum Kampf gegen den Generalstreik melden konnten.[477] Wenig arbeitsscheu aber war eine

473 Verharmlosend hier Mühlhausen, der anführt, Ebert habe sich dafür eingesetzt, nachdem die Arbeit der antidemokratischen und republikfeindlichen Freikorps an der Ruhr und sonst wo getan war, bei künftigen verschärften Ausnahmezuständen «von Standgerichten abzusehen». Mühlhausen, Ebert, 2006, S. 737.

474 Tucholsky, GW Bd. 2, S. 365f, 372, 395–398; Lucas-Busemann, Notstand, S. 189; Gumbel, Mord, S. 58; Mühlhausen, Ebert, 2006, S. 353, Anm. 32.

475 Volksstimme Magdeburg vom 21.3.1920; Könnemann/Schulze (Hrsg.), 2002, Dok. 456, S. 698.

476 Könnemann/Schulze (Hrsg.), 2002, Dok. 443, S. 685f.

477 Schließung der Universität Halle, Könnemann/Schulze (Hrsg.), 2002, Dok. 445, S. 687.

General von Groddeck gegen «Verlodderung»

Soldatendelegation der Brigade[478], die am Abend des 15. März in eine Versammlung der USPD kam und zum Sturm auf die Kaserne aufrief. Was erst als Provokation verdächtigt und abgelehnt wurde. Doch am nächsten Morgen, in einer überfüllten Versammlung der KPD, stellten die Teilnehmer nach stürmischer Diskussion alle Bedenken zurück. Die Arbeiter rissen die Kasernentore auf und wurden von den Soldaten freudig empfangen, die ihnen Minenwerfer und MGs unterschiedlicher Schwere, wie Handgranaten und zahllose Gewehre auslieferten. Die Arbeiter nahmen die Waffen in Empfang, besetzten die Kaserne, entwaffneten die Zeitfreiwilligen und verhafteten die Offiziere, inklusive General Groddeck[479]. Das Verfahren gegen Groddeck wegen Hochverrats wurde später selbstverständlich, wie fast alle anderen, eingestellt.[480]

In Halle legte Oberst Czettritz die typisch putschsympathische Haltung an den Tag, einesteils für «Ruhe und Ordnung» zu sorgen, anderenteils aber jede Stellungnahme zur Verfassung abzulehnen. Er ließ alle möglichen Leute verhaften, Zeitungsredakteure, USPD und KPD-Abgeordnete, aber auch Mitglieder der DDP. Es kam auch hier zum Generalstreik.[481] In Halle lagen 1500 Soldaten der Reichswehr und 3000 Bewaffnete der Einwohnerwehr und der Zeitfreiwilligen sowie Sipo, denen nicht so leicht beizukommen war wie in Magdeburg. Arbeiter des ganzen Industriegebietes eilten Richtung Halle. Ein Panzerzug und

478 Siehe auch den Aufruf der Vertrauensleute der Unteroffiziere vom14./15.3.1920, Könnemann/Schulze (Hrsg.), 2002, Dok. 444, S. 686f.

479 Könnemann/Krusch, Aktionseinheit, S. 216f.

480 Der Oberreichsanwalt an den Reichsminister der Justiz über den Stand der gerichtlichen Untersuchung vom 22.12.1920, Könnemann/Schulze (Hrsg.), 2002, Dok. 352, S. 532.

481 Aufruf des Aktionsausschusses für Mitteldeutschland vom 14.3.1920, Könnemann/Schulze (Hrsg.), 2002, Dok. 439, S. 683.

Panzerwagen, die Czettritz nach Eisleben zur Entwaffnung der Arbeiter geschickt hatte, entgingen nur knapp der Einkesselung und wurden nach Halle zurückgezogen.

Lucas sieht in Halle die härtesten Kämpfe außerhalb des Ruhrgebietes, Könnemann und Krusch behaupten das für Thüringen. Wie auch immer, in Halle proklamierte Czettritz den verschärften Belagerungszustand. Am 19. März 1920 kam es zu einer regelrechten Schlacht. Einen Tag später machten die Arbeiter große Geländegewinne, drangen in die Stadt ein, errichteten wie in Leipzig Barrikaden und schließlich blieben den Putschisten nur noch die Kasernen und einige Gebäude. Die Moral der Truppe verfiel, mehrere Hundert weigerten sich zu kämpfen, Czettritz gab entnervt das Kommando ab. Der Befehlshaber des Reichswehrgruppenkommandos in Weimar überlegte zeitweise sogar, Halle komplett aufzugeben. Aber wieder hatten die Reichswehreinheiten Glück. Es kamen 1000 Soldaten aus Magdeburg zur Verstärkung und sie machten einen Gegenangriff.

Es gelang ihnen, im Norden Halles in den Rücken der Arbeiterkampfverbände zu stoßen. Eine Gruppe von Jungkommunisten, unter Führung von Willi Zschammer, die den sogenannten Galgenberg verteidigte, wurde aufgerieben, die Überlebenden mit Handgranaten und Gewehrkolben umgebracht.[482]

Jetzt tauchte Major Bodo von Harbou – der im Dezember 1918 die Putschpläne der OHL mit vertreten hatte – in Halle auf. Harbou begriff, da im Ruhrgebiet der Kampf mit der Roten Ruhrarmee auf dem Höhepunkt war, dass man verhandeln musste. Jede Einheit, und waren es auch Putschisten und die waren im Osten weit in der Überzahl, wurde jetzt schlicht gebraucht. Da hatte Harbou keine Skrupel.

Notwendig oder nicht, die Arbeiter ließen sich wieder auf Verhandlungen ein, sagten die Waffenabgabe zu und man versprach ihnen, sie ziehen zu lassen.[483] Dem war aber nicht so, die Reichswehr machte noch einen Angriff auf die sich auflösenden Verbände und fügte ihnen hohe Verluste zu. Die Arbeiter gingen trotzdem in ihre Heimatorte zurück. Das nutzte die Reichswehr, machte Hausdurchsuchungen in Halle, nahm 100 Menschen fest, misshandelte sie und erschoss zwei Arbeiter «auf der Flucht».[484] Die Truppen wurden ins Ruhrgebiet verfrachtet.

482 Könnemann/Krusch, Aktionseinheit, S. 403f.
483 Lucas, Märzrevolution 1920, Bd. 2, S. 173ff.
484 Die Überfälle nach dem Abkommen sind bei Lucas, Märzrevolution 1920, Bd. 2 nicht erwähnt; Könnemann/Krusch, Aktionseinheit, S. 216ff., 405–408.

Auch in Eisleben ließen die Arbeiter nach heftigen Gefechten einen Panzerzug ziehen, nachdem ein gefälschter Befehl des Aktionsausschusses eintraf, das Feuer einzustellen. Der Oberbürgermeister Rieser hatte SPD- und Gewerkschaftsführer gedrängt, die Feuereinstellung zu befehlen, obwohl ihnen das gar nicht zustand. Sie mussten vor dem Zorn der Kämpfer Reißaus nehmen. Es gelang den Putschisten aber nicht, Eisleben zu erobern.[485] Könnemann/Krusch vermuten, dass sich bei einer Fortdauer der Kämpfe auch im mitteldeutschen Industriegebiet eine Rote Armee gebildet hätte und somit, wie die deutschnationale «Hallische Zeitung» verkündete, die Regierung [welche?, K.G.] gegen ein zweite Rote Armee machtlos gewesen wäre.[486] Lucas wiederum lobt auch «die bedeutende(n) Siege» dort, kritisiert aber ähnlich dem KPD-Führer Walcher das angebliche «vollständige Versagen»[487] der Arbeiter in Berlin. Da standen ja nur 5000 Ehrhardt'sche Präfaschisten plus Sipo und «neutraler» Reichswehr.

Tatsächlich entstand in Cottbus eine Rote Garde, die über 3000 Mann zählte, als Antwort auf das rücksichtlose Vorgehen der putschistischen Truppen unter Major Buchrucker, der, wie üblich, in die Menge hatte schießen lassen. Bei Drebkau kam es am 17. März zu einer mehrstündigen Schlacht. Buchrucker ließ Unschuldige festnehmen und misshandeln. Der Regierungspräsident Bartels (SPD) aus Frankfurt (Oder) wollte über den Abbruch der Kämpfe verhandeln, was die Arbeiterkämpfer ablehnten. Sie bekamen Verstärkung aus Guben, für Buchrucker dampfte ein Panzerzug heran, dem mittels Handgranaten der Schienenweg verwehrt wurde. Der Kommandeur der Gubener Arbeiter, Otto Thiele, wurde beim Angriff auf den Zug getötet. Aber Cottbus als Verkehrsknotenpunkt Richtung Schlesien fiel für die Putschisten aus.[488]

Von Arbeitern gestoppter Zug

485 Im Bericht des Aktionsausschusses der Generalstreiksleitung Eisleben vom 18.3.1920 kommt allerdings der gefälschte Kampfeinstellungsbefehl nicht vor. Könnemann/Schulze (Hrsg.), 2002, Dok. 449, S. 689f.

486 Könnemann/Krusch, Aktionseinheit, S. 223.

487 Lucas, Märzrevolution 1920, Bd. 2, S. 175.

488 Könnemann/Krusch, Aktionseinheit, S. 223–226.

Breslau und Schlesien

In Breslau errichtete das Freikorps Loewenfeld zusammen mit den Freikorps Aulock, Kühme und Paulsen (insgesamt 10.000 Mann) unverhohlen eine Militärdiktatur, mit der sie den auch dort geführten Generalstreik ausmerzen wollten. «Ganz Breslau glich am Sonntag früh einem Heerlager, überall Drahtverhaue, Maschinengewehrläufe, Minen- und Flammenwerfer, große und kleine Geschütze und stahlbehelmte handgranatenbewaffnete Reichswehrtruppen.»[489] Putschistentrupps zogen durch die Stadt und schossen wahllos in die Menge. Mindestens sieben Menschen kamen zu Tode.[490] Es entwickelte sich in der Stadt eine präfaschistische Terrorherrschaft. Polizeipräsident Friedrich Voigt (SPD), der sich mit der Behauptung, die einrückenden Truppen ständen auf dem Boden der Verfassung, geweigert hatte, den Arbeitern Waffen auszuhändigen, wurde von den Putschisten zusammen mit dem Oberpräsidenten der Provinz Felix Philipp (SPD) als Geisel genommen. Eine Verhaftungswelle ließ zahlreiche Arbeiter in Gefängnisse einfahren, wo man sie mit Knüppeln, Handgranaten, Koppelriemen und Reitpeitschen traktierte und folterte. Mehrere wurden bei Nacht und Nebel ermordet und am 16. März das Kapp/Pabst'sche Terror-«Standrecht» verhängt. Die zitierte schon zensierte SPD-Zeitung wurde verboten, Handgranaten von den Putschisten in die Druckmaschinen geworfen. Mit einer Finte lockten die Putschisten Arbeitervertreter zu angeblichen Verhandlungen, verhafteten und misshandelten sie. Ein Arbeiter, der SPD-Flugblätter verteilte, wurde erschossen, ebenso ein Arbeiter aus einem Streikbüro. Vermutlich brachten die Freikorps auch mehrere Streikposten um. Der USPD-Abgeordnete und stellvertretende Vorsitzende des Aktionsausschusses, Bernhard Schottländer, ein Jude, wurde verschleppt, gefoltert und ermordet. Seine Leiche fand sich erst Monate später (am 23. Juni 1920) in der Oder.[491]

In Hirschberg forderten Demonstranten die Einstellung des Bahnverkehrs. Eine Abteilung des Freikorps Faupel aus Görlitz unter Hauptmann Mohr gab Befehl zu feuern. Sechs Personen starben, die Zahl der Verletzten blieb unbekannt.[492] Ein Regiment des Freikorps Faupel terro-

489 Die sozialdemokratische Volkswacht, Breslau, vom 15.3.1920; Könnemann/Schulze (Hrsg.), 2002, Dok. 514, S. 791.

490 Ebd, S. 791.

491 Könnemann/Schulze (Hrsg.), 2002, S. 805, Anm. 2; Lucas, Märzrevolution 1920, Bd. II, S. 144.

492 Könnemann/Krusch, Aktionseinheit, S. 227, auch für Breslau.

risierte die ganze Umgebung. In der Nähe von Hoyerswerda (Sachsen) verhafteten sie Landarbeiter, die es gewagt hatten, auf dem zwanzig Quadratkilometer großen Gut des Großindustriellen und Kriegsprofiteurs Hugo Stinnes zu streiken bzw. sogar den Beschluss gefasst hatten, das Land aufzuteilen. Es zeigte sich aber auch, dass gemeinsame Aktionen von Industrie- und Landproletariat, ja sogar Kleinbauern möglich waren.

Mecklenburg und Pommern

In Mecklenburg herrschten auch Anfang des 20. Jahrhunderts noch halbabsolutistische Zustände. Daran änderte auch die Novemberrevolution nicht viel, obwohl diese den Großgrundbesitzern und Junkern gehörigen Schrecken eingejagt hatte. Doch die Fürsten, Grafen und Adligen durften nicht nur ihren Kopf, sondern auch ihren Großgrundbesitz behalten, auf denen zehntausende Landarbeiter unter fastfeudalen Umständen ausgebeutet wurden. Die adligen Junker besaßen in Mecklenburg-Schwerin 60,3 Prozent und in Mecklenburg-Strelitz 70,4 Prozent der Fläche, der Großgrundbesitz machte aber nur 1,2 bzw. 1,3 Prozent der landwirtschaftlichen Betriebe aus. Das heißt, 98,7–98,8 Prozent der Betriebe, die unter 100 Hektar bewirtschafteten, mussten mit 39,7–29,6 Prozent der Fläche auskommen. Der ehemalige Großherzog Friedrich Franz IV. bekam von der sozialdemokratischen Koalitionsregierung in Mecklenburg-Schwerin eine Abfindung von sechs Millionen Mark und vier Güter mit zusammen 2440 Hektar Land, drei Wälder mit 1425 Hektar, das Schloss Ludwigslust und weitere Grundstücke und Gebäude. Für die Museumssammlung erhielt er nochmals 3,5 Millionen Mark und drei weitere Güter mit 1800 Hektar und Wälder in der Größe von 4141 Hektar. Der Schweriner Landtag zahlte dann noch sechs weiteren Personen aus der großherzoglichen Familie zusammen 285.000 Mark Renten.[493]

Gleichwohl bangten die Großagrarier und Junker davor, ihre ökonomische Macht zu verlieren und verbündeten sich mit den extremen Rechten der Bourgeoisie, der DNVP u. a. Der Parlamentarismus war ihnen ein Dorn im Auge und sie strebten auf die Dauer eine Militärdiktatur an. Ein Großteil der Offiziere der Reichswehr, aber auch der in den Freikorps stammten aus den ostelbischen Großgrundbesitzerfamilien.[494]

493 Polzin, Kapp-Putsch in Mecklenburg, S. 71.
494 Ebd., S. 72.

Als Ende 1919 die «Baltikumer» zurückkehrten, fanden sie Unterschlupf in den Gütern der ostelbischen Großgrundbesitzer und auch in Mecklenburg und tarnten sich als «Landarbeiter». Wie schon erwähnt, sollten die «Baltikumer» für den Tag X des Putsches nach dem Plan der Nationalen Vereinigung und ihres Leiters Pabst eine große Rolle spielen. Die Regierungen wussten von diesen Tarnungen, unternahmen aber nichts dagegen, obwohl die «Baltikumer» die Vertrauensleute des Landarbeiterverbandes hinauswarfen und durch ihre Leute ersetzten. Sie behielten auch ihre Waffen und bekamen ständig neue Ausrüstung und Munition. Das Baltikum-Freikorps Roßbach spielte bei der Vorbereitung des Kapp-Putsches in Mecklenburg eine große Rolle. Es war schwer bewaffnet, auch mit Artillerie und Panzerwagen und mindestens tausend Mann stark. Offiziell wurde es am 28. Januar 1920 aufgelöst, doch das war nur zum Schein. Oberstleutnant Gerhard Roßbach sabotierte den Befehl unter stillschweigender Duldung der Regierung, mit Unterstützung der Reichswehr und finanzieller Unterstützung der Großgrundbesitzer.[495]

Der Kapp-Putsch führte erstmalig zu Landarbeiterkämpfen in großem Ausmaß. Nach Schätzungen beteiligten sich 60.000–70.000 Landarbeiter, also etwa 60 %, am Generalstreik.[496]

Lettow-Vorbeck (Mitte) 1919

Auf der anderen Seite stand ein Mann, der inzwischen wieder von der FAZ gefeiert wird[497]: Generalmajor Paul von Lettow-Vorbeck, aus Saarlouis, der 1900 in China half, den sogenannten Boxer-Aufstand blutig niederzuschlagen, der sich 1904–1906 am Genozid an den Nama und Herero in Afrika beteiligt und im Weltkrieg mit schwarzen Hilfstruppen (Askari) einen Guerilla-Krieg geführt hatte, mit zehntausenden afrikanischen Opfern, schloss sich sofort mit seiner Reichswehrbrigade 9 den Putschisten an und verjagte die Landesregierung von Mecklenburg-Schwerin. Um über Mecklenburg die volle Militärdiktatur ausüben zu können, setzte er einen Leutnant Stefan Le Fort, Neffe eines Junkers gleichen Namens, als «Bezirksleiter» ein. Der ließ gegen den Generalstreik und gegen die

495 Polzin, Kapp-Putsch in Mecklenburg, S. 75f.
496 Könnemann/Krusch, Aktionseinheit, S. 239.
497 Robert Focken: Lettow-Vorbeck, FAZ vom 4.3.2019.

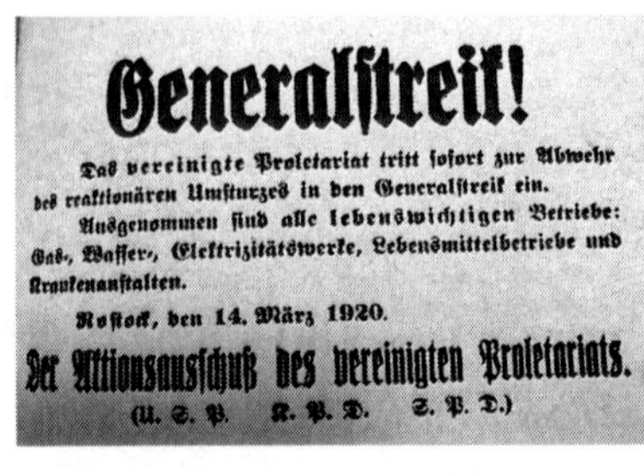

Generalstreik!

Das vereinigte Proletariat tritt sofort zur Abwehr des reaktionären Umsturzes in den Generalstreik ein.

Ausgenommen sind alle lebenswichtigen Betriebe: Gas-, Wasser-, Elektrizitätswerke, Lebensmittelbetriebe und Krankenanstalten.

Rostock, den 14. März 1920.

Der Aktionsausschuß des vereinigten Proletariats.

(U. S. P. K. P. D. S. P. D.)

Rostock – Aufruf zum Generalstreik aller drei Arbeiterparteien

Stadt Waren Geschütze auffahren und feuerte mit ihnen und Maschinengewehren in die Stadt. Fünf Bürger wurden getötet.[498] Aufgebrachte Landarbeiter bewaffneten sich daraufhin mit Sensen, Gabeln (Forken) und Jagdgewehren und vertrieben den Leutnant, sein «Reichswehrdetachement Müritz» und den Junkeronkel. Sie flohen, ähnlich wie später Hauptmann Pabst, über München nach Österreich.[499] Lettow-Vorbeck wurde nach dem Putsch beurlaubt, ein Prozess wegen Hochverrats gegen ihn aber eingestellt. Später arrangierte er sich mit den Nazis.

Auch in anderen Orten Nordostdeutschlands gingen Landarbeiter und städtisches Proletariat gegen die Junker und die Putschisten vor.[500] Sie zwangen, wie in dem Dorf Gnoiden, die Großgrundbesitzer zur Herausgabe von Waffen oder hoben Waffenlager der «Baltikumer» aus. Großgrundbesitzer aus Wismar riefen das Freikorps Roßbach zur Hilfe. Wilhelm Wittke aus Niendorf versammelte Landarbeiter, die wie er und Johann Steinfurth einem «Gutsrat» angehörten. Wittke nahm scharf Stellung zum Kapp-Putsch und forderte Lohnerhöhung vom Gutsherrn von Brandenstein. Die Roßbacher verhafteten darauf Steinfurth und Wittke und erschossen sie am 18. März 1920.[501] Sie hätten Widerstand mit der Waffe in der Hand geleistet, was gar nicht stimmte, aber längst als ein von Pabst und Noske geschaffener Vorwand diente, um Menschen zu ermorden. Dies geschah auch dem Vorsitzenden der Ortsgruppe des deutschen Landarbeiterverbandes in Dorf Mecklenburg, Franz Slomski. Der Landtagsabgeordnete Godknecht (SPD) hatte Slomski am 14. März aufgefordert, den Generalstreik zu organisieren. Slomski leitete einige Tage später eine kleine Versammlung von Land-

---

498 Der Angriff auf Waren wird ausführlich in einem Bericht der Stadtverwaltung Waren geschildert, der sich im Staatsarchiv Schwerin befindet (Landesreg. und Min., Staatspol., K8, Bl. 215–221), nach Könnemann/Schulze (Hrsg.), 2002, S. 826, Anm. 4; siehe auch das Bekenntnis Lettow-Vorbecks zur Kapp-Regierung vom 14.3.1920, Dok. 542, ebenda.

499 Könnemann/Krusch, Aktionseinheit, S. 231.

500 Könnemann/Krusch, Aktionseinheit, S. 230–239.

501 Bericht des Gendarmerie-Oberkommissars Göldenitz und Zeugenaussagen, Könnemann/Schulze (Hrsg.), 2002, Dok. 583, S. 882–884.

arbeitern, als Offiziere und Mannschaften des Freikorps Roßbach auftauchten, Slomski unter den Augen des Gutsbesitzers Vizeadmiral Karl Bachmann schwer misshandelten und in einen Bach warfen. Als er sich an einem Gitter festklammerte, wurde er von einem Vizefeldwebel am Kopf mit der Kante eines Stahlhelms traktiert. Dann, wie schon eingeübt, schleppte man ihn an seinem Haus, seiner Frau und seinen Kindern vorbei und erschoss ihn wegen «Waffe in der Hand».[502] Ein anderer Ortsvorsitzender des Landesverbandes, Wilhelm Bartel, konnte fliehen, statt seiner wurden drei Landarbeiter von der Roßbach-Bande als Geiseln genommen, misshandelt und beim Überfall auf Wismar gezwungen, als lebende Schutzschilde vorneweg zu gehen. Auch nach der Flucht von Kapp und Lüttwitz ging der Terror weiter, wurde der Vertrauensmann des Landarbeiterverbandes Paul Brümmer am 20. März «auf der Flucht» erschossen.

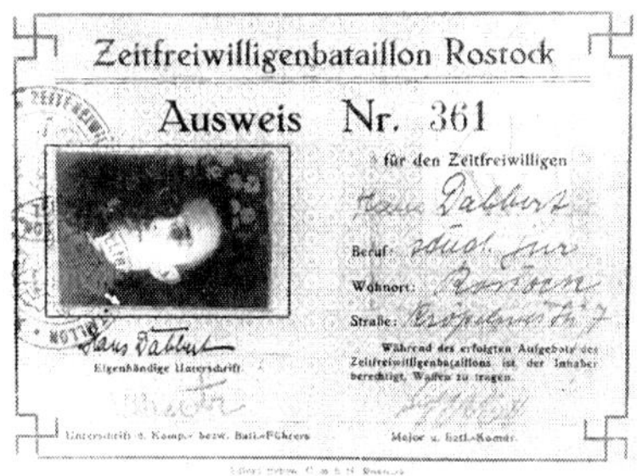
Zeitfreiwilligenbataillon Rostock

Ausweis Nr. 361

für den Zeitfreiwilligen

Hans Dabbert

Beruf:

Wohnort:

Straße:

Während des erfolgten Aufgebots des Zeitfreiwilligenbataillons ist der Inhaber berechtigt, Waffen zu tragen.

Hans Dabbert
Eigenhändige Unterschrift

Unterschrift d. Kompr. bzw. Batl.-Führers

Major u. Batl.-Komdr.

Zeitfreiwilligenausweis mit Bekenntnis

In Industriestätten wie Stettin und Rostock war es möglich, größere Kampfverbände zusammenzufassen. Die Rostocker Arbeiterwehr verfügte über 8000 Mann, die in Stettin sogar über 9000, getragen von allen drei Arbeiterparteien. Rostock entwickelte sich zum Zentrum des bewaffneten Kampfes in Mecklenburg.[503] Die Zeitfreiwilligen wurden aus Rostock vertrieben bzw. eingekesselt und entwaffnet, was die Bevölkerung goutierte. Vorher hatten Zeitfreiwillige noch bei einem Ausbruchsversuch Landarbeiter als Geiseln genommen und den Arbeiter Erhard Holm erschossen.

Und als «Hochburg der Kommunisten» ließ Lettow-Vorbeck mit seiner «Elitetruppe», dem Freikorps Roßbach, Wismar angreifen. Trotz heftiger Gegenwehr drangen sie in die Stadt ein und erschossen sieben Arbeiter. Das Freikorps hatte schwarze Listen.

Das Wehrkommando in Stettin fühlte sich jedoch unwohl und telegrafierte am 17. März 1920 nach Berlin: «Es wird allerhöchste Zeit, dass eine

502 Zeugenaussagen über die Misshandlung und Ermordung des Landarbeiters Slomski, am 18.3.1920, Könnemann/Schulze (Hrsg.), 2002, Dok. 582, S 880f.; Könnemann/Krusch, Aktionseinheit, S. 234.
503 Polzin, Kapp-Putsch in Mecklenburg, S. 112ff.

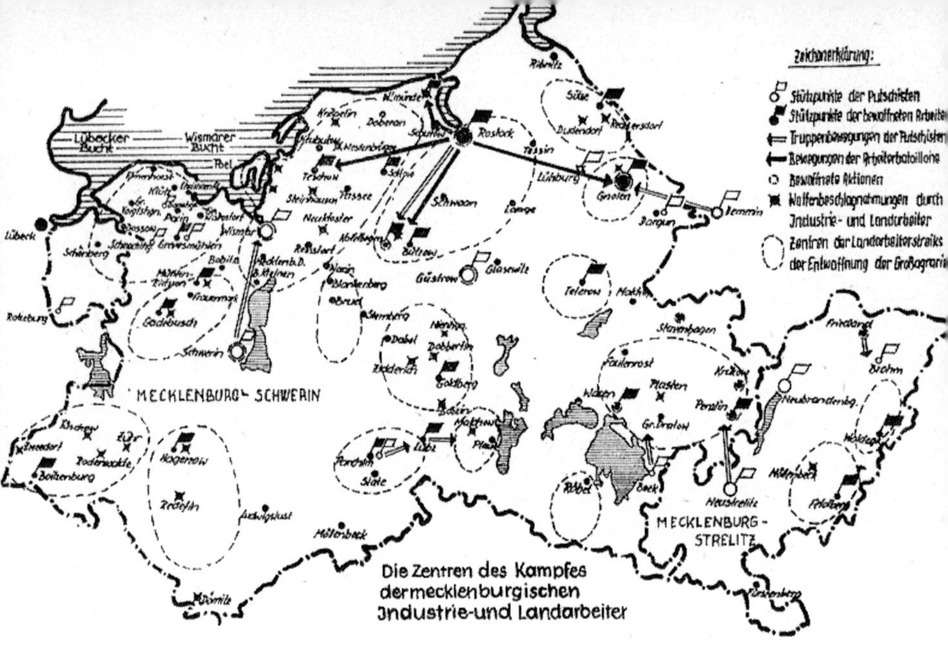

Abwehrkämpfe in Mecklenburg

Lösung gefunden wird, mit der die Mehrheitssozialisten einverstanden sind, sonst geht im Bereiche des Wehrkommandos II die Sache schief.»

Als man eine «Lösung» gefunden hatte, die Kappisten in Berlin verschwunden waren und die Reichswehrbrigarde 9 das Heft in Mecklenburg wieder in der Hand hatte, folgte Roßbach dem Ruf Severins und Watters und transportierte am 21. März 1920 sein Freikorps ins Ruhrgebiet.[504]

Norddeutschland[505]

In Kiel[506], der Stadt, von der die Revolution ausgegangen war, wurde der Oberpräsident Heinrich Kürbiß (SPD) von den Kappisten abgesetzt und der alte Oberbürgermeister Paul Lindemann wieder als Marionette installiert. Die Marineoffiziere folgten dem Ortskommandanten von Levetzow und waren alle für Kapp. Doch die Mannschaften und Unteroffiziere, ja sogar einige Deckoffziere (etwas höher gestellte Unter-

504 Polzin, Kapp-Putsch in Mecklenburg, S. 78.

505 Das Folgende nach Lucas, Märzrevolution 1920, Bd. 2, S. 147–156.

506 Ich folge hier Rocca, Kapp-Putsch in Kiel, in: Beirat für Geschichte, Bd. 3, S. 285–305 und siehe auch: http://www.kurkuhl.de/de/kapp-putsch/kapp-putsch_intro.html.

offiziere) konnten diese Sympathie nicht teilen und widersetzten sich. Die einzige militärische Formation, die sich für Kapp starkmachte, war ein Bataillon der frühfaschistischen 3. Marinebrigade Loewenfeld unter Kapitänleutnant Franz Claasen plus einer Zeitfreiwilligen-Truppe aus Studenten.

Schüsse in die Menge vor dem Polizeipräsidium Kiel

Es kam zu Kämpfen, bei denen die Loewenfelder - ihr Haupttrupp terrorisierte gerade die Bevölkerung in Breslau - den Kürzeren zogen, am 18. März geschlagen wurden und flüchteten. Seeckt, der die Regierung nicht geschützt hatte, schützte jetzt das putschistische Freikorps und verlangte bei den Behörden den Durchmarsch zu sichern, damit es ins Ruhrgebiet transportiert werden konnte. Leider zeigte sich immer wieder, dass die kämpfenden Arbeiter oder Matrosen die geschlagenen Truppen abziehen ließen, anstatt sie festzusetzen und gar den einen oder anderen Kommandierenden vor ein Revolutionsgericht zu stellen.

Arbeiterwehr Kiel

In Hamburg, wo Reichswehr und Zeitfreiwillige stationiert waren, setzte der Kommandant von Wangenheim, ein Kapp-Anhänger, die Stadtregierung ab. Die Mannschaften der Zeitfreiwilligen tendierten aber im Gegensatz zu ihrem - wie üblich mehrdeutigen - Kommandanten von Meyn mehrheitlich, auch weil Beamte unter ihnen weilten, eher zum Senat und zur alten Reichsregierung. Sie meldeten sich zum Urlaub und machten sich aus dem Staub. Eine Minderheit von 500 Mann gründete das Freikorps Sieveking. Wangenheim holte Truppen aus Eutin heran, doch die wurden am Bahnhof von der Bevölkerung aufgeklärt und nahmen ihre Offiziere fest. Wangenheim dankte ab. Die Regierung in Stuttgart ernannte (wie war es anders zu erwarten?) den zweideutigen von Meyn zum Kommandanten. Die Truppe, die das Rathaus besetzt hatte, verzog sich, ebenso wie das neue Freikorps Sieveking, das sich nach Mecklenburg zu Lettow-Vorbeck durchschlug.

Leutnant Rudolf Berthold

Doch ganz ohne Kämpfe ging es nicht, in Harburg war Leutnant Berthold, ein Baltikumer und Frühfaschist, ein Prachtexemplar von einem theweleitschen Kampf-Psychotiker, mit seiner putschistischen Eisernen Schar aus Stade erschienen. Die Transportlok hatten er und seine Leute selbst anheizen und kurz vor Harburg (südlich Altona) wegen Streckensperrung stehenlassen müssen. In Harburg war Major Hueg, ein typischer verdeckter Putschist, für «Ruhe und Ordnung» eingetreten, was aber selbst den SPD- und Gewerkschaftsführern nicht genügte. Sie nahmen ihn fest, erklärten seinen Mannschaften, dass er den Eid auf die Verfassung gebrochen hätte, meuterten daraufhin und reichten vielen Arbeitern Waffen. Berthold, der eigentlich die Putschisten in der Hauptstadt verstärken wollte, bezog am 14. März 1920 kurz vor Harburg eine Schule, pflanzte eine schwarz-weiß-rote Kaiserreichsfahne auf und beschwerte sich über die Verhaftung des Kommandanten, von der er offensichtlich über Spitzel erfahren hatte. Am 15. März begann der Generalstreik, eine riesige Demonstration mit bewaffneten Arbeitern erschien vor Bertholds Quartier und forderte seinen Abzug. Lucas ärgerte sich 1977, dass Demonstranten immer vor schwerbewaffnete Häuser zögen. Der berühmte erste Schuss fiel und Berthold ließ – wie es sich für einen seines Typs gehörte («entleerter Platz») – mit voller Feuerkraft in die Menge schießen.

Jetzt kämpften sich die bewaffneten Arbeiter von allen Seiten an die Schule heran und zwangen Bertholds Truppe zur Kapitulation. Bei der Übergabe schossen die Soldaten, wie später am Essener Wasserturm, erneut auf die Arbeiter In voller Wut über das mehrfache Blutbad wurden Berthold und einige seiner Anhänger erschlagen. Die Nazis machten später deswegen einen Märtyrer aus ihm. Fast alle der wenigen Revolutionen in Deutschland kennen diese eine Übertretung der Revolutionäre, so im Bauernkrieg 1525 die Tötung von 14 Adligen oder in München 1919 die Erschießung von Mitgliedern der faschistischen Thule-Gesellschaft. Oder hier Bertholds Ende. Immer muss eine Singularität für die folgenden oder schon früheren Massaker der Konterrevolutionäre zur Rechtfertigung herhalten.

Emblem der Thule-Gesellschaft 1919

In Bremen - die Arbeiter scheinen noch traumatisiert von der Zerschlagung der Räterepublik im Februar 1919 gewesen zu sein - stellten sich KPD und USPD gegen einen Generalstreik. Erst wenn die Sipo und eine extra 1919 gegründete «Stadtwehr» sich ausdrücklich für den Putsch erkläre, sei dies sinnvoll. Dabei hatte die Sipo mit blanker Waffe Arbeiterdemonstrationen aufgelöst und alle Versammlungen verboten. Ihr Kommandant Walter Caspari, der auch die Räterepublik 1919 mit zerschlagen hatte, stand im Verdacht, Kappist zu sein. Das Landesparlament nahm am 14. März mit Zweidrittelmehrheit einen Antrag der USPD an, Arbeiter in die Stadtwehr aufzunehmen. Doch der Senat war dagegen, trat auch nicht zurück, obwohl die SPD der USPD angeboten hatte, einen gemeinsamen Senat zu bilden. So waren 9000 Arbeiter, die in die Stadtwehr wollten, ohne Waffen und die Stadtwehr blieb reaktionär. Natürlich hatte sie es sich verbeten, Linksradikale in ihre molare Wehr aufzunehmen.

In Oldenburg gab es keine Abwehrreaktionen, so dass die dortigen Reichswehreinheiten ins Ruhrgebiet gegen die Rote Ruhrarmee abtransportiert werden konnten.

In Hannover, einer SPD-Hochburg, blieb es zunächst ruhig. Doch dann kam das Freikorps Hindenburg aus Celle und schoss auf eine Demonstration vor dem Gewerkschaftshaus: elf Tote. Der verschärfte Ausnahmezustand wurde verkündet. Vereinzelt enteigneten Arbeiter Waffen aus dem Bürgertum. Der Generalstreik, den die SPD auf einen Tag angesetzt hatte, hielt dann bis zum 19. März.

In Braunschweig - 1919 kurzzeitig Räterepublik mit der ersten deutschen Ministerin, Minna Faßhauer, auch ein Jahr später noch eine USPD-Hochburg - zerstreuten Sipo, Zeitfreiwillige und Einwohnerwehren Demonstrationen. Auch die Entwaffnung der Einwohnerwehren der Umgegend gelang nicht ganz. Immerhin bekam General Watter im Ruhrgebiet aus Braunschweig keine Truppen, weil die dort weiter für Ruhe sorgen mussten.

Hessen

In Kassel saß General Schoeler, Chef des Reichswehrgruppenkommandos 2 (Kassel), dem ganz Westdeutschland unterstand. Seine Stabschefs waren General von Loßberg, den wir als Pabst- und Putschsympathisanten kennen, und Brigadekommandant von Stolzmann. Alle drei vertraten die typische «Neutralitäts-Ruhe-und-Ordnung». Als am 18. März eine Demonstration vor dem Gebäude des Gruppenkommandos stattfand, wurde in die Menge geschossen. 17 Menschen lagen tot in ihrem Blut, 43 wurden schwer verletzt. Nun schickte man eine besonders fähige Person aus dem rechten SPD-Spektrum nach Kassel: Albert Grzesinski, der in Stuttgart zum «Reichskommissar für die bewaffnete Macht»[507] ernannt worden war. Seeckt und andere Militärs ließen den Sozialdemokraten ins Leere laufen: In der württembergischen Landeshauptstadt hatte sein Zimmer weder Tische noch Stühle noch ein funktionierendes Telefon. Grzesinski war ein Kommissar ohne Reich, ohne Macht und ohne Bewaffnung. Am 19. März in Kassel angekommen, untersuchte er erstmal nicht das Massaker, sondern unterzeichnete mit Stolzmann einen Aufruf zur Anwerbung von Freiwilligen. Dann schaffte er es, den nach dem Blutbad ergangenen verschärften Ausnahmezustand auf den «normalen» Ausnahmezustand zurückzunehmen. Noch in Herrenchiemsee fragten sich die Schöpfer des neuen Grundgesetzes 1949, warum nach einem Blutbad der Ausnahmezustand verkündet wurde und empfahlen daher, ins Grundgesetz keinen Ausnahmezustand aufzunehmen. Das gab es dann auch nicht, bis zu den Notstandsgesetzen.

Und dann empfahl Grzesinski sogar, Schoeler und Loßberg wegen ihrem, sagen wir mal vorsichtig, schwankenden Verhalten abzulösen. Was aber der eben nach Berlin zurückgekehrte Ebert offensichtlich ignorierte.

507 Lucas, Märzrevolution 1920, Bd. 2, S. 98.

In Frankfurt rechneten die USPD und Toni Sender bereits seit Monaten mit einem Rechtsputsch, die Sipo am Hauptbahnhof trug schon länger schwarz-weiß-rote Farben. Die Nachricht vom Putsch führte nicht nur zum Generalstreik, sondern auch zum Sturm auf die Polizeireviere und die Sipo-Wache am Hauptbahnhof. Die Gutleut-Kaserne im Gallus zu erobern gelang nicht: 14 Tote und über 150 Verletzte. Die SPD in der Stadt hatte, im Gegensatz zu anderen Sozialdemokraten in anderen Städten, «einen Gipfelpunkt von Opportunismus» erreicht, wie es Lucas ausdrückte[508]. Erst war sie brav dem Aktionsausschuss mit USPD und KPD beigetreten. Als sie aber erfuhr, dass die Regierung Bauer nach Dresden geflohen war, wo diese ja nicht lange bleiben durfte, wurden die Genossen der zwei anderen Parteien gefragt, ob sie für die Regierung Bauer seien. Als diese verneinten, trat die SPD aus und verbündete sich mit Zentrum und DDP. Polizeipräsident Fritz Ehrler (SPD) zeigte sich als ehrlicher Freund dieser Lösung, bewaffnete die drei Parteien und ließ die Arbeiter wieder entwaffnen. Das Militär machte sofort Verhaftungen und wollten zwei «Rädelsführer» standrechtlich erschießen. Erst eine Bürgerinitiative, hauptsächlich von der liberalen Frankfurter Zeitung gegründet, konnte dies verhindern. Die Verbitterung in Frankfurt nahm zu, sodass die SPD wieder aus dem «Weimarer» Bündnis ausstieg und sich pro forma erneut mit den beiden linken Arbeiterparteien verbündete, aber Bekenntnisse zur Entwaffnung der Bourgeoisie und Bewaffnung des Proletariats nicht mit Leben füllte, im Gegenteil..

Toni Sender (USPD)

Zusätzliches Militär kam in die Stadt. Neufville, dessen Kommandant, verkündete die Einsetzung von außerordentlichen Kriegsgerichten. Die SPD in Frankfurt störte es nicht, sie versuchte einen Kompromiss auszuhandeln: Abzug der Reichswehr, Waffenabgabe der

508 Lucas, Märzrevolution 1920, Bd. 2, S. 154.

Georg von Neufville

Studenten, Freilassung der gefangenen Arbeiter, dafür Abbruch des Generalstreiks. Die Gewerkschaften verkündeten das Ende des Streiks, wurden jetzt aber von empörten Arbeitermassen bedrängt und der Streik ging am nächsten Tag weiter. Aus gutem Grund. Die Reichswehr war nicht abgezogen, hatte nur einen Teil der Gefangenen freigegeben und verzichtete auch nicht auf die außerordentlichen Kriegsgerichte. Toni Sender plädierte gegen einen Abbruch des Streiks. Sie beging aber den Fehler, funktionsweise abstimmen zu lassen, natürlich waren die SPD und die Gewerkschaften für den Abbruch. Doch auch am 18. März gingen die Arbeiter nicht zur Arbeit, sondern veranstalteten Demonstrationszüge. Wieder machte Toni Sender (vermutlich) einen Fehler und erklärte aufgrund des Ausscherens von SPD und Gewerkschaften den Streik für beendet. Die Belegschaften stimmten zu. Ein Versuch der KPD, Räte zu installieren, wurde mühelos von der Polizei ausgehoben.

Süddeutschland

Über den etwas frostigen militärischen Empfang für den Reichpräsidenten und die Regierung Bauer in Stuttgart haben wir schon berichtet. Aber auch im Schwabenland und in Baden sollte es einen Generalstreik geben, der allerdings vorderhand auf einen Tag (den 15. März 1920) beschränkt war und auf Druck der KPD auf 48 Stunden verlängert wurde. Fritz Elsas behauptet gar, der Generalstreik sei nicht befolgt worden, um dann eine Seite später, den zweitägigen Streik zuzugeben.[509] Gleichzeitig erkannte der DDP-Mann, dass die reaktionäre Verwaltung endlich gesäubert werden musste und dass Noske gegenüber der Reichswehr versagt hatte.[510]

509 Elsas, Erinnerungen, S. 157f.
510 Elsas, Erinnerungen, S. 159.

Die Wahl von Betriebsräten, wie von der KPD vorgeschlagen, wurde von der USPD verhindert. Schon am 18. März ging auf Befehl Noskes der erste Truppentransport überhaupt ins Ruhrgebiet ab, um den erst schwankenden und dann aufgrund der Roten Ruhrarmee wankenden General Watter zu unterstützen. Nach und nach schickte General Haas fast alle seine Truppen dorthin und übernahm selbstverständlich das Kommando. An Noske schrieb er, dass er das «herzlich gern» mache, da er auf diese Weise aus der «ungesund politisch aufgeladenen Atmosphäre»[511] in Stuttgart herauskomme. Was meinte er da wohl? Die Demokratie, die in Stuttgart tagende Nationalversammlung? Wie hatte sich doch Noske gegenüber Seeckt ausgedrückt, der halte die Reichswehr aus der «parlamentarischen Drecklinie»[512]?

Was Haas so dachte und fühlte, erfahren wir aus einem Brief, den er am 15. Dezember 1918 – also einen guten Monat nach der Novemberrevolution – an seine Frau geschrieben hatte: «Die Zeit erfordert Taten; nicht reden oder Bücher. Ich habe mich zur Tat gemeldet und bin mittendrin, eine Freiwilligen-Division Haas zu formieren gegen Spartakus und roten Schrecken. Unser Vaterland muß heraus aus dem Sumpf, in den es geraten ist. Das kann nur gehen, wenn alle Männer sich zusammentun. Ich darf darunter nicht fehlen. Schweige wie ein Grab! Wenn man Dich fragt, erkläre einfach, ich hätte mich für den Schutz Ost gemeldet. Das habe ich auch getan. Ost ist eine ähnliche Organisation, welche die Reichsgrenzen gegen polnische Übergriffe schützen soll. Für sie hatte ich mich zuerst gemeldet. Die neue Aufgabe, Deckwort Heimat, ist die wichtigere geworden. Doch habe ich meinen Eintritt an bestimmte Forderungen gebunden: ‹Auflösung aller örtlichen Soldatenräte auf einen Schlag und Tag› ist die wichtigste. Wird mir das nicht bewilligt, kehre ich zu ‹Ost› zurück. So nun weißt Du das wesentliche.»[513]

Haas schrieb den Brief einen Tag vor Beginn des Reichsrätekongresses in Berlin, den die OHL mit ihrem Putsch und dem Einmarsch der Reste des Frontheeres hatte verhindern wollen. Auch hier war das Ziel gewesen, die Räte «auf einen Schlag und Tag» aufzulösen. Was erstmal misslang. Es zeigt sich auch, dass Haas trotzdem nicht zu «Ost»

511 Nachlass Noske, BA-SAPMO, NY 4056/4, Bl. 100f.; Könnemann/Krusch, Aktionseinheit, S. 390; Lucas, Märzrevolution 1920, Bd. 2, S. 158.

512 Böhm, Adjutant, S. 155.

513 Brief Haas an seine Frau, 15.12.1918, in: Hauptstaatsarchiv Stuttgart, M 660, Nachlass Haas, zitiert nach Lange, Schlacht bei Pelkum, S. 76.

ging und weiter unter dem «Deckwort Heimat» agierte. Der Brief beweist auch die frühe Aufstellung von Freikorps und die Tarnung durch «Ost», belegt aber auch den psychischen Zustand von Männern wie Haas. Er darf nicht fehlen, «wenn alle Männer sich zusammentun» – die «Spartakisten» sind offensichtlich keine – den bedrohlichen Sumpf zu bekämpfen. Klaus Theweleit registriert nicht nur bei Haas, sondern auch bei vielen anderen Freikorps-Männern (z. B. Oberst Wilhelm Reinhard, Rudolf Berthold, Major Schulz) den Drang, Sümpfe trockenzulegen, denn: «Der Sumpf wächst und ist schließlich endlos: Mutter Deutschland ist unter die Schweine gefallen und deren Suhle geworden: Sumpf. Der Sumpf gebiert neue Huren.»[514] Der Sumpf «kann mit der Waffe bekämpft werden, mit dem ‹Freikorps, Tod der roten Pest›». Aber: «Im übrigen ist mit der Waffe gegen das Versinken im Vermischten nicht viel auszurichten. Da hilft eher der innere Mann, ‹das Feuer der Begeisterung› gegen ‹den elenden Sumpf der Gegenwart›.»[515] Die «Abfuhr wird aufgeschoben: Rache ist ihr Name».[516]

Hören wir weiter General Haas an seine Frau: «Du kennst meine Anschauung: Wer sich selbst aufgibt, ist verloren. Der Kaiser hat uns selbst des Treueids entbunden, die Bundesfürsten ebenso. Damit aber konnten und wollten sie keineswegs uns entbinden von den Verpflichtungen dem Volk und Vaterlande gegenüber. Auf diesen Boden stelle ich mich. Deshalb habe ich meine Freiwilligen auf den neuen Freistaat [sic!] verpflichtet. Mir persönlich wäre an der Spitze des Staates ein streng constitutionelles erbliches Reichsoberhaupt lieber gewesen, als ein alle 4-5 Jahre wechselnder Parlamentarier (alias Schwätzer), mit all den wüsten Wahlkämpfen usw. Aber zurück kann und soll der Schritt nicht getan werden, wir müssen retten was vom Reich gerettet werden kann, und das ist eine gemäßigt bürgerlich-soziale Republik, sonst gehn wir vor die Hunde und werden von Slawen, Romanen und Angelsachsen aufgefressen. […] Wer sich dem widersetzt, hofft auf Anarchie und internationales Bolschewikentum, das nur Zerschlagung allen wirtschaftlichen Lebens, Hungersnot und Elende zur Folge haben muß, es sind also Todfeine des deutschen Volkes, und als solche müssen sie auch behandelt werden.»[517]

---

514 Theweleit, Männerphantasien, Bd. 1, S. 499, zum Sumpf S. 497–501.

515 Theweleit, Männerphantasien, Bd. 1, S. 514.

516 Ebd. S. 518.

517 Brief Haas an seine Frau, 15.12.1918, in: Hauptstaatsarchiv Stuttgart, M 660, Nachlass Haas, zitiert nach Lange, Schlacht bei Pelkum, S. 76.

15 Monate später schwankte Haas, ob er sich nicht doch den Putschisten anschließen und von der «gemäßigt bürgerlich-sozialen Republik» Abschied nehmen sollte. Da Ebert und Genossen aber nicht zum Generalstreik aufgerufen haben wollten, überlegte es sich Haas nochmal, von den «Schwätzern» mit ihren «wüsten Wahlkämpfen» Abstand zu nehmen, wobei er ja bei dem «constitutionellen erblichen Reichsoberhaupt» mit Ebert auf einer Linie lag. Und in einem weiteren Punkt waren sie sich ebenfalls einig: Der «Bolschewismus» musste bekämpft werden.

Zusätzlich wollte Haas auch vermeiden, dass «Slawen, Romanen und Angelsachsen» ihn auffraßen. Wieder eine unmittelbare Bedrohung seines Körpers, seines Fragmentkörpers, der ihn dazu trieb, seine Landsleute, so er sie anarchistisch/bolschewistisch erspürte, nicht mehr als Landsleute, sondern als Todfeinde zu sehen, die man «entsprechend behandeln» - später sollte es mal heißen «sonderbehandeln» - musste.

Und deswegen wollte Haas wohl lieber «Bolschewisten» totmachen, als in Stuttgartzu bleiben, wo ihm im März 1920 die «Schwätzer» einfach nicht den Ausnahmezustand servierten. Dafür hatte Noske sicher Verständnis. Auch wenn seine Tage als selbsternannter «Bluthund» schon gezählt waren.

Und Noch-Reichkanzler Bauer log sich am 15. März 1920 vor der Presse in Stuttgart in die Tasche: In Württemberg, Kassel, Münster und München, ja sogar in Dresden (Maercker) stünde die Reichswehr auf dem Boden der Reichsverfassung.[518] Kassel schwankte, München war schon gekippt, Württemberg hatte gerade so die Kurve gekriegt und Maercker wie Watter hatten keinerlei Treue zur Verfassung erkennen lassen. Wie sich doch der Regierungschef selbst betrog. Die Militär-Genossen im Kampf gegen links durften einfach nichts gegen die Verfassung haben. Eine Lebenslüge, die Weimar von Anfang an erschütterte. Erich Koch-Weser, der Innenminister, musste allerdings zugeben: «Überall dort wo sich die Reichswehr als aufrührerisch erwiesen hat, ist sie von der Arbeiterschaft und den Linksstehenden niedergeschlagen und entwaffnet worden.»[519] Nach der Sitzung der Nationalversammlung gab es noch einen Umtrunk für die Noch-Exilregierung im städtischen Rathauskeller, bei Saitenwürstchen und Kartoffelsalat. Württembergs Justizminister Eugen Bolz wurde für einen

518 Elsas, Erinnerungen, S. 158.
519 Elsas, Erinnerungen, S. 160.

Die Weimarer Koalition (noch in Weimar), links Noske, stehend Bauer, ganz rechts Erich Koch-Weser, links daneben Johannes Giesberts

Der Oberbürgermeister.

Stuttgart, den 19. März 1920.

Euer Hochwohlgeboren!

Die Tagung der Nationalversammlung in Stuttgar gibt mir willkommene Veranlassung, namens der Stad verwaltung die Mitglieder der Reichsregierung und das Präsidium der Nationalversammlung zu einem gemütlichen Beisammensein in den städt. Rathauskelle Rathaus, (Eingang Hirschstrasse, Seitenportal) einzu laden. Es würde mir zu grosser Freude gereichen, we Euer Hochwohlgeboren am Samstag, 20. März ds. Js. Abends 7 Uhr 30 sich daselbst einfinden würden.

Mit ausgezeichnetster Hochachtung

Oberbürgermeister.

Einladung zum Abschiedsumtrunk

Kellner gehalten und beim Wein vom Jahrgang 1915 erwies sich Reichpräsident Ebert (wie schon Harry Graf Kessler ein Jahr zuvor in seinem Tagebuch vermerkt hatte) als äußerst standhafter Konsument, der seine württembergischen Kollegen schwer beeindruckte. Tranken die ein, mancher schaffte auch zwei Glas, hatte Ebert schon drei verköstigt. Spät abends am 19. März 1920 ging es dann in den Sonderzug nach Berlin, denn die Putschisten hatten ja aufgegeben. Auch am Bahnsteig gaben die Schwaben noch flüssigen

Proviant mit. Ungestört und ohne Rotweinmangel erreichte der Zug die Hauptstadt.[520]

Apropos, behinderte jemand die Reichswehrtransporte ins Ruhrgebiet? Ja, die Arbeiter von Daimler in Untertürkheim versuchten es wenigstens, was übrigens sonst in ganz Deutschland selten vorkam. Doch freiwillige Bahnbeamte und Studenten bewachten die Bahnsteige. Ein Essener USPD-Blatt sah die Tat aber als hoffnungsfroh an. Nachahmer gab es wenige.

In Bayern hatte sich, wie schon berichtet, die bayerische Regierung unter Hoffmann (SPD) von dem Militär Möhl und dem Triumvirat Kahr, Seißer, Lossow praktisch widerstandslos aus der Macht drängen lassen. Nach links schießen, nach rechts widerstandslos nachgeben war hier anschaulich demonstriert worden. Der Ausgangspunkt für Hitlers Faschismus wurde München. Zwar war noch nicht aller Tage Abend, aber die Arbeiter- und Linksparteien in Bayern zeigten sich nachhaltig traumatisiert durch die Massaker bei der Zerschlagung der Räterepublik. So setzte zwar der Generalstreik am 14. März ein, aber schon am 17. März hatten sich die Arbeiterparteien zerstritten. Die SPD gab sich damit zufrieden, dass Kahr, der faktische Diktator, Möhl die vollziehende Gewalt entzog und einem Regierungspräsidenten, also einem Zivilisten, übertrug. KPD und USPD wollten den Streik fortführen, gaben aber aufgrund der Haltung der SPD auf.

In Nürnberg und Hof sah es, was den Generalstreik betraf, etwas günstiger aus. Es kam auch zu mehreren Demonstrationen. Doch Studenten aus Erlangen schossen am 17. März in die Menge und verfolgten noch die Fliehenden: 23 Tote und 50 Schwerverletzte waren die Folge.

In Hof, einer USPD-Hochburg, gelang es den Arbeitern sogar, Waffen zu ergattern und sich zusammenzuschließen. Doch als Putschtruppen, schwarz-weiß-rote Zeitfreiwillige aus München, herangeführt wurden, ließen sich die Hofer entwaffnen.

Das noch vor einem Jahr so stolze rote Bayern war schneller «befriedet» als alle anderen Länder und schon am 19. März gingen Truppentransporte ins Ruhrgebiet ab. Man kann auch sagen, Bayern war das einzige Land, in dem der Kapp-Putsch Erfolg hatte und die Demokratie faktisch schon 1920 abgeschafft wurde. Selbstverständlich versuchte Reichspräsident Ebert, nachdem er Kapp und Lüttwitz überstanden hatte, nicht in Bayern für die Heerstraße der

520 Elsas, Erinnerungen, S. 161ff.

parlamentarischen Beratung zu sorgen. Das hätten seine Militärs und der untreue Seeckt nicht mitgemacht. Ebert ließ die Bayern triumphieren.

Zusammengefasst

Im Osten Deutschlands, hauptsächlich in den Industriegebieten, gab es massiven Widerstand der Arbeiter und der Arbeiterparteien. Generalstreik und Bewaffnung erfolgten spontan und bereiteten der Reichswehr, den Freikorps und den anderen paramilitärischen Verbänden mehrere Niederlagen. In Mecklenburg und anderen ländlichen Gebieten des Ostens begehrten die Landarbeiter erstmals kollektiv auf und halfen, die Junker und ihre Truppen zu bekämpfen. Eine Zerschlagung der Freikorps bzw. der Reichswehr gelang reichsweit nicht. Einerseits weil SPD- und USPD-Funktionäre oft viel zu früh verhandelten, andererseits weil auch die bewaffneten Arbeiter human blieben, keine Revolutionsgerichte installierten und keinesfalls daran dachten, kollektiven Terror auszuüben. Gleichwohl kamen große Teile der Reichswehr nicht einmal in Gefangenschaft und konnten ins Ruhrgebiet transportiert werden. Niemand - auch nicht die nach Berlin zurückgekehrte Regierung - scherte sich dabei darum, dass faktisch nur putschistische Truppen, wie die präfaschistische Marinebrigade Loewenfeld, die auch das Hakenkreuz vor sich hertrug, ins zentrale Aufstandsgebiet an Ruhr und Lippe transportiert wurden. Im Süden Deutschlands, in Bayern und Württemberg, war der Widerstand der Arbeiter weniger radikal. In München spielte - wie in Braunschweig und Bremen - die Niederlage der Räterepublik 1919 eine große Rolle. Die Arbeiter waren müde und traumatisiert. Ähnlich in Württemberg, wo schon im Januar 1919 die Linken nachhaltig geschlagen worden waren.

Brennpunkte des Abwehrkampfes II: Das Ruhrgebiet

Vorgeschichte

Schon am 17. Dezember 1918 kam es in der Ruhrregion in Hamborn zu einem Massenstreik, an dem sich 28.000 Bergarbeiter beteiligten. Neben höheren Löhnen und kürzerer Arbeitszeit stand die Forderung nach der sofortigen Sozialisierung des Kohlebergbaus. In Hamborn gab es starke anarchistisch-syndikale Bewegungen.[521] Die Initiative ging weder von der KPD noch der USPD, ja nicht einmal von den örtlichen Arbeiter- und Soldatenräten (ASR) aus, sondern von der Gewerkschaft «Deutscher Kaiser» (sic!) in Hamborn, die sich eine Teuerungszulage von zweihundert Mark hart erstritten. Dies löste einen Dominoeffekt aus.[522]

Durch den Austritt der USPD aus der Regierung in Berlin als Folge der Weihnachtskämpfe 1918 und aufgrund der brutalen Niederschlagung des Januaraufstandes durch Freikorpstruppen entstand im ganzen Ruhrgebiet Anfang Februar 1919 eine große Streikwelle.[523] War im Bergbau «direktdemokratische Belegschaftsartikulation» Tradition, war das Bergmannsleben besonders hart und aufgrund der Nachkriegssituation besonders entbehrungsreich, führte die brutale Militärpolitik Noskes zur weiteren Radikalisierung.

Klaus Wisotzky beklagt in seinem Aufsatz (2019) den unorganisierten und lokalen Charakter dieser Arbeitskämpfe, die zumeist gegen den Willen der Arbeiter- und Soldatenräte stattgefunden hätten und die Kohleproduktion gefährdeten. Der gesamte Bergbau sei zum Erliegen gekommen «mit verheerenden Folgen für das Wirtschaftsleben».[524]

Am 12. Januar 1919, also kurz nach Niederschlagung des ersten Aufstands in Berlin, forderte in Essen die sogenannte Neunerkommission aus je drei Arbeitervertretern von SPD, USPD und KPD unter dem Druck der Streikbewegung die sofortige Sozialisierung des Bergbau-

521 Rürup, A.- und S.- Räte, Einleitung, S. 24; Oertzen, Betriebsräte, S. 111ff., Lucas, Märzrevolution, Bd. 1, S. 17ff.; Kluge, Revolution, S. 86.

522 Wisotzky, Streikbewegung im Ruhrgebiet 1918/19, Manuskript, S. 3. Ich danke dem Autor für die vorab zur Verfügungstellung des Aufsatzes, der Ende 2019 im Sammelband «Märzrevolution 1919» in Berlin erscheint.

523 Auch für das Folgende: Lüpke/Kruppa, Revolution im Ruhrgebiet, in: Plener (Hrsg.), Novemberrevolution, S. 109; Kluge, Revolution, S. 85f.

524 Wisotzky, Streikbewegung im Ruhrgebiet 1918/19, Manuskript, S. 3.

es. Schon am 11. Januar schritt man zur «Sozialisierung» und besetzte u. a. Büros des Rheinisch-Westfälischen Kohlesyndikats.[525] Das Essener Modell war das Konzept einer umfassenden Betriebsautonomie und Selbstverwaltung, weniger eine Verstaatlichung von oben.

Der ASR hatte vier Punkte ausgearbeitet: 1. Neunerkommission. 2. Ernst Ruben, ein Essener Landrichter. wurde zum Volkskommissar zur Vorbereitung der Sozialisierung des Bergbaus ernannt. 3. Das Kohlesyndikat, der Bergbau- und der Zechenverband wurden symbolisch besetzt. 4. In den Schachtanlagen sollte ein mehrstufiges Rätesystem etabliert werden.

Sogar lokale Gewerkschaftsverbände schlossen sich an, nicht der alte Bergbauverband. Offiziell «sozialisiert», brachen die Bergarbeiter den Streik ab, ja wurde die Kohleproduktion sogar gesteigert. Eine beträchtliche Teuerungszulage war daran nicht unbeteiligt.[526] Was einerseits alle Lügen strafte, die behaupteten, Räte würden die Wirtschaft zum Erliegen bringen, andererseits hatten die ASR jetzt wieder alles im Griff.

Aber: «Sozialisiert wurde lediglich in Worten, nicht in Taten.» Der Essener ASR habe auch keinen Plan dazu besessen, sondern auf die Initiative des Rates der Volksbeauftragten gewartet. «Ein Irrtum, wie sich schnell herausstellte.»[527]

Die Reichsregierung reagierte wie so oft hinhaltend. Als aber klar wurde, dass in der Sozialisierungskommission Gegner der Sozialisierung saßen (die hauptsächlich verzögerten) und das Essener Modell verwässert wurde, steigerte sich die Wut.

Man verlangte jetzt die Anerkennung der Neunerkommission. Die Regierung zeigte sich vorderhand kompromissbereit. Am 12./13. 2. gab es Verhandlungen der Essener Neunerkommission, von Betriebsräten aus Halle, Gewerkschaften, Kapitalisten und Regierungsvertretern in Weimar. Doch man wollte den Betriebsräten ausschließlich sozialpolitische Rechte zugestehen, keine wirtschaftlichen oder politischen.[528] Und erstmal geschah nichts.

Dann kam es zur Verhaftung des Münsteraner Soldatenrates am 11. Februar 1919 durch Verbände des Generalleutnants Oskar von Watter, der seine Befehle von der OHL und Noske bekam, dem Kaiser ein Ge-

525 Rürup, A.- und S.- Räte, Einleitung, S. 24f.
526 Wisotzky, Streikbewegung im Ruhrgebiet 1918/19, Manuskript, S. 5.
527 Ebd., S. 4.
528 Niess, Revolution, S. 352.

burtstagstelegramm nach Holland geschickt hatte[529] und von dem wir noch einiges hören werden.

Das antidemokratische Freikorps Lichtschlag lieferte sich heftige Kämpfe mit den Arbeiterwehren und erschoss Menschen, wie schon üblich, muss man sagen, «auf der Flucht». Die Syndikalisten im Arbeiter- und Soldatenrat riefen deswegen am 16. Februar 1919 den Generalstreik aus, die SPD-Vertreter zogen sich zurück. Die Einheit war wieder perdue. Doch etwa 180.000 Bergleute befanden sich – nach Lucas und Rürup – im Ausstand.

Wisotzky jedoch ist der Ansicht, dass dieser Streik von Anfang an von den Wenigsten befolgt wurde.[530] Es seien auch Schachtanlagen, Büros und Wohnungen von Betriebsdirektoren zerstört worden.

Der alte Gewerkschaftsverband forderte sofort militärisches Eingreifen. Auch Reichswehrtruppen griffen ein und würgten schließlich den Streik am 23./24. Februar 1919 ab. Doch auch der Sprecher der USPD, Wilhelm Steinhauer, sah den Streik als verfehlt an.

Im Ruhrgebiet kam es Ende März 1919 erneut zu Zusammenstößen mit der Polizei und vor dem Hintergrund der Streik- und Rätebewegung in Berlin, Sachsen, Thüringen und Bayern zum zweiten Generalstreik. Eine Schachtdelegiertenkonferenz, die USPD- und KPD-dominiert war, hatte ihn ausgerufen. Forderungen waren die Sechsstundenschicht, eine 25 %ige Lohnerhöhung und eine der Räte-Idee verpflichtete Bergarbeiterunion. Am 4. April waren es 345.000 Streikende, später sogar 400.000, was praktisch der ganzen Arbeiterschaft des Ruhrkohlebergbaus entsprach. «Der größte Ausstand, den das Ruhrgebiet erlebt hatte.»[531] Scheidemann schickte den Parteifreund Carl Severing, der zum Reichskommissar ernannt worden war und sich auf Watter und seine Freikorpstruppen stützte.[532] Er arbeitete mit Zuckerbrot (Verbesserung der Lebensmittelversorgung, 7-Stundenschicht) und Peitsche: Belagerungszustand plus Freikorps. Das schoss in Menschenmengen, warf sogar Handgranaten, verhaftete Streikführer und installierte Kriegsgerichte. Der Streik hielt wochenlang, ehe die Bergleute, ohne Unterstützung der Gewerkschaften und ohne Streikkasse, am

529 Lucas, Märzrevolution 1920, Bd. 1, S. 41; Rürup, A.- und S.- Räte, Einleitung, S. 28.

530 Wisotzky, Streikbewegung im Ruhrgebiet 1918/19, Manuskript, S. 7.

531 Ebd., S. 10.

532 Siehe auch Rürup, A.- und S.- Räte, Einleitung, S. 29; Lucas, Märzrevolution, Bd. 1, S. 48ff.

23. April 1919 aufgeben mussten.[533] Severing – ein Parteirechter – hatte im Reichsrätekongress noch den Antrag auf Sozialisierung gestellt, der ja auch mit großer Mehrheit angenommen worden war.[534] Weder Sozialisierung noch Räte noch Basisdemokratie war jetzt sein Ansinnen.

«Mit dem Generalstreik im April endeten im Ruhrgebiet die Ausstände der Jahre 1918/19. Zurück blieben enttäuschte Bergarbeiter, denn die Entwicklung seit der Revolution hatte nicht die erhoffte Verbesserung ihrer Lebens- und Arbeitsverhältnisse gebracht. Zu der Enttäuschung kam die Verbitterung über das Wüten der Soldateska, das einen ersten Vorgeschmack auf den ‹weißen Terror› des Jahres 1920 gab. Die Folge war ein starker Vertrauensverlust der SPD und des Bergarbeiter-Verbandes, die das Vorgehen der Regierung verteidigt hatten, während USPD und KPD sowie die neu gegründete Arbeiter-Union von der Radikalisierung der Massen profitierten.»[535]

Nach dem Putsch

Ein Jahr später, an jenem 13. März 1920, drang die Nachricht vom Putsch sehr schnell ins Ruhrgebiet. Der «Alte Verband» wartete – im Gegensatz zu allen anderen SPD-nahen Gewerkschaften im Land – ab[536]. SPD-, USPD- und KPD-Kader versuchten sich zusammenzuraufen, mit unterschiedlichen Ergebnissen: In Essen und Duisburg zerstritt man sich schnell, in Hagen gab die USPD zugunsten der schwachen SPD nach und in Elberfeld machte die SPD oberflächlich mit bei der Forderung nach Räten, ja sogar der nach der Diktatur des Proletariats, denn dort handelte die Basis.[537] Wieder zeigte sich, dass, wie der Historiker Hans Mommsen es ausdrückte, die Bewegung syndikalistisch-unionistische Züge trug, die keine «der sozialistischen Parteien imstande» war «zu lenken, oder ihrer Kontrolle zu unterwerfen».[538] Die «Novemberstimmung des Jahres 1918 lag in der Luft», schrieb das Hagener USPD-Blatt. Eisenbahner bekundeten auf Versammlungen unter tobendem Applaus, dass sie «keine Hand» rühren würden «die Noskiden» zu befördern.[539]

533 Wisotzky, Streikbewegung im Ruhrgebiet 1918/19, Manuskript, S. 10.
534 Protokoll Kongress Arbeiter- und Soldatenräte, S. 172f.
535 Wisotzky, Streikbewegung im Ruhrgebiet 1918/19, Manuskript, S. 10.
536 Eliasberg, Ruhrkrieg, S. 69; Lucas, Märzrevolution 1920, Bd. 1, S. 119ff.
537 Lucas, Märzrevolution 1920, Bd. 1, S. 119–145; Eliasberg, Ruhrkrieg, S. 70.
538 Mommsen, Bergarbeiterbewegung an der Ruhr, in: Arbeiterbewegung an Rhein und Ruhr, Reulecke (Hrsg.), S. 296.
539 Lucas, Märzrevolution 1920, Bd. 1, S. 153, das davor S. 152.

Und als ebenfalls in Hagen Plakatanschläge von Stresemanns DVP verkündeten, die alte Regierung habe abgewirtschaftet und die neue das Vertrauen des ganzen Volkes, war die Hemmschwelle überwunden, verlangten die Arbeiter vor dem Rathaus Waffen.[540] Überall wurden jetzt Arbeiterwehren gegründet, Waffen aus Polizeibeständen und anderswo beschafft.

Watter, der am 13. März 1920 in seinem ersten Aufruf kein Wort für die alte Regierung oder gar die Verfassung übrig hatte und sich selbst ermächtigte, «im vaterländischen Interesse» den «Auftrag» zu haben, «die Ruhe und Ordnung in meinem Bezirk aufrecht zu halten»[541] wollte zum Gegenschlag ausholen. Nicht nur der Generalstreik war für Militärs seines Schlages ein rotes Tuch, denn als er gerüchteweise hörte, dass man in Wetter die Räterepublik eingeführt habe, sah er noch mehr Rot. Ob es stimmte, wurde nicht hinterfragt. Militärs wie er, egal ob sie zur «alten Regierung» standen oder wie er große Sympathien für den Putsch hatten, handelten wie Pavlow'sche Hunde. Wenn sie so etwas hörten, mussten sie nichts nachprüfen, sie mussten jetzt, aus eigenem inneren Antrieb heraus, marschieren. Das war eine psychotische Notwendigkeit. Und so erhielten die beiden in Münster und Bielefeld liegenden Teile des berüchtigten Freikorps Lichtschlag, das schon ein Jahr vorher an der Ruhr Not und Tod verbreitet hatte, den Marschbefehl zuerst nach Wetter. Dies musste extrem aufreizend wirken.

540 Lucas, Märzrevolution 1920, Bd. 1, S. 154.

541 Aufruf des Generalleutnants von Watter, Münster, 13.3.1920, Könnemann/ Schulze (Hrsg.) 2002, Dok. 618, S. 856f.

Das Freikorps Lichtschlag im Ruhrgebiet

Die Zerschlagung der Freikorps[542]

Lichtschlag, 1. Abteilung

In Münster saß das Oberkommando der Reichswehr (Wehrkreis VI, Ruhrgebiet), von dort aus sollte am 14. März 1920 die erste Abteilung des Freikorps Lichtschlag unter Hauptmann Otto Hasenclever, dessen Karriere wie die von Waldemar Pabst durch die Revolution jäh unterbrochen worden war, mit der Bahn nach Wetter transportiert werden. Doch selbst in Münster bekam Hasenclever mit seiner Truppe Probleme. Das Bahnpersonal weigerte sich, die Männer und ihre Waffen, darunter sechs Geschütze, zu verladen. Selbst Lichtschlag persönlich stieß beim zuständigen Eisenbahnbeamten auf beharrlichen Widerstand. Die Eisenbahner hatten sich dem Streik angeschlossen. Es dauerte bis Mitternacht, bis die Putschisten Leute organisiert hatten, die 37 Waggons zusammenstellten und die Geschütze verluden. Noch weitere neun Stunden dauerte es, bis sie Leute fanden, die sie beförderten. In Dortmund rief der Zug, der mit einer schwarz-weiß-roten Fahne

542 Ich folge hier Lucas, Märzrevolution 1920, Bd. 1, S. 163–171 sowie den Dokumenten 631–633, in: Könnemann/Schulze (Hrsg.) 2002, S. 967ff.

geschmückt war, große Aufregung hervor. Eine Einwohnerwehr mit republiktreuer Mannschaft wurde von ihren Offizieren nur mit Mühe zurückgehalten, den Zug zu stürmen. Das Freikorps dampfte weiter und verabschiedete sich aus der Stadt mit monarchistischen Liedern. In Annen hatten Arbeiter das Postamt besetzt und Straßensperren auch Richtung Dortmund errichtet. Von Bahnarbeitern informiert, zerstörten sie die Zufahrtsgleise aus Dortmund im Rangierbahnhof Annen-Nord, so dass Hauptmann Hasenclever seine Pionierkompanie verlor. Die Arbeiter entwaffneten die Kompanie und ihren Führer Hauptmann Schorn. Hasenclever gelang es aber, mit seinem Trupp weiter nach Witten zu fahren.[543] Endlich erreichte er am Vormittag des 15. März 1920 Wetter.[544]

Die Nachricht vom Eintreffen der Truppe verbreitete sich schnell, schon nachts hatten die Sirenen geheult.[545] Während Hasenclever zum Bürgermeister ging – der vorher auch nichts vom Eintreffen des Freikorps wusste –, um Quartier zu machen, eilten die Arbeiter zum Bahnhof, um die Soldaten aufzuklären. Alfred Massek vom Streikkomitee

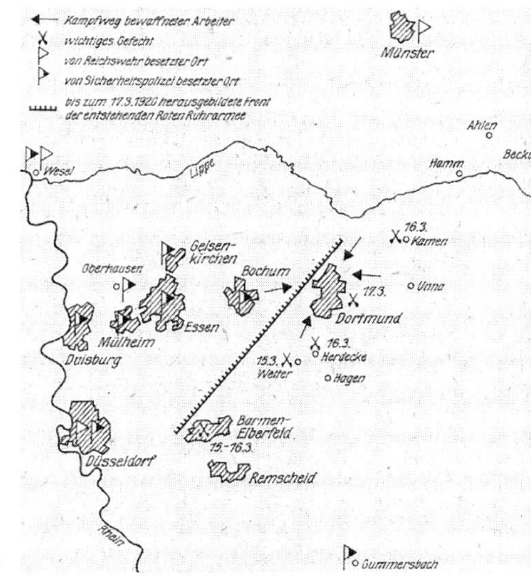

Die ersten Kämpfe im Ruhrgebiet

Hauptmann Hasenclever (mit Stahlhelm)

543 Bislang wenig beachtet, nach Gleising, Kapp-Putsch, Bd. I., S. 47ff., mit Belegen.

544 Ausführlich dazu: Gleising, Kapp-Putsch, Bd. I., S. 49–53, mit Belegen.

545 Bericht des Landrates des Landkreises Hagen über die Kämpfe bei Wetter und Herdecke, Könnemann/Schulze (Hrsg.) 2002, Dok. 631, S. 967, auch für das Folgende.

stieg im Wartesaal auf einen Tisch und schenkte den Soldaten reinen Wein ein; hier sei keine Räterepublik ausgerufen worden, sondern hier würde nur gegen Kapp gestreikt. Immer mehr Arbeiter drängten in den Bahnhof. Etwa 25 Soldaten liefen über[546] und rückten sogar ein MG heraus. Hasenclever, vom Bürgermeister zurück, ließ den Bahnhof räumen. Auch Bürgermeister Winkelmann kam hinzu. Hasenclever gab die schon klassische Verneblungstaktik zum Besten, sie seien nur hier, um für «Ruhe und Ordnung» zu sorgen. Winkelmann entgegnete, dass in der Stadt beides herrsche und gerade Hasenclever mit seinem Freikorps die Ruhe störe. Hasenclever beteuerte den Befehl von General Watter zu haben (von dem wir wissen, dass er mit dem Putsch sympathisierte, aber abwartete). Ein Vertreter des Exekutivkomitees stellte die entscheidende Frage, auf welchem Boden die Truppe stehe – und Hasenclever anwortete: «Auf dem von General Watter.» «Und der?» «Der steht auf dem Boden von Lüttwitz!»[547] Dann wäre nichts mehr zu verhandeln, sagte das Mitglied des Exekutivkomitees. Die Arbeiter zogen ab. Hasenclever ließ den Bahnhof zur Verteidigung herrichten. Da kam die Kunde, Watter stünde nicht auf Lüttwitz' Seite. Das wurde Hasenclever übermittelt. Der wollte dann nochmal in Münster nachfragen lassen. Inzwischen waren aus Hagen mit vollbesetzten Straßenbahnen und Autos zahlreiche Bewaffnete herbeigeströmt. Auch der OB von Hagen, Willi Cuno (DDP), war (unbewaffnet) dabei. Erneut gab Hasenclever auf Befragung an, für Ruhe und Ordnung sorgen zu wollen. Cuno wollte nun selbst wieder (von Hagen aus) Fühlung mit den Kommandierenden in Münster aufnehmen und Auskunft erhalten. Die war wieder ausweichend. Konrad Ludwig, ein Parteiführer der USPD, er galt als Linker in der Partei, war empört darüber, dass die Arbeiter (syndikalistisch) ohne zu fragen nach Witten losgestürmt waren. Josef Ernst dagegen, ebenfalls ein wichtiger Mann in der USPD und eigentlich auf dem rechten Flügel stehend, war für Angriff.[548] Auch hier zeigte sich wieder, dass sich die Arbeiter nicht unbedingt an die Direktiven von Parteiführern hielten. Mehr als 1500 bewaffnete Arbeiter stürmten den Bahnhof. Hasenclever gelang es sogar noch, zwei Geschütze auszuladen und mit ihnen Arbeiter zu töten. Doch die Kanoniere wurden

---

546 Nach Könneman/Krusch, Aktionseinheit, waren es 20, S. 253.

547 Wörtlich bei Colm, Ruhraufstand, S. 33; sinngemäß im Bericht des Landrates des Landkreises Hagen über die Kämpfe bei Wetter und Herdecke, Könnemann/Schulze (Hrsg.) 2002, Dok. 631, S. 967, sowie Anm. 2.

548 Lucas, Märzrevolution 1920, Bd.1, S. 168f.

wiederum von den Arbeitern erschossen. Cuno und der Landrat von Hagen, Hermann von Salmuth, eilten herbei und wollten verhandeln, doch die Arbeiter drängten nach und töteten Hasenclever im Nahkampf.

Ein erster Sieg nach den vielen Niederlagen in der Revolution 1918/19 wirkte euphorisierend. Nicht nur schwere Waffen, sondern auch zahlreiche Soldaten und Offiziere fielen in ihre Hände und wurden korrekt behandelt, also nicht gleich erschossen, wie es die Freikorps seit einem Jahr immer wieder mit Arbeitern praktizierten. Rainer Pöppinghege übernimmt in seiner Studie von 2019 ungeprüft das Gerücht (dem auch Adolf Meinberg aufsitzt[549]), welches von Hans Spethmann 1928 weiterverbreitet wurde[550], es seien 64 Soldaten getötet worden, um dann gleich weiter unbelegt und falsch zu behaupten, es seien Gefangene «nur in geringem Maße»[551] gemacht worden. Dies zeigt, wie sich hier Mythen und Lügen der Freikorps über die kämpfenden Arbeiter bis hundert Jahre nach den Ereignissen halten. Tatsächlich starben zehn bis fünfzehn Soldaten[552], nach Haasis/Lucas elf (darunter Hasenclever) und sieben Arbeiter[553].

Eliasberg sieht wie Lucas das relativ kleine Gefecht von Wetter als bedeutungsvolles Ereignis: «Zum ersten Male wurde eine Abteilung des Heeres von Arbeitern besiegt, die noch am Vortage weder Waffen noch eine erkennbare Organisation hatten.» Wichtig war auch die Solidarisierung durch Arbeiter aus der Nachbarschaft. Erstmals und im Unterschied zu den Kämpfen von 1919 bestand die «Möglichkeit des erfolgreichen Kampfes größerer Arbeiterformationen».[554] Und damit auch auf ein offensives Vorgehen.

Watters und Severings Reaktion auf den ersten Sieg der Arbeiter über eine putschistische Truppe war die Erklärung des verschärften Ausnahmezustandes. Die Begründung: Es sei «zu Ausschreitungen linksradikaler Elemente gekommen. Durch bewaffnete Banden [hier ist nicht das Freikorps Lichtschlag gemeint, K.G.] sind öffentliche Gebäude und Verkehrsanlagen besetzt und grobe Verstöße gegen Ruhe und Ordnung vorgekommen.»[555] Auch hier wieder der «Ruhe und Ordnungs-Fetisch»,

549 Haasis/Lucas (Hrsg.), Meinberg, Aufstand an der Ruhr, S. 75.
550 Spethmann, Ruhrbergbau, Bd. II, S. 114f.
551 Pöppinghege, Republik im Bürgerkrieg, S. 85.
552 Bericht des Landrats des Landkreises Hagen an den Regierungspräsidenten in Arnsberg, Könnemann/Schulze (Hrsg.), 2002, Dok. 631, S. 968.
553 Haasis/Lucas (Hrsg.), Meinberg, Aufstand an der Ruhr, S. 75, Anm. 83.
554 Eliasberg, Ruhrkrieg, S. 82.
555 Lucas, Märzrevolution 1920, Bd. 1, S. 170f., auch für das Folgende.

den hier nicht Lichtschlag, sondern ein mit den Putschisten sympathisierender General und ein Sozialdemokrat vertraten. Wo doch eben noch die Putschisten die Ruhe gestört hatten. Und weiter: «Versuche die Einwohnerwehr zu entwaffnen und die Räterepublik auszurufen [eine offensichtliche Lüge, K.G.] wurden unternommen.» Schon am 15. März hatte Severing den Stadtvätern von Bochum empfohlen, «mit Arbeiterräten unter keinen Umständen [zu] verhandeln». Man möge «sich nach Münster wenden, damit Militär herangezogen werde».[556] Standgerichte konnten jetzt Kämpfer aburteilen und erschießen lassen. Doch die Bestätigung musste von Watter selbst ausgehen. Das alte preußische Gesetz, das nicht mehr galt, aber auch durch kein neues Gesetz abgelöst worden war, schrieb sogar vor, dass 24 Stunden dazwischen vergehen mussten. Noch war der Pabst/Noske-Schießbefehl damit offiziell nicht in Kraft. Gleichwohl gab es erstmal gar keine Standgerichtsurteile. Denn die Truppen hatten gar keine Gelegenheit dazu.

Lichtschlag, 2. Abteilung

Eine weitere Abteilung des Freikorps Lichtschlag unter dem Hauptmann Lange hatte schon große Schwierigkeiten, von Bielefeld aus loszukommen.[557] Nicht nur, weil auch hier die Eisenbahner streikten, sondern weil Teile der eigenen Mannschaften, sogar einige Unteroffiziere, mit Bestimmtheit erklärten, nur für die alte Regierung kämpfen zu wollen. Erst nach Stunden konnte ein Zug abdampfen. In Ahlen ließ der Arbeiterrat aus SPD, USPD und KPD nicht nur Hornsignale blasen, sondern auch den Zug anhalten. Wieder kam es zu ähnlichen Diskussionen wie in Wetter. Man hielt den Offizieren eine Zeitung aus Dortmund unter die Nase, dass Lichtschlag zu Kapp und Lüttwitz stünde. Die Offiziere mussten amtliche Schriftstücke vorlegen, dass sie den Befehl von Watter und nicht von Kapp hatten. Sie durften weiterfahren. Doch schon in Herdecke musste der Zug wieder anhalten. Die Offiziere erfuhren von der Niederlage der anderen Abteilung in Wetter. Arbeitervertreter erschienen, darunter der Lehrer Karl Stemmer. Lange war nicht so plump wie Hasenclever und versuchte seine putschistische Gesinnung zu verbergen. Es kam zu einem ersten Waffenstillstand. Doch wieder strömten unzählige bewaffnete Arbeiter aus Hagen, Bochum, Witten,

556 Telefonische Übermittlung durch «Nehling für Severing» am 15.3.1920 (Bericht 16.3.1920), Stadtarchiv Bochum, Bo B 222, zitiert nach Gleising, Kapp-Putsch, Bd. I, S. 30.

557 Lucas, Märzrevolution 1920, Bd. 1, S. 171–175.

Langendreer, Bommern, Haspe und Gevelsberg herbei.[558] Sirenen und sogar Kirchenglocken hatten dort dafür gesorgt. Die Proletarier besetzten die Hänge um Herdecke. OB Cuno kam erneut hinzu. Aus Münster hatte er wieder ein «Ruhe- und Ordnungs-Telegramm» gegen Aufruhr erhalten. Er zögerte lange, entwarf dann aber eine Aufforderung an die Arbeiter, sie sollten den Widerstand gegen die Truppen aufgeben. Der USPD-Führer Ludwig fürchtete ein großes Blutvergießen und bat den OB, den Aufruf nicht zu verbreiten. Doch Cuno tat es. Als dann noch Lichtschlag mit einer zusätzlichen Truppe in Dortmund-Süd eintraf und drohte, sich mit den schon angekommenen Truppen in Herdecke zu verbünden, war das Maß voll. Die etwa 350 Soldaten des Freikorps wurden von allen Seiten angegriffen. Circa 6.000 Arbeiter hatten sie umzingelt. Auch hier waren die Mannschaften des Freikorps in der Nacht vorher mit Arbeitern in Berührung gekommen. Ihre Kampfmoral war schwach, für Putschisten wollten die meisten nicht kämpfen. Wieder versuchte der Bürgermeister zu verhandeln, wieder strömten Arbeiter nach und Lange musste kapitulieren.

Adolf Meinberg (KPD) der wichtigste politische Kopf in Dortmund (siehe S. 164)

Kamen

In Kamen erlitt fast zur gleichen Zeit eine andere Militäreinheit, die Paderborner Husaren, eine Niederlage. Watter, der auf irgendwelche Gerüchte hin wahllos Truppen losschickte, hatte eine Abteilung Richtung Lünen gesandt, mit der Begründung, dort habe sich zu Unrecht (sic!) ein Arbeiterrat gegründet[559]. Nun, dies geschah in ganz Deutschland

---

558 Gleising, Kapp-Putsch, Bd. I., S. 47–53, mit Belegen auch aus der Wittener Zeitung; sowie Bd. II, S. 301f..

559 Watter gab sogar eine Verordnung heraus, dass gemäß der Verfügung des Reichspräsidenten (Ebert) vom 20.1.1920 Arbeiterräte nur mit Erlaubnis des Wehrkreiskommandos (VI, Watter) und des Regierungskommissars (Seve-

und zwar gegen den Putsch und war gerade im Ruhrgebiet nichts Besonderes. Zudem bestand dieser aus SPD, USPD, KPD sowie DDP und Zentrum! Auch die Stadtverwaltung, die Polizei und der Bürgermeister kooperierten mit ihm. Wirklich nichts Besonderes also. Es zeigt sich aber auch hier, wie absurd die Militärpolitik der SPD-Führung und der Weimarer Koalition war. Da begehrte ihre Basis, auch die zweier bürgerlicher Parteien, die wie die SPD in der Regierung waren, auf gegen einen Putsch, der die Weimarer Koalition vertrieben hatte, also ihre Regierung, und da schickte genau diese Regierung Truppen, die von einem mit dem Putsch sympathisierenden General geleitet wurden und großteils zu den Putschisten gehörten, gegen diese Basis los bzw. ließen sie ihm in dem Fall freie Hand durch den verschärften Belagerungszustand. «Idiotie summo grado» hätte Rosa Luxemburg, lebte sie noch, dies kommentiert, wie sie damals den Terror der Bolschewiki kommentiert hatte.

Doch genau dieses Gießkannenprinzip Watters führte die Reichswehr in ihr Ruhrdesaster. Kamen war, wie einige andere Städte auch, insofern ein Sonderfall, als die dortige Einwohnerwehr hauptsächlich mit SPD-Leuten besetzt war, die republikanisch dachten und empfanden, also gegen Watters Militär. Sie entwaffneten Bürger und die Teile der Einwohnerwehren in der Umgegend, die bürgerlich waren. Eine erste Berührung gab es am 15. März 1920. Zwei Kfz der Einwohnerwehr aus Unna trafen auf die Lkw-Kolonne der Paderborner Husaren. Der Truppenführer Erich von Manstein (vermutlich der spätere Kriegsverbrecher des Zweiten Weltkrieges) gab die üblichen Ausflüchte von sich, wollte sich nicht erklären. Die Unnaer ließen ihn ziehen, weil er einen Umweg an Unna vorbei machte. Was zeigt, dass es auch hier lokale Borniertheit gab. Als ein Erkundungswagen der Husaren an einer Sperre der Einwohnerwehr auf Halt-Rufe nicht stoppte, kam es zum Feuergefecht mit Toten auf beiden Seiten. Kurz danach wurde an einer Bahnschranke der Lkw-Tross der Militärs gestoppt. Manstein erfuhr vom Schicksal seines Spionagewagens, ließ mir nichts dir nichts drei zivile Geiseln greifen und stellte sie vor die Scheinwerfer seines ersten Lkws an der Bahnschranke. Parlamentäre der Einwohnerwehr, darunter Bernhard Strelinski, der Vorsitzende der Einwohnerwehr und des Aktionsausschusses, wurden verprügelt und kurzerhand auch vor die Scheinwerfer als lebende Schutzschilde gestellt. Die Arbeiter in Kamen

ring) gebildet werden dürften. Niemand hielt sich daran. Verordnung vom 17.3.1920, Könnemann/Schulze (Hrsg.) 2002, Dok. 635, S. 970f.

gerieten in große Erregung und umzingelten mit 2000 Mann die Husaren. Nach zähen Verhandlungen mit der örtlichen Polizei ließ von Manstein nach und nach die Geiseln frei. Strelinski hatte ihm freien Abzug versprochen, doch er hatte wohl keine Macht mehr über seine Arbeiter. Als von Manstein von Johann Strammer (SPD) nochmals gefragt wurde, wo er stehe, gab der zur Antwort, das gehe ihn gar nichts an. Am Morgen kam es zum Angriff der Arbeiter in Kamen. Die Husaren hatten keine Chance und hissten die weiße Fahne. Zahlreiche Waffen fielen erneut in die Hand der Revolutionäre, auch zahlreiche Offiziere inklusive von Manstein. Hier hätte die Chance bestanden, ein Exempel zu statuieren und führende Hochverräter vor ein Revolutionsgericht zu stellen. Es bleibt die Frage, ob das die Militärs oder die Politiker in Berlin abgeschreckt oder sogar noch angestachelt hätte. Faire Behandlung hinderte sie jedenfalls nicht, später zu morden. Und so radikalrevolutionär waren die Arbeiter nicht.

Lichtschlag, 3. Abteilung

Ein besonderer Fall ist Dortmund. Hier wurde die dritte Abteilung des Freikorps Lichtschlag von 10.000–12.000 Arbeitern (die nicht alle bewaffnet waren) zerschlagen. Das ist jedoch nicht das Besondere, sondern, dass Lokalpolitiker der SPD gegen ihre Basis gemeinsame Sache mit den Putschisten machten.

Seit 1919 gab es eine merkwürdige Sicherheitswehr, die sich den nachrevolutionären Bedingungen angepasst hatte und von Josias von Heeringen geführt wurde. Der war Monarchist, beteuerte aber, er stünde zur Weimarer Regierung. Die Basis der SPD forderte am 14. März 1920 die Auflösung der Sicherheitswehr. Die SPD-Granden in Dortmund, Ernst Mehlig, Franz Klupsch, Fritz Henßler und Max König, seit dem Krieg angepasst an die Kriegs- und Burgfriedenspolitik der Parteiführung, setzten auf den Kompromiss mit bürgerlichen und rechten Kräften, statt auf Sozialisierung und revolutionäre Veränderungen.[560] Sie machten schüchterne Versuche, der Auflösungsforderung nachzukommen, und den bürgerlichen Mitgliedern im Gemeinderat dies schmackhaft zu machen. Die Mannschaften dieser Truppe seien auch gegen Heeringen, so die sozialdemokratischen Stadtverordneten. Doch von den Bürgerlichen gingen einige zu den Mannschaften der Sicherheitswehr und fragten sie, ob sie Heeringen weiter als Kommandeur wollten. Sie bejahten

560 Gleising, Kapp-Putsch, Bd. I, S. 57.

überwiegend. Also keine Spur von sozialdemokratischer Mehrheit in dieser Truppe, wie immer behauptet wurde. Die SPD-Granden knickten ein, Heeringen blieb. Die SPD-Linken, USPD und KPD forderten nun einen Arbeiterrat aus je sechs Vertretern der drei Arbeiterparteien und die Aufnahme von 800 Arbeitern in die Sicherheitswehr. Einer ihrer Wortführer war der KPD-Mann Adolf Meinberg, der erst kurz zuvor aus der Haft entlassen worden und dann von den Arbeitern jubelnd auf Schultern getragen worden war. Doch die SPD-Spitzenfunktionäre der Stadt beteiligten sich gar nicht erst an den Verhandlungen. Trotzdem kam auch ohne sie mit anderen SPD-Vertretern ein Kompromiss zustande, nachdem die Syndikalisten verzichtet hatten, mitzumachen. Am nächsten Tag setzte, wie praktisch überall in Deutschland, der Generalstreik ein. «Durch die Straßen bewegten sich ungeheure Massen streikender Arbeiter.»[561] Meinberg hielt eine Rede. Die SPD-Oberen versuchten zu beruhigen, General Watter stehe auf dem Boden der Verfassung. Was zu diesem Zeitpunkt nirgends verlautbart wurde. Die Demonstranten strömten weiter und trafen auf Drahtverhaue. Dahinter Polizei und von Heeringens Sicherheitswehr. Wieder fiel der eine Schuss, laut Heeringen kam er von den Demonstranten. Ein Polizist wurde getroffen und wie üblich ließ auch Heeringen in die Menge schießen. Sechs Tote und dreißig Schwerverletzte. Jetzt wurden zwei Polizeireviere gestürmt. Heeringen ließ die Polizeiwachen im Norden räumen und als Reaktion auf das Blutbad rauften sich die Regierungsparteien (SPD, DDP und Zentrum), also eine Art Dortmunder Weimarer Koalition, mit USPD und KPD offiziell zusammen. Ein gemeinsamer, für die KPD merkwürdiger Aufruf wurde veröffentlicht, in dem von «Volksrechten» und «demokratischer Republik» gesprochen wurde. Eliasberg zählt dies gar «zu den eigenartigsten Dokumenten jener konfusen Tage»[562]. Doch sogar jetzt dachten die SPD-Stadtoberen nicht daran, ein gemeinsames Bündnis zu bilden. Am nächsten Tag atmete die örtliche SPD-Führung auf. Der Generalstreik wurde in Dortmund eingestellt, eine Singularität in Deutschland. Doch dann kam Lichtschlag.

Übrigens hatte am gleichen Tag Staatskommissar Severing (SPD) – ungewöhnlich für ihn – sich schriftlich bei Watter beschwert, da sich die Freikorps Lichtschlag und Schulz nach einer Agenturmeldung für die Kapp-Regierung ausgesprochen hätten. Anstatt durchzugreifen

561 Lucas, Märzrevolution 1920, Bd. 1, S. 186; Gleising, Kapp-Putsch, Bd. I., S. 56–61.

562 Eliasberg, Ruhrkrieg, S. 85.

und die Truppen aufzulösen, war dies der übliche Schmusekurs nach rechts. Vielleicht fürchtete Severing, Watter würde endgültig zu den Putschisten übergehen, wenn er ihn unter Druck setzte. Jedoch dürfte Lucas Recht haben, der annimmt, Severing habe nur «sein Gewissen salvieren wollen».[563] Die Antwort aus Münster war eine Farce: Das seien alles Gerüchte. Wir wissen, es war das Gegenteil der Fall und Severing hätte es wissen können, hätte er an der Basis nachgefragt. Die kam sogar zu ihm. Eine Abordnung von Eisenbahnern erschien am gleichen 15. März bei ihm und kündigte Widerstand gegen weitere Truppentransporte an. Statt sie zu verhindern, gab er zum Besten: «Die Bewegung rutscht nach links; wir müssen Truppen ins Ruhrgebiet schicken.» Welche war ihm anscheinend – wie Noske ein Jahr vorher in Berlin – völlig gleichgültig. Die Vermutung, irgendwas könne nach links von ihm, der weit rechts stand in der SPD, rücken, genügte ihm schon. Mit Putschisten gegen die eigene Basis, das war die Konsequenz. Recht reibungslos kam so die dritte Abteilung des Freikorps Lichtschlag ins Ruhrgebiet. Sie wollte Hagen von Norden angreifen. Gewarnt durch Hasenclevers Desaster, sollte das Freikorps Schulz (also ebenfalls Putschisten) von Südwesten her die Stadt angreifen. Teile der Sicherheitswehr machten gegen von Heeringens Absicht Anstalten, gegen Lichtschlag vorzugehen. Regierungsrat König (SPD), der auch wusste, dass sich die Arbeiter gegen das Freikorps sammelten, kam nun auf die grandiose Idee, die Truppe möglichst schnell durch Dortmund zu schleusen. König nahm noch den Landrat von Hörde und den früheren Bezirksleiter der freien Bergarbeitergewerkschaft Heinrich Haussmann (SPD) mit und so fuhren zwei führende Sozialdemokraten mit einem Auto «als Pfadfinder»[564] der Putschtruppe voran. Severing hatte noch – wider besseren Wissens – ein Flugblatt drucken lassen, dass die einmarschierenden Truppen «unbedingt auf dem Boden der alten Regierung» stünden, «Truppendurchzüge» müssten «unbehelligt bleiben».[565]

Man muss sich vorstellen, die Lichtschlager hatten schwarz-weißrote Fahnen und sangen «Heil dir im Siegerkranz». König und Heinrich Hansmann hatten auch mit allen Vertretern der Bürgerschaft und der Arbeiter verhandelt, dass sie Lichtschlag freien Durchgang gewährten. Als die sozialdemokratischen Arbeiter sahen wie König und Hansmann den Putschisten den Weg wiesen, «da gab es kein Halten mehr. Das

563 Lucas, Märzrevolution 1920, Bd. 1, S. 188.
564 Lucas, Märzrevolution 1920, Bd. 1, S. 190.
565 Zitiert nach Lucas, Märzrevolution 1920, Bd. 1, S. 191.

war Verrat.» Meinberg und Genossen trafen auf der Straße «alte, uralte Sozialdemokraten – Tränen in den Augen! – eine Welt – ihre Welt ging in Scherben. […] Der Bruch zwischen der sozialdemokratischen Masse und der sozialdemokratischen Führerschaft war da.»[566]

Watter hatte inzwischen Lichtschlag den Rückzug aus Dortmund befohlen, doch der folgte nicht. In der Nacht – die sozialdemokratischen Pfadfinder hatten sich offensichtlich verzogen – heulten die Sirenen, die Arbeiter ließen Leuchtkugeln aufsteigen, das Zeichen zum Angriff.[567] Mit MGs feuerten die Angreifer in die Stellung des Freikorps. Die schossen zurück in die Nacht und trafen einen 25-jährigen Arbeiter, Mitglied der DDP, tödlich. Lichtschlag besetzte die Brauerei Kronenburg in Dortmund. Wieder hätte sich die Gelegenheit geboten, mit der Sicherheitswehr Lichtschlag zu entwaffnen. Doch von Heeringen verhandelte erneut nur über den Abzug. Die Niederlage von Mansteins in Kamen wurde bekannt. Heeringen riet zum sofortigen Abtransport per Bahn. Doch die Eisenbahner weigerten sich, auch seien die Schienen aufgerissen. Lichtschlag lag in Dortmund-Süd fest. Immer mehr Arbeitertrupps – teilweise nicht bewaffnet – sammelten sich. Bis zu 12.000 Arbeiter, darunter sicherlich viele SPD-Wähler, griffen in den Morgenstunden des März an – und zwar so, wie sie's im Krieg gelernt hatten. Lichtschlag wollte sich zur Sicherheitswehr von Heeringens durchschlagen. Doch der war auf seinem Weg zu Lichtschlag in Gefangenschaft geraten. Auch Severings Adjutant Hauptmann Lorenz geriet in Gefangenschaft. Lorenz musste mit Lehrer Stemmer verhandeln. Polizei und Sicherheitswehr wurden entwaffnet, die vollziehende Gewalt ging widerstrebend an den Aktionsausschuss. Die Stadtverwaltung hatte keine Wahl. OB Cuno kam zu spät zum Verhandeln. Lichtschlag selbst hatte sich versteckt und es war ihm

Karl Stemmer, oben rechts, mit seiner Schulklasse

566 Haasis/Lucas (Hrsg.), Meinberg, Aufstand an der Ruhr, S. 92.

567 Siehe auch Meldung über die Einnahme Dortmunds, vom 17.3.1920, Könnemann/Schulze (Hrsg.) 2002, Dok. 633, S. 969.

dann sogar die Flucht gelungen. Die zurückgelassenen Unterlagen des Freikorps bewiesen, dass es sich auch hier um eine frühfaschistische Organisation handelte. Man wollte eine Militärdiktatur errichten, hatte Listen von Vertrauensleuten aus dem Verband der völkisch-imperialistischen Alldeutschen und der antisemitischen Vaterlandspartei. Verhaftungslisten, illegales Standgericht, Todesstrafe, das ganze Besteck. Die Vertrauensleute der Mannschaften gaben an, sie seien «in gröblichster Weise hinters Licht geführt worden», man habe ihnen gesagt, Lichtschlag sei neutral und würde nur dort eingreifen, wo «geraubt und geplündert werde»[568]. Vertrauensleute, die gegen das Vorgehen der Offizier protestiert hatten, waren verhaftet worden.

Aber wieder wurden die gefangenen Offiziere leichtfertig aus der Hand gegeben. Zunächst vertraute Josef Ernst (USPD) darauf, dass ausgerechnet Regierungspräsident König ein Verfahren wegen Hochverrates gegen die Offiziere einleiten würde, anstatt selbst Revolutionsgerichte zu bilden. Und dann wurden die Offiziere nicht wirklich gut bewacht. 17 konnten fliehen.

Elberfeld

General Bruno von Gillhaussen erhielt am 14. März 1920 von Münster aus den Befehl, im Bergischen Land Elberfeld – den heutigen Stadtteil von Wuppertal und damals militärfreie Zone –, zu besetzen.[569] Gillhaussen suchte sich das Freikorps Hacketau dazu aus. Der Generalstreik, an dem sich ja auch Eisenbahner beteiligten, verzögerte zumindest auch diese Transporte. So kamen die Truppen erst am 15. März abends an. Zuerst die Sipo, dann das Freikorps. Mit aufgepflanzten Bajonett marschierten sie durch den Ort. Der mit Spanischen Reitern abgesicherte Sitz von Gillhaussens wurde von einer erregten Menschenmenge bedrängt. Das seit den ersten Tagen des Jahres 1919 bekannte mobilitätsbeschränkende Schild: «Wer weitergeht wird erschossen» wurde präsentiert. Schließlich das rechte «Entladungswort» gerufen: «Straße frei» und gleich danach geschossen. Den Flüchtenden feuerten die Freikorpsmänner noch hinterher. Es gab Verwundete. Doch den ganzen Tag über wurden die aggressiven Truppen von feindseligen Mengen begleitet. Die Truppe schoss auch auf geöffnete Fenster und warf schließlich Handgranaten in die Menge.

568 Stellungnahme der Vertrauensleute des 2. Bataillons des Freikorps Lichtschlag gegen ihre Offiziere, Könnemann/Schulze 2002 (Hrsg.), Dok. 632., S. 968.

569 Lucas, Märzrevolution 1920, Bd. 1, S. 206–215.

Die Funktionäre der Arbeiterparteien steckten die Köpfe zusammen, fragten die Truppe nach der politischen Gesinnung. Wie so oft gab es keine Auskunft. Aus dem, aufgrund des Versailler Vertrages, englisch besetzten Solingen strömten Arbeiter, teils mit Knüppeln bewaffnet, nach Elberfeld. In Hahnerberg trafen sie auf die Sipo, die schrie schon automatisiert: «Straße frei» und feuerte sofort mit MGs. Tote und Verwundete blieben liegen. Mit einem Auto plus weißer Fahne wollten die Arbeiter die Verwundeten bergen. Doch auch sie wurden beschossen. Einer der Insassen war sofort tot. Die Sipo preschte vor, das Auto zu beschlagnahmen. Der Chauffeur setzte zurück und wurde auch erschossen, ein weiterer Arbeiter am Bein verletzt und vom zurücksetzenden Auto überfahren. Weitere Bergungsversuche mit Rot-Kreuz-Fahne oder der des Arbeiter-Samariter-Bundes scheiterten erneut aufgrund zahlreicher Schüsse. Jetzt durchsuchte die Sipo die Häuser nach Verdächtigen und stellte ihre Bewohner mit erhobenen Händen vor ihre Häuser. «Wie in Belgien»,[570] so ein SPD-Blatt, das auf die Massaker der deutschen Truppen in den ersten Tagen des Weltkrieges anspielte, als tausende unschuldige Zivilisten hingemordet worden waren. Zwei Arbeiter versuchten daraufhin einen Anschlag auf den Sipo-Kommandeur, wurden aber vorher beschossen. Einer überlebte. Die übliche Militärdiktatur wurde im Ort errichtet. Doch immer wieder kam es zu Demonstrationen und Versuchen der Menge, sich Waffen zu verschaffen. Gillhaussen fühlte sich «wie auf einem Pulverfass». Er befahl Major Lützow aus Remscheid nach Elberfeld zu kommen, um richtig durchgreifen zu können. Der zögerte.

In Barmen (heute auch ein Teil von Wuppertal) hatten Polizisten auf Lkws versucht, Arbeiter gefangenzunehmen, was auch gelang. Sie sperrten sie in eine Ziegelei. Doch nach Diskussionen mit ihren Gefangenen wurden die «Blauen» unsicher. Die Ziegelei lag im Arbeiterviertel und draußen strömte wieder feindlich gesinnte Bevölkerung herbei. Die Polizisten nahmen mit einem Lkw Reißaus, wurden bei der Fahrt durch den Ort mit Steinen beworfen und schossen in die Menge. Der Sohn eines USPD-Stadtverordneten starb. Jetzt sammelten sich Leute vor der Polizeidirektion und beschwerten sich, dass die Polizei ihre bislang neutrale Haltung aufgegeben hatte.

Vertreter der SPD und USPD verlangten von der Stadtverwaltung ultimativ die Ablösung des Polizeidezernenten Markull, eine Unter-

570 Lucas, Märzrevolution 1920, Bd. 1, S. 209, auch für das nächste Zitat.

suchung, die Kontrolle der Stadtverwaltung, die Bildung einer Arbeiterwehr und die Entwaffnung der Polizei. OB Paul Hartmann stimmte zu. Jetzt wurde das Polizeigebäude gestürmt, die Polizisten entwaffnet und sich der Waffen bemächtigt. Die Sipo rückte heran und geriet unter Feuer. Erst jetzt traf eine Abteilung von Lützow ein, der mehrfach den Befehlen Gillhaussens nicht nachgekommen war. Doch die Arbeiter behielten die Oberhand und drangen immer weiter nach Elberfeld hinein. Nun terrorisierte Lützow die unbeteiligte Zivilbevölkerung und ließ zwei Menschen hinrichten. Die schwarz-weiß-rote Fahne flatterte nun endlich seiner Gesinnung voran. Gillhaussen setzte noch Reste der Elberfelder Polizei ein. Doch jetzt griffen Arbeiter von außen mit schweren Waffen an. Arbeiter aus Hagen, Bochum, Wanne und Hattigen kamen herbei. Gillhaussen musste den Rückzug antreten. Watter befahl das Bergische Land aufzugeben. Gillhaussens Truppen inklusive dem Freikorps Lützow sollten sich zurückziehen. Doch Lützow stellte sich erneut stur und vereinbarte mit Gillhaussen, nur Elberfeld preiszugeben und in Remscheid «die Entscheidungsschlacht» zu suchen. Sie hinterließen reichlich Kriegsmaterial, darunter Geschütze. «Noch vor Mitternacht übernahm die organisierte Arbeiterschaft die Macht in Elberfeld.»[571]

Und Gillhaussen bekam seine Entscheidungsschlacht.[572] Jetzt bildete sich nämlich erstmalig eine Kampfleitung, nachdem die Zerschlagung des Freikorps Lichtschlag weitgehend spontan durch tausende von Arbeitern geschehen war. Drei USPD-Männer, der Nationalversammlungs-Abgeordnete Otto Braß sowie die Gewerkschaftssekretäre Walter Paul und Paul Sauerbrey übernahmen in Remscheid das Kommando und hatten auch Kontakt zur Hagener Zentrale, die sich ebenfalls gebildet hatte und der sogar für einen Tag ein DDP-Mann (Loesenbeck), ein Zentrumsmitglied (Josef Baumhoff) sowie Vertreter der christlichen Gewerkschaften angehörten.[573] Sie traten später aus mit der Begründung, dass die Putschregierung in Berlin gestürzt sei. Kapp und Lüttwitz waren ja am 17. März 1920 zurückgetreten.

Paul und Sauerbrey versuchten sogar mit Gillhaussen zu verhandeln, aber beginnender Artilleriebeschuss machte dies unmöglich. An die 20.000 Arbeiter stürmten Remscheid. Wieder konnten die putschistischen

571 Lucas, Märzrevolution 1920, Bd. 1, S. 213, auch das Zitat davor.

572 Eliasberg, Ruhrkrieg, S. 90.

573 Aufruf des Aktionsausschusses Hagen zur Organisation der Kämpfe gegen die Konterrevolution vom 19.3.1920, Könnemann/Schulze (Hrsg.) 2002, Dok. 638, S. 972f.

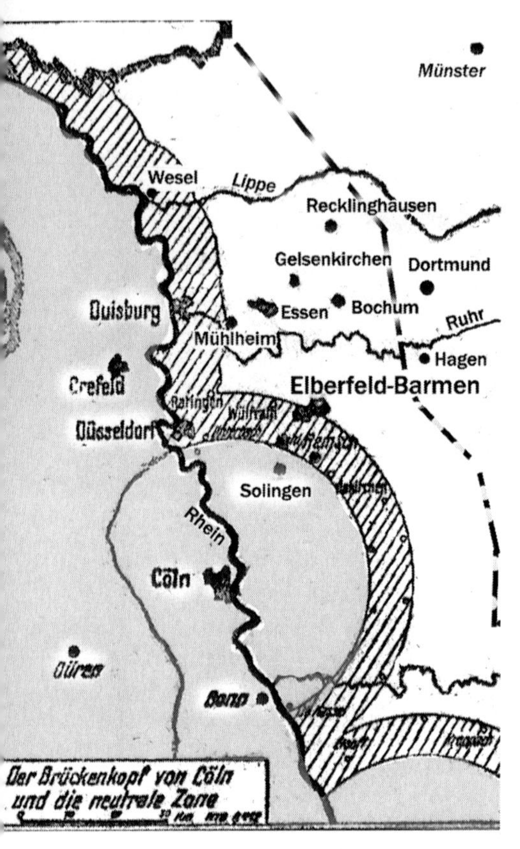

In der «neutralen Zone» Essen, Bochum, Gelsenkirchen, Recklinghausen

Truppen durch eine nicht abgeriegelte Straße fliehen. Doch auch auf ihrer Flucht wurden die Uniformierten mit MGs beschossen. Es blieb Gillhaussen und an die 1000 Soldaten nichts anderes übrig, als in die Arme der englischen Besatzung des rechtsrheinischen alliierten Brückenkopfes Köln zu flüchten. Wo sie von den Engländern stantepede interniert wurden. Auch einem Durchmarsch ins unbesetzte Düsseldorf stimmten die Engländer nicht zu, «unter der Begründung, daß die Engländer Neutralität wahren wollten».[574] Sie mussten bleiben und wurden vom OB Konrad Adenauer auch noch versorgt.

Zusammenfassend kann man sagen, dass im Ruhrgebiet der Generalstreik und vor allen Dingen die ersten Bewaffnungen in der Arbeiterschaft weitgehend spontan und ohne Lenkung der drei Arbeiterparteien geschahen. Erste Waffen besorgten sich die, durch den Krieg im Kampf meist geschulten, Arbeiter bei der Polizei und den bürgerlichen Mitgliedern der Einwohnerwehren. Anfangsreaktionen auf den Einmarsch des Militärs geschahen lokal und waren defensiv. Die Truppen überraschten die Arbeiter, doch je mehr Freikorps und Reichswehr bzw. Sipo auftauchten, umso mehr taten sich die Arbeiter zusammen, strömten aus anderen Orten Tausende zur Hilfe. Die erste große Koordination geschah bei der Einnahme Dortmunds, die auch noch durch Kooperation örtlicher SPD-Funktionäre mit den Freikorps angeheizt wurde. Die Eroberung einer Großstadt hatte, ähnlich dem

574 Meldung des Generals Gillhaussen an die Heeresleistung vom 21.3.1920, Könnemann/Schulze (Hrsg.), 2002, Dok. 640, S. 976.

ersten Sieg in Wetter, eine außerordentliche psychologische Bedeutung. Und an anderen Orten fügten sich die SPD-Kader, da das sozialdemokratische «Fußvolk» sich auch nichts vorschreiben ließ, sondern das Militär als Eindringling empfand. Egal, ob mit oder ohne Legitimation durch Watter, dem man nicht traute, oder Severing, der sich schon ein Jahr zuvor praktisch - trotz Zuckerbrot eben wegen der Peitsche - alle Sympathien verscherzt hatte und jetzt in der erneuten Kooperation mit dem Putschsympathisanten Watter als Gegner empfunden wurde. Die nichtbewaffnete Arbeiterbevölkerung sympathisierte mit den Verteidigern der Revolution bzw. den wenigen revolutionären Errungenschaften und so war im Kohlenpott ein günstiges soziales Milieu entstanden. «In den Kämpfen um Elberfeld-Barmen waren Elemente der Planung deutlicher zu erkennen.» Und «in Remscheid wurde ein formidabler Gegner, keine einzelnen Kompanien oder Hundertschaften, systematisch eingekreist».[575] Den Gehorsamsmechanismus konnten die Arbeiter bei den konterrevolutionären Truppen mehrfach durchbrechen[576], weil sich Teile der Mannschaften nicht für einen demokratiefeindlichen Putsch hergeben wollten. Durch die ersten Siege gelangten zahlreiche, auch schwere Waffen in die Hände der Arbeiter, bis hin zum Panzerzug[577] und erschlossen ihnen die Möglichkeit, Putschisten wie Reichswehr komplett aus dem Ruhrgebiet zu vertreiben.

Chaos bei den Putschisten

Während der Generalstreik das ganze Reich erfasste, sich an der Basis Bündnisse aus SPD, USPD, KPD und Gewerkschaften bildeten, Arbeiter sich Waffen verschafften und damit nicht nur im Ruhrgebiet Erfolge feierten, Angestellte sich dem Ausstand anschlossen, die Verwaltung und Bürokratie sich abwartend verhielt und sogar Hugo Stinnes[578], der die Nationale Vereinigung mit finanziert hatte[579], sowie große Teile des

575 Eliasberg, Ruhrkrieg, S. 91.
576 Lucas, Märzrevolution 1920, Bd. 1, S. 215.
577 Eliasberg, Ruhrkrieg, S. 87.
578 Sein Biograf, Gerald D. Feldman, behauptet, dass er Gegner des Putsches gewesen sei. Dagegen spricht eine Aussage von Hans von Kessel, Pabsts rechter Hand, dass der Sohn von Stinnes, Edmund, was anderes von seinem Vater gehört habe. Stinnes jun. bestritt das aber im Jahr 1977, Könnemann/Schulze (Hrsg.), 2002, Einleitung S. XVI, Anm. 2.
579 Brief Oberst Bauers vom April 1920 an Karl Fehrmann, in BA-KO, NL Bauer N 1022/28, Bl. 25–26, Könnemann/Schulze (Hrsg.), 2002, Dok. 334, S. 498f.

Großkapitals (Ausnahme Alfred Hugenberg) sich vor der Auflösung des Klassenkompromisses der Arbeitsgemeinschaft (Stinnes-Legien-Abkommen) fürchteten[580], versuchten die Putschisten in der Reichskanzlei die Macht im Staate in den Griff zu bekommen. Doch jetzt rächte sich, dass die Nationale Vereinigung aufgrund des Zeitmangels und anderer Defizite keine Massen- und keine Jugendbewegung, auch nicht in den kleinbürgerlichen Schichten, organisieren konnte. Die Kapp-Lüttwitz-Ludendorff-Bauer-Pabst-Regierung war eine Militärjunta ohne Volk.

Schnell geriet der Zivilist Kapp in den Hintergrund, entglitt dem politikunerfahrenen Lüttwitz das Regieren und steuerten Bauer und Pabst den Prozess. Doch ihnen fehlte nicht nur das Volk, auch das finanzielle Polster schmolz dahin. Die Reichsbank weigerte sich mehrfach, einen von Pabst ausgestellten Scheck über zehn Millionen Reichsmark auszubezahlen, bis der frisch gebackene Major schließlich von Ehrhardt verlangte, die Tresore gewaltsam zu öffnen, was selbst Ehrhardt ablehnte.[581] Rudolf Havenstein, der Reichsbankdirektor, gestand Pabst später «lachend»: Er habe immer wieder betont, er gebe ihnen die Schlüssel nicht, gleichzeitig aber gehofft, man würde sie ihm abnehmen.[582]

Reichsbankdirektor Rudolf Havenstein

580 Bericht von Dr. Kurt Sorge an den Krupp-Direktor Karl-Otto Wiedfeldt in Essen über das Verhalten des Reichsverbandes der Industrie, 19.3.1920, Könnemann/Schulze (Hrsg.), 2002, Dok. 229, S. 308ff.

581 «Ich lehnte ab, da mir das nicht passte und ich mich nicht für befugt hielt unmittelbar vom Kabinett und nicht von meiner vorgesetzten Dienststelle aus einen Befehl zu empfangen und auszuführen.» Aussage Ehrhardts vom 15.12.1922 vor dem Oberreichsanwalt. Die Begründung erscheint jedoch als Ausrede, denn Lüttwitz war ja in dem Moment – wenn auch durch Putsch erreicht – seine vorgesetzte Dienststelle und Lüttwitz saß auch in der Regierung. Nachlass Luetgebrune, BA-KO, N 1150/28, Bl. 196; siehe auch die Anklageschrift gegen Ehrhardt vom 5.5.1923, ebd., Bd. 29, Bl. 30f.; siehe auch Friedrich Freska, Kapitän Ehrhardt. Abenteuer und Schicksale, Berlin 1924, S. 184; Krüger, Ehrhardt, S. 57; Pabst, Memoiren, S. 149, Nachlass Pabst, BA-MA, N 620/8.

582 Pabst, Memoiren, S. 149f., Nachlass Pabst, BA-MA, N 620/8.

Trotz hektischer Aktivitäten - nach Pfarrer Traub war Pabst, der sich weder mit einem Ministeramt noch einem Staatssekretärsposten geschmückt hatte, der am meisten beschäftigte Mann - kam nicht mehr dabei heraus als unzählige Proklamationen, die keine Verbreitung fanden. Zwar versuchte Pabst, die mit ihnen putschenden oder sympathisierenden Reichswehr- und Freikorpsverbände im Reich zu koordinieren, doch an eine normale Regierungsarbeit war gar nicht zu denken.

Zwar gab es illustre Sitzungen der neuen Reichsregierung, an der auch Ludendorff wie Canaris teilnahmen. Doch die Putschisten fanden sich mehr und mehr isoliert und traten praktisch schon Stunden nach der Besetzung der Reichskanzlei den Rückzug an. So forsch man zuerst aufgetreten war, umso kleinlauter wurde man von Tag zu Tag, bot Verhandlungen an und wollte schließlich nur noch die Garantie der Amnestierung.

Gustav Stresemann, der in die frühen Vorbereitungen des Putsches eingebunden war, fuhr nun in seiner Partei DVP einen abwartenden Kurs. Zwar wollte sein Parteikollege Dr. Maretzky mehr, nämlich die Beteiligung an der Regierung, und hatte deswegen auch vorher schon Lüttwitz ermuntert zu putschen.[583] Doch Stresemann spürte instinktiv, dass der Staatsstreich vielleicht nicht klappen könnte und riet daher, sich nicht zu weit vorzuwagen.[584] Sie dürften mit der neuen Regierung nicht «durch dick und dünn gehen».[585] Man verabschiedete eine Resolution, die den ungewöhnlichen Regierungswechsel nicht verurteilte und der verjagten Regierung die Schuld am Putsch gab, der aber der DVP die Chance ließ mitzuregieren.[586] Mit zusehends dilettantischem Verlauf des «Unternehmens» war Stresemanns Ziel dann, beide Regierungen, also die legale in Stuttgart und die illegale in Berlin, durch eine neue, nach rechts gerückte zu ersetzen[587], an der er selbstverständlich hoffte, beteiligt zu werden. Also machte sich Stresemann auf zu verhandeln.

Vizekanzler Schiffer (DDP), in dessen Haus Pabst aus und ein gegangen war und mit dessen Tochter er ein Verhältnis hatte,[588] kam, da

583 Lüttwitz, Meine Erklärungen zum Kapp-Unternehmen, mit eigenhändiger Unterschrift, Nachlass Luetgebrune, BA-KO, N 1150/27, S. 10.

584 Beratung der DVP am 13.3.1920, Niederschrift in Nachlass Stresemann, Nr. 217, Pol. Archiv des AA, Könnemann/Schulze (Hrsg.), 2002, Dok. 100, S. 151.

585 Ebd., S. 152.

586 Ebd., S. 153

587 Beratung der DVP am 14.3.1920, Niederschrift in Nachlass Stresemann, Nr. 217, Pol. Archiv des AA, Könnemann/Schulze (Hrsg.), 2002, Dok. 135, S. 188f.

588 Mitteilung Pabst an Erger, Tonband-Interview Autor mit Johannes Erger am

Eugen Schiffer (DDP)

er in Berlin geblieben war, nun in die Verlegenheit, mit dem Liebhaber seiner Tochter verhandeln zu müssen oder zu wollen und dies, obwohl die Regierung in Stuttgart jegliche Verhandlung ablehnte. Vor allem Innenminister Koch-Weser drohte Schiffer aus Stuttgart. Deutschland stehe «am Vorabend des Bolschewismus, wenn ein solcher Vergleich geschlossen wird».[589] Das war auch Eberts Ansicht, der – wie ernst auch immer gemeint – nicht nur die «Bolschewisierung» fürchtete, sondern auch die Absplitterung von «Süd- und Westdeutschland»[590]. Aber unverhohlen teilte Schiffer seinen Kabinettsmitgliedern in Stuttgart mit, dass die Regierung nach ihrer Rückkehr eine Amnestie fürs Militär, Reichstagswahlen innerhalb von sechzig Tagen, die Wahl des Reichspräsidenten durch das Volk und eine Umbildung der Regierung machen müsste.[591] Alles Kapp-Forderungen, die faktisch alle später umgesetzt wurden. Vielleicht musste Schiffer deswegen, sozusagen als Bauernopfer, bei eben dieser Regierungsumbildung seinen Hut nehmen.

Nach zähem Ringen verabschiedete sich Kapp aus dem Amt des Reichskanzlers und wurde durch Lüttwitz ersetzt. Doch der musste schon bald einsehen, dass auch er keinen Rückhalt mehr hatte und so ging es nur mehr darum, so ungeschoren wie möglich aus der Affäre herauszukommen. Man verhandelte um Amnestie. Am engagiertesten Waldemar Pabst, der offensichtlich eine gehörige Portion Angst mitgebracht hatte, jetzt wo das Scheitern des Unternehmens deutlich wurde, fortan als Ausgestoßener zu gelten. General Maercker, der die

11.3.1991.

589 Zitiert nach Lucas, Märzrevolution 1920, Bd. 1, S. 232.

590 Aufzeichnungen Koch-Weser über die Verhandlungen der Regierung in Stuttgart mit Maercker u. a., vom 16.3.1920, Könnemann/Schulze (Hrsg.), 2002, Dok. 163, S. 226.

591 Aufzeichnungen Koch-Weser über die Verhandlungen Schiffers u. a. in Berlin, vom 17.3.1920, Könnemann/Schulze (Hrsg.), 2002, Dok. 179, S. 247.

Reichsregierung in Dresden im Stich gelassen hatte, wollte – wie schon erwähnt – ebenfalls verhandeln und kam nach Berlin.

Es war Pabst, der in einem letzten Akt der Verlegenheit einen Sonderzug organisierte und «Staatskommissar von Berger, Minister Heine», Maercker «und andere Herren» nach Stuttgart schickte, «um einen Ausweg» zu finden.[592] Während dieser Verhandlungen hatte Pabst, nach Auskunft Bergers, ständig dem zwielichtigen «Verfassungsschützer» aus Berlin über die Verhältnisse in der Reichskanzlei nach Stuttgart berichtet. Und zwar, «wie ich nachher feststellen konnte, zutreffend».[593] Pabst war offensichtlich ein Agent Bergers. Und wie dieser ihn gewarnt und geschützt hatte, so belieferte ihn Pabst nun mit Informationen aus dem internen Kreis der Verschwörer.

Berger und Pabst waren Doppelagenten im Austausch. Der politisch rechts stehende Berger informierte, schützte und warnte Pabst. «Auffällig ist das Eintreten für den Hauptmann Pabst»[594], notierte der spätere Ankläger im Nürnberger Prozess (1946), Regierungsrat Robert Kempner, neben den Bericht Bergers vom 18.4.1920. Pabst wiederum lieferte Berger Interna aus dem intimen Kreis der Verschwörer.

Kurz vor dem Kollaps des Putsches hatte Pabst noch eine illustre Begegnung. Ein Mann, «der einen sehr bescheidenen, ich möchte fast sagen dürftigen Eindruck machte»,[595] jedoch extra von seinem Mentor Karl Mayr (der sich später der Sozialdemokratie anschloss und im KZ umkam) mit einem Junkers-Flugzeug nach Berlin geschickt worden war, wies ein Empfehlungsschreiben von Hauptmann Röhm vor und wollte sich als Propagandaleiter zur Verfügung stellen. Doch weder Trebitsch-Lincoln, der diese Funktion inne hatte, noch Pabst waren von dem Herrn begeistert. Pabst kanzelte ihn ab: «So wie Sie aussehen und

592 Aussage Ottmar Strauss vom 31.7.1925 vor dem Untersuchungsrichter des Staatsgerichtshofes, BStU, MfS, HA IX/11, AS 6/69, Bd. 11, Bl. 247.

593 Aussage Bergers vom 31.7.1925 vor dem Untersuchungsrichter des Staatsgerichtshofes, BStU, MfS, HA IX/11 AS 6/69, Bd. 11, Bl. 250.

594 Bericht des Staatskommissars Bergers «anlässlich des Staatsstreiches vom 13.3.1920» vom 18.4.1920, Kabinett Bauer, Dok. 219, S. 792, Anm. 1.

595 Pabst, Memoiren, S. 179, BA-MA, N 620/8. Der NS-Schriftsteller und SS-Mann Edwin Erich Dwinger verarbeitete diese Begegnung in seinem Roman «Auf halbem Wege» (1939). Der Flug Hitlers ist mehrfach verbürgt: Karl Mayr am 24.9.1920 an Kapp, Könnemann/Schulze (Hrsg.), 2002, Dok. 349, S. 524; Werner Maser, Die Frühgeschichte der NSDAP, Frankfurt/Bonn, 1965, S. 216f. Siehe auch Interview mit Pabst, in: Der Spiegel, 18.4.1962, 16 (1962), S. 39.

sprechen, lachen die Leute Sie aus.»[596] Und so musste Adolf Hitler wieder unverrichteter Dinge nach München zurückfliegen.

Auch Lüttwitz musste jetzt, es war immer noch der 17. März 1920, seinen Hut - oder sollte man sagen, seinen Stahlhelm - nehmen. Grund war, dass die Sipo und Teile der Reichswehr nervös wurden und um ihre Existenz fürchteten, daher setzten sie Lüttwitz unter Druck. Den Rücktritt begründete er damit, dass er dem Kampf gegen den drohenden Bolschewismus nicht im Wege stehen wolle.[597] Ludendorff hütete sich, aus der Deckung zu gehen und lehnte es ab, an Lüttwitz' Stelle zu treten, womit er sich als Drahtzieher geoutet hätte. So blieb der Posten erstmal vakant.

Nach und nach verließen die Putschisten das sinkende Schiff, und Schiffer saß nun bald allein im Zentrum der Macht. Da auch er den Bolschewismus - unter dem ja alles was links von ihm und seinen geflüchteten Regierungskollegen stand, subsumiert wurde - fürchtete wie der Teufel das Weihwasser, sah er keinen anderen Weg, als die verhängnisvolle Militärpolitik der Weimarer Koalition und insbesondere der SPD-Führung fortzuführen. Schiffer hatte ähnlich wie Ebert eine Heidenangst vor den eignen Massen und es bei einer Rede im Reichstag, nur zehn Tage vor dem Putsch, nach Artikel 48 der Weimarer Verfassung als erlaubt, ja notwendig angesehen, die eigene aufständische Zivilbevölkerung notfalls mit Giftgas zur Räson zu bringen[598]. Statt jetzt in dem Vakuum, wo selbst Mitglieder an der Basis seiner Partei im Ruhrgebiet ein demokratisches Heer forderten, ein solches aufzubauen, hatte er nichts anderes im Kopf, als auf alte kaiserlich-autoritäre Strukturen zurückzugreifen. Und damit war er absolut d'accord mit der noch in Stuttgart weilenden Regierung, die sich, statt Reformen in Gang zu setzen, wie sie der Republikanische Führerbund zur Demokratisierung der Reichswehr vorschlug, allein um den Erhalt der Reichswehr Sorgen machte. Der Bund hatte nicht nur die Ablösung Noskes gefordert, sondern die Entwaffnung aller Putschisten, «insbesondere der Baltikumtruppen, Reichsmarinebrigaden, Zeitfreiwilligen-Formationen,

596 Siegel, S. 39, nach einer Mitteilung von Pabst an Dieter Ertel sinngemäß: «Einen Clown wie Sie können wir hier nicht brauchen!», Tonband-Interview Autor mit Dieter Ertel, Dezember 2007.

597 Bekanntgabe des Rücktritts von Lüttwitz vom 17.3.1920, Könnemann/Schulze (Hrsg.), 2002, Dok.186, S. 256.

598 Schiffer in der Nationalversammlung, 3.3.1920, S. 4637 A, http://www.reichstagsprotokolle.de/Blatt2_wv_bsb00000016_00305.html (abgerufen 23.10.2019)

der bewaffneten Studenten und Offiziere außer Dienst»[599], die sofortige Inhaftierung und strengste Bestrafung aller führenden Putschisten, die Einsetzung politischer Kommissare, die Hinzuziehung von Vertrauensleuten des Republikanischen Bundes ins Reichswehrministerium und die Wiedereinstellung der durch die Putschisten entlassenen Soldaten mit republikanischer «Gesinnung». Das wäre ein Ansatz gewesen. Doch nichts dergleichen geschah. Im Gegenteil: Schiffer fragte in Berlin den Putschisten Oberst Bauer, kurz bevor auch dieser sich absentierte, wer denn nun den obersten Befehlshaber der Reichswehr machen könnte und der schlug ihm General Oven vor, der sich ja ebenfalls dem Putsch angeschlossen hatte.[600] Das wäre dann doch des Guten zu viel gewesen. So meldete sich Ebert aus Stuttgart und ließ Schiffer die Wahl zwischen Seeckt und Reinhardt. Beides alte Haudegen und nicht gerade Demokraten. Reinhardt hatte die «Hamburger Punkte» im Februar 1919 so weit verwässert, dass von ihnen faktisch nichts übrig blieb, gleichwohl war er deswegen von den Militärs als zu nachgiebig angegriffen worden. Reinhardt hatte im Sommer 1919 den Vorschlag gemacht, die Unterschrift unter den Versailler Vertrag zu verweigern, sich mit dem Rest des Heeres nach Osten zurückziehen und dabei Polen zu überfallen. Immerhin war er der einzige kommandierende General gewesen, der sich am 13. März 1920 den Putschisten hatte mit Gewalt widersetzen wollen. Wen suchte sich Schiffer aber aus: Seeckt, der sie verraten hatte, und, um die Reichswehr als Gewaltapparat und zukünftige imperialistische Wehrmacht zu erhalten, nicht gegen sich selbst bzw. das Freikorps Ehrhardt hatte schießen lassen. Gleichzeitig erteilte Schiffer Admiral von Trotha, der samt Marineführung bedingungslos den Putschisten gefolgt war und nun seine Verhaftung erwartete, bei einem Vieraugengespräch die Absolution und bestätigte ihn im Amt.[601] Damit nicht genug, Schiffer verlangte jetzt, wie die SPD-Fraktion[602] und die Reichsregierung in Stuttgart[603], die sofortige Beendigung des

599 Forderungen des Republikanischen Führerbundes vom 18.3.1920, Könnemann/Schulze (Hrsg.), 2002, Dok. 210, S. 277.

600 Dies und das Folgende nach den Aufzeichnungen Schiffers vom 17.3.1920, Könnemann/Schulze (Hrsg.), 2002, Dok. 190, S. 258.

601 Bestätigung von Admiral Trotha im Amt durch Vizekanzler Schiffer, vom 17.3.1920, Könnemann/Schulze (Hrsg.), 2002, Dok. 182, S. 253f.

602 Aufruf der SPD-Fraktion in der Nationalversammlung in Stuttgart, vom 17.3.1920, Könnemann/Schulze (Hrsg.), 2002, Dok. 188, S. 257.

603 Mülhausener Anzeiger vom 18.3.1920, Könnemann/Schulze (Hrsg.), 2002, Dok. 188, S. 257, Anm. 1; ein weiterer Aufruf vom 19.3.1920, Könnemann/

Streikes.[604] Das beinhaltete natürlich auch das Ende jeglicher Arbeiteraktionen gegen das Militär. Da war es für Schiffer logisch, so schnell wie möglich, als Vertreter Noskes, zusammen mit Seeckt (der ja im Grunde seines Herzens auch ein Diktaturfreund war), den verschärften Ausnahmezustand für Berlin und die Mark Brandenburg auszurufen.[605] Seeckt forderte Gleiches für Mittel-, Nord- und Ostdeutschland und Schiffer ließ auch dies zu, sogar mit Standrecht, das Koch-Weser in Stuttgart bei Ebert durchsetzte.[606] Gegen die Putschisten verfügte er dieses Machtmittel nicht, weil Seeckt es nur gegen links anzuwenden trachtete. So wurden also die, die die Regierung gerettet hatten, gleich nach dem Ende des Putsches mit dem Tode bedroht.

Fluchtpunkt Bayern

Und wie verschwanden nun die Putschisten? Pabst beherzigte den Rat seines Schwiegervaters in Spe, Eugen Schiffer, der ihm zwar ungern Amnestie gewähren wollte, ihm jedoch «freundlicherweise» den Tipp gab, «den ‹alten Herrn› (womit Sie Exzellenz von Lüttwitz meinten) zu empfehlen, sich in Sicherheit zu bringen und mir das Gleiche anempfohlen».[607] Wofür Pabst ihm, wie er sich 1924 ausdrückte, «auch heute noch dankbar» sei. Der «alte Herr» bekam übrigens von Schiffer und Seeckt, statt ihn verhaften zu lassen, noch seine Pension zugesprochen. Mit einem Dienstauto der Reichswehr fuhr er ins inzwischen undemokratisch regierte Bayern und erholte sich erst einmal im Chiemgau, um dann im April 1920 nach Ungarn, dem Hort der Horthy-Diktatur, zu reisen. Ein Jahr später kam er nach Deutschland zurück und blieb unbehelligt.[608] Wie Maercker musste er unbedingt ein Buch über die Novemberrevolution und seinen Putsch schreiben.

Ausgestattet mit falschen Papieren seines Freundes, des Industriellen Ottmar Strauss, tauchte Pabst zunächst bei lieben Freunden unter.

Schulze (Hrsg.), 2002, Dok. 212, S. 292.

604 Aufruf von Vizekanzler Schiffer vom 17.3.1920, Könnemann/Schulze (Hrsg.), 2002, Dok. 187, S. 256f.

605 Bekanntmachung General Seeckts vom 19.3.1920, Könnemann/Schulze (Hrsg.), 2002, Dok. 222, S. 300f.

606 Aus dem Nachlass Schiffer und Nachlass Koch, zitiert bei Lucas, Märzrevolution 1920, Bd. 2, S. 102.

607 Abschrift eines Briefes von Pabst an Schiffer vom 28.6.1924, Nachlass Bauer, BA-KO, N 1022, Nr. 32, Bl. 43.

608 Bekanntgabe des Rücktritts von Lüttwitz, Könnemann/Schulze (Hrsg.), Dok. 186, S. 256, Anm. 1.

Dann reiste er in einer «Art von Regierungszug» [609] nach Westdeutschland, übernachtete, den angelsächsischen Brückenkopf nutzend, in einem englischen Offiziersheim in Köln, wurde aber nicht wie General Gillhaussen interniert und fuhr zu seiner Schwiegermutter, wo trotz Fahndung keine Polizei auf ihn wartete. Von Wiesbaden aus ging es direkt und unbehelligt weiter nach München ins Ringhotel, wo Forstrat Escherich weilte, der Anführer der Bayerischen Einwohnerwehren, der ihn äußerst freundlich aufnahm.

Pabst traf in München auch seine politischen Freunde, den Polizeipräsidenten Pöhner, einer der ersten Nazis in gehobener Position, den Landespolizeiführer Oberst Hans Ritter von Seißer und den faktischen Diktator und Ministerpräsidenten Gustav von Kahr. Pöhner verschaffte Pabst Quartier auf Gut Ströbing bei Endorf in der Nähe des Chiemsees. In diese Gegend hatte sich, wie gesagt, auch Lüttwitz kurzzeitig zurückgezogen und erhielt von der Chiemgauer Einwohnerwehr Deckung. Allerdings ließ Lüttwitz nun wenigstens für eine Weile die Finger von der Politik. Nicht so Ludendorff, der in Stefanskirchen, nahe Rosenheim, sein Domizil bei Baron von Halskett aufgeschlagen hatte.[610]

Auch die anderen Putschisten machten sich aus dem Staub, hielten es aber nicht für nötig, ihre Spuren groß zu verwischen. Kapp floh unter großem Medienrummel mit dem Flugzeug nach Schweden, von wo aus er sich mehrfach rechtfertigte. Im April 1922 stellte er sich dem Reichsgericht, starb aber in der Untersuchungshaft an Krebs. Der für die Putschisten als Innenminister fungierende ehemalige Polizeipräsident Traugott von Jagow wurde als einziger vor Gericht gestellt, das ihm «selbstlose Vaterlandsliebe» bescheinigte und ihn 1921 nur zur Mindeststrafe von fünf Jahren Festungshaft wegen Beihilfe zum Hochverrat verurteilte. Nach 36 Monaten durfte er die «Ehrenhaft» hinter sich lassen.

Kapp kurz vor dem Abflug nach Schweden

Ehrhardt und seine Truppe wurden in Berlin von Seeckt sofort nach dem Scheitern des Putsches gegen den immer noch andauernden Ge-

609 Pabst, Memoiren, S. 177–191, Nachlass Pabst, BA-MA, N 620/8.
610 Thoss, Ludendorff-Kreis, S. 119; Vogt, Bauer, S. 293.

neralstreik eingesetzt und erhielten die von Kapp und Lüttwitz für den Putsch versprochenen hohen Soldzulagen.[611]

Seeckt ließ ihnen die «Treueprämie» noch bis zum 10. Juli 1920 zahlen und lobte am 18. März, also einen Tag nach dem Putschende, ihre «ausgezeichnete Disziplin» und dankte ihnen, «dass sie sich mir unterstellt haben», und er erwartete, «daß alle Truppen jetzt nur von dem Gedanken erfüllt sind, die Ordnung zu schützen, und daß sie im kameradschaftlichen Geiste darin zusammenstehen».[612] Am gleichen Tag hetzten Schiffer und Seeckt in einem gemeinsamen Aufruf und im Namen der Reichsregierung die Soldaten gegen die Arbeiter auf: «Der Generalstreik bricht zusammen [...] Lasst Euch nicht irremachen durch bolschewistische und spartakistische Lügen. Bleibt einig und stark. Macht Front gegen den alles vernichtenden Bolschewismus.»

Es kam zu heftigen Auseinandersetzungen mit bewaffneten Arbeitern. Auch der Pabst/Noske-Schießbefehl wurde wie selbstverständlich wieder angewandt.[613] Aufgrund des verschärften Ausnahmezustandes wurden erneut am 21. März Menschen erschossen, so in Köpenick Karl Wienke (17), Friedrich Kegel (24), Albert (Willi) Dürre (19) und Karl Gratzke (41). Auch der Stadtverordnete Alexander Futran (30 Jahre alt, USPD) wurde von Soldaten mit Hakenkreuz am Stahlhelm ermordet, obwohl er in Erwartung von «Regierungstruppen» die Waffen hatte niederlegen lassen. In Adlershof kam es auch zu schweren Kämpfen, dort starben 7 Arbeiter/Handwerker im Kampf und 9 wurden an die Wand gestellt. Die Gegenseite hatte 24 Tote, meist militärisch unerfahrene Studenten.[614]

Sogar Baltikum-Truppen kamen zum Einsatz gegen Arbeiter in Hennigsdorf und richteten dort ein Blutbad an.[615] Unter anderem ermordeten sie das «bolschewistische» SPD-Mitglied Schlumms. Auch in Spandau schossen Reichswehreinheiten am 22. März auf eine Demons-

611 Freska, Ehrhardt, S. 188; Mann, Mit Ehrhardt, S. 206; Könnemann/Krusch, Aktionseinheit, S. 362f.

612 Erklärung des Generals Seeckt vom 18.3.1920, Könnemann/Schulze (Hrsg.), 2002, Dok. 199, S. 268.

613 Könnemann/Krusch, Aktionseinheit, S. 365.

614 Die Freiheit vom 23.3.1920, AA, Könnemann/Schulze (Hrsg.), 2002, Dok. 265. Gerd Lüdersdorf, Der Köpenicker Blutsonntag vom 21. März 1920, in: Probleme/Projekte/Prozesse, https://berlingeschichte.de/bms/bmstxt00/0003prof.htm (Abgerufen: 5.1.2020).

615 Bericht eines republikanischen Reserveleutnants über die Kämpfe, vom 22./23.3.1920, Könnemann/Schulze (Hrsg.), 2002, Dok. 261, S. 367f.

Die abziehende Ehrhardt-Brigade schießt in die Menge am Brandenburger Tor.

Das Gleiche unten auf der Straße

tration und töteten zehn Menschen, darunter eine Frau.

Als Ehrhardt schließlich am 21. März – während die illegalen Standgerichte wüteten – doch noch abziehen musste, ließ er ganz im Sinne von «die Ordnung zu schützen» in die ihn verspottende Menge am Brandenburger Tor schießen. Allein in Berlin – das wird oft vergessen – starben 200 Menschen als Folge des Putsches.

Horst von Pflugk-Harttung mit schwedischem Pass

Pech hatte ein anderer Putschist, Pabsts Adjutant Heinz von Pflugk-Harttung, der diesem geholfen hatte, den Doppelmord an Luxemburg und Liebknecht zu organisieren und zu vertuschen und der Ludendorff nach seinem Ausflug nach Schweden (1918/19) vom Bahnhof abgeholt hatte. Des Hauptmanns Bruder, Kapitänleutnant Horst von Pflugk-Harttung, war einer der Mörder Liebknechts und schloss sich nach erfolgreicher Flucht nach Norwegen und Schweden, wo er Waffen besorgte und für Canaris spionierte, rechtzeitig den Nazis an. Heinz wiederum schaffte es 1919 in die Bendlerstraße, wo er in Noskes Reichswehrministerium als Chef eines Nachrichtenbüros konterrevolutionär wirkte. Während des Kapp-Putsches eröffnete er dort ein Werbebüro für die

Kapp-Regierung, kam aber nicht umhin, selbst tatkräftig als Militär den Putsch zu unterstützen. Als Mitglied einer 150-200 Mann starken Sturmkompanie bekämpfte er in Berlin streikende Arbeiter und rückte schließlich in Friedrichshagen zusammen mit anderen Reichswehreinheiten ein. An dem Morden in Köpenick, «dem standgerichtlichen Wüten»[616] dort (siehe oben), konnte er sich nicht mehr beteiligen. Am 27. März 1920 spendierte er seiner Mannschaft ein Fäßchen Bier und bestieg seinen mit Handgranaten gut bestückten offenen Wagen, in dem noch mehrere andere Putschisten saßen. Eine Handgranate wurde versehentlich ausgelöst, brachte auch die anderen Granaten zur Explosion, schleuderte das Auto über eine ganze Straßenecke und zerfetzte Pflugk-Harttung. Seinem Gegenüber wurden die Beine weggerissen, mehrere Personen schwerverletzt. Das vielerorts vermutete Attentat schloss die Polizei aus. Ein Mörder war Opfer seiner eigenen Mordwaffen geworden.

Und die «Ordnungszelle Bayern» (Kahr, Seißer, Otto von Lossow und Pöhner), wie sich die praktisch von keiner Legislative gestörten Regierenden im Freistaat nannten, hielt ihre schützende Hand über die Putschisten. Ludendorff, Pabst, Bauer und Stephani[617] trafen sich in Garmisch in der Villa eines Sympathisanten namens Dr. Tust,[618] der auch Bauer beherbergte,[619] um sofort neue Pläne für eine Art bayerische Nationale Vereinigung zu schmieden[620]. Doch einerseits machte sich Geldmangel breit, da die Finanziers aus der Industrie über den misslungenen dilettantischen Putsch verärgert waren,[621] und andererseits ging Pöhners Sympathie aus Selbsterhaltungsgründen nicht so weit, gleich den nächsten Staatsstreich zu unterstützen.[622] Den Putschisten blieb

616 Kurt Wernicke, Attentatslegende und Wirklichkeit, in: Probleme/Projekte/Prozesse. März 2000, https://berlingeschichte.de/bms/bmstxt00/0003prog.htm (Abgerufen: 23.10.2019), auch für das Folgende.

617 Auch Georg Wilhelm Schiele und Schnitzler hielten sich kurzzeitig in Bayern auf, setzten sich aber dann schnell ab. Vogt, Bauer, S. 291.

618 Lebenserinnerungen von Luise Engeler, Bauers Privatsekretärin, Nachlass Bauer, BA-KO, N 1022, Nr. 69, Bl. 10; Vernehmung Trebitsch-Lincolns durch die österreichische Polizei, Nachlass Bauer, BA-KO, N 1022, Nr. 27, Bl. 100; Thoss, Ludendorff-Kreis, S. 119.

619 Vogt, Bauer, S.13; Trebitsch, Abenteurer, S. 195f.

620 Die NV in Berlin existierte übrigens noch eine Weile und wurde weder verboten noch aufgelöst.

621 Brief Oberst Bauers vom April 1920 an Karl Fehrmann, in: BA-KO, Nachlass Bauer N 1022/28, Bl. 25–26, Könnemann/Schulze (Hrsg.), 2002, S. 498f.; Trebitsch-Lincoln, Abenteurer, S. 192; Thoss, Ludendorff-Kreis, S. 119.

622 Thoss, Ludendorff-Kreis, S. 120.

nichts weiter übrig, als in ihren Besprechungen Bestandsaufnahme zu machen.[623] Ansonsten wurde ihnen erstmal Ruhe verordnet. Man wollte Gras über die Sache wachsen lassen. Dies hinderte Pabst jedoch nicht, bei Pöhner in München aus- und einzugehen.[624] So traf er auf dem Flur des Polizeipräsidiums seinen alten Freund Korvettenkapitän Ehrhardt wieder. Beide bestaunten dort ihre Steckbriefe, hielten sich für besser aussehend als abgebildet und die Belohnung von 50.000 Mark[625] für eindeutig zu niedrig. Zu ihnen gesellte sich der Leiter der Münchner politischen Polizei und machte den Vorschlag, sie pro forma zu verhaften, das Lösegeld zu kassieren, die beiden wieder freizulassen und mit der Summe einen gemeinsamen Dämmerschoppen zu finanzieren.

Doch Pabst fürchtete, den Vorschlagenden könne während ihrer kurzen Gefangenschaft der Schlag treffen und ihnen damit doch noch ein längerer Gefängnisaufenthalt beschert werden. Der Leiter der Politischen Polizei Münchens hieß damals übrigens Wilhelm Frick, später am Hitler-Ludendorff-Putsch im November 1923 beteiligt, danach erster NS-Minister in Thüringen und noch einige Jahre später in Nürnberg zum Tode verurteilt und hingerichtet.

Als schließlich Pöhner meldete, «Beamte des Reichsgerichts aus Leipzig seien eingetroffen»[626], um Pabst im Auftrag des Oberreichsanwalts aufzustöbern, der Polizeipräsident diese aber erstmal zur Sicherheit verhaftet habe[627], wurde die Luft

Polizeipräsident Ernst Pöhner...

623 Trebitsch-Lincoln, Abenteurer, S. 195f.

624 Folgendes nach Pabst, Memoiren, S. 188f., Nachlass Pabst, BA-MA, N 620/8.

625 Für Pabst, Ehrhardt und Trebitsch-Lincoln, nach dem Bericht des Presseattaches der österreichischen Gesandtschaft in Berlin, Erwin Wasserbäck, über Major Pabst an den Gesandten der Republik Österreich Ludwig in Berlin, vom 16. Mai 1929, - Streng vertraulich - S. 5., ÖStA, NPA 416, Personalia Pabst. Danach stammen die Steckbriefe vom 26.3.1920. Wasserbäck bagatellisiert in seinem Bericht die Taten Pabsts und zeigt offen Sympathie.

626 Pabst, Memoiren, S. 186., Nachlass Pabst, BA-MA, N 620/8.

627 Brief Bauer an Pöhner vom 26.2.1922, Bayerisches Hauptstaatsarchiv (BHStA)

... und Wilhelm Frick, Leiter der Politischen Polizei – Nazis der ersten Stunde

doch etwas dünn für die Putschisten. Der Bauerndoktor Georg Heim riet Pabst daher nach Innsbruck zu gehen und gab ihm ein Empfehlungsschreiben an den Bauernführer und gleichzeitigen Landeshauptmann von Tirol Dr. Franz Stumpf mit. Mittels seiner perfekten falschen Papiere gelang Pabst dann mühelos der Grenzübertritt in Kiefersfelden/Kufstein und so strebte er im Juli 1920 neuen Aufgaben in Österreich entgegen. Er half dort, die faschistischen Heimatwehren aufzubauen und wurde bald ihr Stabsleiter.[628]

Ein Großteil der Putsch-Marinebrigade wurde ohne Skrupel in die Reichswehr übernommen. Ehrhardt gründete aus deren Resten die geheime Terrorgruppe OC (Organisation Consul), die für die Morde an Ex-Finanzminister Matthias Erzberger (26. August 1921) und dem Außenminister Walther Rathenau (24. Juni 1922) wie den Mordversuch an Philipp Scheidemann (4. Juni 1922) verantwortlich war. Erhardt floh nach dem Mord an Erzberger nach Ungarn und wurde nach seiner Rückkehr im November 1922 kurzzeitig verhaftet. Aus dem Gefängnis steuerte er den Aufbau des faschistoiden Wiking-Bundes, floh danach in die Schweiz und wurde bald darauf von Kahr in Bayern beherbergt.

Die Lage an der Ruhr

Ganz so schnell ging es nach Putsch nicht mit dem Ende des Generalstreiks. Der Allgemeine Deutsche Gewerkschaftsbund (ADGB), die Arbeitsgemeinschaft freier Angestelltenverbände (AfA) und der Deutsche Beamtenbund in Berlin riefen am 18. März 1920 dazu auf, den Generalstreik bis zur Erfüllung ihrer Forderungen fortzusetzen.[629] Was dies für

IV, B. u. R., Bd. 36, Akt 1; Trebitsch-Lincoln, Abenteurer, S. 192ff.; Thoss, Ludendorff-Kreis, S. 120.

628 Die weitere Karriere Pabsts in: Gietinger, Konterrevolutionär, S. 231–385.

629 Aufruf aller drei Verbände vom 18.3.1920, Könnemann/Schulze (Hrsg.), 2002,

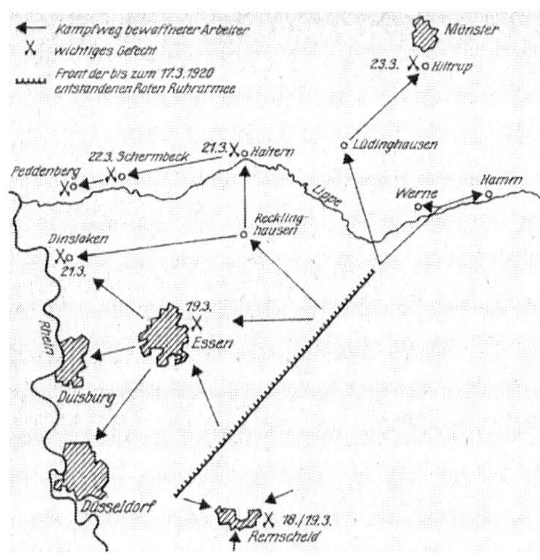

Die Befreiung des Ruhrgebiets von Freikorps und Reichswehr

Josef Ernst (USPD)

Forderungen waren, dazu kommen wir noch. Auch USPD und KPD riefen dazu auf, den Streik jetzt nicht abzubrechen.[630] Aber auch im Ruhrgebiet sahen es viele Arbeiter nicht ein, mir nichts dir nichts und ohne Garantien den Generalstreik auszusetzen oder einzustellen. Insbesondere die Übergriffe des Militärs stachelten zur Fortsetzung, z. B. in Essen und Düsseldorf, an, auch bei SPD-Anhängern.[631] Und die sich jetzt formierende Rote Ruhrarmee schickte sich an, den ganzen Kohlenpott zu erobern. In Hagen hatte sich eine Leitung unter Josef Ernst (USPD), Gustav Gigowski (KPD), Baum (SPD) und Hermann Stenz (DDP) gebildet. Und im Aktionsausschuss saßen sogar Vertreter der DDP und des Zentrums, welche ihre Unterschrift unter einen Aufruf setzten, der als vordringlichste Aufgabe sah, «den Kampf gegen die bewaffnete militärische Macht zu organisieren, da erst nach der Niederzwingung die Bahn für die Sicherung der Volksrechte geebnet» sei. Es müsse dafür gesorgt werden, dass «sämtliche vorhandenen Truppen - ganz gleich, ob Reichswehr oder Sicherheitswehr - entwaffnet»[632] würden. Die ent-

---

Dok. 201, S. 270.

630 Aufrufe ZK KPD und ZK USPD vom 18. und 19.3.1920, Könnemann/Schulze (Hrsg.), 2002, Dok. 205 und 213, S. 273 u. 293.

631 Lucas, Märzrevolution 1920, Bd. 1, S. 248–256.

632 Könnemann/Krusch, Aktionseinheit, S. 255.

stehende Rote Ruhrarmee teilte sich in drei Abteilungen auf. Im Süden, im Bergischen Land, hatte sie schon Gillhaussen und seine Truppe aus Remscheid vertrieben, im Norden sollte gegen das Reichswehrzentrum Münster vorgegangen werden. Der Hauptstoß erfolgte aber gegen das westliche Ruhrgebiet.

Richtung Münster

Die zweite Abteilung, die sich Richtung Münster bewegte, brachte das ganze Gebiet an der Lippe unter seine Kontrolle: Die Städte Hamm, Kamen, Lüdinghausen, Lünen und Unna. Die Kämpfe verliefen relativ unblutig.[633] In Hamm wurde die Einwohnerwehr in eine Arbeiterwehr umgewandelt. DDP und Zentrum traten aus dem örtlichen Aktionsausschuss aus. Etwa tausend Arbeiter erreichten Recklinghausen. Die örtliche SPD wollte dort die bewaffneten Arbeiter nicht haben. Man einigte sich, die Stadt nicht bewaffnet zu betreten, aber es wurde ein Aktionsausschuss der drei Arbeiterparteien und der Syndikalisten gebildet und die Einwohnerwehr wehrlos gemacht.

In Haltern stoppte die Nordabteilung der Roten Ruhrarmee einen Panzerzug der Militärs, in dem sie beidseitig die Schienen aufriss. Der Panzerzug schoss Häuser in Brand. Doch die Besatzung musste aufgeben und wurde schließlich gefangengenommen, der Panzerzug gesprengt.[634]

«Um ein weiteres Vordringen der Reichswehr zu verhindern, stießen stärkere Einheiten der Roten Armee jetzt von Marl und Dorsten aus nach Holtershausen, Schermberck und Peddenberg vor. Dadurch waren Vorstöße der Reichswehr über die Lippe nicht mehr möglich.»[635] Die Rote Armee hatte damit sowohl die Bahnstrecke Wesel—Münster als auch die Straße von Wesel über Haltern nach Münster unter Kontrolle. Der Nachschub für die Festung Wesel, in der sich die Reichswehr festgesetzt hatte, war nun schwer gestört. Gleichzeitig gelang es dem «roten Gesindel», den Bahnverkehr von Haltern nach Wanne wiederaufzunehmen. Die Rote Armee schuf entlang der Lippe in den Orten und an den Brücken und Fähren bewaffnete Stützpunkte.[636] Auch das Schloss des Grafen Westerhold-Gysenberg in Sythen wurde besetzt,

633 Könnemann/Krusch, Aktionseinheit, S. 258.
634 Gleising, Kapp-Putsch, Bd. I., S. 88.
635 Ebd., S. 88f., auch für das Folgende.
636 Gleising, Kapp-Putsch, Bd. I., S. 89.

den dort arbeitenden Mägden die Befreiung versprochen.[637] Schloß Sythen wurde, weil es auch zu Plünderungen kam – die der Kampfkommandant von Haltern dann unterband –, später ein rechter Mythos von der Verderbtheit der «Roten» und «natürlich» der «roten Frauen».[638]

Zwar war der Weg nach Münster frei.[639] Stoßtrupps kamen bis sieben Kilometer vor Münster. Die Stadt, die Leitstelle Watters und der Reichswehr, war jedoch aufgrund der schwachen Kräfte der Ruhrarmee an dieser Stelle «zu keinem Zeitpunkt bedroht».[640]

Die Akademische Wehr Münster auf dem Weg ins Ruhrgebiet

Von Niemüllers Truppe ermordet, Gottlieb Thomaschewski

Die konservative, katholisch geprägte Stadt, in der auch die christlichen Gewerkschaften dominierten, brachte es immerhin vom 15. bis zum 18. März zum Generalstreik. Studenten und eine akademische «Wehr» rüsteten sich gegen «die Roten». Das dritte Bataillon wurde vom Theologiestudenten Martin Niemöller geführt und sicherte mit den Resten des Freikorps Lichtschlag die Stadt. Die «Wehr» verhaftete, misshandelte und ermordete am 19. April 1920, lange nach den Kämpfen, die Arbeiter Gottlieb Tomaschewski und Emil Ritzauer.

In einem geradezu revolutionären Akt wurde vom Münsteraner

637 Ebd., S. 89.
638 Theweleit, Männerphantasien, Bd. I, S. 113–132.
639 Lucas, Märzrevolution 1920, Bd. 1, S. 266.
640 Lucas, Märzrevolution 1920, Bd. 1, S. 267.

Aktionsausschuss am 17. März 1920 die Ablösung Watters gefordert und die Ernennung eines Sozialisten zum Kommandierenden. Reichskanzler Bauer sagte die Prüfung zu und ein SPD-Blatt schrieb: «Untersuchung gegen General Watter eingeleitet.» Das brachte Severing in große Schwierigkeiten. Das Zentrum und die Bürgerlichen stellten sich vor Watter. Der beschwerte sich bei Noske und Ebert, Noske und Bauer machten den Kotau vor dem Putschsympathisanten, sprachen ihm das Vertrauen aus. Watters Position war gefestigt und die liberale Frankfurter Zeitung schrieb, dass diese Erklärung «von der gesamten Arbeiterschaft als Herausforderung empfunden»[641] würde.

Freiwillige für die Freikorps wurden in der Stadt geworben, man erinnerte an die Wiedertäufer, die im Bauerkrieg 1525 und davor schon eine urkommunistische Gesellschaft gründen wollten. Die fundamental-katholisch-abergläubische Sage von der Schlacht am Birkenbaum wurde bemüht, die in allen westfälischen Schulbüchern zu dieser Zeit präsent war und eine Schlacht zwischen den «Völkern» des Nordens und Südens prophezeite, in der Gegend von Werl. Während in der Gegend tatsächlich am 20. März württembergische Truppen und am 21. März erste bayerische Truppen ausgeladen wurden. Die Streitmacht Watters, bis dahin nicht mehr als 15.000 Mann, wuchs an.[642]

Westliches Ruhrgebiet

Im Westen hatten Reichswehr, Freikorps und Sipo ohne großen Widerstand ihre Terrorherrschaft aufgerichtet. Sogar in Mülheim, dessen Arbeiter stark syndikalistisch geprägt waren, zeigte sich bis zum 18. März wenig Gegenwehr. Lucas erklärt dies damit, dass hier Militär und Sipo schon lange stationiert waren und sich deswegen eine gewisse Gewöhnung bei den Arbeitern eingestellt hatte. Eliasberg sieht für das westliche Ruhrgebiet, außer der größeren Schwierigkeit an Waffen zu kommen, die dort schwach vertretene USPD als Ursache des verhältnismäßig zögerlichen Widerstandes.[643]

General Ernst Kabisch, der Befehlshaber zweier Regimenter (Nr. 61 und 62) und des Freikorps Schulz, taktierte ähnlich Watter.[644] Den

641 Frankfurter Zeitung vom 31.3.1920, zitiert nach Lucas, Märzrevolution, Bd. 1, S. 270.

642 Lucas, Märzrevolution, Bd. 1, S. 272.

643 Eliasberg, Ruhrkrieg, S. 92.

644 Das Folgende nach Lucas, Märzrevolution 1920, Bd. 1, S. 272–294 und Eliasberg, Ruhrkrieg, S. 91–97.

renitenten Siegfried Schulz, der sich für Kapp ausgesprochen hatte, pfiff er zurück, selbst erklärte er sich vage für die alte Regierung, um gleich deren Entschlossenheit gegen den Generalstreik zu fordern. Er würde «rücksichtslos und mit aller Schärfe» dagegen einschreiten. Major von Rudorff ließ am 16. März in Heiligenhaus, wo Arbeiter eine geheime Bürgerwehr entwaffnet hatten, seine Truppe einmarschieren und sofort ohne Vorwarnung schießen. Drei Menschen waren tot, darunter ein spielender Junge und eine Frau am Fenster. 17 Menschen wurden nach vorbereiteten Listen verhaftet. Die Truppe zog weiter nach Velbert, wo sich ihr bewaffnete Arbeiter entgegenstellten. Nach einem stundenlangen Gefecht musste sich die Truppe zurückziehen. Sie hatten 3 Tote, die Arbeiter einen. Die Gefangenen wurden befreit. Der Putschist Schulz und sein Freikorps hissten die schwarz-weiß-rote Flagge und terrorisierten zur gleichen Zeit Mülheim. Menschen besetzten die Straße vor der Kaserne. Die Polizei räumte, während die Freikorpssoldaten einen Arbeiter erschossen und Handgranaten in die Menge warfen.

In Werden hatten Arbeiter ebenfalls die Einwohnerwehr teils entwaffnet. Da schoss das Freikorps in eine friedliche Demonstration: 4 Tote. In Oberhausen feuerten die Polizei und Zeitfreiwillige in streikende Arbeiter: wieder 4 Tote. Am 16./17. März kam es zu einem Angriff einer Kompanie des 62. Regiments auf die Rheinischen Stahlwerke in Duisburg-Beeck. Die bewaffneten Arbeiter mussten vor der Übermacht fliehen. Das Regiment nahm Geiseln. Der Angriff auf eine Fabrik war selbst im Ruhrkampf einmalig. Am 17. März wurde in Duisburg-Alstadt eine Demonstration der Kommunisten von der dortigen Einwohnerwehr zusammengeschossen. Auch Regierungs-Handgranaten flogen: 19 Tote und 54 Verwundete. Ein Unteroffizier brüllte im gleichen Ort: «Straße frei!» und schoss sofort: 2 Passanten starben. Und so häufte sich im westlichen Ruhrgebiet Terror an Terror. In Essen feuerte die Sipo vor dem Rathaus in eine Demonstration von USPD und KPD: 5 Tote. Arbeiter, die sich Waffen aus einem Waffengeschäft besorgen wollten, wurden beschossen: 1 Toter. In Gelsenkirchen forderte eine Demonstration die Entwaffnung der Sipo und die Herausgabe von im Flugplatz gelagerten Waffen. Die Sipo schoss: 2 Tote und 10 Verwundete. Es zeigte sich, das Militär und die Sipo hatten am 17./18. März 1920 noch die Oberherrschaft im westlichen Ruhrgebiet.

Doch jetzt kam die Rote Ruhrarmee. Binnen weniger Tage eroberte sie Wattenscheid, Gelsenkirchen und Essen.

In Wattenscheid[645] hatte der Befehlshaber der Sipo, Hauptmann Westphal, einen Trupp seiner Leute gegen zwei Lastwagen der Arbeiter, die auf Wattenscheid zufuhren, gesandt. Es kam zu einem Feuergefecht. Die Arbeiter hatten 4 Tote. Frau Fromme, verheiratet mit einem Milchhändler, trafen verirrte Schüsse am Fenster tödlich.[646] Die Sipo zog sich zurück, räumte die wichtigsten Straßen und verzichtete nicht darauf, dabei 3 unbewaffnete Menschen zu töten. Am 17. März trafen ca. 200 Arbeiter in Wattenscheid ein, es wurden noch mehr erwartet. Sie richteten ein Ultimatum an die Sipo: Waffenabgabe, Abzug der Sipo, Rücktritt des Landrates und des Polizeipräsidenten Alfred zur Nieden. SPD-Vertreter kamen den Arbeitern entgegen und warnten vor einem Blutbad. Schließlich verhandelten die Arbeiter mit Westphal und zur Nieden. Die Sipo, die er ausgeschickt hatte, wurde entwaffnet. Inzwischen waren 2000 bewaffnete Arbeiter eingetroffen. Jetzt schlossen die Unterhändler keine Kompromisse mehr. Die Sipo verschwand aus der Stadt. Westphal, der seine Familie nicht im Stich lassen wollte, wurde festgenommen und von Arbeitern vor der wütenden Menge geschützt. Zur Nieden räumte mit seinen Männern auch Gelsenkirchen und den Flugplatz und zog sich nach Essen zurück. Das Waffenlager im Flugplatz wurde von den Arbeitern nicht sofort requiriert. Als sie es am 18. März 1920 versuchten, trafen sie auf einen LKW-Trupp der Sipo, der sofort schoss, Gefangene machte und den Lehrer Loose aus Gelsenkirchen totprügelte. Die Waffen nahmen sie mit. Die Arbeiter baten nun mit einer Abordnung den Essener Polizeipräsidenten Kurt Melcher, keine weiteren Vorstöße nach Gelsenkirchen zu machen, was der gar nicht vorhatte. Inzwischen kamen «mit allen Transportmitteln», u.a. einem Sonderzug, bewaffnete Arbeiter aus Dortmund und Hagen herbei. In Gelsenkirchen beriet man das Vorgehen. Zur Kampfleitung gehörte auch der Lehrer Stemmer. Die Sipo in Essen, ca. 1000 Mann plus Polizei und Einwohnerwehr, fühlte sich sicher. Doch das war ein falsches Gefühl.

Der Vollzugsausschuss in Essen, bestehend aus SPD, DDP und Zentrum, auch hier eine Weimarer Koalition, erhielt von Severing die Anweisung, keine beunruhigenden Nachrichten an die Bevölkerung zu geben.[647] Selbst die Unabhängigen und die KPD in der Stadt wussten nicht, dass die Arbeitergruppen aus dem Osten unmittelbar vor der Stadt standen.

645 Siehe auch Gleising, Kapp-Putsch, Bd. I., S. 61–67.
646 Ebd., 62.f.
647 Eliasberg, Ruhrkrieg, S. 93.

Nach Meinberg war erst gar nicht geplant, auch Essen zu erobern, sondern die Rote Ruhrarmee wollte nach Mülheim, um das verhasste Freikorps Schulz zu schlagen und marschierte so durch Essen.[648] Ziel der Roten Ruhrarmee sei es daher gewesen, nicht Städte zu erobern, sondern gegen die verhasste Reichswehr zu kämpfen.

Für Eliasberg ist das ein Beleg seiner These, dass die Arbeiter in ihrer großen Mehrheit die Zerschlagung der antidemokratischen Reichswehr, eine demokratische Milizarmee sowie die Entfernung der Demokratiefeinde aus der Verwaltung erreichen und gar nicht in erster Linie die politische Macht erobern wollten.[649] Tatsächlich kam die Forderung nach Räteherrschaft oder gar der Diktatur des Proletariats nicht einmal bei den meisten Kommunisten auf, nur ganz vereinzelt und bei den Syndikalisten wurde dies gefordert.[650] Also von wegen Bolschewismus: nicht mal bei der KPD und bestimmt nicht im Lenin'schen Sinne bei den Syndikalisten. Auch die Forderung nach Sozialisierung, so verwaschen der Begriff auch war, stand bei den meisten nicht im Vordergrund. Es wäre ein zweiter Schritt gewesen, sicherlich auch die Räte, die nicht nur in Berlin eine Renaissance erlebten. Aber all das stand in der Regel nicht im Vordergrund. Und so konstatieren Könnemann und Krusch in ihrer Arbeit aus DDR-Zeiten[651] zu Recht, dass auch da, wo die Arbeiter gesiegt hatten, der bürgerliche Staatsapparat in der Regel nicht zerschlagen wurde: «Es ging vorerst darum, eine Betätigung der Behörden in konterrevolutionärem Sinne zu verhindern.» Einzig die Syndikalisten versuchten hier andere Wege und dies sofort. [652]

In den Vororten von Essen[653] kam es zu heftigen Zusammenstößen, insbesondere in Stoppenberg, wo ein 16-stündiges Gefecht stattfand, das die Arbeiter für sich entschieden[654]. Bei einem Gegenangriff der Sipo gelang es jedoch dieser, bis zum Rathaus vorzudringen. Die Polizisten erschossen die Wachen der Arbeiter, warfen Handgranaten ins Polizeirevier und erschlugen die in einer Schule liegenden Verwunde-

648 Haasis/Lucas (Hrsg.), Meinberg, Aufstand an der Ruhr, S. 104.

649 Eliasberg, Ruhrkrieg, ebd.; Löwenthal, Einleitung zu Eliasberg, XXf.

650 Klan/Nelles, Rheinische Anarchosyndikalisten, S. 77.

651 Nicht zu verwechseln mit der Quellensammlung Könnemann/Schulze von 2002.

652 Klan/Nelles, Rheinische Anarchosyndikalisten, S. 77f.

653 Zum Kampf um Essen siehe auch Gleising, Kapp-Putsch, Bd. I., S. 67–72.

654 Ausführlich bei Lucas, Märzrevolution 1920, Bd. 1, S. 285; kurz Eliasberg, Ruhrkrieg, S. 94.

ten bestialisch mit dem Gewehrkolben. Erst dann wurden sie wieder vertrieben.[655]

Stemmer von der Gefechtsleistung der Roten Ruhrarmee in Gelsenkirchen fuhr als Parlamentär zu OB Luther und Polizeipräsident Mehlich und forderte die Aufgabe des Widerstandes und die Entwaffnung der Sipo. Die beiden Essener begriffen nicht, dass inzwischen immer mehr Arbeiter immer mehr Vororte unter ihre Kontrolle gebracht hatten und schlugen als Kompromiss den Abzug der Sipo und der bewaffneten Arbeiter vor, was illusionär war. Die Verhandlungen zogen sich lange hin, sodass Stemmer einen immer kürzeren Weg hatte, seinerseits Kompromisse zu präsentieren, denn inzwischen waren die bewaffneten Arbeiter bis vors Rathaus vorgedrungen. Seine Vorschläge wurden jedoch abgelehnt, schließlich wurde der Sipo erlaubt abzuziehen und sie musste größtenteils ihre Waffen zurücklassen.

Zu besonders blutigen Auseinandersetzungen war es am Hauptpostamt und am Wasserturm gekommen. Die Arbeiter hatten die Hauptpost eingekreist. Der Führer der Einwohnerwehr kam heraus und befahl seinen Leuten nur zu schießen, wenn sie angegriffen würden. Die Arbeiter hörten auch auf zu schießen und drängten nach. Als die Ersten die Post erreicht hatten, wurde aus ihr (den Befehl missachtend) geschossen und ein Arbeiter tödlich getroffen. Nun kochte die Wut hoch und heftiges Feuer der Arbeiter belegte die Post. Dort wurde die weiße Fahne gehisst. «Blut, Blut, alle müssen dran!», schrie es. Von den ersten drei Sipo-Männern, die man aus der Post holte, wurden zwei erschlagen. Es sei nochmals aus der Post geschossen worden, behaupteten Augenzeugen.[656]

Zum negativen Mythos aufgebaut wurden allerdings in der Freikorps- und rechten Literatur und später selbstverständlich von den Nazis die Geschehnisse am Essener Wasserturm. Erst Lucas und Eliasberg konnten dieses Lügenmärchen entzaubern. Eliasberg nennt auch eine der Ursachen der Fälschungen: Spethmann[657], der in seinem im Auftrag des Grubenkapitals geschriebenen «Werk» zahlreiche Legenden strickte. Wie wir gesehen haben, verbreiten auch neuere Autoren wie Pöppinghege noch 2019 Fälschungen, obwohl es gegenteilige

655 Lucas, Märzrevolution 1920, Bd. 1, S. 287; Eliasberg erwähnt diesen Vorfall nicht.

656 Lucas, Märzrevolution, Bd. 1, S. 289; Eliasberg geht auch hier nicht ins Detail.

657 Eliasberg, Ruhrkrieg, S. 94, Anm. 58; Spethmann, Ruhrbergbau, Bd. II., S. 128ff.

Quellen gibt, die er im Anhang sogar aufführt.[658]

Der Essener Wasserturm in den 20er-Jahren

Was geschah am Wasserturm wirklich?[659] Der Turm hatte keinerlei strategische Bedeutung, lag etwas außerhalb. Jedoch hatte die Besatzung (Einwohnerwehr und Sipo, zusammen 46 Mann) wohl nichts vom Waffenstillstand mit der Sipo und deren freiem Abzug gehört. Arbeiter umzingelten den Turm und schickten Parlamentäre, die mit Gewehrfeuer empfangen wurden und sich in Sicherheit bringen mussten. Der Versuch des Polizeioffiziers Exner (im Auftrag des Polizeipräsidenten Melcher), sie telefonisch auf den geschlossenen Waffenstillstand hinzuweisen, scheiterte, da das Telefonat als Finte angesehen wurde: «Kann jeder sagen, hier ist Polizeirat Exner», antwortete der Führer der Einwohnerwehr Forstmann. Stunden vergingen. Der Kampflärm aus der Stadt verstummte. Zwischen dem unteren und oberen Stockwerk des Turms scheint es dann zu Meinungsverschiedenheiten gekommen zu sein, da unten eine weiße Fahne gehisst wurde. Als dann die Arbeiter versuchten, mit weißen Tüchern und einer Rotkreuz-Fahne das Gebäude zu betreten, wurden sie vom oberen Stockwerk mit MG-Feuer und Handgranaten empfangen. Es gab Verwundete, sie mussten den Turm wieder verlassen. Der Angriff entfachte die Wut der Arbeiter, sie stürmten jetzt den Turm und «im Nahkampf wurden neun der 46 Besatzungsmitglieder getötet, zwei weitere erlagen später ihren Verletzungen. Oberbürgermeister Hans Luther bezeichnete die Vorgänge am Wasserturm als ein ‹tragisches Missverständnis›.»[660] In einem Prozess 1921 wurden alle Angeklagten freigesprochen. Eliasberg: «Ein bemerkenswertes Urteil,

658 Pöppinghege, Republik im Bürgerkrieg, S. 85; die authentische Quelle: Bericht des Landrats des Landkreises Hagen an den Regierungspräsidenten in Arnsberg, Könnemann/Schulze (Hrsg.), 2002, Dok. 631, S. 968.
659 Eliasberg, Ruhrkrieg, S. 94f.; Lucas, Märzrevolution 1920, S. 290 ff.
660 Eliasberg, Ruhrkrieg, S. 95.

wenn man die Gepflogenheiten der Justiz jener Tage bedenkt.»[661] Ein Reichswehrspitzel, Hans Tombrock, der sich beim Sturm besonders radikal gab, wurde im Prozess beschuldigt, zwei Männer der Besatzung erschlagen zu haben.[662] Er war nicht der einzige Spitzel, der sich radikal gab und mordete. Dazu kommen wir noch. Jahrzehntelang war die Erstürmung des Essener Wasserturmes ein Schulbeispiel für angeblichen «roten Terror». Die Gedenktafel, die dort in den 1920er-Jahren montiert wurde, listete vierzig Namen von im Kampf umgekommenen SPD-Männern und Angehörigen der Einwohnerwehr auf und Spethmann tat in seinem Werk so, als seien die alle im Turm umgekommen.[663] Doch hier sind alle Opfer der Essener Kämpfe auf Seiten der Putschisten/Regierungstruppen aufgelistet worden.

Essen war in den Händen der Arbeiter. Tatsächlich übernahm ein von den politischen Arbeiterräten in den Betrieben gewählter Vollzugsrat von 33 Mitgliedern (darunter sieben Krupparbeiter) die «vollziehende Gewalt in der Stadt Essen»[664]. Gleichwohl versprach auch dieser Vollzugsrat die Aufrechterhaltung von Ruhe und Ordnung und die Beibehaltung der «politischen und kommunalen Behörden», denen nur ein Vollzugsrat zur Beobachtung beigestellt werde.

«Die Eroberung von Essen am 19. März gab den gesamten Rheinischen Anteil des Ruhrreviers den Roten preis», bedauert Spethmann, ohne natürlich zu differenzieren, was er unter «den Roten» verstand, um dann gleich im nächsten Satz wieder eine Fälschung zu produzieren: Denn «die Roten [...]brannten jetzt mehr denn je darauf, ihre Diktatur aufzurichten».[665] Wie man in Essen gesehen hatte. Eliasberg, Anfang der 70er-Jahre des letzten Jahrhunderts hauptamtlicher Mitarbeiter der Friedrich-Ebert-Stiftung, zieht viel nüchternere Schlüsse: Mit dem Abzug der Truppen aus Remscheid, ihrer Internierung in Köln und der Einnahme von Essen wurde «die Lage der noch im Industriegebiet verbliebenen Garnisonen - Mülheim, Duisburg, Hamborn, Düsseldorf - unhaltbar».[666] General Kabisch, der erst noch nicht wusste, das Essen gefallen und Gillhaussen mit seinen Soldaten «Gast» der Engländer war, wollte mit dem Regiment 61 und dem Freikorps Schulz nach

661 Eliasberg, ebd.

662 Lucas, Märzrevolution 1920, Bd. 1, S. 293.

663 Spethmann, Ruhrbergbau, Bd. II, S. 129f.

664 Krupparchiv WA-41/5-60, zitiert nach Könnemann/Schulze (Hrsg.), 2002, S. 975, Anm. 1, auch für das Folgende.

665 Spethmann, Ruhrbergbau, Bd. II, S. 132.

666 Eliasberg, Ruhrkrieg, S. 95.

Osten vorstoßen, um die Arbeiter zu schlagen. Doch Schulz weigerte sich, weil er im Westen des Ruhrgebietes den Ausbruch des Aufstandes vermutete. Jetzt erfuhr Kabisch von dem Desaster in Essen und empörte sich, dass der Essener Polizeipräsident aufgegeben hatte. Er wollte nun die Rote Ruhrarmee auf der Linie Mülheim-Oberhausen stellen. Doch wieder gab es schlechte Nachrichten: Der «Fall» Remscheids kam ihm zu Ohren.[667] So befahl er mit Rückendeckung des Generalkommandos die restlichen Truppen aus dem Industriegebiet herauszuziehen. Auch das putschistische, ja faschistoide in Mülheim lagernde Freikorps Schulz sollte so dem Zugriff der Roten Ruhrarmee entzogen werden. Die Truppen marschierten ohne größeren Widerstand der örtlichen Arbeiter durch Duisburg.

Major Siegfried Schulz, Anführer des nach ihm benannten Freikorps

Doch die Arbeiter in Hamborn, darunter nicht wenige Syndikalisten, bekamen durch die sich verbreitenden Nachrichten vom «Sieg» im Osten psychologisch Oberwasser und verlangten den Abzug des Regiments 62. Das räumte tatsächlich Hamborn und erreichte Dinslaken kampflos. Doch in Hamborn stand nun «das reifste Proletariat der Welt» (Clara Zetkin). Schulz räumte Mülheim, die Arbeiter besetzten die dortige Kaserne und entwaffneten die Polizei

Wieder ließen die Duisburger die Truppen, diesmal das Freikorps Schulz, unbehelligt durchmarschieren.

Weil aber das Regiment 62 verschwunden war, gerieten Nr. 61 und das Freikorps Schulz genau deswegen zwischen Duisburg und Hamborn ins Kreuzfeuer. Schulz ließ mit schweren Maschinengewehren und mit einem Geschütz nahe Hamborn in die Häuser feuern, doch die Arbeiter eroberten die Kanone. Schulz konnte die Stadt nicht mehr wie angedroht unter Artilleriefeuer nehmen.

667 Lucas, Märzrevolution 1920, Bd. 1, S. 296, das Folgende nach S. 296–303 und Eliasberg, Ruhrkrieg, S. 95–97.

Zeitgenössische Darstellung der Kämpfe im Ruhrgebiet. Die Linie Wesel-Schermbeck-Werne-Hamm kennzeichnet die «Front». Zwischen den Flüssen Lippe und Ruhr war der «Machtbereich» der Roten Ruhrarmee.

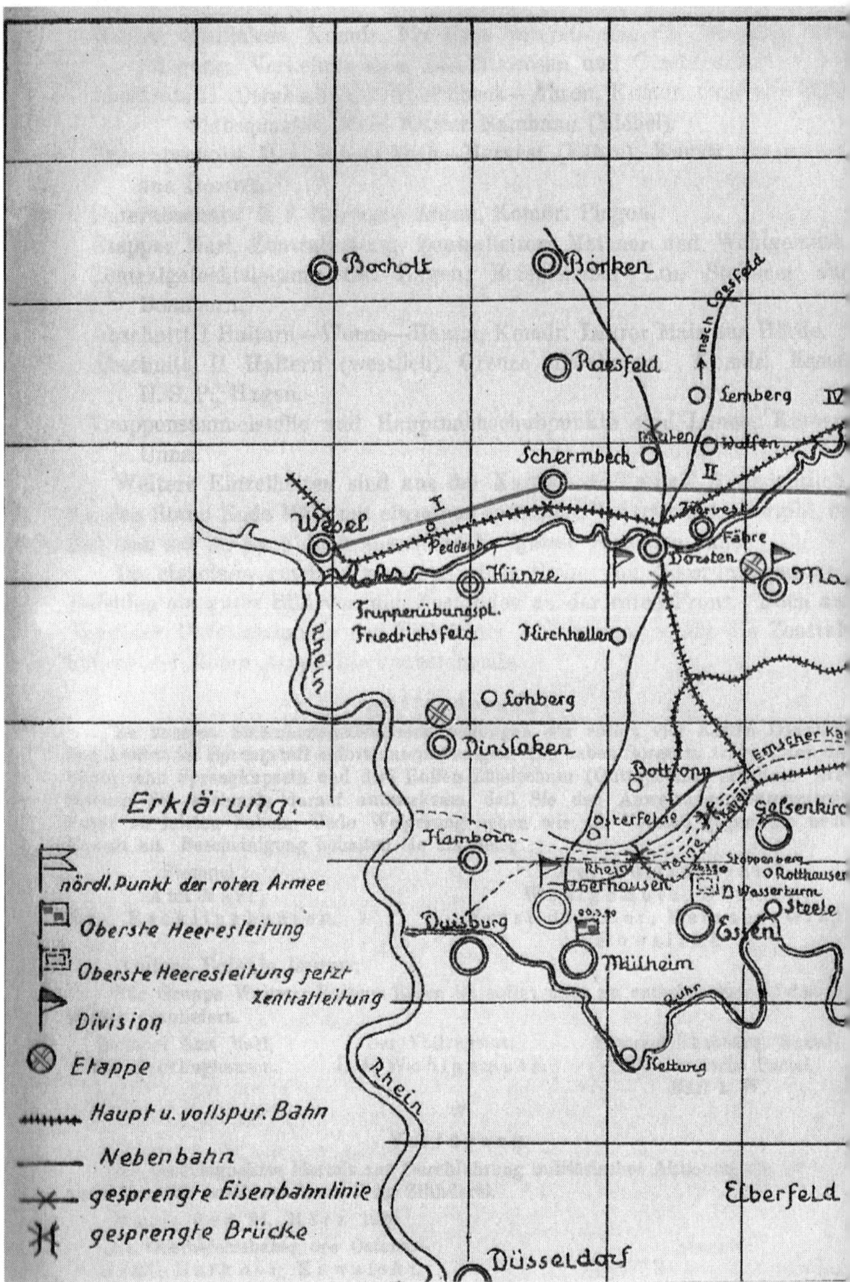

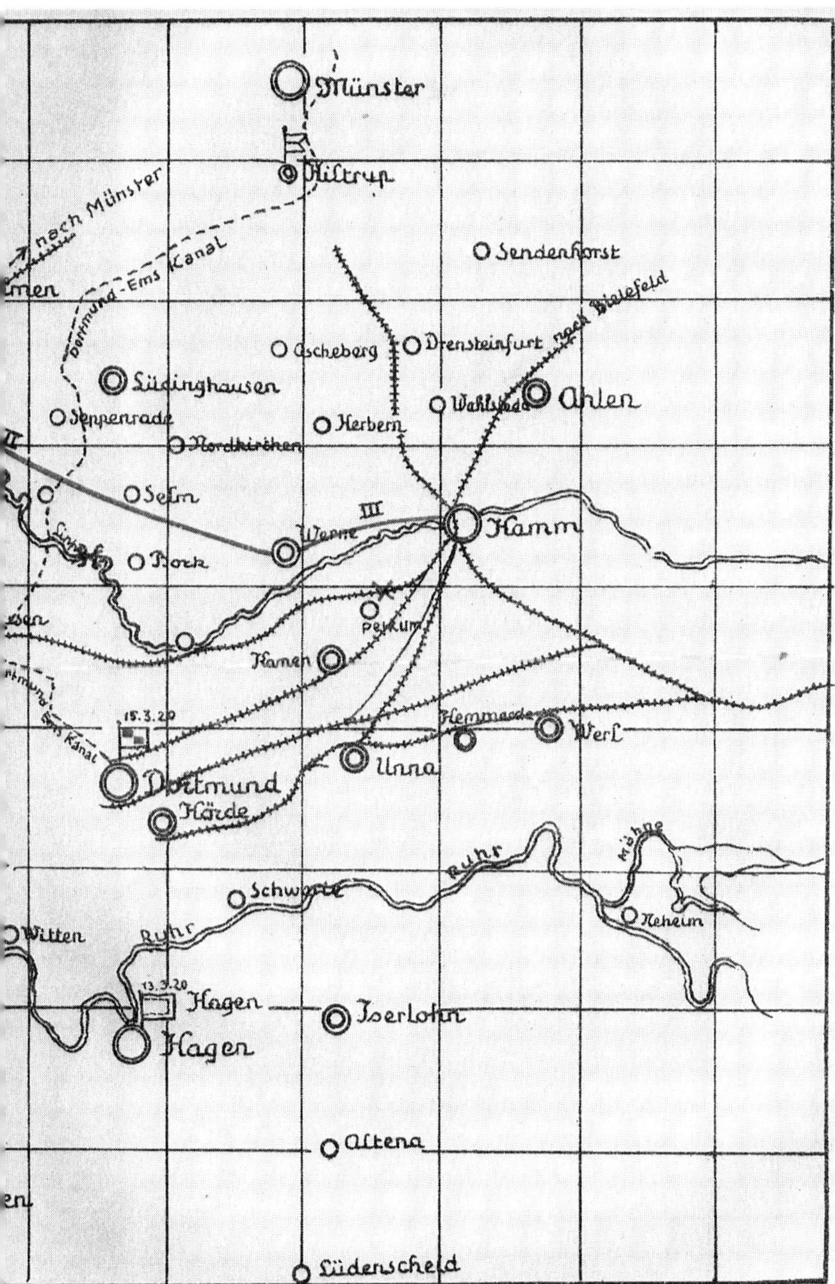
Münster
Hiltrup
nach Münster
Dortmund-Ems Kanal
Sendenhorst
nach Bielefeld
Ascheberg
Drensteinfurt
Lüdinghausen
Ahlen
Seppenrade
Herbern
Nordkirchen
Selm
III
Werne
Hamm
Bork
Pelkum
Kamen
15.3.20
Hemmerde
Werl
Unna
Dortmund
Hörde
Möhne
Ruhr
Schwerte
Neheim
Witten
Ruhr
13.3.20
Hagen
Iserlohn
Hagen
Altena
Lüdenscheid

Regiment Nr. 61 marschierte mit seinem Tross dagegen in ein mittleres Inferno. Es sah sich plötzlich gut bewaffneten Arbeitern gegenüber. Ein Soldat berichtete der Düsseldorfer Zeitung, das sei «das beispielloseste» gewesen, «was selbst kriegsgewohnte Offiziere und Unteroffiziere mitgemacht hätten. Auf die Truppe wurde andauernd aus Häusern und Kellerluken, von Dächern und Fabriken, von Halden und Bahndämmen, ja selbst aus Kessel- und Maschinenhäusern geschossen, so daß sie in viele kleine Teile zerriss [...] und häufig Fahrzeuge und Pferde ungedeckt auf der Hauptstraße stehen lassen mussten.»[668] Den Arbeitern fielen wieder zahlreiche Waffen in die Hände: Tausende Gewehre, Karabiner und Pistolen, über hundert Minenwerfer, zwei Geschütze, zahlreiche Flammenwerfer, ein großer Wagenpark und jede Menge «Munitionsmassen»[669]. In Hamborn «erging es Schulz nicht viel anders». Trotzdem erreichten beide Truppen, zwar völlig desolat – so musste Nr. 61 filmreif eine Brücke überqueren, die im Kugelhagel lag –, aber doch nicht völlig aufgerieben Dinslaken und setzen sich in die Festung Wesel ab. Während das Ruhr-Echo fälschlich verkündete, dass das Freikorps Schulz vernichtend geschlagen sei[670], kritisierten Meinberg[671] und einige andere Kommunisten später, dass Nr. 62 ganz und 61 wie Schulz teils davonkamen und die Festung Wesel so verstärkten, so dass sie für die Arbeiter praktisch uneinnehmbar wurde. Wie auch immer, Düsseldorf, Hamborn, Oberhausen, Ahlen, Iserlohn und Hamm fielen in die Hände der Arbeiter, das Ruhrgebiet war am 20. März 1920 in der Hand der Roten Ruhrarmee. Doch weder wurde geplündert, vergewaltigt und getötet, wie es die Freikorps, die Reichswehr und die Regierung dem «Bolschewismus» unterstellten, noch wurde der Kommunismus eingeführt. Nicht einmal die politische Macht ward ganz ergriffen. Man hatte das Militär geschlagen, hatte eine Arbeiterarmee und kontrollierte die Verwaltung. Mehr wollten die meisten erstmal nicht.

Watter dagegen gab am 22. März, kurz vor der Bielefelder Konferenz, einen Geheimbefehl heraus, der konstatierte, dass «wir es jetzt auf

---

668 Bericht eines Teilnehmers, Düsseldorfer Zeitung vom 5.5.1920, zitiert bei Spethmann, Ruhrbergbau, Bd. II, S. 135; Eliasberg schenkt hier Spethmann Glauben, wobei er selbst ungenau zitiert, Eliasberg, Ruhrkrieg, S. 96f. Dies nur weil er hier bei Lucas, Märzrevolution, Bd. 1, S. 302, abschreibt, der Spethmann ebenfalls glaubt, aber auch falsch abgeschrieben hat.

669 Spethmann., Ruhrbergbau, Bd. II, S. 134.

670 Ruhr-Echo, Essen vom 21.3.1920, Könnemann/Schulze (Hrsg.), 2002, S. 975, Anm. 2.

671 Haasis/Lucas (Hrsg.), Meinberg, Aufstand an der Ruhr, S. 116.

der Gegenseite mit einer gut organisierten, gut bewaffneten und gut geführten Truppe zu tun haben», um dann gleich seiner (klassischen) Masseangst Ausdruck zu verleihen: «Die Truppe ließ an verschiedenen Stellen große Menschenmassen zu nahe an sich herankommen, so daß sie entwaffnet wurde, ehe sie noch von der Schußwaffe Gebrauch machen konnte.» Weiter verschriftlichte er die Freie-Platz-Psychotik: «In jedem Bewaffneten ist der Feind zu sehen. Unbewaffnete Massen haben ebenfalls auf der Straße nichts zu suchen. Sie müssen durch Feuer zersprengt werden.» Eine Todschlagtaktik, die allerdings, wie wir gesehen haben, schon lange praktiziert wurde. Beim Einmarsch sei die Bevölkerung durch Flugblätter aufzufordern, in den Häusern zu bleiben. «Wer sich auf der Straße dann noch zeigt, trägt selbst sein Leben zum Markt. [...] Verhandelt wird nicht. [...] Standgerichte sind überall zu bilden. Die Urteile zur Bestätigung sind auf schnellstem Wege dem Herrn Befehlshaber vorzulegen.» Weiter befahl Watter indirekt, keine Gefangenen zu machen, da es «eine große Belastung der fechtenden Truppe und der Kommandostellen ist, wenn viele Personen festgenommen werden.»[672] Lucas liegt nicht ganz richtig, wenn er schreibt, dies übertreffe alles, «was an derartigen Geheimbefehlen seit der Entfaltung der Konterrevolution im Jahre 1919 ergangen war».[673] Noch war Watter nicht ganz beim Noske/Pabst-Terrorbefehl vom März 1919 angelangt, jeden mit der Waffe in der Hand Angetroffenen erschießen zu lassen. Das kam noch.

672 Zitiert nach Lucas, Märzrevolution 1920, Bd. 1, S. 307f.
673 Lucas, Märzrevolution 1920, Bd. 1, S. 308f.

Berlin – Die Stunde Legiens und der Gewerkschaften?

Wie wir wissen, haben die großen Gewerkschaften der Arbeiter (ADGB), der Angestellten (AfA) und der Beamten es am 18. März abgelehnt, den Streik sofort abzubrechen. Ihre Forderungen: Rücktritt Noskes, unzuverlässige Truppen entfernen und entwaffnen, Neuorganisation der Truppen, um einen Putsch unmöglich zu machen und «entscheidende Mitwirkung bei der Neuordnung der Verhältnisse».[674]

Die Gewerkschaft der Angestellten (AfA) allein ging sogar noch weiter:

«1. Fort mit der Militärdiktatur!
2. Sofortige Zurückziehung der Truppen und ihre Entwaffnung!
3. Übertragung des Sicherheitsdienstes an die organisierte Arbeitnehmerschaft!
4. Entscheidende Mitwirkung der Gewerkschaften bei der Neuordnung der Verhältnisse!

Wir streiken nicht umsonst! […] Der Generalstreik geht weiter!»

Allein die Erfüllung diese vier Punkte hätte genügt, die Reichswehr zu zerschlagen, die «Hamburger Punkte» durchzusetzen und eine sozial gerechtere Gesellschaft aufzurichten. Hätten sich die Reichswehrführung und die Reichswehr geweigert, hätte die Fortführung des Generalstreikes aller «Arbeitnehmer» und die geballte bewaffnete Macht der Arbeiter im Ruhrgebiet, in den Industriegebieten Mitteldeutschlands, ja in Städten wie Leipzig, Dresden und auch in Thüringen, Mecklenburg, wo immer noch gekämpft wurde, im Verein mit einer Arbeiterregierung aus neuen Kräften der SPD und USPD (vielleicht sogar KPD) die Arbeiter in Süddeutschland, in Hessen dazugewinnen und den militaristischen Spuk beenden können. Noch war die kompromittierte Regierung in Stuttgart, aß Saitenwürstchen, Kartoffelsalat und trank Trollinger. Noch hätte man nicht nur Noske, sondern auch Ebert in Pension schicken können.

Legien als Kopf des ADGB, Legien, Mitglied des Reichstages und der SPD, der Mann, der den Burgfrieden im Weltkrieg mitgetragen hatte, der im November 1918 den Pakt mit Stinnes, das Arbeitsgemeinschaftsabkommen (Stinnes-Legien), geschlossen und damit die

674 Aufruf aller drei Verbände vom 18.3.1920, Könnemann/Schulze (Hrsg.), 2002, Dok. 201, S. 270.

Sozialisierung verhindert hatte, klang nun plötzlich ganz anders: «Die Regierung kommt nicht zurück, wenn die Forderungen [der Gewerkschaften] nicht erfüllt werden.»[675]

Schon am 17. März 1920 hatte er behauptet, dass «gegen den Willen der Gewerkschaften sich in Deutschland keine Regierung mehr als 24 Stunden halten könnte».[676]

Und wo hatte er das gesagt? Im Gewerkschaftshaus am Berliner Engelufer und zwar gegenüber Vertretern der USPD. Denn Legien hatte das Zentralkomitee der USPD an diesem Tag eingeladen. Erst war die Einladung abgelehnt worden, schließlich gingen Wilhelm Koenen und Rudolf Hilferding doch zu Legien. Und Legien machte ihnen das Angebot einer gemeinsamen Arbeiterregierung: SPD und USPD plus Gewerkschaften, sogar die KPD wurde in Erwägung gezogen. Koenen und Hilferding (der eher zögerlich) stimmten zu, man müsse das Vakuum - Kapp weg, Regierung Ebert-Bauer noch in Stuttgart - nutzen. Doch sie wollten erst das Zentralkomitee fragen.

Das erteilte den beiden eine Abfuhr. Arthur Crispien vom rechten Flügel wollte sich unter keinen Umständen «mit den Arbeitermördern»[677] an einen Tisch setzen und Ernst Däumig vom linken Flügel drohte sogar mit Parteiausschluss. So wurde Legiens Angebot abgelehnt bzw. gar nicht beantwortet. Als Crispien kurz danach umschwenkte und mit Dittmann nochmals zu Legien ging, hatte der schon mit Schiffer in Richtung auf eine Koalitionsregierung gesprochen. Eine historische Chance war vertan.

Wilhelm Dittmann und Arthur Crispien (rechts), 1930 wieder in der SPD

Die Reichswehr hätte mindestens zerschlagen sowie die Verfassung

675 Nachlass Südekum, BA-KO, Nr. 121, zitiert nach Eliasberg, Ruhrkrieg, S. 153, Anm. 27.

676 So Koenen, der an der Sitzung teilnahm, nach Eliasberg, Ruhrkrieg, S. 153, Anm. 26.

677 Koenen, nach Könnemann/Krusch, Aktionseinheit, S. 312.

geändert werden können und falls es, wie einige vermutet hatten, durch eine Weigerung der Militärs zum Bürgerkrieg gekommen wäre, hätten die Truppen der Reaktion nicht nur waffenmäßig, sondern gegen eine vereinigte Arbeiterregierung und gegen die bewaffnete Arbeiterschaft sowie gegen die Angestellten und Beamten auch psychologisch keine Chance gehabt. Sie wären erodiert, wie Teile der Freikorps ja schon bei den ersten Kämpfen gegen die Arbeiter erodiert waren.

Wilhelm Pieck (KPD)

Die KPD erfuhr übrigens erst Tage nach dem Angebot Legiens an die USPD davon, auch hier gab es heftige Kämpfe innerhalb der Führung. Wilhelm Pieck schlug vor einzutreten. Die angestrebte Diktatur des Proletariats sollte – wie im Ruhrgebiet – zurückgestellt werden. Erst wurde der Vorschlag abgelehnt, dann konnte sich Pieck am 23. März durchsetzen, aber da war es längst zu spät.[678]

Legien stellte sodann am 18. März 1920 ein Neunpunkteprogramm auf. Die Forderungen der Gewerkschaften, die sich hier wenigstens zeitweise gegen Ebert, Noske, Bauer und Heine stellten, waren durchaus sinnvoll:

1. Entscheidender Einfluss der drei Verbände auf die Regierung und die wirtschafts- und sozialpolitische Gesetzgebung
2. Entwaffnung und Bestrafung der Putschtruppen und aller Beteiligten
3. Sofortiger Rücktritt Noskes
4. «Reinigung» der Verwaltungen
5. Demokratisierung der Verwaltungen plus Mitbestimmung der drei Gewerkschaften
6. Ausbau der Sozialgesetze

678 Zentrale der KPD über die Bildung einer Arbeiterregierung, vom 23.3.1920, Könnemann/Schulze (Hrsg.), 2002, Dok. 264, S. 371f. und Anm. 1; Könnemann/Krusch, Aktionseinheit, S. 347f.

7. Sofortige Sozialisierung des Bergbaus. Übernahme des Kohlen- und Kalisyndikates durch das Reich
8. Enteignung von Grundbesitzern, die Sabotage bei Lebensmittellieferungen betrieben.
9. Auflösung aller konterrevolutionären-militärischen Formationen, Übernahme des Sicherheitsdienstes durch die organisierte Arbeiterschaft.

Das System Ebert/Noske/Reichswehr bzw. Severing/Watter stand kurz auf der Kippe.

Dann verhandelte Legien als Chef des ADGB und mit ihm die Chefs der AfA und der Beamten in Berlin am 18. und 19. März mit Schiffer, der ja nicht nur mit Kapp/Lüttwitz verhandelte, sondern ihnen auch Versprechungen gemacht hatte, und der preußischen Regierung, darunter die dagebliebenen Paul Hirsch und Südekum (beide SPD), sowie dem Parteivorsitzenden Wels (SPD). USPD und KPD waren nicht dabei. Trotzdem enthielten die Forderungen der Gewerkschaften noch die nach einer reinen Arbeiterregierung: Abbruch des Generalstreiks erst, wenn das Kabinett («bisher arbeiterfeindliche Regierung») völlig neu aus sozialdemokratischen Arbeitern gebildet («Verfassungsänderung»), alle meuternden Truppen aufgelöst und entwaffnet seien, Arbeiter in die Truppen hineinkämen, sowohl alle Freiwilligenverbände und Einwohnerwehren als auch die Technische Nothilfe aufgelöst und der Ausnahmezustand aufgehoben worden seien.[679]

Es kam schließlich zu einer Vereinbarung am 20. März zwischen den Vertretern der freien Gewerkschaften (ADGB, AfA, Beamten, zusammen zehn Beteiligte), den Vertretern der Koalitionsparteien und der preußischen Regierung. Beteiligt waren 26 SPD-Männer, darunter prominente Parteirechte wie Konrad Haenisch, Ernst Heilmann, Hirsch, Paul Göhre und Wels, sowie 12 DDP- und 7 Zentrumsabgeordnete.

Abgeschwächt wurden die neun Punkte, jetzt nur noch acht, akzeptiert. Von einer reinen Arbeiterregierung, wie von Legien noch zwei

679 Verhandlungen zwischen Regierungsmitgliedern, Koalitionsparteien und freien Gewerkschaften, vom 18 und 19.3.1920, Könnemann/Schulze (Hrsg.), 2002, Dok. 211, S. 278–292; auch abgedruckt als «Niederschrift über Verhandlungen zwischen Mitgliedern der Preußischen Regierung, der Reichsregierung, Vertretern der Mehrheitsparteien und der Gewerkschaften am 18.3.1920 im Preußischen Staatsministerium», AdR, Kabinett Bauer, Dok. 204, S. 711–725. https://www.bundesarchiv.de/aktenreichskanzlei/1919-1933/0000/bau/bau1p/kap1_2/kap2_206/para3_1.html (Abgerufen: 26.10.2019)

Tage zuvor gefordert, war jetzt keine Rede mehr. Der Einfluss der Gewerkschaften sollte «unter Wahrung des Rechts der Volksvertretung» geregelt werden. Die Sozialisierungskommission sollte die Sozialisierung regeln (was sie nie wirklich tat) und sofort zusammentreten, was auch nicht geschah. Und die Enteignung der Grundbesitzer bei Sabotage entfiel ebenfalls. Dies reichte Legien und den anderen beiden Gewerkschaften, um den Streik am 22. März für beendet zu erklären. Die USPD, die versagt und sich auch in dieser Lage vollkommen überschätzt hatte - Crispien trat bei einem Gespräch mit dem zurückgekehrten Noch-Reichskanzler Bauer reichlich arrogant auf -, forderte die Fortführung des Generalstreiks. Die KPD auch. Teils wurde er auch weitergeführt. Doch spätestens am 22. März war er im Reich zu Ende, eine einmalige Chance vertan. Am 20. März kehrten Ebert und die Regierung gestärkt von württembergischen Wein und schwäbischen Kartoffelsalat zurück und das einzige Zugeständnis war, dass Noske (nach langem Widerstand Eberts) gehen musste, ebenso der durch Zugeständnisse gegenüber den Putschisten kompromittierte Schiffer. Auch Bauer wurde durch Müller ersetzt, in Preußen mussten Heine und Hirsch ihren Hut nehmen. Sonst blieb alles beim Alten und keine einzige andere Forderung der Gewerkschaften erhielt die Zustimmung. Im Gegenteil, die von den Putschisten verlangten Wahlen wurden schon im Sommer 1920 angesetzt (eineinhalb Jahre nach den ersten) und die Wahl des mächtigen Reichspräsidenten dem Volk zugestanden, das sich fünf Jahre später für Hindenburg entscheiden sollte. Eigentlich eine einzige Katastrophe. Legien hatte versagt und die USPD wieder - und dieses Mal zum letzten Mal - eine historische Chance vertan. Doch was geschah zur gleichen Zeit im Ruhrgebiet?

Organisation an der Ruhr

Räte ohne Rätesystem

In Hagen hatte sich ein Zentralrat gebildet, der versuchte, die Räte des Ruhrgebietes zu koordinieren.[680]

Die Herrschaft der Räte im Kohlenpott war in der Regel sehr moderat und von wirklichen Sowjets weit entfernt. Schon gar nicht handelte es sich um Bolschewismus, denn jedes Einparteiensystem und jeder Terror war den Vollzugsauschüssen fern. Die meisten kontrollierten nur - wie schon gesagt - die alte Verwaltung, auch die Bürgermeister blieben im Amt. Wie sah es bei den Betriebsräten aus? Tatsächlich wurde auch hier in der Regel zwischen politischen Betriebsräten und wirtschaftlichen Räten unterschieden. Letztere zu installieren, wurde meist auf die lange Bank geschoben. Also gab es meist keine Eingriffe in die Kapitalmacht, niemand wurde enteignet. Auch in Essen, wo die KPD das Sagen hatte, wurde selbst nach der Eroberung keine Arbeiterselbstverwaltung oder Ähnliches installiert. Man wollte zwar weit über das schwache Betriebsrätegesetz hinausgehen, wir erinnern uns, dass es vor dem Reichstag bei einer Protestdemonstration zahlreiche Tote gab, aber auch das schoben die Kommunisten auf später. Allein in Mülheim und Dortmund wurden unter der Ägide der Syndikalisten wirtschaftliche Betriebsräte installiert, die in den Betrieben das Sagen haben sollten.[681] Der Lohn wurde allgemein erhöht, wie von vielen Seiten gefordert, und der Lohn der Frauen auf drei Viertel der Männer angehoben, aber nicht völlig angeglichen. Frauen mussten ihren Arbeitsplatz «heimkehrenden» Männern überlassen. Amelie Schaumann war die einzige Frau, die bei den Räten etwas zu sagen hatte. Von Emanzipation sprach kaum noch jemand. Nun, die Räte im Pott hatten auch nur 14 Tage Zeit, ein anderes Leben zu leben und sicherlich wäre andernfalls die Basis- und Rätedemokratie weiter fortgeschritten und es wäre auch zu Vergesellschaftungen von unten und zu mehr Beteiligungen von Frauen gekommen. Wobei die Frage der absoluten Gleichberechtigung wie die des zentralen Planes und wie der von unten bestimmt wird auch hier noch nicht auf der Tagesordnung stand.

680 Zur «Herrschaft» der Arbeiter im Ruhrgebiet siehe auch Gleising, Kapp-Putsch, Bd. I, S. 76–94.

681 Klan/Nelles, Rheinische Anarchosyndikalisten, S. 77.

Abteilung der Roten Ruhrarmee (Filmstill)

Die Rote Ruhrarmee

Auch die Rote Ruhrarmee hatte wie die Räte mindestens zwei Zentren, eines in Hagen und eines in Mülheim. Doch wie war sie konkret aufgebaut? Da sie spontan entstanden war und nicht von oben diktiert oder erzwungen, entsprach sie nicht dem, was z. B. eine preußische Armee ausmacht: Drill, Demütigung, totale Unterordnung. Es gab zahlreiche junge Männer unter ihnen. Etwa in Oberhausen musste der Aufnahmewillige mindestens ein halbes Jahr in einer linken Organisation tätig gewesen sein und sollte mindestens 22 Jahre, höchsten 45 Jahre alt sein und auch keine Vorstrafen haben.[682] Tatsächlich waren die meisten Mitglieder Arbeiter und davon die meisten Bergleute. Die von der Polizei erstellte Totenliste der Kämpfer von Pelkum weist 79 Tote auf, davon 52 Bergleute, 16 andere Arbeiter und ansonsten Handwerker und Helfer.[683] Die von Gleising und Pfromm aufwändig erarbeitete Totenliste der «Märzgefallenen aus dem Rheinisch-Westfälischen Industriegebiet» weist 791 getötete Menschen auf (siehe Anhang), ist aber nicht nur was die Anzahl, sondern auch was die Berufe angeht – nach 90 Jahren – erwartungsgemäß lückenhaft. Wo der Beruf festgestellt werden konnte, überwiegen klar die Bergmänner, gefolgt von den sonstigen Arbeitern und den Handwerkern.[684]

682 Lucas, Märzrevolution 1920, Bd. 2, S. 68.
683 Lange, Schlacht bei Pelkum, S. 175f.
684 Gleising, Kapp-Putsch, Bd. III, S. 9–38.

Frauen durften nur als Krankenschwestern arbeiten, waren aber so zahlreich, dass ein großer Teil von ihnen nach Hause geschickt wurde. Später war dies ein propagandistischer Angriffspunkt der psychotischen Freikorpsmänner, die in ihnen Huren, «rote Frauen» sahen und sie wie die Männer liquidierten (aber selten vergewaltigten). Die soldatischen Männer warfen ihnen nicht nur vor, Huren, sondern auch bewaffnet zu sein. Was beides äußerst bedrohlich für diese nicht zu Ende geborenen Offiziere und Unteroffiziere - diese soldatischen Männer mit Fragmentkörper, wie es Theweleit beschreibt - erschien. Tatsächlich scheint es aber hier weder Huren noch mit der Waffe kämpfende Frauen gegeben zu haben, Letzteres gab es tatsächlich im Januar und März 1919 in Berlin. Dass es sexuelle Beziehungen zwischen den Kämpfern der Roten Ruhrarmee und den mitziehenden Frauen/Krankenschwestern gab, war Realität, aber eigentlich auch normal.

Krankenschwestern

Der Aufbau der Roten Ruhrarmee ruhte im Großen und Ganzen auf Freiwilligkeit, Militarismus war wohl bis auf Ausnahmen nicht gegeben. Einer der Kampfleiter, Kuhn, gab Richtlinien heraus und setzte sogar die Wählbarkeit der Führer auf die Tagesordnung. Eine Umsetzung der Hamburger Punkte war schon eine Forderung der bürgerlichen Revolutionäre von 1848 gewesen. Ob die Wählbarkeit auch in anderen Einheiten der Roten Armee praktiziert wurde, ist unklar. Lucas stellt fest, dass sich ein «Führer» erst das Vertrauen seiner Männer erarbeiten musste.[685] Auf jeden Fall hatte diese Rote Armee gegenüber der Trotzkis in Russland nicht den rein autoritären Charakter an sich. Und Meinberg meint natürlich als Kommunist, genau deswegen sei sie auch gescheitert. Was aber wohl nicht entscheidend war. Das waren andere Faktoren.

Die Formationen der Roten Ruhrarmee wurden also nach dem Vorbild der Volkswehren aus der Novemberrevolution 1918/19 gebildet, nach lokalen Aspekten oder nach Betriebsbelegschaften. Es entstand ein demokratisches Milizsystem wie es die SPD jahrzehntelang in ihren Programmen gefordert hatte.

685 Lucas, Märzrevolution 1920, Bd. 2, S. 68.

Kämpfer der Roten Ruhrarmee auf dem Weg nach Dinslaken. Im Hintergrund die Synagoge

Die Kompanie, untergliedert in Züge und Gruppen, war die dominierende Strukturform. Von den 100 bekannt gewordenen Kompanien trugen 50 die Namen ihrer Heimatorte, 30 die ihrer Kommandeure und 13 die Namen beliebter Arbeiterführer[686], so z. B. Rosa oder Rosa Luxemburg, Liebknecht, Kurt Eisner und Hugo Haase (alles Ermordete) oder August Bebel.[687] Die Kompaniegröße differierte stark, von 15 bis 347 Mann. Im Schnitt waren es 70, Bataillone oder Regimenter gab es nur selten und dann kurzzeitig für einzelne Kämpfe. Die Gesamtstärke variierte. Auch Angehörige anderer Nationen kämpften mit. So Polen und auch russische Kriegsgefangene. Was zu der absurden Behauptung der Freikorps führte, bolschewistische Führer aus Russland seien dabei.

Transportmittel waren Fahrräder, Lkws, Straßenbahnen, Pferde, Motorräder, Autos und Eisenbahnen.

Die einzelnen Kampfleitungen der Arbeiterwehren entstanden nach dem 17. März 1920, da hatten die Kappisten in Berlin gerade die Segel gestrichen. Zuerst gab es im westlichen Teil welche in Dinslaken, Gladbeck, Hamborn, Hünxe, Marl, Mülheim, Oberhausen, Schermbeck, Sythen, Voerde und Walsum.

Im östlichen Teil gab es Leitungen in Gelsenkirchen, Gevelsberg, Hörde, Kamen, Lünen und Unna. Mehrere Formationen wurden zu Gruppen zusammengefasst, so gab es die Gruppen Bergisches Land, Segeroth, Duisburg, Essen und Hamborn. Im östlichen Ruhrgebiet gab es diverse Gruppen-Kampfleiter, so Walter Meis (USPD), Wilhelm Dieckmann, Karl Stemmer (USPD) und Josef Ernst (USPD). Im westlichen Ruhrgebiet gab es die Kommandeure August Müller (KPD), Karl Wohlgemuth (USPD) und Hans Ficks (KPD)[688] sowie den noch zu behandelnden Fall Gottfried Karusseit.

Die erste militärische Zentrale entstand unter dem Einfluss der USPD-Bezirksleitung mit Beginn der Ruhrgebiets-Kämpfe in Hagen.

686 Dreetz, Gessner, Sperling, Bewaffnete Kämpfe, S. 190.
687 Lucas, Märzrevolution 1920, Bd. 3, S. 80.
688 Dreetz, Gessner, Sperling, Bewaffnete Kämpfe, S. 190f.

Ihr gehörten, wie schon erwähnt, Josef Ernst (USPD), Gustav Gigowski (USPD), Baum (SPD) und Hermann Stenz (DDP) an. Sie war vor allen Dingen im Osten des Ruhrgebietes zuständig.

Abteilung der Roten Ruhrarmee in Dortmund

Eine bedeutende Kampfzentrale bildete der Vollzugsrat in Essen: «Den höheren Kommandostellen stehen Autos, die man bei ihren Vorbesitzern requiriert hat, Telephon und andere Nachrichtenmittel, Meldereiter und Motorfahrer reichlich zur Verfügung. [...] In drei großen Motoromnibussen harrt eine Sanitätskolonne des Abmarschbefehls, meist junge Arbeiterinnen in der kleidsamen Kopftracht des Arbeitersamariterbundes. [...] Und zwischendurch ein ununterbrochenes Kommen und Gehen von Ordonnanzen und Führern. Zwei Zimmer der Stadtverwaltung beherbergen das Abschnittskommando. Im Vorzimmer, in dem sich gleichzeitig auch eines der Werbebüros für die Rote Armee befindet, wird fieberhaft gearbeitet. Hier wird Munition angefordert, Autos sollen beschafft werden, ein Kompanieführer verlangt für seine Leute Schuhzeug, ein anderer klagt über schlechte Verpflegung, ein dritter sucht den Nachweis zu führen, dass er für seine Tätigkeit unbedingt eines Pferdes bedarf. [...] Ins Allerheiligste, wo die beiden Abschnittskommandeure sitzen, wird man nur mit besonderem Ausweis eingelassen», romantisierte ein Journalist der liberalen Frankfurter Zeitung, dem man Zutritt gewährt hatte, die Kampfleitung.[689] Tatsächlich war es eine erstaunliche Leistung, dass aus spontanen Aktionen in wenigen Tagen sich eine Organisation einer Miliz-Armee von 50.000–60.000 Mann, manche sprechen gar von 80.000–100.000 Mann[690] herausbildete. Die Kriegserfahrung, wie die Partei- und Gewerkschaftsarbeit und die Erfahrungen der Novemberrevolution spielten hier den Akteuren in die Hände.

689 Lucas, Märzrevolution 1920, Bd. 2, S. 69f.; ohne Quellenangabe zitieren die Autoren des Militärverlages der DDR Teile dieser Passage, dort heißt es «schludrige», statt «schlechte Verpflegung», Dreetz, Gessner, Sperling, Bewaffnete Kämpfe, S. 191.

690 Ebd., S. 189.

Erst am 26. März 1920, viel später als in Hagen, entstand auch eine Zentralleitung für das westliche Ruhrgebiet.

Der im Kampf getötete «Dudo» Müller

Die Kampfleiter der Roten Ruhrarmee waren grundsätzlich radikaler als die politischen Vorsitzenden der Vollzugsausschüsse, auch die der KPD in Essen. Der Kampfleiter der «Radikalen» im Westen (Mülheim, Duisburg, Hamborn), August Müller, genannt Dudo, war jedoch ein Linkskommunist und kein Syndikalist, wie Lucas herausarbeitete.[691] Er wollte mit der Eroberung der Festung Wesel den Kampf rein militärisch, nicht politisch gewinnen. Ein «linker Militarist», wie ihn Pieck, Levi und Ernst nannten[692], der bis zum Schluss kämpfen wollte und schließlich am 31. März 1920 im Kampf starb. Dies unterschied die Linkskommunisten von den Syndikalisten, die im Betrieb und politisch, nicht allein militärisch, die Macht erkämpfen wollten.[693] Dies vor allen Dingen in den Betrieben sogleich und ohne Aufschub, im Gegensatz zur KPD und USPD. Die Syndikalisten in Mülheim und Hamborn jedoch konnten, wenn der Kampf aussichtslos war, auch zurückstecken und wollten nicht sinnlose Opfer bringen.

Der Versuch der KPD, darunter auch Pieck, den Zentralrat in Essen als Gesamtleitung der Roten Ruhrarmee zu installieren, scheiterte. Dies verschärfte die Schwierigkeiten der kommenden Tage.

Die Versorgung mit Ausrüstung, Kleidern, Waffen und Lebensmitteln war nicht einfach. Zumal die Regierung in Berlin und die ostelbischen Großgrundbesitzer die Zufuhr von Lebensmitteln unterbanden. Das Ruhrgebiet war sowieso keine Kornkammer und immer auf Einfuhren angewiesen, der Krieg hatte zu großem Hunger und vielen Hungertoten geführt und jetzt, wo die Weimarer Koalition die Blockadepolitik der Engländer, die sie während des Weltkrieges so sehr verurteilte hatte, selbst auf die eigenen Landsleute anwandte, war es doppelt schwer. Die Aktionsausschüsse versuchten, die Engpässe durch

691 Lucas, Märzrevolution 1920, Bd. 3, S. 142f.
692 Ebd., S. 143.
693 Klan/Nelles, Rheinische Anarchosyndikalisten, S. 89.

eine strenge Kontrolle der Lebensmittelverteilung zu überwinden. Beschlagnahmungen von Lebensmitteln auf eigene Faust waren verboten. Lebensmittel durften nur auf Anweisung ausgegeben werden. Anforderungen mussten vom Vorsitzenden des jeweiligen Aktionsausschusses und in einigen Städten (Barmen, Bottrop, Recklinghausen) noch von einem Mitglied des Magistrats unterzeichnet sein. Man ließ Lebensmitteldepots anlegen. Spenden halfen und in einigen Städten wurden für die Rote Armee Versorgungsstellen eingerichtet.

Löhnung für die Kämpfer musste es auch geben. In einigen Gegenden zwangen die Ausschüsse Kapitalisten, die im Kampf stehenden Werktätigen zu entlohnen. Spenden wurden eingefordert, Anleihen aufgenommen. In manchen Orten wie Dortmund zahlten die Sparkassen den Lohn. Insgesamt mussten die Banken hohe Summen bereitstellen, zwischen 120.000 und einer Million Mark.[694] Manche Bank hatte ihren Bargeldbestand fortgeschafft, um Beschlagnahmungen unmöglich zu machen. Aber im Wesentlichen erhielten die Rotgardisten ihren Lohn, wenn auch lokal unterschiedlich hoch. Es gab zwischen 30 und 74 Mark täglich. Ziemlich guter Lohn, aber uneinheitlich, und an der Front waren die Beträge hoch, im Hinterland niedriger.[695] Die meist aus den drei Arbeiterparteien bestehenden Vollzugsräte unterstützten die Rote Armee, doch es gab durchaus auch Spannungen.

Die Bewaffnung der Roten Armee war einfach. Es gab nur wenig schwere Waffen: 10 Geschütze, 50 Minenwerfer, ca. 700 Maschinengewehre, mehr als 60.000 Gewehre und 10.000 Handgranaten. Uniformen existierten nicht, Zivilkleidung war angesagt mit roter Armbinde oder einer roten Schleife an der Kopfbedeckung.

Der «politisch-moralische Faktor»[696] war enorm. Die Kämpfer kämpften für ein besseres Leben, ohne Stiefel im Gesicht, Demütigung, Ausbeutung und Unterdrückung.

Sogar einen Eid gab es: «Ich schwöre auf das Programm der revolutionären Arbeiterschaft, daß ich die hohen heiligen Ideale für Freiheit, Gleichheit und Brüderlichkeit mit meinem Herzblut erkämpfen will. Die mir vorgelesenen Paragraphen des Reglements sollen mir stets als Richtschnur meines Handelns dienen. Es lebe der Sozialismus! Menschenrecht wer Menschenantlitz trägt.»[697]

---

694 Lucas, Märzrevolution 1920, Bd. 3, S. 92.
695 Ebd., S. 89.
696 Dreetz, Gessner, Sperling, Bewaffnete Kämpfe, S. 194.
697 Ebd.

Erbeutete Kanone mit Kreide-Aufschrift «Tod und Leben»

Die politischen, organisatorischen und militärischen Leistungen waren enorm. Eine Armee war nicht aus dem Boden gestampft worden, sondern hatte sich in Windeseile gefunden, organisiert und eine Leitung gegeben. Es war eine «Levée en Masse». Die größte und demokratischste Arbeiterarmee, die es in Deutschland je gegeben hat.

Die Abkommen

Das Bielefelder «Abkommen»

In der Zwischenzeit hatte sich im Norden des Ruhrgebietes eine Art Front entlang der Lippe gebildet. Meist südlich davon lag die Rote Ruhrarmee, nördlich davon Reichswehreinheiten, Freikorps und Sipo. Münster als Stadt des Oberkommandos war unbehelligt, die Festung Wesel im Nordwesten von der Roten Ruhrarmee belagert.

Severing stand unter Druck. Das wichtigste Industriegebiet des Reiches war in der Hand der Arbeiter, die alte/neue Regierung in Berlin stand noch unter dem Einfluss der Gewerkschaften, wollte aber nicht verhandeln, wie sie angeblich auch nicht mit Kapp verhandelt hatte. Watter und die unbehelligt gebliebenen Einheiten der Reichswehr sammelten sich und er machte Druck, das Gebiet zurückzuerobern. Die Alliierten verlangten die Umsetzung des Versailler Friedensvertrages, der eine weitere starke militärische Besetzung der 50-Kilometer-Zone östlich des Rheins durch deutsches Militär verbot. Severing selbst machte es sich zum Ziel, die Arbeiter und die Arbeiterarmee zu spalten. Ihm kam dabei zupass, dass die Zentrale in Hagen keine Macht über die Linkskommunisten und Syndikalisten in Münster, Hamborn und Dortmund hatte. Konnte er die Mehrheit im Osten des Ruhrgebietes von der Minderheit im Westen trennen, war es ein Leichtes Letztere zu schlagen. Außerdem brauchte die Reichswehr noch Zeit sich zu sammeln, bis Truppen aus dem Süden und aus dem Osten, wo sie ja noch in Kämpfe verwickelt waren, herangeschafft werden konnten. Die Strategie der Spaltung von Widerstand oder Bewegungen wird bis auf den heutigen Tag – ganz unabhängig davon, dass es hier nicht um bewaffnete Auseinandersetzung geht – praktiziert. Siehe z. B. die Antiatombewegung und in jüngster Zeit «Fridays for Future», «Extinction Rebellion» und «Ende Gelände» sowie «Sand im Getriebe». Die einen werden unter Zugeständnissen oder nicht einzuhaltenden Versprechungen integriert, die anderen kriminalisiert und bekämpft. In der historischen Situation im März 1920 hieß dies, den «gutgesinnten Teil der Arbeiterschaft von denen zu trennen, denen es nicht auf die Abwehr des Kapp-Putsches ankam».[698] Also die Mehrheit herüberzuziehen, notfalls zu bluffen, die anderen mit Gewalt bzw. Terror und Tod zu erledigen, somit alle dadurch zu demoralisieren.

Am 21. März 1920 rief Severing zur Konferenz nach Bielefeld, weit ab vom eigentlichen Kampfgebiet. Von vorneherein ablehnend zeigten sich die Linkskommunisten und Syndikalisten aus Mülheim und Oberhausen. Sie wollten sich einer solchen Abmachung nicht beugen und vertrauten auf ihre angebliche Übermacht. Auch die Kampfleitung vor Wesel war nicht da. Gleichwohl beteiligten sich vier Kommunisten aus Essen, Elberfeld und Barmen an den Beratungen. Nicht dabei waren die gewählten Betriebsräte und Vertreter der Roten Armee. Stemmer erschien zwar, hatte aber keine Vollmacht. Jedoch gab es Vollzugsräte aus dem Raum Hagen und dem Bergischen Land, überhaupt dem Osten des Potts, die allerdings unter ganz anderen Bedingungen gewählt worden waren. Es fehlten die Vollzugsräte aus Dortmund und der westlichen Städte Mülheim, Duisburg und Oberhausen. Dafür kamen zwei aus

Johannes Giesberts (Zentrum)

698 Rede Severings vor Pressevertretern, zitiert nach Illustrierte Geschichte der Deutschen Revolution, Hamburg 1929, S. 501; [Reprint 1970]. Ich danke Karl Schweizer für die Überlassung des Originalbuches aus dem Nachlass von Anna Starke, Lindau.

Otto Braun (SPD)

Essen sowie SPD- und USPD-Vertreter. Aus Hagen erschienen noch zwei DDP- und zwei Zentrums-Vertreter, die am 21. März aus dem Hagener Ausschuss unter scharfer Kritik an diesem ausgetreten waren,[699] und die Bürgermeister von Duisburg, Recklinghausen und Hagen. Auf der anderen Seite die Minister Johannes Giesberts (DDP) und Otto Braun (SPD) sowie Severings Assistent Ernst Mehlich. Watter schickte nur zwei Beobachter, er wollte nicht verhandeln.

Severing, 1914 ebenfalls Anhänger des Burgfriedens und des Weltkrieges, gab im März 1920 vor Pressevertretern das Manko seiner Politik und das der sozialdemokratischen Führung völlig verdreht zu: «Wir können nicht jetzt – fünf Minuten vor zwölf – die Reichswehr reformieren, wo wir jeden Mann gebrauchen.»[700] Man fragt sich, warum haben sie es nicht um elf Uhr getan oder um neun Uhr, nämlich während der Novemberrevolution, wie vom Reichsrätekongress, ihren eigenen Parteisoldaten, im Dezember 1919 gefordert (Hamburger Punkte)?

Severing hielt am 23. März 1920 zur Eröffnung der Konferenz[701] zunächst eine scharfe Rede, in der er einerseits Watters und dessen «Ordnungs-Haltung» (die ja in Wahrheit eine Putschhaltung war) in Schutz nahm, eine demokratische Reichswehr versprach und mit den acht Gewerkschaftspunkten lockte.[702] Gleichzeitig erklärte er die Zentrale in Hagen für verfassungswidrig und forderte praktisch die totale Kapitulation.[703] Auch Giesberts stieß ins gleiche Horn, log, sie hätten nicht mit Kapp verhandelt, also würden sie auch nicht mit ih-

699 Lucas, Märzrevolution 1920, Bd. 3, S. 61.

700 Colm, Ruhraufstand, S. 110.

701 Am ausführlichsten ist sie beschrieben bei Lucas, Märzrevolution 1920, Bd. 3, S. 60–91, bei Spethmann, Ruhrtagebau, Bd. II, S.150ff. und bei Colm, Ruhraufstand, S. 113ff. sowie Eliasberg, Ruhrkrieg, S. 173–182.

702 Lucas, Märzrevolution 1920, Bd. 3, S. 63.

703 Eliasberg, Ruhrkrieg, S. 177.

nen verhandeln[704], lockte ebenfalls mit den acht Punkten (die keiner in der Regierung befolgen wollte), versprach, die Putschisten unnachsichtig zu verfolgen - wie das Versprechen ausging, haben wir schon gesehen - und phantasierte, sie hätten eine republikanische Reichswehr. OB Cuno widersprach, stellte klar, dass sie im Ruhrgebiet keine Truppen angefordert hätten nach dem Putsch und dass Lichtschlag Kappist gewesen sei, wie die Funde aus der Kiste Lichtschlags bewiesen. Auch das wollte Giesberts nicht glauben und fügte noch hinzu, der neue Reichswehr-Oberbefehlshaber Seeckt sei von der Sozialdemokratie sehr geschätzt. Braun verstieg sich sogar zu der Behauptung, wer zu den Waffen gegriffen hätte, um für die Verfassung zu kämpfen, der habe gegen Truppen gekämpft, die auch für die Verfassung kämpften. Die beiden Kommunisten aus Essen gingen nach dieser Rede.[705] Ludwig antwortete ebenfalls scharf bzw. in großer Erregung und rief aus: «Die Bewegung ist nicht aufzuhalten, das Rad rollt im Ruhrrevier. Die Reichswehr muss fort, bis auf den letzten Mann. […] Auch Noske und Bauer müssen fort.» Ziel sei nicht die Räterepublik. Aber er wusste genau, was ihnen drohte: «Die Reichswehr will alle die Waffen tragen abmurksen.» Ein prophetischer Ausspruch. Schließlich: «Lieber der Entente [den Alliierten, K.G.] ausgeliefert als den ostelbischen Junkern!»

Konrad Ludwig (USPD)

Braun fragte, warum sie «noch weitermarschiert» seien, nachdem Kapp geflohen sei, was einen Zentrums-Vertreter sofort veranlasste zu erklären, die christlichen Gewerkschaften seien in dem Moment ausgetreten.

Walter Oettinghaus von der USPD forderte: «Die Reichswehr muss aufgelöst werden - damit wird noch nicht gegen die Verfassung ver-

704 Spethmann, Ruhrbergbau, Bd. II, S. 152; Lucas, Märzrevolution 1920, Bd. 3, S. 64.

705 Lucas, Märzrevolution 1920, Bd. 3, S. 66.

Walter Oettinghaus (USPD)

stoßen. An Stelle der Reichswehr fordern wir Volksbataillone.» Wieder die alte Forderung nach einer wirklichen Volksarmee (wie im Erfurter Programm der SPD von 1891 und in den Hamburger Punkten). Gleichzeitig war ihm klar, dass sie keine Chance hatten und er flüchtete verzweifelt in einen Fatalismus: «Ein Sieg der Regierung wäre unsere Niederlage, aber unsere Niederlage wäre auch die Ihrige, die Niederlage Deutschlands.»[706] Und er drohte mit der Sprengung der Schachtanlagen und dem darauffolgenden Einmarsch der Alliierten. Die Diskussion wurde immer erregter. Die Minister gaben erneut stur an, sie seien nicht zum Verhandeln da. OB Cuno forderte den Rückzug der Reichwehr, da schon in der wilhelminischen Zeit die Armee einen Bogen ums Ruhrgebiet gemacht habe.

Nachdem einige über die Gräueltaten der Freikorps berichtet hatten, war Giesberts offensichtlich beeindruckt. Er wollte sich jetzt sogar an den Verhandlungstisch setzen – und bekam dafür später Schwierigkeiten mit seiner Partei. Dafür log er abends die Konferenz an, er habe im Telefonat mit der Regierung in Berlin darum gebeten, dass der Reichswehrminister in Berlin Münster die Anweisungen gebe, die militärischen Operationen zu stoppen.[707] Auch Severing war jetzt klar, dass er irgendeinen Kompromiss schließen musste, wollte er sein Spaltungsansinnen durchbringen. Ob man den Kompromiss dann halten würde, war eine andere Frage. Andrerseits waren Watter und die Reichswehr die eigentlichen Antreiber hinter Severing und drohten, ihm zu entgleiten. Das hatten die Vollzugsräte auf einer Konferenz in Hagen festgestellt. Dies kam aber in Bielefeld gar nicht mehr zur Sprache. Ein konservativer Bürgermeister nahm den Vertreter Watters zur Seite und fordert, den sofortigen Einmarsch der Reichswehr. Hauptmann Havenstein antwortete, dass die Truppen noch zu schwach seien, aber

706 Zitiert nach Lucas, Märzrevolution 1920, Bd. 3, S. 67f., auch für das Folgende.
707 Lucas, Märzrevolution 1920, Bd. 3, S. 74.

laufend verstärkt würden, weil Severing dafür gesorgt habe, dass die Verstärkungen «durchgelassen würden».

Es bildeten sich zwei Arbeitsgruppen, eine, die die Bedingungen des Waffenstillstands aushandelte, die andere das «Abkommen». Dieses orientierte sich (abgeschwächt) an den 8 Punkten der Gewerkschaften (die eigentlich in Berlin schon Makulatur waren).

Das Waffenstillstandsabkommen besagte: Rückzug der Roten Ruhrarmee südlich der Lippe. Die Reichswehr sollte nördlich bleiben. Da sie südlich gar nicht war, musste sich nur die Rote Armee zurückziehen. Das Abkommen, zusammengefasst:

1. Giesberts und Braun würden sich dafür einsetzen, dass die Personenfrage der neuen Regierung mit den Gewerkschaften abgesprochen würde und diese dann entscheidenden Einfluss hätten.
2. Entwaffnung und Bestrafung der am Putsch Schuldigen
3. Gründliche Reinigung der öffentlichen Verwaltungen
4. Schnelle Verwaltungsreform
5. Schaffung neuer Sozialgesetze
6. Sofortige Sozialisierung der dafür reifen Betriebe – mittels Sozialisierungskommission und sofortige Einberufung derselben (sic!)
7. Auflösung der verfassungsfeindlichen Truppen, Präzisierung: Freikorps Lichtschlag, Lützow und Schulz. [Loewenfeld, Epp, Oberland etc. waren noch nicht da und wurden deswegen nicht genannt. K.G.]
8. Sicherung der Lebensmittelversorgung, evtl. Enteignung
9. Vollzugs- und Aktionsausschüsse stellen mit den Gemeindebehörden Ortswehren auf und regeln die Waffenabgabe innerhalb von zehn Tagen. Ausschüsse werden dann durch die organisierte Beamtenschaft abgelöst.
10. Aufstellung von Ortswehren (3 Mitglieder auf 1000 Einwohner) aus republikanischer Bevölkerung und den organisierten Arbeitern, Angestellten und Beamten. Auflösung der Einwohnerwehren
11. Rückkehr der Arbeiter zur Arbeit. Wiedereinstellung
12. Sofortige Abgabe der Waffen und Munition sowie Heeresgut an die Gemeindebehörden
13. Gefangene sollen bis spätestens 27. März 1920 freigelassen werden.
14. Bei loyaler Einhaltung des Abkommens, kein Einmarsch der Reichswehr ins Rheinisch-Westfälische Industriegebiet
15. Dann auch Aufhebung des verschärften Ausnahmezustands
16. Giesberts trägt der Regierung vor: Kostenübernahme für die Hinterbliebenen und Schäden.

17. Weder den Arbeitern noch den Polizei- und Einwohnerwehren noch den Reichswehrmannschaften dürfen Nachteile entstehen.[708]

Ob es ein wirkliches Abkommen war, das diesen Namen verdient, kann bezweifelt werden, denn die Vertreter der Roten Ruhrarmee im Westen waren draußen, die Regierungsvertreter hatten keine Vollmacht, die Reichswehrbeobachter unterschrieben es nicht und Severing wollte ja eigentlich nur die Spaltung.

Wie auch immer, wäre es umgesetzt worden, hätte es immerhin Ansätze einer Volksbewaffnung (Milizen) gegeben, hätte die Reichswehr nicht einmarschieren dürfen und die Chancen auf soziale Reformen im Ruhrbergbau (Räte) wären gestiegen. Was nicht erreicht wurde und erreicht werden konnte in Bielefeld, weil in allen anderen Landesteilen die Kämpfe zur Ruhe gekommen und die Reichswehr laufen gelassen worden war und weil auch in Berlin keine Arbeiterregierung zustande kam: die Auflösung der Reichswehr, damit faktisch die Umsetzung der Hamburger Punkte und die Zerschlagung des von der SPD-Führung geforderten alten preußischen und neuen vorfaschistischen Militarismus. Das war das große Manko von Bielefeld.

Als zum Ende der Konferenz die Botschaft hereinkam, dass die Rote Ruhrarmee bzw. der radikale Teil weiter Wesel angriff, wäre sie beinahe geplatzt. Unbeachtet blieb dabei, dass die Reichswehr sich nicht an das Abkommen gebunden fühlte und beispielsweise nach Lünen, Richtung Dortmund weiter vorgedrungen war.[709] Die KPD wollte das Abkommen erst ablehnen, doch Pieck, der zwischen Ruhrgebiet und Berlin mehrfach pendelte, sah das Abkommen durchaus positiv, gab sich aber auch der Illusion hin, man könnte immer noch von der Regierung die Auflösung der Reichswehr fordern.[710] Auch Meinberg war für die Annahme.[711]

Die Hagener Zentrale der Roten Ruhrarmee wollte das Abkommen unbedingt einhalten, ebenso die Mehrheit der Räte und Arbeiter im Ruhrgebiet. Doch die Regierung in Berlin reagierte nicht, ließ es absichtlich tagelang in der Schwebe und Ebert sah sich nicht daran gebunden,

708 Bielefelder Abkommen vom 24.3.1920, Könnemann/Schulze (Hrsg.), 2002, Dok. 651, S. 987ff.; Illustrierte Geschichte der Deutschen Revolution, Hamburg 1929, S. 501ff.; [Reprint 1970].

709 Meldungen über den Bruch des Bielefelder Abkommens durch die Reichswehr, vom 25.3.1920, Könnemann/Schulze (Hrsg.), 2002, Dok. 653, S. 991.

710 Lucas, Märzrevolution 1920, Bd. 3, S. 140.

711 Mitteilung Regierungspräsident König, 25.3.1920, Könnemann/Schulze (Hrsg.), 2002, Dok. 653, S. 991.

da ja die Rote Armee Wesel angegriffen hätte und die «Waffenabgabe an die Gemeindevollzugsräte» lehnte er sowieso ab. Die Entwaffnung sollte dann wohl durch die Freikorps und die Reichswehr erfolgen. Wie das ausgehen würde, war Ebert sicherlich klar. Er wollte grundsätzlich das Abkommen – «wie Bauer» – torpedieren. Ebert: «Man muss keine Nahrungsmittel und kein Papiergeld schicken.»[712] Wilhelm Schluchtmann von der SPD stimmte zu: «Aushungern», und Koch-Weser ergänzte «daß aber, wer bei der Truppe [Rote Ruhrarmee!] bleibt, Kommunist ist.» Also zum Abschuss freigegeben war.

Die Regierung wollte sie tatsächlich aushungern, wie dies ja auch Severing schon vorhatte. Auch wurden die Konten der Banken eingefroren.

Der Großteil der Arbeiter, der Roten Ruhrarmee, der USPD und der KPD wollten die Waffenabgabe und alles andere Geforderte durchführen und Kampfleiter Ernst überlegte, die Syndikalisten und Linkskommunisten vor Wesel gar mit Gewalt zu stoppen. Es zeichnete sich ab, dass damit, wie Eliasberg es ausdrückte, «der Hauptzweck des Bielefelder ‹Abkommens› erreicht war, einen Keil in die Rote Armee und in die Ruhrarbeiterschaft überhaupt zu treiben».[713] Tatsächlich glaubten der Zentralrat, der das Abkommen am 27. März 1920 akzeptierte, und die Hagener Aktionsausschüsse, dass die Waffen, wie in Punkt 9 ausgemacht, nicht an militärische oder zivile Regierungsstellen abzugeben, sondern von den Vollzugsräten sicherzustellen seien. Damit wären sie ein «Pfand in den Händen der Arbeiterschaft» geblieben. Und in Mülheim dachte man gar, dass Verhandlungen mit der Regierung bei Fortdauer der Kämpfe möglich seien. Da wie Ebert und Bauer es aber

Bauers Nachfolger Hermann Müller (SPD)

712 Reichsinnenminister Koch-Weser über die Haltung der Regierung zum Bielefelder Abkommen, vom 25.3.1920, Könnemann/Schulze (Hrsg.), 2002, Dok. 284, S. 401.

713 Eliasberg, Ruhrkrieg, S. 197, auch für das folgende Zitat.

Noskes Nachfolger Otto Geßler (DDP)

klar ausgedrückt hatten, das Abkommen regierungsseits abgelehnt wurde, ohne dass man dies aber den Arbeitern im Ruhrgebiet mitteilte, kamen am 28. März 1920 der «neue Besen», der frischernannte Reichskanzler Hermann Müller (SPD), und der neue Reichswehrminister Otto Geßler (DDP) mit einem Ultimatum heraus, das alle Illusionen inklusive der wenigen Zugeständnisse des Bielefelder «Abkommens» zertrümmerte. Verhandlungen aufgrund des Bielefelder «Abkommens» wurden schlicht abgelehnt. Der Versuch, «ohne Anwendung von Gewalt» den Frieden wieder herzustellen, sei gescheitert. Als hätten die Arbeiter den Frieden gestört und nicht die Putschisten und die Reichswehr. Man kann hinzufügen, Frieden war von der Regierung und auch von Severing nie beabsichtigt.

Bis zum 30. März 1920, 12 Uhr, also in knapp 48 Stunden, sollten alle alten «staatlichen Verwaltungs- und Sicherheitsorgane» wieder eingesetzt werden. Weiter: Sofortige Auflösung der Roten Armee. Völlige Entwaffnung der gesamten Bevölkerung [natürlich nicht der Reichswehr und der Freikorps, K.G.], jetzt aber «unter Aufsicht der staatlichen Organe». Der Militärbefehlshaber würde «über Art und Zeit der Durchführung der Entwaffnung»[714] bestimmen.

Und der legte sich gleich richtig ins Zeug. Watter befahl die Abgabe von 4 schweren und 10 leichten Geschützen [die einzige, erbeutete Artillerie der Roten Ruhrarmee, K.G.] sowie 200 MGs, 16 Minenwerfern und 20.000 Gewehren. Dazu kamen 400 Schuss Artilleriemunition, 300 Schuss Minenwerfermunition und 100.000 Schuss Infanteriemunition. Stichtag war hier «großzügig» der 31. März, 12 Uhr mittags. Weniger großzügig der Umgang mit den Vollzugsausschüssen. Sollten die nach dem 30. März, 11 Uhr noch bestehen, wäre das Ultimatum auch nicht erfüllt. Die Rote Armee sollte zudem bis zu diesem Datum aufgelöst,

714 Ultimatum der Reichsregierung an die Ruhrarbeiter vom 28.3.1920, Könnemann/Schulze (Hrsg.), 2002, Dok. 660, S. 997.

auch alle Gefangenen freigegeben werden. Wird «ihnen auch nur ein Haar gekrümmt, gilt die Bedingung als nicht erfüllt».[715] Dass Freikorps und Reichswehr in der Regel keine Gefangenen machten oder diese wenigstens übel zurichteten, spielte hier keine Rolle, denn von Gefangenenaustausch war gar keine Rede. Watters Ultimatum erscheint noch weniger annehmbar, als das der österreichischen Regierung an die serbische Regierung vom Juni 1914, das den Ersten Weltkrieg ausgelöst hatte.

Es war auch unter keinen Umständen in der kurzen Zeit erfüllbar. Das wusste Watter, das wusste Severing. Aber es war jetzt klar, obwohl man Severing zum preußischen Innenminister (das Ruhrgebiet gehörte zu Preußen) ernannt und mit mehr Vollmachten ausgestattet hatte, dass das Militär nun eindeutig den Gang der Dinge bestimmte und nicht einmal mehr Severing. Mit dem Entschluss, «dem Kampf gegen ‹links› den Vorrang gegenüber demokratischen Reformen zu geben», war die Regierung «zu einem Gefangenen der Reichswehr geworden.»[716] Und dies eigentlich bereits seit dem 10. November 1919, seit dem Pakt mit Groener, auch wenn das Militär da noch anders hieß. Nicht einmal der Kapp-Putsch hatte etwas an den Betonköpfen Ebert, Bauer, Müller et al. geändert.

Von Watters Zusatz zum Ultimatum erfuhr der Zentralrat in Hagen übrigens nur durch ein zufällig abgefangenes Telegramm.[717] Im Ruhrgebiet machte sich Entsetzen breit. «Die zerbrochene Einheitsfront der Arbeiterparteien schien im Begriffe zu sein, wiederhergestellt zu werden.»[718] Schon gab es Bestrebungen, die Waffen erneut zu erheben, die Rote Armee (mitten in der Waffenabgabe) neu aufzubauen und auch den Generalstreik erneut auszurufen. Beides wurde versucht und auch teils umgesetzt.

Der Zentralrat in Essen rief erneut den Generalstreik aus, ebenso die Aktionsausschüsse und Räte in Duisburg, Essen, Elberfeld, Barmen, Remscheid und Hagen.[719] Gleising vermutet sogar, dass die Anzahl der Streikenden, insbesondere im Bergbau, fast so hoch gewesen sei wie am 14./15. März 1920.[720]

715 Zusätze General Watters zum Ultimatum der Regierung vom 28./29.3.1920, Könnemann/Schulze (Hrsg.), 2002, Dok. 663, S. 999f.

716 Eliasberg, Ruhrkrieg, S. 198.

717 Colm, Ruhraufstand, S.120.

718 Eliasberg, Ruhrkrieg, S. 200, auch für das Folgende und das KPD-Zitat.

719 Colm, Ruhraufstand, S. 126; Gleising, Kapp-Putsch, Bd. I., S. 92.

720 Ebd., S. 92.

Die Essener KPD dichtete: «Wir kennen keine Parteien mehr, wir kennen nur noch Proletarier.» Und selbst die SPD im Bezirk Niederrhein bekundete in einem Telegramm an die Regierung, dass sie das Ultimatum nicht anerkenne, während die SPD-Bezirksleitung dieser vorwarf, «Schwindelnachrichten» über die Rote Armee zu verbreiten. Was im Übrigen stimmte.

Jetzt forderten ADGB, AfA, SPD, USPD und KPD am 30. März in Berlin von der Regierung:

1. Eine bindende Zustimmung zum Bielefelder Abkommen
2. Die militärischen Maßnahmen im Ruhrgebiet aufzuheben.
3. Watter abzuberufen.[721]

Jetzt hätte vor allem auch in Berlin die Möglichkeit bestanden, bei Nichterfüllung den Generalstreik wieder aufzunehmen. Die Bereitschaft war groß, aber sowohl die USPD als auch die KPD unter Pieck – der wieder nach Berlin gekommen war – versäumten es in unfassbarer Hybris, dies durchzuführen. Pieck reiste zurück ins Ruhrgebiet, ohne dass er die Antwort aus Berlin abwartete. Die Regierung vereinbarte jetzt nur mit dem ADGB und ausweichend:

1. Aufrührer sei nur der, der bis zum 2. April seine Waffe nicht abgebe.
2. In den Orten, in denen die «Waffenniederlegung» zum Termin erfolge, werden keine Standgerichte eingesetzt bzw. solche aufgehoben.
3. Der Reichsregierung liege kein Material gegen Watter vor.[722]

Kein Wort zum Bielefelder «Abkommen». Und für Standgerichte gab es, wie schon mehrfach erläutert, keine Gesetzesgrundlage, welche die Weimarer Verfassung aber forderte. Aber selbst die alten Regeln für Standgerichte sollten kurz darauf nicht mehr eingehalten werden. Und an Watter klammerte sich die Regierung bis zum Schluss, obwohl alle wussten, dass er sich bei Bekanntwerden des Putsches nicht für die geflohene Regierung erklärt hatte.

Außerdem hielt sich die Regierung in keinem Punkt an die 8-Punkte-Abmachung mit den Gewerkschaftern, die USPD hatte sich zu spät zur Regierungsbeteiligung gemeldet und allgemein herrschte in den Berliner Arbeitergremien eine Überschätzung der eigenen Macht, aus dem erfolgreichen Generalstreik vom 15.–22. März heraus.

---

721 Forderungen von AfA, SPD, USPD und KPD, Könnemann/Schulze (Hrsg.), 2002, Dok. 668, S. 1004, Anm. 1.

722 Vereinbarung zwischen Reichsregierung und ADGB, Könnemann/Schulze (Hrsg.), 2002, Dok. 668, S. 1004.

An der Ruhr machte sich Kampfmüdigkeit breit, eine Hungersnot drohte. Man kündigte den Generalstreik an, wollte aber die Bielefelder Beschlüsse einhalten und die immer noch vor Wesel liegenden Angreifer der Roten Armee «lokalisieren». Eine Delegiertenkonferenz in Essen mit USPD, SPD und KPD, an der auch Paul Levi teilnahm, versuchte das Bielefelder «Abkommen» mit dem Regierungsultimatum zu verbinden. Auch wurde behauptet, die Kampfleitung der Roten Armee (also auch die vor Wesel) würde sich einem Beschluss des Zentralrates unterwerfen. Und OB Cuno argumentierte gegenüber der Regierung, dass durch das Müller-Watter'sche Ultimatum der Zerfall der Roten Armee nochmals aufgehalten worden sei. Er warnte: «Die Arbeiterschaft ist überzeugt, dass der weiße Terror nach ungarischem Muster [äußerst blutige Zerschlagung der Räterepublik, K.G.] durch eine Militärdiktatur Watter beabsichtigt ist, sie ist erfüllt von verzweifelter Entschlossenheit, die Industrie mit sich zu begraben und scheut vor Sprengungen der Schächte nicht zurück.»[723] Während nun die Regierung nochmals kurz zögerte, rückten die Reichswehr und die Freikorps, hauptsächlich die Putschisten, die vorfaschistischen Loewenfeld, Schulz, Lützow u. a. immer näher heran bzw. brachen schon ins Ruhrgebiet massiv ein. Auch als die Regierung das Ultimatum bis zum 2. April verlängerte.

Der «Friede» von Münster

Severing berief sodann zum 31. März eine Konferenz nach Münster ein, den Ort hatte er auf Wunsch Watters ausgesucht, da sich dort Watters Stab befand. Natürlich beteiligte sich Watter nicht an den Verhandlungen und natürlich wurden Delegierte, wie z. B. Meinberg, auf der Zugfahrt dahin verhaftet und nicht vorgelassen, bis die Konferenz zu Ende war. Meinberg wurde gar mit Erschießung bedroht, die Severing erst in letzter Minute verhindern konnte. Vertreten waren in Münster die Städte Düsseldorf, Remscheid, Elberfeld, Barmen und Hagen. Es fehlten Dortmund, Witten, Bochum, Gelsenkirchen, Oberhausen, Hamborn. Jedoch erschien auch der Vorsitzende des Vollzugsrates in Mülheim, der Linkskommunist Oskar Nickel. «Ein Zeichen wachsender Einsicht in den Ernst der Lage.»[724]

723 Cuno, zitiert nach Eliasberg, Ruhrkrieg, S. 202.
724 Lucas, Märzrevolution 1920, Bd. 3, S. 243, für das Folgende S. 243–250; sowie Eliasberg, Ruhrkrieg, S. 197–208.

Es war auch kein Friede, der Ausdruck wurde gewählt, um an den Westfälischen Frieden, der das Ende des 30-jährigen Krieges besiegelte, zu erinnern. Aber es war unpassend. Im Grund bestätigte die Konferenz in Münster nochmals das Bielefelder «Abkommen». Denen, die die Waffen bis 2. April abgaben, wurde ein «ehrenvoller Abzug» versprochen, und sie sollten auch nicht als «Aufrührer» behandelt werden, was eher einem Witz glich, da Freikorps und Reichswehr längst vordrangen und mordeten. In Münster hieß es groteskerweise auch noch: «Jede Vorwärtsbewegung der Reichswehr oder Teile derselben, hört mit dem 31. März abends auf.»[725]

Es fehlte im Abkommen eine schriftliche Vereinbarung - mündlich wurde sie gemacht - von Ernst (USPD) mit Severing, dass die organisierte Arbeiterschaft widerstrebende Gruppen - z. B. die Linkskommunisten in Münster, die Pieck als linke Militaristen bezeichnete - entwaffnen würde.

Dagegen nötigten sie Severing eine Nachschrift ab, dass bei Einhaltung der Bedingungen die «Reichswehr zurückgezogen werde»[726], also abziehe. Die war das Papier nicht wert, auf dem sie gemacht wurde, und so verschweigt sie Severing später in seinem Buch «Im Wetter und Watterwinkel», zumal er mit gezinkten Karten spielte. Denn am gleichen Tag, als der «Friede» von Münster geschlossen wurde, telegrafierte er an den Reichskanzler Müller: «Bitte dringend, Entente zu bewegen, Einmarsch von Truppen in neutrale Zone zu gestatten. Unruhigste Orte, die von marodierenden Banden (sic!) gefährlich bedroht sind, liegen in 50 km Zone. Wiederherstellung geordneter Zustände ohne Einsatz von Truppen in 50 km Zone unmöglich.»[727]

Während der Zentralrat und die Kampfleitung der Roten Armee sowie die Vollversammlung der Vollzugsräte des Ruhrgebietes die «Abkommen» von Bielefeld und Münster anerkannten[728], beriet die Regierung darüber, wie wohl die französische Regierung reagieren werde, wenn man ohne deren Genehmigung in die neutrale Zone einmarschiere, wie Severing gefordert hatte. Schon länger verhandelte man mit den Franzosen darüber, doch die fürchteten weniger die Rote Ruhrarmee als

725 Wiedergabe des Abkommens in der Freiheit vom 2.4.1920, MA, Könnemann/Schulze (Hrsg.), 2002, Dok. 669, S. 1005; Lucas, Märzrevolution 1920, Bd. 3, S. 246; leicht abweichend bei Eliasberg, Ruhrkrieg, S. 205.

726 Lucas, Märzrevolution 1920, Bd. 3, S. 247.

727 Zitiert nach Könnemann/Schulze (Hrsg.), 2002, Dok. 669, S. 1005, Anm. 3.

728 Anerkennung der Abkommen durch Zentralrat und Kampfleitung, Könnemann/Schulze (Hrsg.), 2002, Dok. 670, S. 1006.

die Reichswehr. Gleichwohl erfuhr die Regierung, dass französische Offiziere vom Einfall des Freikorps Faupel wussten. Reichskanzler Müller befürchtete die Besetzung der Städte Frankfurt, Homburg, Darmstadt und Hanau (was auch am 6. April passierte). Doch Bauer (inzwischen zum Reichsschatzminister degradiert), Giesberts und andere wollten das Risiko eingehen und plädierten für den Einmarsch. Gesandter Riezler, der schon als Berater von Reichskanzler Bethmann Hollweg 1914 in der Julikrise unbedingt für Krieg plädiert hatte und der Urheber des annexionistischen Septemberprogramms von 1914 war, wir erinnern uns, eine Art Mephisto-Figur der deutschen Politik, ging sogar in seinen Erwartungen noch weiter: Denn wenn Frankreich den Friedensvertrag von Versailles als Gesamtes «aufgehoben ansehe, so könne dies in einigen Monaten sogar zu unseren Gunsten ausschlagen»[729], weil dann ein günstigerer Vertrag dabei herauskomme. Dass dies auch erneut Krieg mit Frankreich und den Alliierten bedeuten könnte, kalkulierte Riezler, wie damals im Juli/August 1914, offensichtlich ein.

Terror

Terror der «Regierungstruppen» vor Ablauf des Ultimatums

Ungeachtet der Verlängerung des Regierungsultimatums und des Abkommens von Münster, marschierte die Reichswehr am 1. April weiter ins Ruhrgebiet. Mit dabei die putschistischen Freikorps Schulz, Faupel, Aulock, Kühme und nicht zuletzt die 3. Marinebrigade Loewenfeld, die wie die 2. Marinebrigade Ehrhardt (die einzige, die trotz Solderhöhung nicht ins Ruhrgebiet durfte) gern das Hakenkreuz am Stahlhelm und auf ihren Transportwaggons trug.

Wilfried Loewenfeld

Als Grund musste herhalten, die Rote Ruhrarmee hätte weiter ange-

729 Protokoll der Sitzung der Reichsregierung vom 1.4.1920, Könnemann/Schulze (Hrsg.), 2002, Dok. 671, S. 1008–1011, hier 1010.

Loewenfeld und seine marschierende Putsch-Truppe (zweiter v. l. Lüttwitz)

griffen, was aber nicht zutraf. «Die Reichswehr schaffte sich selbst die Vorwände, die sie für den endgültigen Einmarsch ins Ruhrgebiet brauchte.»[730] So Lucas.[731] In der Zeit des deutschen Faschismus nahm auch die militäramtliche Darstellung kein Blatt mehr vor den Mund und legte offen dar, dass die Reichswehr schon zu diesem Zeitpunkt auf ganzer Linie in das Ruhrgebiet einmarschierte.[732]

General Kabisch bekam am 31. März den Befehl, Dinslaken zu erobern, was er schon am 1. April ausführte; Artilleriefeuer bereitete den Angriff vor. Die von Kampfleiter Kuhn geschickt geführten Arbeiter verteidigten sich im hügeligen Gelände südlich von Hünxe, mussten sich aber dann aufgrund der Übermacht rasch zurückziehen. Kuhn hatte nicht die Zeit gehabt, sein Quartier in der Gaststätte Lindenkamp ordentlich zu räumen. Da er fürchtete, die liegengebliebenen Papiere könnten seine Leute identifizieren, schlich er sich mit einigen Begleitern nachts zurück und wurde entdeckt. Man schlug die Männer, nach kurzer Untersuchung, zusammen und erschoss sie dann sofort. Einer war noch nicht gleich tot, wurde liegengelassen und starb am Morgen.

Hermann Krause, ein 19-jähriger Bergarbeiter, wurde in der Nähe der Wohnung seiner Eltern exekutiert, der Grund ist unbekannt. 31 «Rote», teils im Kampf, teils «standrechtlich», teils ohne irgendein Verfahren, wurden erschossen, darunter Berta Spies, eine 22-jährige Arbeiterfrau aus Stehle. Sie landeten in einem Massengrab. Hier wird erneut belegt, dass, Standrecht hin oder her, einfach erschossen wurde und dies ohne irgendeine spätere Verfolgung. Das war Frühfaschismus, nichts anderes.

Die Kampfleitung der Roten Armee in Dinslaken erfuhr am Abend des 1. April vom Abkommen von Münster und nahm es an. Die Ein-

730 Lucas, Märzrevolution 1920, Bd. 3, S. 268.

731 Ausführlich zu Dinslaken: Dahlmanns, Aufstand; Lucas, Märzrevolution 1920, Bd. 3, S. 269–286.

732 Darstellungen, Bd. 9, Kämpfe im Ruhrgebiet, 1943.

stellung des Kampfes wurde beschlossen. Doch wegen des Artilleriebeschusses konnte dies nicht nach Mölln durchgegeben werden.

Dort griffen überlegene Kräfte der Kabisch-Truppe am 2. April 1920, 7 Uhr morgens an. Also fünf Stunden vor Ablauf des Ultimatums.

Hunderte Arbeiter starben im MG-Feuer. Wer erwischt wurde, dem riss man Jacke und Hemd herunter, wer eine Druckstelle an der Schulter, vom Rückstoß des Gewehres hatte, wurde umgebracht. Ein Sanitäter sah, wie 30 Mann auf einem Feld zusammengetrieben und erschossen wurden. Einige konnte mitten durchs Artilleriefeuer fliehen, zahlreiche blieben liegen. 73 wurden in einem Massengrab bei Voerde verscharrt.

Die Reichswehr stieß direkt auf Dinslaken vor, der USPD-Redakteur Oskar Plenge berichtete von heilloser Flucht, befeuert von MGs. Plenge gelang es, ein Haus zu erreichen, seine Kleider wurden rasch in Ordnung gebracht, er stellte sich, lässig mit einem Kleinkind auf dem Arm in die geöffnete Haustüre. Die Häscher rannten vorbei.

Gegen 10 Uhr war Dinslaken erobert worden. Alle roten Kämpfer, derer sie habhaft werden konnten, erschossen die Regierungssoldaten oder brachten sie mit dem Gewehrkolben um. Sechs oder sieben Frauen, die in Verdacht standen, als Krankenschwestern oder Kartoffelschälerinnen gearbeitet zu haben, wurden in ein Wäldchen geführt und umgebracht. Eine davon hatte während des Weltkrieges fürs Militär gearbeitet. Für eine andere hatten sich mehrere Einwohner verbürgt. Sie wurde vom Anführer, einem Leutnant, als Hure tituliert. Das klassische Hassobjekt «rote Frau». Zwei der Ermordeten sind namentlich bekannt, Hedwig Rapczinski, 19 Jahre, Bergmannstochter und Elisabeth Hiltenfink, 28 Jahre, Bergmannswitwe. Ein junges Brautpaar wurde durch den Einschlag eines Artilleriegeschosses zerfetzt. Der Vater rief die Soldaten zu sich und schrie verzweifelt-sarkastisch: «Kommen Sie nur herein, hier liegen die Waffen.»[733] Ein Bergarbeiter,

Kartoffelschälerinnen in Dinslaken

733 Lucas, Märzrevolution 1920, Bd. 3, S. 271.

Opfer Hedwig Rapczinski

der zugab, einen Tag bei der Roten Armee gewesen zu sein, wurde auf freiem Gelände erschossen. Nach Hausdurchsuchungen nahm man Männer ohne Begründung mit, auf 200 Meter Wegstrecke lagen am nächsten Tag 32 Leichen. Die Körper wurden achtlos auf Wagen verladen. Der Direktor eines evangelischen Krankenhauses protestierte, das seien Menschen und keine Kartoffeln. Er wurde nun selbst mit dem Tod bedroht und vertrieben. Am Nachmittag warf man auf dem Friedhof 113 Leichen in ein Massengrab und schüttete Brandkalk darauf. Eine Gruppe von Sanitätern und Sanitäterinnen entging nur knapp dem Tod. Die Frauen wurden als Huren beschimpft, alle geprügelt und gedemütigt, mehrfach drohte man ihnen die Exekution an, einige mussten, obwohl Sanitäter des Roten Kreuzes bzw. des Arbeiter-Samariterbundes, Munition aufladen, dann wurden sie ausgeraubt und danach noch fünf Tage festgehalten.

Die Brigade Faupel, das war von den Alliierten richtig erkannt worden, drang schon am 31. März ins Ruhrgebiet ein. Seeckt hatte das in einer Regierungssitzung geleugnet. Die Brigade fasste die aus Schlesien kommenden Freikorps Aulock, Faupel und Kühme zusammen. Sie besetzte Haltern. Arbeiter verbarrikadierten die Brücke über die Lippe und legten Sprengsätze. Wilhelm Faupel schoss mit Artillerie und ließ dann stürmen. Die Sprengsätze zündeten, zerstörten die Brücke aber nicht. 32 Arbeiter gerieten in Gefangenschaft, jeder musste seinen Namen aufschreiben und dann erschoss man ihn. Die Leichen wurden teils in einem Pissoir in einer Schule deponiert, dann von Bauern in einem Mistwagen in die Heide gefahren und dort in einem Massengrab verscharrt. 17 Arbeiter, die mit einem Kanalbau beschäftigt waren und nachweislich keine Waffe getragen hatten, versteckten sich, Schutz vor dem Artilleriefeuer suchend, in zwei Kellern, darunter auch 4 Frauen. Trupps der Brigade stellten sich vor die Keller, feuerten hinein und verlangten das Rauskommen der Menschen. Dort, wo die Kanalarbeiter

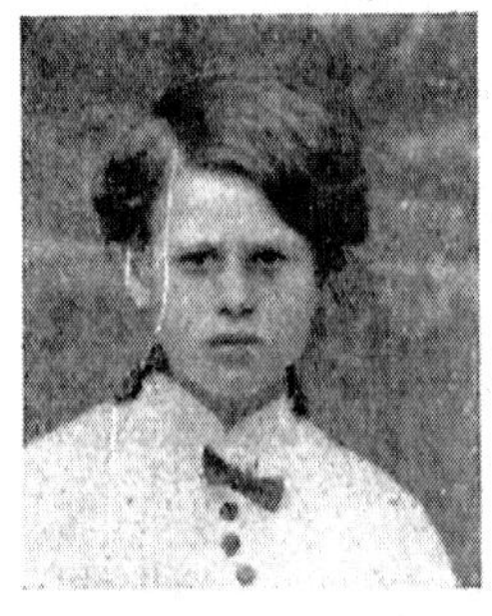

Franziska Eckert

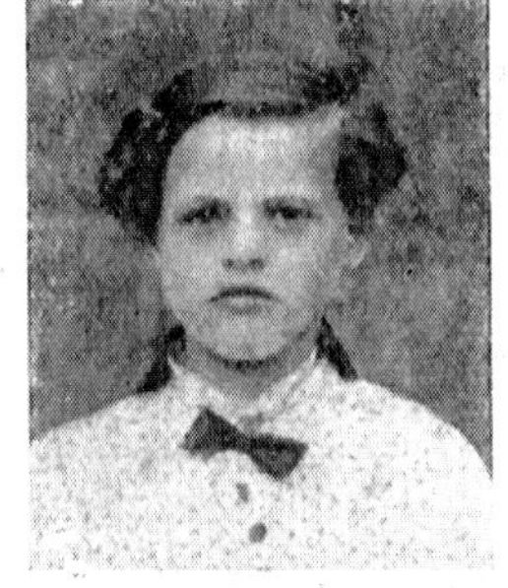

Josefa Eckert

Aenne Pelikan

Weibliche Opfer des weißen Terrors

Durch Sprengung beschädigte Brücke über den Rhein-Herne-Kanal

sich und zwei Frauen versteckt hatten, wurden alle ausnahmslos sofort beim Heraustreten erschossen. Vor dem zweiten Keller ermordete man «nur» die Männer, nachdem schon Handgranaten in den Keller geworfen worden waren. Der Kneipenwirt, dem der Keller gehörte, überlebte nur, weil sein Hund sich in der Leine verwickelt hatte und sie nicht rauskamen. Frau Meis, eine der Frauen, die überlebt hatten, meinte, sie habe doch sehnlichst auf die Soldaten gewartet. Ihren Mann hatten sie auch erschossen. Er bekam ein Extragrab, die anderen wurden in Massengräbern verscharrt.

9 weitere Personen aus Haltern wurden denunziert, hatten zwar keine Waffe in der Hand gehabt, wurden aber verhört, verurteilt und nachmittags erschossen. Fünf weitere, darunter eine Frau und ein 15-jähriger, entgingen nur knapp, aufgrund von Bitten der Angehörigen, der Erschießung. Der Bergmann Wilhelm Borgmeyer, der nur im örtlichen Aktionsausschuss gewesen war, sich aber an den Kämpfen nicht beteiligt hatte, musste exerzieren und wurde dann ohne «Urteil» und «Gericht» umgebracht. Der Berg-

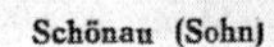

Schönau (Sohn) Schönau (Vater) Schön Dittes
Opfer des weißen Schreckens in Dinslaken-Lohberg

Opfer des weißen Terrors

mann und verwundete Arbeitersamariter Breiing, Vater von sieben Kindern, wie er rief, was die Mörder noch mehr reizte, wurde aus einem Lokal geschleppt und mit dem Kolben in einem Busch erschlagen. Der Bergmann Hülsbusch wurde verdächtigt, mit der Roten Armee zu sympathisieren und vor den Augen seiner Frau erschossen. Zwei ortsansässige Arbeiter entgingen ebenfalls nicht der Exekution. Ein 26-jähriger Arbeiter, Wilhelm Markuse, wurde beschuldigt in München am sogenannten Geiselmord beteiligt gewesen zu sein. Man nahm ihn fest und sperrte ihn in einen Keller ein. Als er glaubte, «Rotgardisten» kämen heran, rief er aus dem Fenster und wurde von seinen Bewachern erschossen. Die «Roten» töteten einen Gastwirt namens Möcklinghausen, dessen Wagen von einem Pferd gezogen wurde, vor einer roten Postenkette gescheut hatte und durchgegangen war. Lucas hält dies für einen Unfall.[734] Ein Lkw der Roten Armee geriet versehentlich ins bereits besetzte Recklinghausen. Er wurde beschossen. Der Fahrer und ein «Rotgardist» starben, die restlichen 6 Arbeiter aus der Postenkette wurden «standrechtlich» zum Tode verurteilt.

Am nächsten Tag töte eine Salve den ersten im Hof des Amtsgerichtes: Albert Forget, Bergmann, 26 Jahre. Die zweite Exekution wurde von Herner Sozialdemokraten in letzter Minute verhindert. Was mit den anderen geschah, ist unklar.[735]

Im Abschnitt Hamm ging die Brigade Epp vor, die sich bereits blutige Sporen bei der Zerschlagung der Räterepublik in München im Mai 1919 verdient hatte.[736] Schon am 31. März in Herringen waren drei Männer

734 Lucas, Märzrevolution 1920, Bd. 3, S. 278.
735 Lucas, Märzrevolution 1920, Bd. 3, S. 279.
736 Lucas, Märzrevolution 1920, Bd. 3, S. 279–286.

«standrechtlich» von der Brigade erschossen worden: der Bergarbeiter Hermann Kampmann und die Brüder Anton und Paul Nowak. In der Nacht zum 1. April sprengten Arbeiter eine Straßenbrücke, da sie vom Abkommen von Münster noch nichts gehört hatten. Für Epp war das der Anlass sich vom Württemberger General Haas die Einmarschgenehmigung zu holen. Man begründete dies auch mit angeblichen – nicht stattgefundenen – Plünderungen. Epp wäre auch so einmarschiert, bekam aber die Erlaubnis.

In der Nähe von Hamm, bei dem kleinen Ort Pelkum, sollte es nun zu einem der größten Massaker des «Ruhrkrieges» kommen.

Gründonnerstag, 1. April 1920. Geschickt heizte Haas den Epp-Freikorps-Soldaten ein. Tagesbefehl Nr. 5 der Gruppe Haas: «Die Nachrichten aus dem Ruhrbezirk ergeben ein immer deutlicheres Bild von dem dort herrschenden Terror und der Art des Gegners, der uns gegenübersteht. Anfangs mochte auf der Gegenseite mancher ehrliche Kämpfer sein, der irregeleitet war durch Verhetzung und Lüge, als ob es gegen Reaktion oder gegen Kapptruppen zu kämpfen gelte. Das ist jetzt vorbei. Die Geister haben

Ermordete Rotgardisten und die Täter, Dinslaken, Karfreitag, 2. April 1920

Ermordete Arbeiter, Dinslaken, Karfreitag, 2. April 1920

sich geschieden. Die gesamte besonnene Arbeiterschaft hat sich von den Aufrührern und Verbrechern getrennt.»[737]

Man fragt sich, wer von den Epp-Freikorps-Soldaten sollte das glauben? Gerade das Freikorps Epp war doch für Kapp, es war die Kapptruppe.

Außerdem wird genau das, was Severing in Bielefeld vorhatte, die Spaltung der Arbeiterschaft, als Realität verkündet. Die Guten haben sich von den Bösen getrennt. Die Guten ins Töpfchen, die Roten ins Kröpfchen. Aber damit ist noch nicht Schluss. Haas (oder sein Befehlsschreiber) betont nochmals, dass es gegen die Todfeinde Deutschlands geht, wie der General ja schon im Dezember 1918 an seine Frau geschrieben hatte. Und so lautet der Befehl vom 1. April weiter: «Denn was steht uns gegenüber? Das sind nicht die deutschen Brüder, von denen mancher Hetzer redet, der sich selbst wohlweislich im Hintergrund hält. Uns gegenüber steht der ungeordnete Haufen jener Elemente, die nicht bodenständig sind, sondern durch die Lockungen der großstädtischen Industrie in den Ruhrbezirk gezogen sind. Einen besonders großen Anteil stellen Nichtdeutsche. Vor allem die in großer Zahl eingeströmten polnisch-russischen Massen, die nicht gelernt haben, sich in der staatlichen Ordnung Deutschlands zu fügen, deren Vorteile sie oft lange genug genossen haben, die z. T. auch aus ihrem Osten das Gift des Bolschewismus mitgebracht haben. Die Führung haben in größerer Zahl russische Bolschewisten-Offiziere übernommen. So stehen wir einem Gesindel gegenüber, das aus den Unruhen vor allem persönlichen Nutzen und Bereicherung zu ziehen sucht. Der Erfolg ist für uns ja zweifellos; solche Feinde halten im Ernst nicht stand. Es ist bitter für jeden echten Soldaten und guten Deutschen, in der eigenen Heimat mit einem solchen Gegner fechten zu müssen. Aber die Rettung Deutschlands vor dem Bolschewismus, vor der schwersten Katastrophe, fordert von uns getreue Pflichterfüllung auch in diesem Kampfe.»[738]

Der Gegner besteht also hauptsächlich aus «eingeströmten» Polen und Russen, die den Bolschewismus nach Deutschland gebracht haben und auch noch von bolschewistischen Offizieren angeführt werden. Eine völlig absurde Verschwörungstheorie. Und der Rest, obwohl Deutsche,

737 Gruppe Haas, Tagesbefehl Nr. 5, Hauptstaatsarchiv Stuttgart, M 366, 37a, zitiert nach Lange, Schlacht bei Pelkum, S. 150.

738 Gruppe Haas, Tagesbefehl Nr. 5, Hauptstaatsarchiv Stuttgart, M 366, 37a, zitiert nach Lange, Schlacht bei Pelkum, S. 151.

sind auch keine Deutschen, weil sie nicht «bodenständig» sind. Alles zusammen ergibt «Gesindel», ein Gesindel, mit dem der gute deutsche Soldat fechten soll, es aber nicht kann, weil mit Gesindel fechtet man nicht, das legt man – zur Rettung Deutschlands vor dem Bolschewismus – um. Not kennt kein Gebot. Interessant, dass hier zwei Massen gegenübergestellt werden. Die der eingeströmten Masse, die Gesindelmasse, nach Theweleit, die molekulare Masse und die bodenständige Masse der staatlichen Ordnung Deutschlands, die molare, die marschierende Masse der guten Deutschen, die nicht an den eignen Vorteil denken, sondern an Deutschland. Die wimmelnde Masse muss vernichtet werden, damit die feste Masse, die staatliche Ordnung, die Reichswehr «lebt».

Das Freikorps Epp bei der Abfahrt aus München. Das Zeichen der Zukunft am Waggon.

So präpariert gibt der Epp-Freikorpssoldat kein Pardon. War bislang die Rote Armee, weil oft zahlenmäßig unterlegen, immer blitzartig zurückgewichen, um sich dann wieder zu fangen, hatte Epp eine neue Taktik für die Truppe: Den Gegner stellen, halten, schlagen, keine Atempause lassen und Schrecken verbreiten.[739]

So kämpften bei Pelkum ca. 500 Rotgardisten gegen 1800 Reichswehrsoldaten, Artillerie, einen Panzerzug, zwei Panzerwagen (ein Lancia und ein schwerer Daimler) und vier Flugzeuge.

Gegen 14 Uhr beschoss die Artillerie das kleine Dorf und traf das Bahnwärterhaus, in dem Rotgardisten sich verschanzt hatten. Die versuchten zu flüchten, wurden aber mit MGs niedergemäht, andere erreichten einen Eisenbahnwaggon, schossen daraus, doch auch der Waggon erhielt einen Volltreffer. «Viele dürften von ihnen nicht übriggeblieben sein.» Jetzt ging die Truppe gegen das Dorf vor, Artillerie, MGs, und Flugzeuge beschossen die Rotgardisten im Tiefflug an

739 Wehrkreiskommando IV, Erfahrungsberichte über die Aufstandsbewegung im Ruhrgebiet, März bis Mai 1920, vom 1.7.1920, Hauptstaatsarchiv Stuttgart, M 366, 4, zitiert nach Lange, Schlacht bei Pelkum, S. 151.

den Bahnanlagen und Waldrändern. Tatsächlich trafen die Arbeiter ein Flugzeug, das notlanden musste und auch in einem Panzerwagen starb einer. Sogar ein Offizier namens Spatz wurde getroffen und natürlich später zum Helden verklärt. Doch der Panzerwagen «mähte» (so die Westfälische Allgemeine) mit seinem MG zahlreiche Rotgardisten nieder. Entsatz für die Rotgardisten kam teils zu spät, auch weil die Tram nicht fuhr, teils wurden sie von der enormen Feuerkraft zurückgeworfen.

Auf dem Friedhof hielt sich die größte Gruppe, völlig eingekreist. Kein Grabstein sei mehr heil geblieben, so ein Augenzeuge.[740] Fast alle, die sich ergaben, wurden ermordet: erstochen, erschossen, erschlagen. 150 Tote und mehrere (sic!) Gefangene, meldete das Freikorps. 2 jugendliche Bergarbeiter, Friedrich Hermani, 16 Jahre, und Erich Radau, 18 Jahre, das Flehen der Mütter half nichts, starben nach dem Kampf in einer Salve. Etwa 15 Rotgardisten wurden an die Wand gestellt und erschossen. Eine weitere Gruppe Gefangener auch. Der Sohn des Händlers Heinrich Post, der Epp nach der Schlacht nach Pelkum fuhr, durfte samt Bruder mitfahren: «Ich persönlich habe dann gesehen, wie die eingezwängten Aufständigen mit Maschinengewehren niedergemetzelt wurden. Ein scheußlicher Anblick und ein grausames Erleben, das sich nie meiner Erinnerung entzieht.»[741]

Ein berühmt gewordener Brief des Oberjägers Max Zeller lautet: «Pardon gibt es überhaupt nicht. Selbst die Verwundeten erschießen wir. Die Begeisterung ist großartig, fast unglaublich. Unser Bataillon hat zwei Tote; die Roten haben 200 bis 300 Tote.» Auch 10 Rot-Kreuzschwestern fielen in Mörderhände: «Mit Freude schossen wir auf diese Schandbilder; und wie diese geweint und gebeten haben.» Und dann der Satz: «Gegen die Franzosen waren wir im Felde viel edler.»[742] Es waren nicht die einzigen Sanitäterinnen, die ermordet wurden.[743] Und eine Pelkumer Bürgerin berichtete in einem Brief vom 2. April 1920 an ihre Eltern von 50 gefangenen Rotgardisten: «Diese wurden alle hier vor die Kirche gebracht – mit Hände hoch – wo viele Offiziere und Polizei versammelt waren. Dort wurden sie verhört, dann abgeführt

740 Lucas, Märzrevolution 1920, Bd. 3, S. 280.

741 Brief von F. Post an einen Landtagsabgeordneten, vom 28.4.1983, in: Stadtarchiv Hamm, zitiert nach Lange, Schlacht bei Pelkum, S. 165.

742 Könnemann/Schulze (Hrsg.), 2002, Dok. S. 676, S. 1015.

743 Lange bezweifelt allerdings, ob an diesem Tag so viele Krankenschwestern ermordet wurden, Lange, Schlacht bei Pelkum, S. 170.

und bei Betzler an der Mauer schlagweg alle erschossen. Das war ein Schauspiel und ein Hurra, denn Gefangene machen die Bayern nicht. Gründlich räumen sie auf.»[744]

Bayerische Gymnasiasten vor Dortmund. Mit Granate Hermann Heimpel (18), später Historiker. Die Aufschrift Pelkum erinnert an die Zerstörung des Bahnwärterhäuschens in Pelkum

Diese Vorstöße der Reichswehr, der Sipo und der Freikorps waren von Watter angeordnet und die schließliche Umsetzung des Noske/Pabst'schen Mordbefehls vom März 1919 (Erschießen von Leuten mit «der Waffe in der Hand») auch im April 1920 im Ruhrgebiet, ganz ohne «Standgericht» als Massaker, von Watter erlaubt und von der Regierung geduldet worden. Dabei spielte es, wie in Berlin im März 1919 und München im Mai 1919, keine Rolle mehr, ob jemand gekämpft oder eine Waffe in der Hand gehabt hatte. Auch unbewaffnete Frauen genossen keinen Schutz. Nachspiele gab es so gut wie keine. Lucas stellt zu Recht fest:

1. Die Truppen rückten während des Waffenstillstandes vor.
2. Das Vorrücken war keine Antwort auf Angriffe der Roten Ruhrarmee.
3. Die Truppen gingen mit äußerster Brutalität vor, der allein in drei Tagen bis zum 2. April mindestens 600 Menschen, meist nach den Kämpfen, zum Opfer fielen.

Wir fügen hinzu: Es waren (Bürger-)Kriegsverbrechen, von der Regierung und Reichswehrführung gedeckt.

744 E. Kobbe, Brief an die Eltern vom 2.4.1920, in: Stadtarchiv Hamm, zitiert nach Lange, Schlacht bei Pelkum, S. 171.

Angebliche Gräueltaten der Roten Ruhrarmee

Bis heute halten sich Legenden über Massaker der «Roten» und Pöppingheges Buch (2019) ist das beste Beispiel, wie eine von Spethmann in die Welt gesetzte Fälschung als Wahrheit verbreitet wird, obwohl es Gegenbeweise gibt.[745] Auch Peter Keller verbreitet in seiner forschen Dissertation von 2014 Freikorpsfälschungen zum Besten, teils bemüht er als «Beleg» Stellen bei Eliasberg, die dies genau nicht belegen.[746]

Aber selbst Pöppinghege zählt z.B. die Vorkommnisse am Essener Wasserturm nicht mehr zu den «roten Verbrechen». In einem aufwändigen Prozess versuchte damals (11. Februar – 11. März 1921) Staatsanwalt Weidenhaupt, der sich in den Tagen des Putsches offen für Kapp erklärt hatte, nicht nur 15 Arbeiter des Mordes bzw. der «Aufreizung zum Mord» zu überführen, sondern die ganze Aufstandsbewegung zu diskreditieren. Der Vorsitzende Richter sympathisierte mit der Staatsanwaltschaft, drei Geschworene hatten der Einwohnerwehr angehört. Zur Verhandlung wurden zweihundert Zeugen aufgeboten, dass es um Kampfhandlungen ging, wurde nicht mitberücksichtigt. Zum Problem entwickelte sich einer der Hauptzeugen, der Reichswehrspitzel Hans Tombrock, er war selbst verhaftet, bald aber wieder freigelassen worden. Tombrock, der als typischer Agent provocateur sich beim Kampf um den Wasserturm besonders gewalttätig zeigte und zwei Besatzungsmitglieder erschlagen haben soll, hatte in der Voruntersuchung zahlreiche Männer belastet, zur Hauptverhandlung aber das Hasenpanier ergriffen. Die Verteidigung, drei versierte Anwälte, setzte schließlich einen Haftbefehl durch. Am sechsten Verhandlungstag erschien Tombrock und nahm alles zurück. Die Staatsanwaltschaft hatte ihren Kronzeugen verloren. Tombrock erhielt jetzt wegen Beteiligung an den Kämpfen zwei Jahre Gefängnis und machte einen Selbstmordversuch. Unverdrossen forderte Weidenhaupt im Wasserturm-Prozess jedoch für jeden, bis auf einen Angeklagten, die Todesstrafe. Geschworene und Gericht konnten dem nicht folgen und sprachen alle am 11. März 1921 frei.[747]

Man braucht nicht einmal Lucas' differenziertes Werk bemühen, auch der «um wissenschaftlichen Ausgleich» bemühte[748] Eliasberg

745 Pöppinghege, Republik im Bürgerkrieg, S. 85; die authentische Quelle des Gegenbeweises: Bericht des Landrats des Landkreises Hagen an den Regierungspräsidenten in Arnsberg, Könnemann/Schulze (Hrsg.), 2002, Dok. 631, S. 968.

746 Keller, Reichswehr, S. 269 und S. 261 (falscher Beleg in Anmerkung 136).

747 Lucas, Märzrevolution 1920, Bd. 3, S. 410ff.

748 Pöppinghege, Republik im Bürgerkrieg, S. 11.

macht klar: Es gab unter der Herrschaft der Roten Ruhrarmee «Eigentumsdelikte», Gewaltanwendung, «nicht aber systematische Erschießungen oder Hinrichtungen. Spethmann, der gewißlich keine Mühe gescheut hat, ‹roten Verbrechen› nachzugehen, weiß nur von einem einzigen Falle, der Ermordung eines führenden Industriellen zu berichten des Zechendirektors Sebold auf Lo[h]berg.»[749]

Zechendirektor Heinrich Sebold (geboren 1868), war nicht nur Bergmann und Steiger, sondern auch Aufsteiger; 1905 stand er als Betriebsführer im Dienst der Gewerkschaft «Deutscher Kaiser». August Thyssen ernannte ihn schließlich 1909 «in Anerkennung seiner Dienste zum Betriebsdirektor».[750] Der offensichtlich bei Arbeitern nicht sehr beliebte «dicke Sebold» wurde von den Rotgardisten beschuldigt, das Feuer der Artillerie der Reichswehr beim Kampf um Dinslaken am 21./22. März 1920 gelenkt zu haben. Dinslaken war zu dieser Zeit nicht sonderlich dicht besiedelt, so dass die «Regierungstruppen» ihre volle Artillerieschlagkraft entfalten konnten und den anstürmenden Arbeitern herbe Verluste zufügten. Drei Arbeiter überraschten Sebold angeblich beim Telefonieren – für einen Zechendirektor nichts Ungewöhnliches – und nahmen ihn mit. Auf der Straße versammelte sich eine große Menge. Lucas entschuldigend: «Die auf der Straße stehenden Koloniebewohner [sahen] zum ersten Mal den Mann in Ohnmacht, der das System ihrer Ausbeutung repräsentierte.» Das System von «Herrschaft und Unterdrückung».[751] Weiter sei der unbezahlte Streik bereits neun Tage alt gewesen. Eine Frau rief: «Dieser Mann muss kaputtgemacht werden, man muss ihm den Bauch aufschlitzen.»[752] Sebold wurde mit Kolbenschlägen traktiert und am Boden liegend erschossen. Ein Jahr später (16.–21. März 1921) kam die Tötung – im Gegensatz zu den meisten Morden der Freikorps – ebenfalls vor Gericht. Die Bergleute Otto Grundmann und Franz Müller sollten für diese Tat büßen. Die Zeugen waren unsicher, wussten nicht, wer die Tat ausgeführt hatte. Trotzdem stellte das Gericht fest, beide hätten «vorsätzlich, jedoch nicht mit Überlegung»[753] getötet. Beide erhielten fünf Jahre Gefängnis. Ein Dritter, namens Jacobi, wurde freigesprochen. Die Angeklagten legten Revision ein. Das Reichs-

749 Eliasberg, Ruhrkrieg, S. 239; Spethmann, Ruhrbergbau, Bd. II, S. 141ff.
750 Spethmann, Ruhrbergbau, Bd. II, S. 142.
751 Lucas, Märzrevolution 1920, Bd. 1, S. 305.
752 Ebd.
753 Lucas, Märzrevolution 1920, Bd. 3, S. 412.

gericht hob das Urteil auf. Im Revisionsprozess wurde noch ein Vierter angeklagt, Anthe. Für Grundmann blieb es bei den fünf Jahren, Müller bekam nur noch drei Jahre und Anthe wurde freigesprochen. Das geringe Strafmaß deutet auf die Unsicherheit der Geschworenen hin.[754]

Eine weitere Erschießung meldet Emil Julius Gumbel. Ernst Langensiepen wurde «während der Herrschaft der Roten Armee im Gerichtsgebäude in Essen eingeliefert».[755] Am 3. April nachts holten ihn vier Rotgardisten aus der Zelle und erschossen ihn im Keller. Es gab ein Verfahren, das in Gumbels Buch als noch schwebend bezeichnet wurde. Gumbel sprach nur die Vermutung aus, dass Langensiepen ein Spitzel gewesen sei. Lucas belegt dies[756], er soll sogar Dum-Dum-Geschosse, also angefeilte Geschosse, dabeigehabt haben, die große Verletzungen verursachen. Die Benutzung solcher Patronen wurde sonst seit Beginn der Novemberrevolution und natürlich auch im Ruhrkampf immer nur den «Spartakisten» unterstellt. Lucas abmildernd zur Erschießung, sie sei «in einem Zustand äußerster Spannung, als der Einmarsch der Reichswehr ins Ruhrgebiet bereits begonnen hatte», in Selbstjustiz erfolgt. Es sei der einzig derartige Fall geblieben.

Als besonders hart wird die Verurteilung und Erschießung des Soldaten Wenzeslaus Sametz in Hervest durch ein Erschießungskommando, das Gottfried Karusseit zusammengestellt hatte, empfunden. Karusseit war ein ganz Radikaler und fiel immer durch besondere Härte auf. Er gab Befehle heraus, das Bielefelder «Abkommen» nicht anzuerkennen.[757] So war er hier auch an der «Verurteilung» beteiligt. Nun, Karusseit war ebenfalls ein Agent provocateur der Reichswehr. Doch auch er wurde hart bestraft, erhielt die Todesstrafe, die man auf lebenslänglich reduzierte und kam dann mit der Hindenburg-Amnestie 1925 aus dem Gefängnis. In der NS-Zeit landete er in der Landesheilanstalt Eickelborn und wurde dort vermutlich umgebracht – offiziell starb er an einer Herzerkrankung.[758] Eliasberg sah in Karusseit eine Art schwarzes Schaf, wusste aber noch nicht, dass er ein Spitzel und Provokateur war. Lucas nimmt mit hoher Sicherheit an, dass Karusseit, der 1919

---

754 Ebd.

755 Gumbel, Mord, S. 64.

756 Lucas, Märzrevolution 1920, Bd. 2, S. 16,

757 Nichtanerkennung des Bielefelder Abkommens durch Abschnitts-Befehlshaber Karusseit, Könnemann/Schulze (Hrsg.), 2002, Dok. 657, S. 995.

758 Pöppinghege, Republik im Bürgerkrieg, S. 100.

für die Reichswehr «Kundschafter» war, auch 1920 für sie gearbeitet hat. Daraufhin deutet ein Telefonat, das er bewusst über eine Telefonzentrale der Reichswehr führte, um Stellungen der Roten Armee aufzudecken.[759] Pöppinghege weiß sogar, dass er auch nach dem Ruhrkampf der Polizei Informationen über die KPD geliefert hatte.[760]

Agent provocateur, Gottfried Karusseit

Weißer Terror im April

Eine der letzten Amtshandlungen Gustav Noskes, bevor er als Reichswehrminister auf Druck hauptsächlich der Gewerkschaften zurücktreten musste, war, dass er Watter am 24. März 1920 genehmigte, eine der letzten Barrieren für den Massenmord zu beseitigen. Statt dem Reichspräsidenten, ja statt General Watter wurde das Bestätigungsrecht für Urteile von «Standgerichten» dem örtlichen Befehlshaber, das heißt hinunter «bis zum Regimentsführer einschließlich der am Kampf beteiligten Truppen»[761], übertragen. Von einer «Wartezeit» von 24 Stunden war hier auch keine Rede mehr. Das Urteil konnte nur auf Tod lauten, unterlag keinem Rechtsbehelf und der «mit der Waffe in der Hand»[762] Gefangene (die Einschränkung «kämpfend» fehlte) war todgeweiht. «Natürlich» nicht nur der. Watter hatte sein grenzenloses Erschießungsrecht.

Es bleibt festzustellen: Eine Regierung mit sozialdemokratischem Kanzler, Reichswehrminister und einem Reichspräsidenten aus der SPD ging über das alte Gesetz des Preußischen Belagerungszustandes von 1851 (das aufgrund der Weimarer Verfassung nicht mehr galt) weit hinaus und erlaubte verfassungswidrig (per geheimer Schubladenverordnung, nicht per Gesetz) nicht nur Standgerichte, sondern

---

759 Lucas, Märzrevolution 1920, Bd. 2, S. 183ff.

760 Pöppinghege, Republik im Bürgerkrieg, S. 100.

761 Watters Befehl, BA-MA, RH 53-6/91, Bl. 26/27, zitiert nach Lukas, Märzrevolution 1920, Bd. 3, S. 149.

762 Ebd.

auch, dass diese zur absoluten Farce verkamen. Was die Freikorps-, Sipo- und Reichswehroffiziere bis hinunter zum Leutnant auch zu interpretieren wussten: Erschossen wurde willkürlich und massenhaft. Noskes Nachfolger Otto Geßler[763] (DDP), nach dem Zweiten Weltkrieg Rotkreuz-Vorsitzender, ein Konservativer, sollte sich dann tatsächlich (auf Druck) als ein etwas milderer Reichswehrminister zeigen.

Am 31. März hatten letzte Angriffe von unbelehrbaren Teilen der Roten Armee gegen Wesel stattgefunden, bei denen ihr Kampfleiter Müller («Dudo») den Tod fand. Der Angriff blieb stecken.

Am 1. April erkannten der Zentralrat und die Kampfleiter der Roten Armee in Essen die «Abkommen» von Bielefeld und Münster an.[764] Doch Severing hatte der Regierung und dem Reichspräsidenten in Berlin am selben Tag – Friede von Münster hin oder her – mitgeteilt, «daß die Lage im Ruhrrevier ohne Anwendung von Waffengewalt nicht mehr zu retten sei».[765] Der gleiche Severing teilte am 3. April auf einer Pressekonferenz in Münster, in dem sich ja auch Watters Hauptquartier befand, mit, was so seine Aufgabe gewesen sei. Er habe «in den ersten Tagen des Kapp-Putsches» die Eisenbahnergewerkschafter dazu bewegen müssen, «ihren Widerstand gegen den Abtransport von Truppen aufzugeben. Die diesen Widerstand leisteten, waren keine Unabhängigen oder Kommunisten, sondern zum beträchtlichen Teil Gewerkschafter, die durchaus nicht auf dem Boden sozialistischer Weltanschauung stehen.» Und zur Bielefelder Konferenz erklärte er: «Sie hatte die Aufgabe, durch Aufklärung (sic!) den gutgesinnten Teil der Arbeiterschaft, von denen zu trennen, denen es nicht auf die Abwehr des Kapp-Putsches ankam, sondern die mindestens die Absicht gehabt hatten, mit kommunistischen Wirtschaftstheorien zu experimentieren.» Ein interessantes Bekenntnis. Das Bielefelder Abkommen hatte die Absicht, die Arbeiter zu spalten in die Braven (die SPD wählten?) und die Bösen, die für Sozialisierung waren. Aber hatte Severing Letzteres nicht selbst auf dem Reichsrätekongress im Dezember 1918 in Berlin gefordert und entsprach das nicht dem immer noch geltenden Erfurter Programm der SPD von 1891 (vor dem sich allerdings Ebert gefürchtet

763 Geßler wohnte als Pensionist in der Heimatstadt des Autors, Lindenberg im Allgäu, und starb auch dort, wo später ein Kreiskrankenhaus nach ihm benannt wurde.

764 Aufruf des Zentralrates und der Kampfleiter in Essen, vom 1.4.1920, Könnemann/Schulze (Hrsg.), 2002, Dok. 670, S. 1006ff.

765 Protokoll der Sitzung der Reichsregierung vom 1.4.1920, Könnemann/Schulze (Hrsg.), 2002, Dok. 671, S. 1009.

hatte)? Und war es nicht so, dass die Hauptforderung aller Streikenden und Kämpfenden die Zerschlagung des preußischen Militarismus und die Umsetzung der militärpolitischen Beschlüsse (Hamburger Punkte) war, die auf eben jenem Rätekongress, auf dem Severing für kommunistische Wirtschaftstheorien eingetreten war, eine deutliche Mehrheit gefunden hatten?

Severing dagegen war auf anderes stolz: «In der Richtung der Heranschaffung militärischer Kräfte ist nichts versäumt worden. Aber eine Regierung, die einer derartigen Volksbewegung gegenüber nur das Mittel der Flinte und der Handgranate kennt und die politischen Mittel, die zum Erfolg führen könnten, unberücksichtigt läßt, ist keine demokratische Regierung. Die angewandten politischen Mittel haben, wie gesagt, den beabsichtigten Erfolg vollständig erreicht. Die Bielefelder Abmachungen haben in der Roten Armee wie Sprengpulver gewirkt.» Jedoch «gestalteten sich die militärischen Machtmittel inzwischen derart, daß erforderlichenfalls scharf zugegriffen werden kann».[766] Wie dieser «scharfe Zugriff» erfolgte, werden wir gleich weitersehen.

Schon einen Tag vorher, am 2. April hatte der Zentralrat in Essen im Glauben an die Einhaltung der Abkommen, die Rote Armee aufgerufen, alle Kämpfe endgültig einzustellen und er gab sich gleichzeitig der Illusion hin, würde die Reichswehr die Abkommen brechen und einmarschieren, käme es erneut zu einem reichsweiten Generalstreik.[767] Doch diese Chance war vor wenigen Tagen vertan worden. Der längst von Watter (seit dem 22. März) geplante und schon in Teilen durchgeführte Einmarsch der Reichswehr erfolgte jetzt an eben diesem 2. April 1920 mit voller Wucht. Watter hatte eine enorme Streitmacht zusammengezogen: 30.000 Mann mit Artillerie (17 Batterien), schwere Waffen, Panzerzüge, Panzerwagen und Flugzeuge.

Rund um das von der Roten Armee und den Vollzugsausschüssen kontrollierte Gebiet sammelten sich[768]:

- Im Nordwesten die Division Wesel mit den Freikorps Schulz, Düsseldorf, Wesel, Libau («Baltikumer») und einem Detachement der Sipo

766 Rede Severings auf der Pressekonferenz der «Reichszentrale für den Heimatdienst» über seine Taktik, 3.4.1920, Könnemann/Schulze (Hrsg.), 2002, Dok. 6

767 Aufruf des Zentralrates an die Rote Armee, vom 2.4.1920, Könnemann/Schulze (Hrsg.), 2002, Dok. 673, 1011f.

768 Schulze, Freikorps, S. 310; Salomon, Freikorpskämpfer, S. 394; Oertzen, Freikorps, S. 415ff.; Schmidt-Pauli, Freikorps, S. 269 ff.

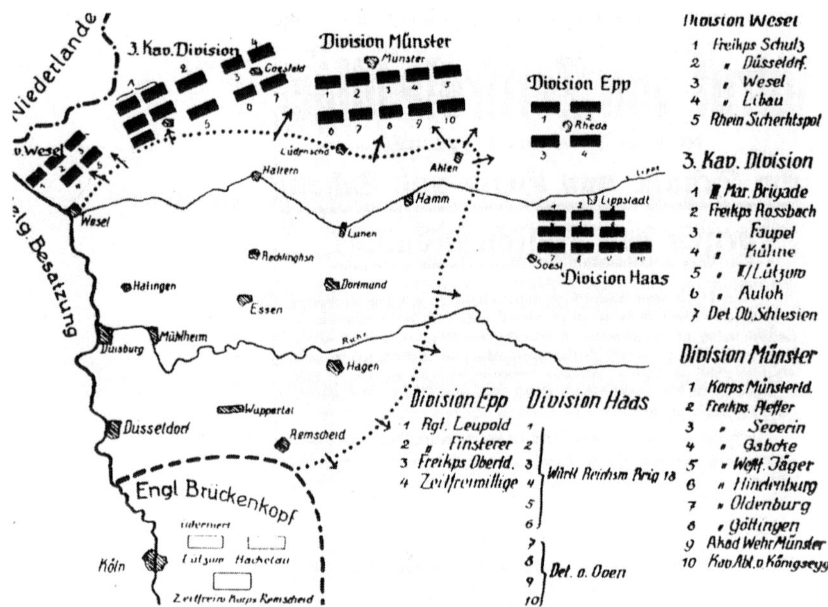

Republikfeindliche Freikorps umstellen das Ruhrgebiet

- Weiter nordöstlich daneben die 3. Kavallerie-Division unter General v. Hofmann (ehemals GKSD) mit den Freikorps Roßbach («Baltikumer»), Faupel, Kühme, Aulock, Lützow, Oberschlesien und der mächtigen 3. Marinebrigade Loewenfeld. Alle waren Kapp-Putschisten.[769] Fast alle Antisemiten, die Loewenfelder trugen (wie die Ehrhardttruppe, die nicht mitdurfte) das Hakenkreuz.
- Wieder weiter östlich stand die Division Münster mit den Freikorps Münsterland, Pfeffer, Severin, Gabcke, Hindenburg, Oldenburg und Göttingen und die «als besonders radikal geltende Akademische Wehr Münster»[770]. Eine Abteilung davon wurde von Martin Niemöller kommandiert.
- Im Raum Rheda stand die aus Bayern herantransportierte Division Epp mit den Freikorps Epp, Oberland (beide antisemitisch mit Hakenkreuz), Schwaben und einem Zeitfreiwilligenkorps.
- «Lediglich die württembergische Division Haas bestand aus Verbänden, die in der Mehrzahl (sic!) als republiktreu angesehen wer-

769 Schulze, Freikorps, S. 310.
770 Ebd., S. 310.

den konnten.»[771] Dies schreibt der forsche Doktorand Hagen Schulze 1969 in seinem Buch über die Freikorps, das von großer Sympathie für diese Einheiten getragen ist, der nicht um die Weiterverbreitung von Gräuelmärchen verlegen ist[772]. Schaut man die Division Haas genauer an, dann sind da auch die Studentenverbände aus Tübingen dabei, die schon Richtung München im April 1919 mit dem Hakenkreuz an der Waffe gerollt waren, und das Detachement Oven. Dessen Kommandant hatte Lüttwitz «mit Wort und Handschlag seine Treue und seine Bereitwilligkeit, mit ihm zu gehen, versichert»[773]. Er war wie Haas ein Putschsympathisant gewesen, hatte wie dieser in München 1919 seine Truppen wüten lassen und war jetzt, wie Haas, bereit weiter Terror zu verbreiten. Beachtet man dann noch, dass Teile des verhassten, geschlagenen und geflohenen Freikorps Lichtschlag bei Haas und seiner Reichswehrbrigade 18 Unterschlupf fanden[774], steigert sich der Anteil der Putschisten nochmals.

Wir kommen zu dem Ergebnis: Geht man davon aus, dass Watters Streitmacht aus 30.000 Soldaten bestand, nimmt man Ernst von Salomons «Kästchen» aus seinem Freikorps-Buch (siehe Bild), so sind dies 40 Einheiten, macht im Schnitt 750 Mann pro Einheit. Nehmen wir an, die Tübinger Studenten in Haas' Truppe machen 2 Einheiten aus, dann haben wir 8 Haas-Einheiten, die leidlich zur Weimarer Koalition stehen und 32 Putschisteneinheiten, macht 6000 knapp republikanische Soldaten und 24.000 Putschanhänger oder 80 % Putschisten und 20 % «Vernunftrepublikaner». Geht man aber davon aus, dass das präfaschistische Freikorps Loewenfeld über 8000 Mann verfügte und nicht nur über knapp 4000, wie Salomon meint, sowie über die besten und schlagkräftigsten Waffen, haben wir nur noch 2000 «Republiktreue» oder höchstens 6,7 % Weimaranhänger. Aber auch diese waren, dafür verbürgen sich die Taten und Äußerungen von Oven und Haas, zu Massakern bereit.

Selbstverständlich versuchte die Regierung, den Eindruck zu vertuschen, dass sie mit den Truppen, die gegen sie geputscht hatten, nun

771 Ebd., S. 310.

772 So schreibt er, dass «der Terror» der Roten derart «unerträglich» geworden sei, dass nicht nur SPD und USPD, sondern auch Meinberg den Einmarsch gefordert hätten. Eine völlig haltlose Darstellung, Schulze, Freikorps, S. 313.

773 Pabst, Kapp, S. 833.

774 Darstellungen, Bd.9, Kämpfe im Ruhrgebiet, 1943, S. 164ff.; Eliasberg, Ruhrkrieg, S. 231f.; zum Einmarsch auch Spethmann, Ruhrbergbau, Bd. II, S. 225ff.

der Roten Ruhrarmee den Garaus machen wollte: «Dazu werden die der Verfassung treu gebliebenen Truppenteile und Sicherheitswehren verwendet.»[775]

Und Schulze stellt fest: «Was jedoch in der letzten Märzwoche in Richtung Ruhrgebiet rollte, war die Auslese (sic!) der ganzen deutschen Freikorpsbewegung, die alles andere als verfassungstreu war und, intakt und kampffähig wie nie zuvor».[776]

Das Reichswehroberkommando wollte nicht noch einmal, wie Mitte März, kleckern. Gleichwohl kam es zu schweren Kämpfen mit den Resten der Roten Ruhrarmee.

Am Nachmittag des 2. April – Karfreitag – drang die Reichswehr ununterbrochen weiter vor, erreichte südlich von Dinslaken Walsum, einen Nachschubort der Roten Ruhrarmee, etwa 200 Rotgardisten starben (vermutlich) im Kampf.[777] Am Abend erreichten die «Regierungstruppen» Hamborn und Sterkrade.[778] Dort wurden zwei Rotgardisten, die sich zivile Kleidung besorgt hatten, gefangengenommen und nach kurzem Verhör erschossen. Am Bahnhof Holten, zwischen Dinslaken und Sterkrade, ergriffen die Okkupanten zwei Männer des Wachkommandos, zwangen sie ihr eigenes Grab zu schaufeln und erschossen sie.

Ähnliches geschah am 3. April in Recklinghausen. Das «Standgericht» des Freikorps Aulock verurteilte im Rathaus vier Bergleute zum Tode. Otto Ernst, Georg Engelmann, Emil Suhr und Ernst Brockhaus (zwischen 18 und 21 Jahre alt) trieb man unter Kolbenschlägen eines Unteroffiziers in den Stadtgarten. Vor aller Augen, es waren auch Kinder darunter, musste der erste sein Grab ausheben, sich davor aufstellen und «Üb immer Treu und Redlichkeit» singen. Während er sang, feuerten die Soldaten eine Salve ab, «er kippte in das Loch».[779] Der nächste musste ihn dann zuschaufeln, sein eignes Grab ausheben und so fort. Am Ende ragten noch Füße und Hände aus dem Erdreich. Obwohl dieses öffentliche Erschießen mitten in der Stadt großes Aufsehen erregte,

---

775 Bekanntmachung der preußischen Staatsregierung vom 19.3.1920, unterschrieben u.a. von den Sozialdemokraten Hirsch, Südekum, Heine und Haenisch, Könnemann/Schulze (Hrsg.), 2002, Dok. 220, S. 299.

776 Schulze, Freikorps, S. 309f.

777 Spethmann, Ruhrbergbau, Bd. II, S. 224.

778 Das Folgende, so nicht anders erwähnt, nach Lucas, Märzrevolution 1920, Bd. 3, S. 308–327, dort mit zahlreichen Quellenbelegen.

779 Zivilkommissar Heinrich Töneborn an Severing, Nachlass Severing, A 3, zitiert nach Lucas, Märzrevolution 1920, Bd. 3, S. 367, mit Quellenangabe.

und das Militär versprach, sie zu bestrafen, kamen die Täter nicht vor Gericht.[780] Diese bewusste psychische Folter vor Erschießungen wurde bekanntlich gut 21 Jahre später beim Massenmord an der jüdischen Bevölkerung des von der deutschen Wehrmacht eroberten Ostens durch Polizei, SS, SD, Einsatzgruppen und Wehrmacht grausame Praxis.

Zwei Stunden nach der obigen Tat wurden nochmals vier Männer im Rathaus von Recklinghausen zum Tod «verurteilt». Die Bergleute Heinrich Weber (33 Jahre), Peter Taus (19 Jahre), Joseph Henrijch (21 Jahre) sowie Franz Biege, von Beruf Zauberkünstler (34 Jahre), erschoss man diesmal im Hof des Amtsgerichtes. In der Nacht darauf musste der Bergmann Hermann Blankenkrodt am gleichen Ort unter Kugeln sterben.

In Recklinghausen-Süd stoppten einen Tag zuvor die Truppen einen Lkw, mit dem Arbeiter die Leiche eines Erschossenen abholen wollten. Die vier Insassen erfuhren «standgerichtliche» Aburteilung. Östlich von Recklinghausen war das Freikorps Aulock vorgedrungen. Die Soldaten ergriffen den Bergmann Karl Hermann Schubert, 19 Jahre, der ein von der Roten Ruhrarmee requiriertes Pferd zurückbringen wollte, prügelten ihn mit Reitpeitschen und Knüppeln auf dem Marktplatz vor aller Augen halbtot, verlangten dann von der Bevölkerung, sich in die Häuser einzuschließen und erschossen ihn, «einziger Ernährer seiner verwitweten Mutter und dreier jüngerer Geschwister»,[781] auf dem Feld. Die Arbeiter Klemens Rosenbaum, 23 Jahre, der kriegsbeschädigte Franz Willumeit und das Vollzugsratsmitglied Louis Köhl, den Aulock selbst hatte festnehmen lassen, erhielten ein «Standgerichtsurteil» und starben im Amtswald unter Kugeln. Der Amtsmann Limper hatte für den Kriegsbeschädigten um Erschießungsaufschub gebeten. Auch das blieb unerhört. Der Gemeindevorsteher Frany Krakowczyk (USPD) entging der Ermordung, da er einen von ihm mitunterzeichneten Aufruf zur Kampfeinstellung vorweisen konnte. Er kam nach Münster zur Aburteilung vor ein außerordentliches Kriegsgericht (zu dieser Art von Justiz kommen wir noch) und hat wohl überlebt. Man muss dazu erwähnen, die meisten der ehemaligen Kämpfer im Ruhrgebiet gingen immer davon aus, dass das Bielefelder «Abkommen» und das von Münster noch galt. Vier Parlamentäre, die östlich von Datteln mit einem Auto und weißer Fahne – entsprechend den Abkommen – eine Feuerpause erreichen wollten, gerieten unter Beschuss des Jäger-Freikorps Bückeburg. Ein «roter» Sanitäter konnte sich durch einen Sprung in die Lippe retten, zwei

780 Ebd.

781 Lucas, Märzrevolution 1920, Bd. 3, S. 309.

Paul Weniger mit Frau Auguste und Kindern. Auch er wurde ermordet.

Überlebende starben am nächsten Tag durch Erschießung. Die Reste der Roten Armee zogen sich teils panikartig zurück, schon abgegebene Waffen «erkämpften» sie sich teils wieder, als klar war, dass und wie die Reichswehr bzw. die Freikorps vorgingen. So in Essen, wo nach einem Bericht der Frankfurter Zeitung erneut die Waffendepots zur Stürmung anstanden: «Am Abend wimmelte die Stadt wieder von bewaffneten Rotgardisten.»[782]

Die noch bestehende Kampfleitung drohte Severing, sollte der Vormarsch nicht gestoppt werden, mit der totalen Vernichtung aller Zechen, Industriebetriebe und Bahnen. Doch dies geschah nicht, im Unterschied zu dem, was von deutschen Truppen, die sich 1917 im I. Weltkrieg in Frankreich auf die sogenannte «Siegfried-Stellung» zurückgezogen hatten, angerichtet worden war. Diese hinterließen dort, drei Jahre vor dem Kapp-Putsch, mit dem «Unternehmen Alberich» völlig zerstörte Häuser, Kirchen, Schlösser, Fabriken, Betriebe, Straßen, Bahntrassen, Brunnen und Gewässer, also erstmalig verbrannte Erde. Zweihundert französische Ortschaften verschwanden komplett.[783] Interessant ist, dass auch Brunnenvergiftung dabei war, was man ja seit alters her und bis heute in antisemitischer Tradition grundsätzlich nur Juden vorwirft.

Der – knapp dem Tod entkommen – aus der Gefangenschaft in Münster nach Dortmund zurückgekehrte Meinberg (KPD) forderte ebenfalls am 3. April 1920 die versammelten und teils aus Pelkum geflüchteten Rotgardisten zur Waffenabgabe auf, während auch er glaubte, die Auf-

782 Frankfurter Zeitung vom 4.6.1920, zitiert nach Lucas, Märzrevolution 1920, Bd. 3, S. 310.

783 https://www.spiegel.de/geschichte/unternehmen-alberich-im-ersten-weltkrieg-verbrannte-erde-in-frankreich-a-1133451.html (Abgerufen: 6.11.2019); Gietinger/Wolf, Seelentröster, S. 293.

stellung einer Ortswehr könne noch - dem Bielefelder «Abkommen» gemäß - auf den Weg gebracht werden.

Die Rotgardisten stimmten zu, wollten aber Geld, um sich - arbeitslos, wie sie nun waren - versorgen zu können.

Meinberg versuchte in einer Zusammenkunft mit Liberalen und SPD-Männern einen der vorgesehenen Arbeitsausschüsse zur Waffenabgabe zu bilden. Man wollte um Einmarschaufschub bitten und die Waffenabgabe selbst regeln sowie die Rotgardisten trotz Eisenbahnerstreik abtransportieren. Die Geldregelung blieb offen.

Abgesandte des linksradikalen Vollzugsrates von Duisburg - der sich auch nach Müllers («Dudo») Tod nicht an die Vorgaben der Zentrale der Roten Armee hielt - erschienen in Düsseldorf und verlangten unter Gewaltandrohung Mannschaften und Material, sie wollten weiterkämpfen. Der Düsseldorfer Vollzugsrat weigerte sich, besetzte die Zufahrtsstraßen nach Duisburg und forderte alle Arbeiter auf, den bewaffneten Widerstand einzustellen, trotz des Vertragsbruches der Reichswehr. Der in Münster vereinbarte Versuch, mit bewaffneten Arbeitern den Kampfabbruch bei den Linksradikalen durchzusetzen, um den Einmarsch zu vermeiden, war allerdings hier endgültig gescheitert. Er hätte auch nichts genützt. Die Reichswehr und die Freikorps wollten einmarschieren und Rache nehmen. Selbst Severing würde sie da nicht aufhalten können.

In einem Flugblatt des Düsseldorfer Vollzugsrates an die Soldaten der Reichswehr hieß es: «Eure Führer wollen Kampf und Blutvergießen.» Dass im Ruhrgebiet Anarchie herrsche sei, gelogen. Die Gefangenen würden leben. «Mit einzelnen Verbrechern, die die Unruhen zu ihren Gunsten ausbeuten wollen, werden wir selbst fertig. […] Zwingt uns nicht zum Kampfe. Bleibt stehen, wo ihr steht. Verjagt die Lügner, die euch verführen. Wählt eure Führer selbst. […] Wir wollen in Frieden mit euch leben. Soldaten! Kameraden! Schießt nicht auf Eure Brüder!»[784]

Obwohl es zahlreiche Desertionen und Überläufer aus den Freikorps gab, die oft mit Erschießen beantwortet wurden[785], blieb der Aufruf letztlich wirkungslos.

---

784 Staatsarchiv Düsseldorf, XXIII 71, zitiert nach Lucas, Märzrevolution 1920, Bd. 3, S. 312.

785 Eliasberg, Ruhrkrieg, S. 246; wie Lucas, Märzrevolution 1920, Bd. 3, S. 374, lesen dies aus den offiziellen Zahlen von 123 eigenen «Vermissten» der Freikorps und Reichswehr heraus, zu denen Spethmann, Ruhrbergbau, Bd. II, S. 259 schreibt, sie seien wohl tot. Was von der Reichswehr und dann der NS-Geschichtsschreibung als von der Roten Ruhrarmee ermordet uminterpre-

In Holsterhausen bei Dorsten wurden in der Nacht zum 3. April drei Bergleute, deren Namen unbekannt blieben, in ihren Wohnungen verhaftet und abgeführt. Nur einer kehrte zurück, der Schüsse gehört haben wollte. Unter frisch aufgeworfener Erde fand man die beiden Erschossenen.[786]

Am 3. April 1920 waren es nur noch vereinzelte Gruppen von Rotgardisten, die sich den überlegenen «Regierungstruppen» verzweifelt entgegenwarfen.

Hamborn im Westen wurde fast kampflos eingenommen. Aus Duisburg war das radikale Exekutivkomitee rechtzeitig geflohen, vorher hatte es die Gefängnisse geöffnet. Die Bürgerwehr fand sich plötzlich wieder und nahm Verhaftungen vor. Insbesondere Frauen – den gepanzerten «Körperfragmenten» der Freikorpsmänner nach Theweleit gefährlich erschienene «rote Frauen» –, die angeblich oder tatsächlich Sanitätsdienste geleistet hatten, waren Ziel der Geiselnahmen. Bekannt sind zwei brutale Vergewaltigungen. Die Krankenschwester Wilhelmine Güllekes wurde zusammen mit einem Rotgardisten gefangengenommen, geschlagen, wie dieser nackt ausgezogen und vor den Augen des Rotgardisten von elf Soldaten über Stunden vergewaltigt.[787] Maria Lippert, die man «nur» verdächtigte, Krankenschwester gewesen zu sein, musste im Gefängnis, nachdem man ihr die Kleider vom Leib gerissen hatte, einen Schemel selbst herbeiholen, sich darüberlegen und wurde von den Soldaten Adler, Pokorski und andren mit Gummiknüppeln und Handgranaten geschlagen, danach hielten mehrere Soldaten sie fest und der Sergeant Adler vergewaltigte und traktierte sie mit dem Gummiknüppel. Am nächsten Tag wiederholte er die Vergewaltigung, indem er Lippert mit einer Pistole bedrohte. Das Opfer war schwer verletzt und erwerbsunfähig. Tatsächlich wurde Adler später in einem Verfahren, in dem Frau Lippert als Nebenklägerin auftrat, zu fünf Jahren Zuchthaus verurteilt. Allerdings verhalfen ihm seine Kameraden zur Flucht. Ein einmaliger Fall, dass einem Gefangenen im Ruhrgebiet die Flucht gelang. Sein Bataillonsvorstand vom Freikorps Loewenfeld, der einst als Kriegsverbrecher von den Alliierten gesucht worden war,

---

tiert wurde. Eine Klitterung sondergleichen, da die Reichswehr intensive Suche nach Vermissten betrieb und die Sipo erstaunlicherweise keinen einzigen Vermissten meldete.

786 Lucas, Märzrevolution 1920, Bd. 3, S. 373.

787 Aussage des Kompanieführers der Kompanie Liebknecht der Roten Armee aus Mülheim, 9.4.1920, Könnemann/Schulze (Hrsg.), 2002, Dok. 685, S. 1031.

Kapitänleutnant Arnaud de la Perière (später Admiral) reichte zudem ein Gnadengesuch ein und schlug vor, Adler wieder in die Reichswehr aufzunehmen. Ob dies geschah, ist unklar. Draußen war er. Eine Entschädigungsklage von Frau Lippert wurde mehrfach und in letzter Instanz abgewiesen.[788]

Maria Lippert

Allerdings scheinen die psychotischen Fragmentkörper der soldatischen Männer der Freikorps, der Reichswehr und der Sipo weniger auf Vergewaltigung (die aber auch schon psychische und physische Zerstörung zur Folge hatten) als auf völlige Vernichtung der «roten Frauen» ausgewesen zu sein. Also wurden sie bevorzugt sofort und nicht wie einige Männer durch «Standgerichtsurteile» umgebracht, in blutigen Brei verwandelt. Was Lucas und Theweleit belegen.[789]

Die Bauarbeiter Peter von Clev und Wilhelm Hidding, die am 3. April beteuerten, die ganze Aufstandszeit über auf einer Baustelle gearbeitet zu haben, führte man querfeldein und erschoss sie. In Sterkrade brach die Artillerie der «Regierungstruppen» vereinzelten Widerstand, schoss insgesamt 17 Arbeiter zusammen. Ein SPD-Mitglied führte die Soldaten ins Werbebüro der Roten Ruhrarmee, dort hatten Männer, dem Münsteraner «Abkommen» folgend, Waffen von Rotgardisten eingesammelt. Die neun Insassen des Büros exekutierte man sofort.

Oberhausen erlebte ebenfalls seinen Einmarsch, flüchtende Rotgardisten, die ihre roten Armbinden weggeworfen hatten, fielen einer Treibjagd zum Opfer. Fünf Arbeiter mussten sich am Altmarkt auf den Boden legen und erhielten Genickschüsse.

Die Truppen der Weimarer Koalition fielen auch in Bottrop ein, hier in Form der Marinebrigade Loewenfeld. Dort töteten sie, nachdem sie drei Mann der Wache des Bahnhofs Bottrop-Nord, die nicht mehr

788 Antrag der KPD-Fraktion im Reichstag auf Entschädigung für Maria Lippert vom Juli 1924, Könnemann/Schulze (Hrsg.), 2002, Dok. 695, S. 1050f.

789 Lucas, Märzrevolution 1920, Bd. 3, S. 5f.

Offiziere des Freikorps Loewenfeld, zweiter v. r. Arnauld de la Perière

fliehen konnten, erschossen hatten, bei Hausdurchsuchungen auf Befehl des Kapitänleutnants Richard Mayrhofer (aus Kiel)[790] den Bergmann Joseph Soyka vor den Augen seiner Frau, danach die Zimmerleute Adolf Weber und Hans Ziemke, die von der Arbeit heimkamen. Das Terrorregime der Loewenfelder war jedoch schon an die Ohren von Rotgardisten gedrungen, die sich, nachdem sie erfuhren, dass die Reichswehr marschierte, in Bottrop ihre Waffen wiedergeholt hatten. Es kam zum letzten größeren Gefecht. Verbissen wehrten sich die bewaffneten Arbeiter auf dem Gelände der Arbeiterkolonie der Zeche «Prosper III» gegen die schweren Waffen der Präfaschisten. Deren ersten Panzerwagen schossen sie bewegungsunfähig, die Besatzung des zweiten musste fliehen. Im Schutz der Artillerie versuchten die Loewenfelder vorzugehen, «ihr Angriff blieb jedoch im Feuer der Rotgardisten stecken».[791] Sie mussten sich sogar zurückziehen. Die Offiziere des Freikorps, darunter der von den Alliierten auf die Liste der Kriegsverbrecher des unbeschränkten U-Bootkrieges gesetzte Kapitänleutnant Arnauld de la Perière, hatten nun besonders perfide Waffen parat: Feldhaubitzen mit Zeitzündergranaten. Damit schossen sie in die Häuser der Zechenkolonie, zerstörten viele Gebäude völlig, trafen aber auch Villen des höheren Bürgertums. Ein letztes Mal kamen Arbeiter zur Verstärkung mit

790 Gumbel, Mord, S. 59.
791 Lucas, Märzrevolution 1920, Bd. 3, S. 316.

der Tram angefahren und nahmen das Hakenkreuz-Freikorps unter Feuer. Eine weitere Abteilung der Stahlbehelmten ging unter Führung von Albert Leo Schlageter mit Artillerie, die in die Häuser schoss, von Osten gegen Bottrop vor. Doch auch der spätere Nazi-Held und Terrorist kam im Straßenkampf nicht durch. Loewenfeld gab den Befehl zum Rückzug und ließ nun mit allem, was er an Artillerie hatte, auf die Stadt schießen. Es gab unzählige Tote und Verwundete in der Bevölkerung, die teils nicht mehr identifiziert werden konnten. Mindestens 56 Menschen starben. Die Hakenkreuzler hatten 21 Tote.

Eine andere Reichswehrabteilung stand aber beim Terror nicht zurück und bombardierte gleichzeitig mit Artillerie im benachbarten Osterfeld die Bergarbeiterkolonie Eisenheim.

Ein weiterer Teil der Hakenkreuz-Marinebrigade griff von Gladbeck aus die Orte Karnap und Horst an. In letzterem Ort gab es nochmals heftigen Widerstand. Sechs Stahlbehelmte starben, die getötete Zahl der Rotgardisten scheint sehr hoch gewesen zu sein, ist aber unbekannt.[792]

Eine sich auflösende Rote Ruhrarmee hatte dem technisch am besten gerüsteten Freikorps eine letzte Schlacht geliefert.

Die Freikorps Oldenburg, die Division Münster, die Brigade Faupel und die zurückgekehrten Reste des Freikorps Lichtschlag mit der Batterie Hasenclever, all diese uniformierten Demokratiefeinde, angereichert durch württembergische und bayerische Truppen, die antisemitische Ausschreitungen inszenierten, besetzten einen Ort nach dem anderen südlich der Lippe und nördlich der Ruhr. Die panikartig zurückflutenden Reste der Roten Ruhrarmee forderten nun von den Zechen, den Vollzugsräten, Banken und der Post, in Mülheim und Essen, die noch nicht besetzt waren, hohe Geldbeträge. Der Vollzugsrat in Mülheim gab sogar Geld gegen Quittung heraus. Lastwagen mit schreienden, kaum verbundenen Schwerverletzten eilten durch die Orte. In Düsseldorf überfielen die Rotgardisten eine Kaserne und verscherbelten die Kleidung zu Spottpreisen an Passanten, wurden aber von der noch funktionierenden Sicherheitswehr festgenommen. Auch der Zentralrat in Essen setzte sich nach Barmen ab, der Vollzugsrat stellte seine Tätigkeit ein. Essen und Kleidung wurde von den Rotgardisten jetzt auch aus Geschäften geholt, um ihre Flucht zu schützen. Eine geordnete Beschlagnahmung durch den Vollzugsrat kam nicht mehr zustande. In Dortmund dagegen versuchte der Vollzugsrat

---

792 Lucas, Märzrevolution 1920, Bd. 3, S. 316f.

Plünderungen zu verhindern und bewirkte die Auszahlung von über 910.000 Mark. Trotzdem kam es weiter zu illegalen Beschlagnahmungen. Meinberg schlug dem Magistrat vor, Arbeiter mit weißen Armbinden Ordnung in das Chaos bringen zu lassen. Doch es kam nicht mehr dazu.

Ermordeter Rotarmist, zwei Freikorpsoffiziere, vmtl. bei Wesel

Die Brigade Epp mordete regelmäßig, so auch am 3. April. Zwei Tage nach dem Massaker von Pelkum ließ das Freikorps drei als «Aufrührer» bezeichnete Arbeiter erschießen. Zwei weitere Verwundete wurden auf Stühle gesetzt und erschossen.[793] Einem in Zivil auftauchenden Feldwebel des Freikorps fiel am Abend des 3. April in einer Kneipe der Bergmann Karl Kammeier zum Opfer. Unter erheblichem Alkoholeinfluss renommierte er, an der Sprengung einer Brücke bei Pelkum beteiligt gewesen zu sein. Kammeier wurde abgeführt und zusammen mit dem Arbeiter Gottfried Heer, ehemals Mitglied der Arbeiterwehr, dem man ebenfalls – unbewiesen – vorwarf, die Sprengung mit verursacht zu haben, von einem «Standgericht» zu Tode verurteilt und am nächsten Tag erschossen. Kammeiers Frau bezeugte kurz danach, dass ihr Mann an dem Tag zuhause gewesen sei.

Am Abend des 3. April ließen Reichswehrsoldaten in Duisburg-Meiderich zwei Arbeiter bei einer Ziegelei exerzieren: «Links um, rechts um!» und «Marsch, marsch!»[794] Um sie dann zu erschießen.

Auch die Sipo mordete. In Duisburg-Beeck wurde in der Nacht der Bergmann und Knappschaftsälteste Paul Langer, einer der Organisatoren der Arbeiterwehr, verhaftet und abgeführt. Eine Hausdurchsuchung hatte nichts erbracht. Langer soll angegeben haben, er wisse, wo Waffen lagerten. Nach Mitternacht wurde er auf einer Wiese in der Nähe der Polizeiwache erschossen. In der gleichen Nacht gegen 3 Uhr tarnten sich Sipo-Mitglieder – einer hatte ein rotes Tuch – als «Spartakis-

793 Severing, Watterwinkel, S. 210.
794 Lucas, Märzrevolution 1920, Bd. 3, S. 373.

ten» und kontaktierten den verheirateten Bergarbeiter Paul Graf[795] (42 Jahre) in seiner Wohnung. Graf fiel auf ihre Fangfragen herein und zeigte ihnen ein in der «Bodenkammer versteckter Gewehr». Graf wurde abgeführt. Draußen warteten schon weitere Sipos mit einem verhafteten Lokführer, dessen Sohn und einem Bergarbeiter. Alle mussten zur selben Polizeistation wie Langer. Auf dem Weg, Graf ging als Letzter, prügelten sie ihn permanent, so dass er immer wieder aufschrie, die anderen durften sich aber nicht umdrehen. In der Wache hatten sich die drei mit Händen über dem Kopf und Gesicht zur Wand zu stellen, während man Graf über einen Tisch legte und mit dem Säbel schlug. Dann führten ihn die Sipos ab und erschossen ihn neben der Leiche von Langer. Die drei anderen mussten mit verbundenen Augen die Leichen der beiden Ermordeten wegschaffen. Man fand sie später im evangelischen Krankenhaus neben zwei weiteren Toten namens Tappe und Georg. Die «Regierungstruppe» behauptete später, Langer und Graf seien «auf der Flucht» erschossen worden.[796]

Erschossener Arbeiter (ohne Stiefel), bei Wesel

Am Ostersonntag, den 4. April 1920, beschoss das Freikorps Loewenfeld mit Artillerie, sozusagen prophylaktisch, die südlichen Teile des Rhein-Herne-Kanals, ohne dass man von irgendwelchen «Roten» auf der anderen Seite wusste - aber wohl aus «Respekt» vor den letzten Kämpfern, Lucas spricht von Feigheit[797]. Die Häuser der Zeche «Fritz» wurden schwer getroffen, zahlreiche zerstört, mehrere Menschen - die sich natürlich nicht an den Kämpfen beteiligt hatten - getötet oder verwundet. Feuerpausen lehnten die «Noskiden» - wie sie auch von den Arbeitern genannt wurden - mit der Begründung ab, man kenne kein Bielefelder «Abkommen».

Der radikale Vollzugsrat von Mülheim floh ebenfalls, den Zentralrat von Barmen nach Essen zurückzuholen misslang, obwohl eine Gruppe

795 Zu Langer und Graf, siehe auch Gumbel, Mord, S. 59.
796 Lucas, Märzrevolution 1920, Bd. 3, S. 368f.
797 Lucas, Märzrevolution 1920, Bd. 3, S. 322.

von Rotgardisten dies verlangt hatte. Die zurückflutenden roten Kämpfer befreiten sich von ihren Waffen – teils vor den Osterspaziergängern – und versenkten sie in der Ruhr, andere warfen Handgranaten auf zusammengesammelte Gewehrhaufen. Polizei und Einwohnerwehren kamen wieder ans Tageslicht und versuchten sich Dortmunds und Essens zu bemächtigen.

Das höchste christliche Fest der Wiederweckung des gekreuzigten Sohnes Gottes hielt die Freikorps nicht vom Morden ab. Drei Männer, Konrad Hennig, Robert Potlesney und Wilhelm Kornatz, wurden in Lünen von einem «Standgericht» des Freikorps Münsterland aus unbekannten Gründen zum Tode verurteilt und erschossen. Ein Mitglied der Arbeiterwehr Lünen, das fristgerecht seine Waffe am 2. April abgegeben hatte, wurde in ein Wäldchen geführt. Beherzte Einwohner sahen dies und drohten mit einer Anzeige bei der Kommandantur. «Der Mann landete mit klaffenden Wunden am Kopf im Zuchthaus von Münster.»[798]

Schon am Morgen des Tages, an dem man die Auferstehung Christi feierte, musste ein unbekannter Arbeiter in Hamborn sein Grab schaufeln. Angeblich lief er aber davon und wurde erschossen. Die Tat führten Soldaten des Freikorps Schulz aus, der Kommandeur Major Siegfried Schulz gab an, dass das Verbot der Erschießungen – offensichtlich meinte er den Kompromiss in der Frage des «Standrechts» – ihn erst 11 Uhr 30 erreicht hätte. Standrecht und Erschießen waren für ihn offensichtlich das Gleiche. Doch was war das für ein Kompromiss beim «Standrecht»?

Rückzieher?

Am Karsamstag, dem 3. April 1920, hatte die «neue» Regierung der Weimarer Koalition Watter volle Handlungsfreiheit gegeben, gleichzeitig auch verfügt, dass das (illegale) Standrecht für die Bezirke Münster, Arnsberg und Düsseldorf spätestens bis zum Ostersonntag, dem 4. April 1920, aufzuheben sei. Unterschrieben hatten die Verordnung Ebert, Geßler und Müller. Warum? Vermutlich hatten Berichte über das Pardon-wird-nicht-gegeben-Verhalten der «Regierungstruppen» sich rufschädigend ausgewirkt, zumal die obersten Erschießungs-Treiber, Pabst und Noske, nicht mehr im Amt waren. Die von Severing eingesetzten SPD-Zivilkommissare dürften dabei den Ausschlag ge-

798 Lucas, Märzrevolution 1920, Bd. 3, S. 372.

ben haben. Sie sollten Übergriffe verhindern, waren dazu aber nicht in der Lage. Allerdings registrierten sie – der eine mehr, der andere weniger – die Verbrechen der Freikorps usw., so dass Severing durch sie mindestens teilweise Bescheid wusste: «Es ist im Industriegebiet bekannt geworden, daß nahezu 100 Personen erschossen worden sind, ohne daß ein Standgericht sie abgeurteilt hätte. Unter den Erschossenen befinden sich nach den Aussagen einwandfreier Zeugen Leute, die nicht die geringste Schuld an dem Aufruhr trifft. Diese Erschießungen werden mit den Standgerichten von den weitesten Volkskreisen in Verbindung gebracht, und für jede einzelne macht man die Regierung deswegen verantwortlich. Diese Verantwortung kann die Regierung aber nicht tragen.»[799] Auch die Beteiligung von Gewerkschaftern an weiteren Standgerichten (sic!) lehnte er hier ab. In seinem Ruhrkampf-Buch verschweigt Severing übrigens diesen Brief an den OB von Duisburg, Karl Jarres.

Watter tobte und der Regierungspräsident von Münster wie das Zentrum im Ruhrgebiet sekundierten ihm: Tagelang gingen Telegramme zwischen Ruhrgebiet und Berlin hin und her, wurde telefoniert, bis der geschickte Severing einen typischen sozialdemokratischen Kompromiss vorschlug. Die Rücknahme sollte vorerst geheimbleiben, die «Standgerichte» weiter bestehen, jedoch sollten die Urteile vorläufig nicht vollstreckt werden. Am 8. April erschien eine illustre Delegation aus Soldaten unterer Ränge und den Parteien der Weimarer Koalition (SPD, DDP, Zentrum) aus dem Ruhrgebiet bei der Regierung in Berlin und forderten die Wiedereinführung des «Standrechts». Gleichzeitig stoppte Watter den Einmarsch und drohte zusammen mit den Generälen Kabisch, Hofmann, Haas und Otto von Preinitzer den Rückzug aus dem Ruhrgebiet an. Reichswehrminister Geßler bot jetzt Watter einerseits die Verschärfung der Bedingungen über die Waffenabgabe an, andererseits kam er mit außerordentlichen Kriegsgerichten, statt dem Standrecht. Wir erinnern uns, die außerordentlichen Kriegsgerichte waren auch als Möglichkeit in den geheimen Schubladenverordnungen zur Weimarer Verfassung (Artikel 48) von der ersten Weimarer Koalition (auf Druck Noskes) noch 1919 ausgearbeitet, aber weder veröffentlicht noch in ein Gesetz gegossen worden. Also war auch diese Verordnung verfassungswidrig, aber sie kam immerhin einer Abmilderung gleich

799 Brief Severings an den OB von Duisburg, Jarres, vom 10.4.1920, zitiert nach Lucas, Märzrevolution, Bd. 3, S. 335; zitiert auch bei Colm, Ruhraufstand, S. 140; teilweise bei Eliasberg, Ruhrkrieg, S. 245.

– auch wenn das Wort hier übertrieben erscheint. Denn die Kriegsgerichte mussten nicht auf Tod entscheiden, sondern konnten weniger harte Strafen (Zuchthaus) verhängen. Geßler versuchte dem nach Berlin gereisten Watter klar zu machen, dass das doch fast dasselbe wie ein Standgericht sei und spätestens nach 48 Stunden würde die Regierung das per Kurier nach Berlin gesandte Urteil bestätigen. Watter musste sich «zähneknirschend» fügen.[800]

Der Terror geht weiter

Doch nördlich der Ruhr war von diesem Kompromiss nicht viel zu spüren. Am Ostermontag, dem 5. April 1920, ging der Vormarsch von Reichswehr, Sipo und Freikorps weiter: Mülheim, Oberhausen, Duisburg, Wanne und Gelsenkirchen wurden besetzt. Auch die Württemberger, ebenso die Badener unter dem «parlamentsflüchtigen» General Haas und die Bayern unter dem späteren NS-Statthalter Franz Ritter von Epp ließen sich dies nicht entgehen. Auch Pabsts langjähriger Kommandeur, General von Hofmann, war mit dabei[801]. Da große Teile der GKSD in die Reichswehr übernommen worden waren, dürfte er fast die gleichen Truppen befehligt haben, die schon Pabst 1918/19 gegen die Revolution sowie Luxemburg und Liebknecht zwecks deren Eliminierung geführt hatte. Pabst aber konnte nicht mitwirken, er musste sich in Bayern «verstecken».

In Bottrop durchsuchten am 5. April Truppen das Arbeiterviertel Beißenheide, verhafteten zahlreiche Männer, zwei wurden an die Wand gestellt, einen Dritten, den 56 Jahre alten Bernhard Rocher, trieben sie über eine Wiese und erschossen ihn.

Ganz besonders grausam ging das Freikorps Roßbach am 6. April, also zwei Tage nach dem Severing'schen Kompromiss, die Standgerichtsurteile auszusetzen, vor. Die Truppe hatte die beste Ausrüstung und Leutnant Julius Ernst Linzemeier hatte am 4. April schon von den Vorgaben der Regierung gehört. Es ist also höchst unwahrscheinlich, dass sie nichts davon wussten. Der bei Krupp beschäftigte Arbeiter Engelbert Kläs wurde als «Spartakist» denunziert und am gleichen Tag auf dem Weg von der Arbeit in Essen-Holsterhausen von den Hakenkreuzlern festgenommen. Auch Kläs war Mitglied der Arbeiterwehr gewesen, auch er hatte seine Waffe am 2. April abgegeben. Zusammen

800 Lucas, Märzrevolution 1920, Bd. 3, S. 334.
801 Lucas, Märzrevolution 1920, Bd. 3, S. 107 und 333.

mit Johannes Schürmann aus dem gleichen Ort führte man Kläs unter Misshandlungen zu einem Lokal. Dort fand ein «Standgericht« unter Vorsitz eines Leutnants statt. Lucas gibt an, es könnte Linzemeier (im Protokoll «Sinnesheimer»[802]) gewesen sein.[803] Die beiden wurden zusammen mit drei anderen namentlich Unbekannten zum Tode verurteilt, durch Kolbenschläge und Schüsse in den Bauch und Kopf getötet und grauenhaft verstümmelt. Das Freikorps legte - wohl zur Einschüchterung - die Leichen auf einem Platz gegenüber der Zeche Humboldt ab (auf der Grenze zwischen Essen und Mülheim). Dasselbe «Standgericht» verurteilte dann noch sechs andere Arbeiter aus Mülheim zum Tode. Die noch schlimmer zugerichteten Leichen (Details seien erspart) wurden auf einem Acker vergraben. Am nächsten Morgen entdeckten spielende Kinder die notdürftig zugeschütteten Körper: drei Hüte, ein aus der Erde ragender Fuß, eine Blutlache. Auch die drei anderen Toten wurden von einem Landarbeiter entdeckt. Drei Namen konnten die Bewohner des Ortes trotz der Verstümmelungen, ja, Zerstückelungen identifizieren: Hermann Buhmeyer, Johann Reiber und ein Mann namens Hütter. Sie waren Mitglieder der Roten Armee gewesen und hatten ihre Waffen schon am 1. April abgegeben. Am 8. April musste die Mutter von Kläs den völlig zerstörten und nicht nur mit Blut beschmierten Hut ihres Sohnes im Rathaus abholen, der ahnen ließ, wie er verstümmelt wurde. Dann führte man sie zum Friedhof, wo sie die ausgeraubte und zertrümmerte Leiche ihres Sohnes fand. Es war nicht die einzige Verstümmelung, die sich die «Regierungstruppen» leisteten. So fanden Arbeiter zwei tote Opfer des Freikorps Schulz beim Kampf um Dinslaken, die grausam gefoltert worden waren, Knochen in Stücke geschlagen, Gelenke ausgedreht, Hände mit glühenden Eisen durchbrannt, mit dem Bajonett Wunden in den Körper gefetzt und noch mehr.[804]

Ermordet, Heinrich Deutz

802 Gumbel, Mord, S. 60.

803 Lucas, Märzrevolution 1920, Bd. 3, S. 368 und 541, Anm. 67 mit zahlreichen Belegen auch aus dem Nachlass Severing, auch für das Folgende.

804 Lucas, Märzrevolution 1920, Bd. 1, S. 306, mit Belegen.

Theweleit bezeichnete solche auf Körperzerstörungen ausgehende männliche Gewalt als den Zwang, aus dem Anderen «blutige Masse, blutigen Matsch»[805] herzustellen.

Zwischen 17 und 18 Uhr am 6. April richtete das Freikorps Loewenfeld gleich zwei Standgerichte ein. Die Freikorpsoffiziere verglichen die Essenslisten des Ledigenheims der Zeche «Prosper» und stellten fest, dass 140 Mann länger nicht mehr dort gegessen hatten, 14 von ihnen wurden von dort abgeführt. Lucas wundert sich, dass das «Gericht» der Hakenkreuzler nur ein Zehntel der Männer zum Tode verurteilte. Napoleon wird nachgesagt, er habe bei Aufständen gedroht, jeden 10. Insurgenten erschießen zu lassen. Vielleicht wollten die Freikorps hier «mit gleicher Münze zurückzahlen», denn der Feind war ja nicht nur der «Bolschewismus», sondern auch das Frankreich der Revolution. Gegen 21 Uhr, nach der Ausgangssperre, erschoss man die Männer in einem Busch an der alten Emscher. Darunter auch Fritz Pentoch, der eine kurze Zeit bei der Roten Armee gewesen, mit dem Vertrauen auf das Bielefelder «Abkommen» aber nicht geflohen war. Das zweite «Standgericht» der «Loewenfelder» verurteilte 3 Männer zum Tod und ließ sie auch gleich erschießen. Severing-Kompromiss hin oder her.[806]

Ein weiterer Mann überlebte knapp. Die Rote Ruhrarmee hatte im Kampf um Bottrop neben einem Krankenhaus ein erbeutetes Geschütz aufgebaut. Ein Arzt sprach daraufhin einen Mann aus einer Zuschauergruppe, den er kannte, an: «Um Gotteswillen Stämpelmann, sorgen Sie dafür, dass das Geschütz wegkommt, sonst wird das Feuer [der Reichswehr, K.G.] auf das Krankenhaus gelenkt.»[807] Stämpelmann sprach mit den Rotgardisten, das Geschütz kam weg, doch der Wohltäter wurde denunziert, von den «Loewenfeldern» mit der Peitsche traktiert und zum Tod verurteilt. Nur das Eingreifen des Arztes, der von dem «Urteil» hörte, verhinderte die Ermordung. Stattdessen kam Stämpelmann jetzt vors Kriegsgericht.

Es gab nur noch selten und geringfügig Widerstand von Rotgardisten. Am 7. April war der Einmarsch nördlich der Ruhr mit der Besetzung von Essen durch die Loewenfeld-Brigade abgeschlossen. Zwei

805 Über «Männerphantasien» – Die Angst vor der Körperauflösung, Klaus Theweleit im Gespräch mit Liane von Billerbeck, DeutschlandfunkKultur, 1.11.2019, https://www.deutschlandfunkkultur.de/klaus-theweleit-ueber-maenner-phantasien-die-angst-vor-der.1008.de.html?dram%3Aarticle_id=462394 (Abgerufen: 11.11.2019); Theweleit, Männerphantasien, Bd. 2, S. 314.

806 Lucas, Märzrevolution 1920, Bd. 3, S. 366f.

807 Lucas, Märzrevolution 1920, Bd. 3, S. 367.

Mitglieder der Sicherheitswehr, die weiße Armbinden trugen und die ein Beigeordneter zum Sicherheitsdienst bewegt hatte, die Bergarbeiter Hermann Riesener und Friedrich Lichtenauer, verloren zum Auftakt der Besetzung ihr Leben durch Erschießen an der Wand. Leutnant Julius Linzemeier, der Gerichtsoffizier des Freikorps Roßbach, der schon in Mecklenburg Menschen hatte exekutieren lassen, verurteilte den Maschinenschlosser Bergmann und den Bergarbeiter Rogowski nach viertelstündigem Verhör ohne jeden Beweis zum Tode und ließ sie im Hof des Rathauses von Feldwebel Block erschießen[808]. 18 Männer wurden «vorläufig» abgeurteilt und an einen unbekannten Ort verfrachtet, Gefangene von aufgebrachten Mitbürgern geschlagen. Der Essener USPD-Vorsitzende, Gewerkschaftssekretär und Stadtverordnete Wilhelm Steinhauer bekam nach zwei Minuten sein Todesurteil. Nur das Eingreifen des Oberbürgermeisters Luther und einiger SPD-Führer verhinderten seine Ermordung. Erst Tage später ließ man ihn frei.

Aus dem Freikorps Roßbach gingen viele Nazis hervor, so Martin Bormann (Reichsleiter der NSDAP), Kurt Daluege (SS-Obergruppenführer), Edmund Heines (Fememörder, SA-Gruppenführer), Wolf-Heinrich Graf von Helldorf (SA-Gruppenführer), Hans Kammler (SS-Obergruppenführer), Rudolf Höss (SS-Obersturmbannführer und Kommandant des Vernichtungslagers Auschwitz) sowie zahlreiche andere SS-Offiziere.

In der Nacht vom 7. auf den 8. April, gegen 3 Uhr 30, erschienen die Sipo und ein Polizist beim Straßenbahnschaffner Friedrich Siek. Er wurde verdächtigt, mitgekämpft und geplündert zu haben. Vier Stunden später fand seine Frau ihn 300 Meter von der Wohnung entfernt auf einer Wiese erschossen. Später stellte sich in einem Gerichtsverfahren heraus, dass nichts gegen ihn vorgelegen hatte[809]. Apropos Gerichtsverfahren: Die allermeisten Morde wurden nicht verfolgt[810] – so auch dieser nicht –[811] bzw. das Verfahren wurde eingestellt und wenn es doch Verfahren gab, kam es zu geringen Strafen.[812] Ganz anders bei den Rotgardisten und Frauen, die überlebt hatten.

Die Morde gingen bis in den Mai weiter (als der verschärfte Ausnahmezustand längst aufgehoben war).

808 Gumbel, Mord, S. 59.
809 Gumbel, Mord, S. 60.
810 Gumbel, Mord, S. 59–63.
811 Gumbel, Mord, S. 60.
812 Lucas, Märzrevolution 1920, Bd 3. 412ff.

Ganz vorn war die Marinebrigade Loewenfeld dabei. So gab ein Arbeiter zu Protokoll, er habe am 11. April in der Leichenhalle des Marienhospitals Bottrop 15 Arbeiterleichen übereinandergetürmt gesehen, meist mit völlig zerstörtem Schädel. Auch eine Abordnung der Bottroper SPD berichtete von Ermordungen nach der Sperrstunde auf menschenleeren Straßen, statt dass man die Gefangenen abtransportiert hätte.[813]

Weitere Morde geschahen am 16. April in Recklinghausen, dort traf es den 38-jährigen Friedrich Müller, der in der Grube der Zeche «Recklinghausen I» umgebracht wurde. Eine Nacht später starb der Schreiber Bernhard Josemeier, 21 Jahre alt, an einem unbekannten Ort durch Erschießen. Wieder einen Tag später brachte man den Bergmann Bicking aus Buer-Hassel um. Er sei auf der Flucht erschossen worden.[814]

Neun Männer der Brigade Epp verhafteten in der Nacht vom 12. auf den 13. April den Arbeiter Gustav Heinrichs, beschuldigten ihn am 4. April Soldaten mit dem MG umgebracht zu haben, was nicht stimmte, denn Heinrichs hatte am 2. April seine Waffe abgegeben. Er wurde ganz langsam umgebracht, mit dem Kolben eines Gewehrs, mit einem Schuss in die Hand, Schüssen auf den am Boden Liegenden, dann hängte man ihn über einen Zaun und feuerte nochmals auf ihn. Die Meldung lautete: «Erschießung auf der Flucht». Sie hätte lauten müssen: Zurichtung zu Matsch.

Selbst als die Marinebrigade aus Bottrop am 7. Mai 1920 abgezogen war, reichte ihr langer Arm noch dazu aus, Menschen umzubringen. Die Arbeiter Richard Pelledun und Josef Meinka, die vor dem Einmarsch der Brigade geflohen waren, kehrten am 17. Mai zurück. Sie wurden von einem dagebliebenen Marinebrigadisten und einem Polizisten verhaftet und beim Transport ins Sennelager «auf der Flucht erschossen». Es gab kein Verfahren gegen die Mörder und der Haftbefehl des Militärbefehlshabers gegen die beiden Ermordeten war selbstverständlich illegal.[815]

Selbst ausländische Journalisten waren nicht sicher. Paul R. Demott, aus den USA, der, in Essen verhaftet, eine Pistole und lediglich Briefe einer syndikalistischen Zeitschrift aus Paris u. a. an Trotzki bei sich trug, wurde von einem «Standgericht» zum Tode verurteilt. Die Begründung ist interessant: Er sei «als internationaler Kurier im Dienste des Bolschewismus» überführt. Das klingt schwer nach «kapitalis-

813 Lucas, Märzrevolution 1920, Bd. 3, S. 370.
814 Lucas, Märzrevolution 1920, Bd. 3, S. 372.
815 Gumbel, Mord, S. 61.

tisch-bolschewistischer Verschwörung», hinter der nur Juden stecken konnten. Ein amerikanischer Journalist (Jude?) aus den kapitalistischen USA hat syndikalistische Briefe (molare Masse) an Trotzki (Jude, der eigentlich Bronstein heißt) und andere Bolschewisten dabei. Wo doch in diesen abstrusen Verschwörungstheorien – Hitler kam zu dieser Zeit in München ebenfalls auf jenen verdrehten «Trichter» – sich hinter dem Bolschewismus der amerikanisch-kapitalistische Jude verbirgt.

Wegen des «Severing-Kompromisses» wurde Demotts Urteil nicht vollstreckt, der Fall sollte vor ein außerordentliches Kriegsgericht. Doch angeblich war kein Wagen für den Transport frei und so wurde der Journalist in einen Raum der Mülheimer Augenklinik gesteckt. In der Nacht führte sein Bewacher Demott ab und erschoss ihn.

Der Botschafter der USA machte Druck. Da musste die Regierung schon mal zu einer Untersuchung greifen. Die ergab, was sollte auch schon anderes herauskommen: Fluchtversuch. Der Täter war der einzige Zeuge des Verfahrens.[816]

Nun, die hier aufgeführten sind natürlich nicht alle Mordfälle, Josef Ernst listete noch zahlreiche auf und auch Lucas berichtet noch von mehr, ebenso Emil Julius Gumbel. Man kann davon ausgehen, dass es auf Seiten der Roten Armee weit über 1000 «Opfer dieses Terrors»[817] gegeben hat und dass die meisten davon nicht im Kampf gestorben sind.[818] Selbst Severing gibt 1000 tote «Rote» an[819]. Ihm folgt Eliasberg[820]. Die Reichswehr spricht von 241 Toten auf ihrer Seite und 123 Vermissten, die, wie Eliasberg und Lucas wohl zurecht annehmen, als von den Truppen erschossene Deserteure und Überläufer anzusehen sind. Die Sipo gibt 41 Tote an (kein Vermisster!) und somit dürfte Pöppinghege mit seiner Angabe von insgesamt 1500 Toten richtig liegen.[821] Die Zahl der Verwundeten ist unbekannt. Vergleichbar mit heutigen Bürgerkriegen erscheint dies alles wenig, doch die Demoralisierung und die Wegbereitung terroristischer, ja faschistischer Gewalt, wie die von da an unüberbrückbare Spaltung der Arbeiterklasse, wiegen hier schwer.

---

816 Lucas, Märzrevolution 1920, Bd. 3, S. 372f.
817 Eliasberg, Ruhrkrieg, S. 246.
818 Lucas, Märzrevolution 1920, Bd. 3, S. 374.
819 Severing, Watterwinkel, S. 231.
820 Eliasberg, Ruhrkrieg, S. 246.
821 Pöppinghege, Republik im Bürgerkrieg, S. 104; er spricht von 80 Zivilisten, was deutlich zu wenig sein dürfte.

Die Alliierten helfen – eigennützig

Nach so viel Tod und so viel Terror sind einige Lichtblicke zu vermerken. Nach wochenlangen Verhandlungen mit der französischen Regierung[822] waren der deutschen Regierung die Bedingungen zu hart und sie riskierte den Einmarsch der Reichswehr in die neutrale Zone auch ohne französische Genehmigung. Wie schon erwähnt, besetzten französische Truppen sodann am 6. April 1920 die Städte Frankfurt, Darmstadt, Homburg und Dieburg. Sie sollten erst wieder freigegeben werden, wenn die deutsche Truppenstärke im Ruhrgebiet wieder auf das im Versailler Vertrag genehmigte Maß zurückgeschraubt werden würde. Es zeigte sich, dass die Angst der deutschen Regierung vor dem «Bolschewismus» größer war als die vor einer weiteren französischen Okkupation, ja man nahm sogar eine Abspaltung von Landesteilen in Kauf und kalkulierte die Besetzung der hessischen Städte ein. Auf der anderen Seite hätten viele Arbeiter eine Besetzung durch Frankreich dem Freikorps-, Reichswehr- und Sipo-Terror vorgezogen. Die französische Regierung stand dem Reichswehreinmarsch allerdings nicht aus Sympathie für die Ruhrarbeiter und Arbeiterinnen, sondern aus Eigeninteressen skeptisch gegenüber. Die linksrheinischen Besatzungsgebiete samt den Brückenköpfen sahen sich bedroht. Übrigens die belgischen Verantwortlichen auch. Die englische Regierung war schon moderater, die amerikanische hatte so gut wie gar nichts dagegen. Warum ist auch klar, am meisten unter deutscher Besatzung gelitten hatten Franzosen und Belgier.

Ein weiterer Punkt: Die Franzosen wehrten sich auch gegen die Reichswehr-Besetzung des Abschnittes südlich der Ruhr, die bisher nicht erfolgt war. Einesteils, weil es dort relativ ruhig geblieben war, andernteils, weil sich Frankreich unnachgiebig gezeigt hatte, ging die deutsche Regierung darauf ein[823]. Watter wollte jedoch unbedingt auch südlich der Ruhr einmarschieren und als die deutsche Regierung hart blieb, trat er am 29. April 1920 zurück. Tatsächlich hatte die Waffenabgabe im stark von der USPD beherrschten Gebiet südlich der Ruhr an die neugeschaffenen Ortswehren gut geklappt und die auch im Bielefelder «Abkommen» geschaffenen Ortsräte entstanden. Doch dann gab man der paramilitärischen Sipo die Möglichkeit, südlich der Ruhr ein-

822 Diplomatische Noten der Reichswehr, der deutschen und französischen Regierung, in: Könnemann/Schulze (Hrsg.), 2002, Dok. 666, S. 1001f.; Dok. 674, S. 1012ff.; Dok. 681, S. 1023.

823 Lucas, Märzrevolution 1920, Bd. 3, S. 332f.; Eliasberg, Ruhrkrieg, S. 237f.

zudringen, um die Waffenabgabe durchzuführen. Zu Morden scheint es dabei nicht mehr gekommen zu sein. Doch die Ortswehren wurden auch bald aufgelöst. Das Bielefelder «Abkommen» war und blieb ein Fetzen Papier. Schließlich mussten die Reichswehrtruppen nördlich der Ruhr auf Druck Frankreichs und Belgiens ausgedünnt und dann durch Polizeitruppen ersetzt werden, was bis September 1920 geschah.

Ein weiterer positiver Aspekt: Etwa 2000 roten Kämpfern gelang die Flucht ins neutrale Köln[824], nach Lucas wuchs die Zahl bis auf über 3000 an[825], wo ihnen die Engländer die Waffen abnahmen und sie internierten. Doch sie waren vor den Freikorps-Mördertruppen geschützt. Es gab Auffanglager, teils jene, aus denen die internierten Soldaten der Reichswehr erst entfernt werden mussten. OB Adenauer wollte die roten Flüchtlinge - manche waren wohl auch keine Kämpfer, aber angsterfüllt - schnell wieder loswerden. Nach einigen Monaten konnten sie ins Ruhrgebiet zurückkehren und profitierten von einer Amnestie 1925.

Südlich der Ruhr flüchteten gar 15.000 Menschen vor der Reichswehr und den Präfaschisten ins noch unbesetzte Bergische Land (so Barmen-Elberfeld und Hagen).

Nördlich der Ruhr herrschte dagegen immer noch der Ausnahmezustand und gnadenlose juristische Verfolgung. Nicht nur das: Ausgangssperre, Pressezensur, Verhaftungen folgten, zur Denunziation wurde öffentlich aufgefordert - eine klassische Militärdiktatur. Garniert war dies mit antisemitischen Angriffen durch die Freikorps Loewenfeld, Roßbach, Epp und Oberland, die auch Widerhall in der Bevölkerung fanden. Der Kaufmann Heymann, der in Bottrop - wie viele andere - 16.000 Mark zur Verhinderung von Plünderungen an den Vollzugsrat gespendet hatte, wurde der Spartakisten-Hilfe beschuldigt und verhaftet. Er konnte belegen, dass er nur unter Druck gespendet hatte und kam frei. Der Kaufmann Otto Cosmann wurde gar beschuldigt 900.000 Mark gespendet zu haben, konnte aber mit einer couragierten Zeitungs-Anzeige seine Verhaftung verhindern. Ein weiterer jüdischer Kaufmann floh, weil man ihn einmal beim Vollzugsrat gesehen hatte und es wurde in der Lokalpresse gegen ihn gehetzt. Erst Tage später widerrief man die Denunziation. Der Kaufmann Julius Wagner aus Essen war auf Dienstreise, als man sein Haus durchsuchte. Als Wagner durch ein Telefonat davon hörte, wollte er zurückkehren, doch der

824 Eliasberg, Ruhrkrieg, S. 247.
825 Lucas, Märzrevolution 1920, Bd. 3, S. 346ff.

Stadtkommandant Baumbach gab seiner Frau an, es liege nichts gegen ihn vor. Der Kaufmann setzte seine Reise fort. Doch in Düsseldorf wurde er verhaftet, kam vor den berüchtigten Gerichtsoffizier des Freikorps Roßbach, Leutnant Linzemeier, der ihn mit «auch Jude» begrüßte. «Jawohl, Herr Leutnant» antwortete Wagner. Linzemeier gab seiner Ansicht nun freien Lauf: «Dieses Saupack müßte herausgeholt werden aus den Häusern und stückweise erschossen werden.» Sie seien «die allein Schuldigen, die den Krieg und die spartakistischen Unruhen hervorgerufen haben». Und zu seinen Kameraden gewandt, fühlte sich der Exekutions-Leutnant mit dem Ausspruch: «Die Juden sind unser Unglück», bestätigt. Zur gleichen Zeit kam in Bayern Adolf Hitler zu den genau gleichen Ansichten.

Auch Wagners Protest, er habe dreieinhalb Jahre am Krieg teilgenommen, aber wegen eines verkrüppelten Armes – den er vorzeigte – nicht an der Front kämpfen können, fruchtete nicht. Trotz keiner Anschuldigungen und keines Protokolls wurde er mit anderen Gefangenen ins Gefängnis des Polizeireviers verfrachtet. Am nächsten Tag kam er wieder vor Linzemeier. Auf dem Weg dahin riefen Passanten: «Schlagt sie tot!»[826] Wagner kam vorläufig frei, weil seine Frau nochmals beim Stadtkommandanten Baumbach vorstellig geworden war. Jetzt sollte er aber bis zum nächsten Tag einen Bürgen bringen. Dafür stellte sich der Kommandant der ehemaligen Einwohnerwehr zur Verfügung, da Wagner Mitglied dieser Einrichtung gewesen war. Dies und der Einsatz seiner Frau rettete ihn.

Zur gleichen Zeit schmierten Mitglieder der Freikorps Epp/Oberland (in Hamm, Dortmund und Bochum) Hakenkreuze auf Grabsteine, Wohnungstüren und Schaufenster von Juden wie auf Synagogen. Passanten mit angeblich jüdischem Aussehen wurden verprügelt, ebenso Menschen in Lokalen, Zeitungsredakteure geohrfeigt. Gerüchte über Ritualmorde tauchten auf. Ein jüdischer Kaufmann erlebte durch einen Vizefeldwebel seine Verhaftung, denn er habe Hakenkreuze auf Häuserwände gemalt (sic!), bis sich herausstellte, dass dies eben jener Vizefeldwebel gewesen war. Jüdische Kinder wurden beschimpft, Soldaten gaben an, es sei ihnen verboten, bei Juden zu kaufen und sie wären hier, um Juden und Kommunisten (Stichwort: «jüdischer Bolschewismus») auszurotten.[827] Ein Zustand kurz vor einem Pogrom. Wie schon

826 Alles zitiert nach Lucas, Märzrevolution 1920, Bd. 3, S. 361f.

827 Bericht über antisemitische Ausschreitungen, Mitte Juni 1920, Nachlass Severing, Könnemann/Schulze (Hrsg.), 2002, Dok. 692, S. 1041ff.; Lucas, Märzrevo-

erwähnt, führte ein Erlass des Generals Haas zu keiner Besserung des Zustandes.

Die ganze Arbeiterbevölkerung geriet zudem unter Generalverdacht «mitgemacht» oder sympathisiert zu haben. Die außerordentlichen Kriegsgerichte tagten, hohe Zuchthausstrafen wurden verhängt[828] - mit Ausnahme gegen die Mörder aus der «Regierungstruppe» -, die Gefangenen unter unwürdigen Zuständen festgehalten und eingepfercht. Erst eine Amnestie 1925 brachte Erleichterung.

Berliner Versagen?

In Berlin hatte es für kurze Zeit so ausgesehen, als könnten nicht nur die Gewerkschaften an Macht gewinnen, als sei eine reine «Arbeiterregierung» nicht nur mit der SPD und USPD, sondern sogar mit der KPD möglich und als könnten die Räte (wie im Ruhrgebiet, in Mitteldeutschland) wieder eine Rolle spielen.

So hatten die Kommunisten schon einen Tag nach dem Putsch zu einer Neuwahl der Räte aufgerufen.[829] Die USPD zögerte zu lange, schon zeichnete sich die Spaltung ab. Die Betriebsrätezentrale versuchte nun die Räte aufzubauen, konnte sich aber aufgrund überholter starrer Konzepte nicht den aktuellen Erfordernissen anpassen. So verging viel wertvolle Zeit. Und Stunden vor der Generalversammlung hatte sich die Zentrale der USPD schon zum Abbruch des Streikes entschlossen. Zwar hielt der Streik noch einige Tage - und länger als im Ruhrgebiet - fast unvermindert an, endete dann aber doch.

Als die Bedrohung der Arbeiter zwischen Lippe und Ruhr durch Reichswehr, Freikorps und Sipo immer deutlicher wurde, verschob die Räteversammlung Tag um Tag die erneute Ausrufung des Streikes. «Mehrfach ließen sich nun die Generalversammlung und der Aktionsausschuss durch Versprechen der Regierung hinhalten.»[830] (8-Punkte-Programm, Bielefelder «Abkommen», «Friede» von Münster) Lucas sah es auch als unverantwortlich an, dass Leute wie Pieck im entscheidenden Moment ins Ruhrgebiet fuhren und nicht auf Generalstreik drängten, während die Regierung immer unnachgiebiger

lution 1920, Bd. 3, S. 362.

828 Beispiele von Urteilen der außerordentlichen Kriegsgerichte von Wesel und Essen, April/Mai 1920 bei Könnemann/Schulze (Hrsg.), 2002, Dok. 688, S. 1035ff.; Lucas, Märzrevolution 1920, Bd. 3, S. 390–401.

829 Ich folge hier Weipert, Zweite Revolution, S. 216–234.

830 Ebd., S. 231.

wurde. Zwar war die KPD (noch mehr die linke KPD-Opposition) meist treibendes Element, doch die USPD-Räte konnten sich nicht zu einer großen Aktion entschließen, zumal die überregionale Kommunikation mit den Ruhr-Räten (und denen in Mitteldeutschland) sehr schlecht funktionierte. Als die Generalversammlung der Räte am 8. April 1920 endlich zusammentrat, war die Schlacht im Ruhrgebiet geschlagen.

Die Sympathie für die SPD schwand nach dem Kapp-Putsch und der Zerschlagung der Roten Ruhrarmee rapide und die USPD gewann außerordentlich hinzu bei den Wahlen zum Reichstag im Juni 1920. Die Zunahmen waren gerade im Ruhrgebiet, aber auch in Berlin und den mitteldeutschen Industriegebieten größer als der allgemeine Wählerzuwachs für die USPD. Diese Partei hätte, wie Eliasberg es richtig ausdrückt, eine große Chance gehabt, hätte sie sich nicht im Herbst 1920 gespalten und wäre nicht ein Großteil unter Lenins Bedingungen zur KPD übergelaufen. Somit kehrte der Rest zurück zur SPD, brems-

Reichstagswahl-Ergebnisse in Prozent	**Jahr**	**SPD**	**USPD**
Reich	1919	37,9	7,6
	1920	21,9	17,6
Berlin	1919	36,4	27,6
	1920	17,5	42,7
Dortmund	1919	46,5	3,3
	1920	19,6	28,6
Hagen	1919	20,7	20,3
	1920	8,9	33,3
Leipzig	1919	20,7	38,6
	1920	9,1	42,1

te zwar deren Willen zur Volksgemeinschaft, aber die USPD war Geschichte. Und nicht nur sie.

Die Folgen des Kapp-Putsches waren letztlich fatal. Nicht nur wurde den Forderungen der Putschisten nachgegeben: Neuwahlen und Volkswahl des Reichspräsidenten, auch der Antisemitismus nahm zu, die völkischen Parteien gewannen Stimmen, die Spaltung der Arbeiterbewegung wurde endgültig zementiert und die USPD fast genauso stark wie die SPD. In den umkämpften Gebieten und in Berlin war sie weitaus beliebter.

Die SPD verlor ab Juni 1920 die Kanzlerschaft - mit Ausnahme eines Intermezzos 1928-1930 - bis zum Ende der Republik 1933, als der deutsche Faschismus siegte. Und die Weimarer Koalition verschwand für alle Zeit aus der Geschichte. Nicht vergessen: Auch wenn der Faschismus 1920 noch nicht gesiegt hatte, die meisten Freikorpsmänner wurden später Nazis.

Schluss

«Es war dies ein Gegner, der leider allzu bescheiden war.» Ein Gegner, der »vor allem etwas nicht wollte, nämlich den Krieg». Das schrieb einer der geistigen Wegbereiter des Faschismus über die Revolutionäre des Jahres 1919 in Berlin.

Erst an den «späteren Formationen des Kommunismus ist ein positiver und kriegerischer Wille zur Macht nicht zu verkennen»[831].

Womit Ernst Jünger, neun Jahre nach dem Kapp-Putsch in seinem in Essen herausgegebenen Buch «Der Kampf um das Reich» – das den Hitlerputsch von 1923 verherrlichte –, die Rote Ruhrarmee meinte.

Er bestätigt damit einerseits, dass die «Spartakisten» des Januars und März 1919 in Berlin, aber auch die in Mitteldeutschland und im Ruhrgebiet viel zu human waren, um sich – wir versuchen uns in seiner Sprache – «durchzutanken». Ihnen fehlte der «kriegerische Wille zur Macht». Ganz anders, so Jünger, 1920. Das in scheinbarer Anlehnung an Nietzsche vorgebrachte Kompliment für die Rote Ruhrarmee, geht aber gleichwohl fehl, hauptsächlich fehl. Denn den Linkskommunisten vor Wesel, angefeuert von Polizeispitzeln wie Karusseit, fehlte dieser Drang nicht, es waren linke «Ludendorffer», die letztlich allein mit militärischen Mitteln den Sieg erringen wollten. Der Rest, und das war die übergroße Mehrheit der Roten Ruhrarmee, hatte nicht den Willen zur Macht, sondern wollte den preußischen Militarismus in Form der «Noskiden», in Form der Freikorps zerschlagen. Dabei benutzte sie die Guerilla-Methode, wie sie Engels schon 1848 als Mitglied und Kämpfer der pfälzischen Befreiungsarmee vorgeschlagen hatte. Vor den militärisch überlegenen und besser ausgerüsteten molaren Blöcken der Freikorps wandte sie die Schwarmeinkreisung an, so dass diese ihre schweren Waffen oft nicht einsetzen konnten, gleichzeitig wichen die Rotgardisten taktisch immer wieder zurück, um die schwerfälligen, immer noch in der offenen Feldschlacht geschulten soldatischen Männer ins Leere laufen zu lassen. Diese Erfahrung und die antidemokratische Stoßrichtung der «Regierungstruppen», ihre reaktionäre «Gesinnung», führte bei den Mannschaften der «Regierungstruppen» – nicht bei den Offizieren und Unteroffizieren – zu Zerfallserscheinungen. Desertion

831 Ernst Jünger, Vorwort, S. 7, in: Ernst Jünger (Hrsg.), Der Kampf um das Reich, Essen 1929.

war angesagt. Das «Gift des Bolschewismus», wie dies die Putschisten und nicht nur die nannten, erfasste die weißen Garden. Es war aber nicht das Gift aus dem «Reich des Bösen», sondern das Gegengift der Vision einer herrschaftsfreien Gesellschaft. Im Osten Deutschlands, in den Vororten von Berlin, in Mecklenburg, Sachsen, in Mitteldeutschland, in Thüringen und im rheinisch-westfälischen Industriegebiet, im Kohlenpott, hatten Arbeiter spontan zu den Waffen gegriffen. Vorausgegangen war der gigantischste Generalstreik in der deutschen Geschichte. Auch der entwickelte sich zuerst spontan und örtlich, wuchs dann durch die Unterschrift der SPD-Führung, durch die Aufrufe des ADGB, des AfA, der christlichen Gewerkschaften, der SPD, der USPD und der KPD, aber auch durch Unterstützung der DDP und großen Teilen des Bürgertums. Es kam zu einer letzten fragilen Einheit der Arbeiterklasse, die von Teilen des Bürgertums unterstützt wurde (DDP, Zentrum).

Vorderhand belegte der Kapp-Putsch, dass breite Volkschichten zu den erreichten demokratisch-revolutionären Errungenschaften standen, ja sie sogar mit einem Generalstreik verteidigten oder wie die Verwaltung der Diktatur zumindest Passivität entgegenbrachten.

Generalstreik und Volksbewaffnung gingen jedoch über die Abwehr des Putsches hinaus, die Massen verlangten jetzt eine grundsätzliche Demokratisierung aller gesellschaftlichen Bereiche.

Ein schier unüberwindliches Problem war dabei der Pakt der Führung der SPD und der Führung von DDP und Zentrum mit den alten und den sich entwickelnden neuen militärischen Mächten, der schon im Winter 1918 geschlossen und im Januar bis Mai 1919 mit dem Blut von tausenden ermordeter Menschen, dem «Gründungsmassaker der Weimarer Republik» (Marc Jones), besiegelt worden war. Die Weimarer Koalition hatte sich nicht nur bedingungslos dem militärischen Apparat ausgeliefert, sondern sich mit ihm gemein gemacht. Den preußisch-deutschen Militarismus zu zerschlagen und eine demokratische Milizarmee aufzubauen - wie vom Reichsrätekongress (der zu zwei Dritteln aus SPD-Mitgliedern bestand) beschlossen und wie im Erfurter Programm der SPD von 1891 gefordert -, verhinderte unter dem Druck der OHL erst eine Notgemeinschaft aus SPD und USPD (Dezember 1918), dann eine reine SPD-Regierung (Weihnachten 1918 bis Ende Januar 1919) und schließlich eine preußennahe Regierungskoalition aus SPD, DDP und Zentrum. Der Terror der Freikorps, die die SPD-Führung konsequent durch Gustav Noske und mit der OHL aufgebaut hatte, gegen die aufbegehrenden und das Parteiprogramm einfordernden Massen erhielt den Segen der Regierung, des Reichspräsidenten und der Fraktion der SPD. Dem Pabst/Noske'schen Terrorbefehl vom März 1919 kommt dabei entscheidende Bedeutung zu. Er ließ die Panzer, die Artillerie, die Flugzeuge, die Flammenwerfer, die MGs auf die Bevölkerung losgehen. Und nach dem Kampf grenzenlosen Terror durch die Exekutionen, «Standgerichte» und Fangschuss. Mit diesem Befehl begann der Terror im Deutschland des 20. Jahrhunderts, es war ein Massenmord-Befehl. Ein Meilenstein auf dem Weg zum Faschismus. Ein Befehl, den die deutschen Militärs schon 1907 erwogen und gegen den Noske 1911 noch im Reichstag protestiert hatte. Jetzt bildete er die Basis für die Massenmorde im März 1919 in Berlin (mindestens 1200 Tote) und im Mai 1919 in München (ca. 1000 Tote). Seine Anwendung wurde von Noske und Ebert sanktioniert und von Noske bis zuletzt auch als Zeuge vor Gericht verteidigt. Major von Lützow, Kommandant des gleichnamigen Freikorps, das auch im Ruhrgebiet 1920 mordete, drückte dies 1921 so aus: «Dass Noske in Berlin nach Niederschlagen der Unruhen vom März 1919 in einer Besprechung der Kommandeure uns seinen Dank ausgesprochen, und dabei hinzugesetzt hat, er wäre der Letzte, der hinter einem kleinen Leutnant wegen einer vielleicht nicht ganz gerechtfertigten Erschießung herlaufen und ihm den Prozess machen würde.»[832] In einer seiner letzten Amtshandlungen genehmigte Noske General Watter genau diese Straffreiheit im Ruhrgebiet.

Gleichzeitig unterstützten Noske, die Weimarer Koalition und die preußische Regierung den maßgeblich von Pabst und den Generälen angestrebten Wiederaufbau einer durchmilitarisierten Gesellschaft mit Freikorps, Zeitfreiwilligen, Einwohnerwehren, Sipo, Technischer Nothilfe, ja Wehrbauern. Erst die Alliierten und der Versailler Vertrag machten ihnen einen Strich durch die Rechnung. Pabsts Wunsch (und nicht nur seiner) nach einer Noske- oder Noske-Ebert- oder Noske-Ebert-Heine- oder Noske-Ebert-Severing-Diktatur konnte aufgrund des zu erwarteten Widerstands an der Basis von SPD, USPD und KPD nicht umgesetzt werden. Ebenso mussten Noske, Ebert und ihre Militärs auf eine Nichtunterschrift unter den Versailler Vertrag verzichten. Militärischer Widerstand, auch ein Rückzug östlich der Oder mit

832 Beglaubigte Abschrift eines Briefes des Hauptmanns Gaede, 1. Adjutant des Majors von Lützow vom 21.11.1921 über die Straffreiheitszusagen Noskes. Staatsarchiv München, Staatsanwaltschaft 3082/VI, Bl. 1109.

Überfall auf Polen, wie es Kriegsminister Reinhardt vorgeschlagen hatte, erschien, so wusste es General Groener, aussichtslos. Nachdem Pabsts GKSD aufgelöst, ein Putsch Pabsts verhindert und die Nationale Vereinigung gegründet worden war, pfiffen es die Spatzen von den Dächern, dass ein Staatsstreich im Anmarsch war. Oder wie es von Oven vor dem Reichsgericht ausdrückte: «Dass wegen eines Putsches Abmachungen zwischen Kapp, Lüttwitz, Bauer, Pabst und Ehrhardt bestanden, war damals Tagesgespräch.»[833] Nur Noske hatte angeblich davon nichts mitbekommen. Geprägt von psychopathologischer Bolschewismusfurcht, die auch eine Furcht davor war, dass das Unten nach oben kommt, dass seine Macht und die preußische «Heerstraße der parlamentarischen Beratung» Störung von den Massen erfährt, dass Demokratie in die Wirtschaft einzieht und Räte etwas zu sagen hätten, versuchte Noske eins zu werden mit dem militärischen Apparat und versprach ihm, was er nicht versprechen konnte, dass die durchmilitarisierte Gesellschaft, dass die Freikorps bestehen blieben. Als das auf äußeren Druck nicht mehr sein durfte, war die Verblendung Noskes und Eberts aber schon so weit, dass sie nicht begriffen, dass die eiserne Faust der Militärs sich nun gegen sie wenden würde – immer noch mit dem Angebot versehen, bei einer Militärdiktatur doch bitte mitzumachen. Dass Figuren wie General Seeckt, dass auch die Sipo sie nun im Stich ließen, war ihnen unbegreiflich und das begriffen sie auch nie, sonst wäre mindestens nicht Seeckt nach dem Putsch Chef der Reichswehr geworden, sondern wenigstens Reinhardt, der einzige hohe Offizier, der für die Regierung und gegen die Putschisten schießen wollte.

In allergrößter Not unterschrieben bzw. billigten sie den Aufruf zum Generalstreik, den Aufruf zum Massenstreik, den sie innerhalb der Partei immer bekämpft hatten, den Rosa Luxemburg immer als Mittel zum Kampf propagiert und den sogar der Revisionist Eduard Bernstein in manchen Momenten für gut befunden hatte. Das war in den Augen des Reichspräsidenten und seines Reichswehrministers ein notweniger Sündenfall, den sie nun, erst aus Berlin vertrieben, dann aus Dresden, schon dort leugneten und in Stuttgart nochmals abstritten. Den Militärs, der Reichswehr – ob deren Kommandeure nun beim Putsch mitmachten, ihn billigten, mit ihm sympathisierten oder sich auf den Ruhe- und Ordnungsfetisch zurückzogen – und natürlich nicht zuletzt den Freikorps war der Generalstreik eine rote Flut, die nicht nur ihre militäri-

833 Aussage von Oven vor dem Oberreichsanwalt vom 22.1.1923, Nachlass Luetgebrune, BA-KO, N 1150/28, Bl. 241.

sche Macht, sondern auch ihre Körperlichkeit anzugreifen schien. Ein Ozean, der sie zu verschlingen, ihre Fragmentkörper aufzufressen, den Panzer, den sie um ihre «nicht fertiggeborenen Leiber» mit Drill, Stahlhelm und Tanks gebaut hatten, zu zerstören drohte. Generalstreik, das war die unheimliche Macht der molekularen Masse der Arbeiter und Arbeiterinnen, der roten Krankenschwestern, der Räte, die sich jetzt auch bewaffneten und auf sie schossen. Die geschlagenen Hunde fingen an, ihre Herren effektiv zu beißen, und nutzten dabei das, was sie im Weltkrieg auch von denen, die sie dahin getrieben, gelernt hatten: den Umgang mit Waffen und den bewaffneten Kampf. Und plötzlich, nicht wie 1919, verloren die Freikorps und Sipos, mussten die Waffen strecken, in Ostdeutschland, in Mitteldeutschland und im Westen. Sie standen vor der Auflösung, gerieten in Panik, steigerten ihre Angst und schworen Rache. Während es ihnen im 1919 geschurigelten Bayern gelang, an der Macht zu bleiben, während in Württemberg, Baden und auch in Hessen und Norddeutschland der bewaffnete Widerstand weitgehend ausblieb und im Osten, in Sachsen, Thüringen und in Mitteldeutschland die Kraft der Arbeiterbewegung und ihre neuerliche Spaltung, aber auch der Humanismus der siegreichen bewaffneten Arbeiter nicht ausreichte, die wahllos in die Menge schießenden Militärs («leerer Platz»), gefangen zu nehmen, zu verurteilen, einige Obere zur Rechenschaft zu ziehen, gelang es im Westen, in Westfalen, im Ruhrgebiet, einen großen Landstrich unter die Kontrolle der Roten Armee und die der Vollzugsausschüsse zu bringen.

Parallel zum Sieg im Ruhrgebiet kollabierte aufgrund des Generalstreiks der Militärputsch in Berlin. Kapp, Lüttwitz, Pabst und Konsorten flohen. Die Regierung saß jedoch noch in Stuttgart. Dies wäre jetzt die Stunde der Gewerkschaften gewesen und die Stunde der USPD, die in Berlin eine große Mehrheit hinter sich hatte. Es wäre auch die Stunde der sich neu formierenden Rätebewegung gewesen, ja sogar die der KPD.

Legien, der Burgfriedensapostel, der Gewerkschafter, der mit dem Kapital im November 1918 einen Friedensvertrag geschlossen hatte, das Stinnes-Legien-Abkommen, lief ein letztes Mal zu Hochform auf und forderte eine Arbeiterregierung, eine Verfassungsänderung und wesentlichen Einfluss der Gewerkschaften. Das 8-Punkte-Programm wäre hierzu eine gute Basis gewesen: Zerschlagung des antidemokratischen Militärs, beginn der Sozialisierung. Hätte die USPD unter Crispien nicht erst Nein gesagt und dann verspätet Ja, hätten die Räte, die USPD, Legien, der ADGB, die AfA den Streik fortgesetzt und vor allen Dingen nicht zugelassen, dass sich die Reichswehr neu formiert, hätten sich die Chancen auf eine basisdemokratische Wandlung der alten Machtstrukturen stark erhöht. Dazu hätte Schiffer das Handwerk gelegt und Seeckt in den Ruhestand geschickt werden, ein USPD-Mann (z. B. Däumig) zum Reichswehrminister ernannt und ein republikanischer Offizier (z. B. Hans Paasche oder Hans-Georg von Beerfelde) zum Reichswehrkommandanten ernannt werden müssen. Die bewaffneten Arbeiter rund um Berlin hätten eine neue Regierung sicherlich geschützt, Sipo und Ehrhardt mit der moralischen Autorität einer neuen Arbeiterregierung entwaffnet werden können. Stattdessen durfte Schiffer sich Seeckt als neuen Exekutor aussuchen und zusammen mit ihm den verschärften Ausnahmezustand ausrufen. Als dann die Regierung aus Stuttgart zurück war, war es schon zu spät. Der Generalstreik bröckelte und wurde schließlich um den 25. März 1920 abgebrochen.

Das Verschwinden der Putschisten in Berlin wirkte sich schließlich auch auf das Ruhrgebiet aus. Die Bürgerlichen stiegen aus den Kampfleitungen und auch aus den Ausschüssen weitgehend aus. Die Spontanität der Massen, die unabhängig von SPD, USPD und KPD den Generalstreik und vor allem den Kampf aufgenommen hatten, erlahmte mit der vermeintlichen Eroberung der Macht. Die Ausschüsse, die Räte kontrollierten zwar die Verwaltungen und Gemeinderegierungen. Es kam aber mit wenigen Ausnahmen weder zur Ausrufung der Demokratie der Arbeiter, der Diktatur des Proletariats noch übernahmen die Betriebsräte die Leitung der Betriebe.

Dass aber die proletarischen Massen grundsätzlich nicht bereit gewesen seien, auch ökonomisch und politisch Revolution zu machen, also nicht nur die Armee zu demokratisieren, sondern auch die Betriebe, die Verwaltung und die Regierung, ist Kaffeesatzleserei, denn sie hatten nur 14 Tage Zeit. Solche Vorwürfe – man weiß ja nicht, wie sich die Sache weiter entwickelt hätte – dienen, bei aller Sympathie für Eliasbergs Darstellung, letztlich nur dazu, die SPD-Führung zu entlasten.

Die Rote Armee fraß sich schließlich um den 23. März 1920 herum knapp nördlich der Lippe und vor allen Dingen vor Wesel fest und musste dort in den für sie äußerst ungünstigen Stellungskrieg übergehen. Auch Teile der SPD-Basis wollten nun, nachdem der Putsch abgewendet schien, ihren Frieden machen. Dies war die Stunde Carl Severings, der im Gegensatz zu Legien sich seiner Sache absolut sicher (und nicht erst die Seiten wechseln musste, wie es Legien hätte tun müssen) war und auch im Unterschied zu Noske in seinen Handlungen geschickter.

Severing wollte von Anfang an die Arbeiter spalten bzw. deren ja schon vorhandene und jetzt überdeckte Spaltung nutzen. Erst wenn sie gespalten waren, konnten sie von den «Regierungstruppen», der zu 80–90 % aus Putschisten alias Freikorps bestehenden Armee und der ebenfalls putschistischen Sipo geschlagen werden. Die katastrophale Militärpolitik der SPD-Führung und der Weimarer Koalition, die er mitgetragen hatte, setzte ihn gleichzeitig extrem unter Druck. Watter und seine rechtsdrehenden Befehlshaber wie die wenigen halbwegs loyalen entglitten Severing und seiner faulen Kompromisspolitik mehrfach und waren durchaus und nach wie vor eine Bedrohung für ihn. Auch als er Innenminister wurde und somit - eigentlich - die Weisungsbefugnis über Watter hatte. Man stelle sich nur kurz vor, Severing wäre kein rechter Sozialdemokrat gewesen, sondern einer, der Watter abgesetzt, die Freikorps aufgelöst und der Roten Armee, die ja nun beileibe keine bolschewistische war, die Hand gereicht hätte. Und in Berlin wäre eine Arbeiterregierung aus SPD, USPD und KPD zustande gekommen. Vermutlich hätte es dann mit den Freikorps etc. noch Kämpfe gegeben, aber die wären politisch, moralisch und militärisch zu gewinnen gewesen.

Ein weiterer Faktor waren die Alliierten, die wirklichen Bolschewismus der lenin'schen Sorte sicherlich nicht akzeptiert hätten, die aber eine demokratische Armee und die Sozialisierung des Bergbaus nicht als Einmarschgrund gesehen hätten. Da war der Respekt vor dem preußischen Militarismus durchaus größer. Ein Aspekt, der für die «Revolutionäre» an der Ruhr zwar positiv war, aber nördlich der Ruhr nicht half, da die deutsche Regierung es einfach wagte, die neutrale Zone mit deutschem Militär zu verletzten, auch auf die Gefahr hin einer weiteren Besetzung von Reichsgebiet durch die Entente.

Dadurch, dass, die bewaffneten Arbeiter im Osten des Landes letztlich nicht gegen die Reichstruppen durchdrangen, diese Kräfte frei wurden, dadurch dass die Putschisten weg waren, die Arbeiterregierung in Berlin nicht zustande kam, die alte Regierung zurückkehrte, USPD und Räte versagten, kamen die Arbeiter im Ruhrgebiet in eine politisch wie militärisch ausweglose Situation. Sie sahen keine andere Möglichkeit, als sich auf die «Abkommen» von Bielefeld und Münster einzulassen, glaubten, dass Severing nicht mit falschen Karten spielte, obwohl er immer die militärische Lösung anwenden wollte und dafür auch die Freikorps und Schlächter - die seine Befehle mehr und mehr sabotierten - schließlich losließ. Die Rote Armee tat das, was Severing beabsichtigt hatte: Sie zerfiel. Viele hielten das «Abkommen» nach vier Jahren Krieg und zwei Jahren Klassenkampf für annehmbar, es hätte auch, da es sich an die 8 oder 9 Punkte der Gewerkschaften hielt, eine langsame Demokratisierung der Armee von unten bringen können, was es nicht brachte, war die sofortige Zerschlagung der schwarz-weiß-roten und schon gebräunten Armee.

Mit beiden «Abkommen» wurden die Arbeiter vorgeführt, angelogen und schließlich an die Wand gestellt. Die Kampfverbände und Räte, die das «Abkommen» erst gar nicht anerkannt hatten, waren zu schwach und dazu borniert und die, die ihre Waffen wieder aufnahmen, als die Freikorps mordend einfielen, waren nun ebenso zu schwach und zu wenige. Der erneut aufgerufene Generalstreik erfasste über 300.000 Menschen, doch bröckelte er schnell wieder ab. Ob ein Rückzug in die Städte, wie es Lucas angedacht hatte, von Erfolg gekrönt gewesen wäre, sei dahingestellt. Aber weder die Regierung in Berlin noch die Freikorps-/Reichswehrführung wollte sich je an das «Abkommen» halten. Die Freikorps wollten Rache und sie bekamen dafür von der durch Arbeiter geretteten Regierung alle Macht in die Hand, auch illegale Standgerichtserlasse und faktische Mordbefehle. Die Weimarer Koalition, die nur ein paar Köpfe ausgetauscht hatte und sich auch um das 9-Punkte-Abkommen mit den Gewerkschaftern nicht scherte, ließ nun die, welche gegen sie geputscht hatten, gegen ihre Retter los und ihnen freie Hand, das funktionierte jetzt auch ohne Noske. Es waren dies profaschistische Verbände, die wie Epp, Oberland, die Tübinger Studenten und Loewenfeld das Hakenkreuz auf Waffen und Stahlhelmen trugen. Das Hakenkreuz war spätestens seit der Jahrhundertwende ein Symbol für eine angeblich überlegene arische Rasse, die den antisemitischen Rassekampf führen musste, spätestens 1917 war es auch antibolschewistisch. Die Thule-Gesellschaft in München hatte es von völkisch-antisemitischen Ideologen aus Österreich (Guido von List, Jörg Lanz von Liebenfels) übernommen und es zu einem faschistischen Symbol gemacht, das Antisemitismus und Antibolschewismus schließlich verband. In diesem Sinne wurde es von der Brigade Ehrhardt und den anderen im Ruhrgebiet eingesetzt.

Spätestens der Einsatz dieser Truppen ist die Geburtsstunde des deutschen Faschismus. Der von ihnen praktizierte, von der Weimarer Koalition genehmigte Massenmord hatte aufgrund seiner Brutalität –

Adolf Meinberg (KPD) hält eine Ansprache in Dortmund

Vernichtung, «Matsch» - massentraumatische Folgen. «Terror demoralisiert» hatte Rosa Luxemburg geschrieben. Die Arbeiterbewegung wurde dadurch nicht nur endgültig gespalten, sondern nachhaltig traumatisiert. Die Zahl der Todesopfer des Kapp-Putsches (etwa 2600–3000) und die ca. 2500 Opfer der Zerschlagung der Novemberrevolution sind im Vergleich zum Ersten Weltkrieg und anderen Bürgerkriegen relativ gering, die demoralisierende Wirkung aber des «kein Pardon wird gegeben» und «wir machen Matsch aus euch» ist phänomenal.

Die SPD-Führung und die Weimarer Koalition sind damit am Aufkommen des Faschismus mitverantwortlich. Insofern kann man nicht nur von einem «Schandmal der deutschen Republik»,[834] sondern von einem «der größten Verbrechen der jüngeren deutschen Geschichte»[835] sprechen.

834 Ernst, Kapptage, S. 63.
835 Gleising, Kapp-Putsch (III), S. 6.

Die wichtigsten Personen

Gustav Bauer (SPD): Rechter Flügel, Gewerkschaftsführer, Burgfriedensanhänger, Kriegsbefürworter, Juni 1919 Reichskanzler.

Oberst Bauer: Einer der Erfinder des Gaskrieges, Vertrauter Ludendorffs, Freund Pabsts, Putschist, für Kooperation mit den Bolschewiki.

Otto Braß (USPD): Beliebter Arbeiterführer aus Remscheid, Abgeordneter in der Nationalversammlung.

Otto Braun (SPD): Preußischer Landwirtschaftsminister, ab 27. März 1920 preußischer Ministerpräsident. Teilnehmer an der Bielefelder Konferenz.

Friedrich Ebert (SPD): Seit 1913 Vorsitzender der SPD, Burgfriedensanhänger, ab 9./10. November 1919 Reichskanzler, dann Volksbeauftragter, ab Februar 1919 Reichspräsident.

Hermann Ehrhardt: Kapitänleutnant, Freikorpsführer der nach ihm benannten Marinebrigade und militärischer Arm der Putschisten.

Franz Ritter v. Epp: General, maßgeblich an der Zerschlagung der bayerischen Räterepublik beteiligt, Freikorpsführer, Antisemit, Putschist. Auch seine Truppe schmückte schon das Hakenkreuz.

Josef Ernst (USPD): Gewerkschaftsfunktionär aus Hagen, Organisator der Roten Ruhrarmee im südöstlichen Teil des Ruhrgebietes

Otto Geßler (DDP): Ab 25. März 1920 Nachfolger Gustav Noskes als Reichswehrminister.

Johannes Giesberts (Zentrum): Gewerkschafter, Postminister und Beteiligter an der Konferenz von Bielefeld.

Otto Haas: General und Bekämpfer der Räterepublik von München 1919, Putschsympathisant 1920, Monarchist und Vernunftrepublikaner, Freund des «Standrechts».

Ernst Kabisch: General und Kommandeur der in Wesel stationierten Reichswehrtruppen, musste das Ruhrgebiet, durch die Rote Ruhrarmee verdrängt, räumen.

Wolfgang Kapp: Landschaftsdirektor, Aufsichtsrat der Deutschen Bank, Gründer der rechten Vaterlandspartei, Finanzier der Nationalen Vereinigung, Putschist und Fünf-Tage-Reichskanzler.

Gottfried Karusseit (KPD): Kampfleiter der Roten Ruhrarmee im Westen zwischen Dorsten und Schermbeck. Agent provocateur.

Erich Koch-Weser (DDP): Reichsinnenminister mit hartem Kurs gegen die Arbeiter.

Kuhn: Einer der Kampfleiter der Roten Ruhrarmee.

Carl Legien: Gewerkschaftsführer, Burgfriedensanhänger, Initiator des Stinnes-Legien-Abkommens im November 1919. 1920 kurzer Hang zur Radikalität.

Paul v. Lettow-Vorbeck: General, Kolonialist und Verantwortlicher für Massenverbrechen in Afrika. Putschist in Rostock.

Otto Lichtschlag: Hauptmann und Anführer eines berüchtigten Freikorps, das schon 1919 im Ruhrgebiet besonders gewalttätig wirkte. Putschist, 1920 von den Arbeitern militärisch geschlagen.

Wilfried v. Loewenfeld: Kapitänleutnant und Anführer der 3. Marinebrigade, einem schlagkräftigen und gewalttätigen Freikorps, das wie die Ehrhardt-Brigade schon das Hakenkreuz trug.

Friedrich Karl v. Loßberg: General und zögerlicher Putschsympathisant und Diktaturfreund.

Erich Ludendorff: 1917 Chef der OHL, faktisch Diktator, 1918 abgesetzt, in der Novemberrevolution Flucht nach Schweden, Rückkehr 1919 als Doyen des Putsches.

Konrad Ludwig (USPD): Populärer Arbeiterführer aus Hagen, Parteisekretär, Abgeordneter des preußischen Landtages.

Walther v. Lüttwitz: Höchster General der Reichswehr, Putschist und Reichswehrminister für fünf Tage.

Adolf Meinberg (KPD): Parteisekretär aus Dortmund, populärer Arbeiterführer des östlichen Ruhrgebietes.

August Müller (KPD): Deckname «Dudo», Straßenbahner aus Mülheim. Radikaler Kampfleiter der Roten Ruhrarmee im Westen des Ruhrgebietes.

Hermann Müller (SPD): Reichsaußenminister, seit dem 27. März 1920 Reichskanzler.

Gustav Noske (SPD): Reichswehrminister seit Februar 1919, radikaler Vertreter von Exekutionsfeldzügen gegen rebellierende Arbeiter. Am 24. März 1920 entlassen.

Ernst v. Oven: General, leitend bei der Niederschlagung der bayerischen Räterepublik 1919. Putschsympathisant 1920 und Kandidat für den Oberbefehl über die Reichswehr.

Waldemar Pabst: Hauptmann, Befehlshaber der GKSD, Organisator der Morde an Luxemburg und Liebknecht, Initiator rechtswidriger Mordbefehle, der Sipo und der Technischen Nothilfe. 1919 Abschied nach Putschversuch, Leiter der Nationalen Vereinigung, Putschist.

Wilhelm Pieck (KPD): Sekretär der KPD-Zentrale in Berlin. Pendler zwischen Berlin und Ruhrgebiet. Mitglied des Essener Zentralrates.

Walther Reinhardt: Generalmajor, letzter preußischer Kriegsminister, einziger hoher Militär, der auf die Putschisten schießen wollte. Wird danach nicht zum Befehlshaber der Reichswehr ernannt.

Gerhard Roßbach: Oberleutnant und Anführer des gleichnamigen Freikorps, das sich durch besondere Brutalität im Baltikum («Baltikumer»), in Mecklenburg sowie im Ruhrgebiet auszeichnet. Putschist.

Siegfried Schulz: Major und Freikorpsführer eines nach ihm benannten Freikorps, ebenfalls Putschist und Exekutor im Ruhrgebiet.

Hans v. Seeckt: General und Chef des Truppenamtes (Generalstab), der sich weigert, auf die putschistischen Freikorps von Ehrhardt schießen zu lassen. Ab 17. März 1920 Befehlshaber der Reichswehr.

Carl Severing (SPD): Rechter Flügel, Staatskommissar der Reichsregierung und der preußischen Regierung für den Bereich Münster. Seit dem 27. März 1920 zusätzlich preußischer Innenminister.

Karl Stemmer (USPD): Volksschullehrer aus der Gegend von Witten, Kampfleiter der Roten Ruhrarmee im östlichen Industriegebiet.

Hugo Stinnes: Großindustrieller und Finanzier der GKSD und anderer Freikorps. Finanzierte auch die Nationale Vereinigung. Ob er den Putsch direkt begrüßte, ist umstritten.

Paulus v. Stolzmann: General in Kassel und Putschsympathisant.

Adolf v. Trotha: Admiral und Oberbefehlshaber der Marine. Aktiv am Putsch beteiligt. Jedoch danach wieder in Dienst gestellt.

Oskar v. Watter: General und Wehrkreiskommandant in Münster, Oberbefehlshaber der Reichswehr/Freikorps-Truppen gegen die Rote Ruhrarmee. Vertritt eine radikale Linie ohne Pardon.

Chronik Kapp-Putsch 1920

11.1. Im Ruhrgebiet und Umgebung: Reichspräsident Ebert verordnet aufgrund Artikel 48 der Weimarer Verfassung «zur Wiederherstellung der öffentlichen Sicherheit und Ordnung» für die Regierungsbezirke Düsseldorf, Arnsberg, Münster, und Minden die Außerkraftsetzung der Artikel 114, 115, 117, 118, 123, 124, 153 wegen Streikgefahr (sic!). General Watter wird Inhaber der vollziehenden Gewalt. Das ist der Ausnahmezustand, jedoch illegal, da kein Gesetz.
13.1. In der Republik: Berlin: Massaker vor dem Reichstag. Die Sipo schießt in die Demonstranten gegen das Betriebsrätegesetz. 42 Tote und 100 Verletzte. Als Reaktion auf das Massaker verhängt Reichspräsident Ebert den Ausnahmezustand über das Reichsgebiet, mit Ausnahme von Bayern, Württemberg, Sachsen und Baden, ohne ein Gesetz, wie in der Verfassung vorgesehen (Art. 48, Abs. 5).
13.2. In der Republik: Reichswehrminister Noske verfügt die Auflösung der Marinebrigaden Ehrhardt und Loewenfeld.
6.3. Im Ruhrgebiet und Umgebung: Aufhebung des Ausnahmezustandes wegen Abflauens des Streiks.
10.3. In der Republik: Lüttwitz fordert ultimativ von Ebert die Aufhebung des Auflösungsbeschlusses der Marinebrigaden, die Wahl des Reichspräsidenten durch das Volk und eine baldige Neuwahl des Reichstages.
12.3. In der Republik: In der Nacht rückt die Marinebrigade Ehrhardt auf Berlin vor. Beginn des Putsches.
13.3. In der Republik: In den Morgenstunden Flucht der Regierung aus SPD, DDP und Zentrum nach Dresden, dann nach Stuttgart: Generalstreikaufruf mit den Unterschriften von Ebert, Bauer, Noske, David, Müller und Wels (alle SPD). Ähnlicher Aufruf von DDP, ADGB, AfA, Christl. und den Hirsch-Dunker'schen Gewerkschaften. In Dresden Leugnung der Unterzeichnung von Bauer, Noske und den Ministern der SPD vor General Maercker.
13.3. Im Ruhrgebiet und Umgebung: Bildung eines Aktionsausschusses von SPD, USPD, KPD und DDP, Zentrum. Ähnliche Ausschüsse in anderen Städten. Der Hagener Ausschuss fordert die Bewaffnung der Arbeiter. Watter hat sich «von der alten Regierung losgesagt», wartet aber «wegen Volksstimmung» ab.

14.3. In der Republik:
Das Generalkommando in Kassel wendet sich gegen den Streikaufruf «eines Teils der Regierung» und zwar der SPD.

14.3. Im Ruhrgebiet und Umgebung:
Fast alle Freikorpsführer im Revier sind für Kapp. Watter gibt sich «entschieden gegen Rechts- und Linksradikalismus». Macht aber keine Erklärung gegen Kapp.

15.3. In der Republik:
Beginn des reichsweiten Generalstreikes. Reichskanzler Bauer bezeichnet in Stuttgart die Unterschriften der SPD-Minister unter den Generalstreikaufruf als «niemals gegeben». Im ganzen Reich, vor allem aber in Ost- und Mitteldeutschland schießen Reichswehrtruppen, Freikorps und Sipo in Demonstrationen. Suhl wird von der Reichswehr überfallen, Arbeiter aus Zella-Mehlis kommen den Suhlern zur Hilfe, vertreiben einen Panzerzug.

15.3. Im Ruhrgebiet und Umgebung:
Watter-Severing-Erklärung. Verhängung des verschärften Ausnahmezustandes über die Regierungsbezirke Arnstadt und Münster. Niederlage der Freikorps in Wetter und Kamen. Bildung der Hagener Zentrale

15./16.3. In der Republik:
Nördlich und im Südosten von Berlin bewaffnen sich Arbeitertrupps, während Berlin selbst von der Brigade Ehrhardt beherrscht wird. Arbeiter bewaffnen sich auch in Leipzig, Dresden und vielen anderen Orten Sachsens und entwaffnen die Zeitfreiwilligen und die Einwohnerwehren. Das geschieht auch in Chemnitz, Zwickau, Borna, Glauchau und Plauen, im Erzgebirge und im Vogtland. In Leipzig kommt es zu Barrikadenkämpfen mit Reichswehr und Sipo. Die werden in der Kaserne belagert. Vertreter der SPD und USPD setzen einen «Waffenstillstand» durch, der mit der Waffenabgabe der Arbeiter, nicht der Reichswehr endet. Militärdiktatur und Terrorherrschaft des Freikorps Loewenfeld in Breslau. Winnig (SPD) schließt sich in Ostpreußen den Putschisten an.

16.3. Im Ruhrgebiet und Umgebung:
Kapitulation der weißen Truppen in Herdecke. Versicherung Noskes an Watter, dass die Regierung den «unheilvollen» Generalstreikaufruf nicht unterschrieben habe. Das Freikorps Lichtschlag kommt in Dortmund-Süd an.

17.3. In der Republik:
In den Industriestandorten Mitteldeutschlands, in Halle, Eisleben, Bitterfeld, Jeßnitz, Osterfeld, Weißenfels, Zeitz und Quedlinburg, Kämpfe zwischen bewaffneten Arbeitern und Reichswehreinheiten. Kämpfe auch bei Eisleben und Drebkau. Rote Garde in Cottbus mit 5000 Mann. Rücktritt von Kapp und dann Lüttwitz, Geheimprotokoll Schiffer (Innenminister) / Hirsch (preußischer Ministerpräsident) und Kapp, das allen Putschisten Amnestie verspricht. Ernennung Seeckts zum Chef der Heeresleitung. Aufruf Seeckts und Schiffers gegen Bolschewismus und Generalstreik.

17. -20.3. Im Ruhrgebiet und Umgebung: Abbröckeln des Generalstreiks im Ruhrgebiet, da die Rote Ruhrarmee entsteht und Stadt um Stadt erobert.
17.3./18.3. In der Republik: Bereitstellung bayerischer und württemberger Truppen für den Abtransport ins Ruhrgebiet. Die Rostocker Arbeiterwehr zählt an die 8000 Mann. Landarbeiter bewaffnen sich. General Lettow-Vorbeck schließt sich den Putschisten an und schickt das Freikorps Roßbach nach Wismar. Danach wird das Freikorps ins Ruhrgebiet transportiert. Kämpfe zwischen Landarbeitern und Truppen bei Waren.
17.3. Im Ruhrgebiet und Umgebung: Das Freikorps Lichtschlag entscheidend geschlagen. Reichswehr in Elberfeld geschlagen. Abzug nach Remscheid. Hagener Zentrale für die Wiederaufnahme der Arbeit
18.3. In der Republik: Konferenz in Chemnitz mit Delegierten aus 100 Orten Sachsens, Thüringens und Bayerns fordert Weiterführung des Streiks, Auflösung der Reichswehr und aller militärischen Verbände, Bewaffnung des Proletariats, Betriebsräte und Bezahlung der Streiktage. Massaker an 90 Arbeitern bei Gotha. Die Arbeiter siegen in Thüringen, die USPD-dominierte Landesregierung löst die Zeitfreiwilligenverbände auf und ruft zum Eintritt in die Volkswehr auf. Die Thüringer Volksarmee entsteht. ADGB, AfA und DBB in Berlin setzen Streiks fort und stellen Bedingungen für die Wiederaufnahme der Arbeit. Fordern «entscheidende Mitwirkung bei der Neuordnung der Verhältnisse». USPD-Zentrale beantwortet ein Angebot Legiens zur Regierungsbeteiligung negativ. Der verhandelt daraufhin mit Noch-Innenmister Schiffer. Neun-(später acht-) Punkte Programm Legiens /der Gewerkschaften
18.3. Im Ruhrgebiet und Umgebung: Angriff der spontan entstandenen Roten Ruhrarmee auf Remscheid. Bildung einer Kampfleitung
19.3. In der Republik: Schlacht bei Halle, Arbeitertrupps kreisen die Reichswehrtruppen ein. Entsatz durch eine 1000-Mann-Militärtruppe aus Magdeburg. Waffenstillstandsverhandlungen. Den Arbeitern wird freier Abzug bei Waffenabgabe zugesagt, doch die Versprechen nicht eingehalten. Angriff und Tötungen, Hausdurchsuchungen. Truppen werden ins Ruhrgebiet transportiert. Flugblatt Schiffer/Hirsch bezeichnet Haltung der Reichswehr zu Ebert und Regierung Bauer während des Putsches als «loyal». Seeckt und Schiffer verkünden in Berlin den verschärften Ausnahmezustand für Berlin und Mark Brandenburg sowie für Mittel-, Nord- und Ostdeutschland, mit Standrecht. Seeckt für «rücksichtslosen Einsatz der Truppe [...] im Kampf um Sein oder Nichtsein des deutschen Volkes». In Weimar verjagen Arbeitertrupps die Reichswehr.

19.3. Im Ruhrgebiet und Umgebung:
Rote Armee besiegt weiße Truppen in Remscheid. Reste der Reichswehr fliehen ins englisch besetzte Gebiet um Köln. Rote Armee besiegt «Regierungstruppen» in Essen. General Kabisch ordnet Rückzug der weißen Truppen aus dem westlichen Industriegebiet an. Konferenz von Arbeitervertretern in Essen.

20.3. In der Republik:
Doch Verhandlungen zwischen SPD- und USPD-Führern. SPD zeigt sich mit Aufnahme der USPD in die Regierung einverstanden, aber will auch bürgerliche Parteien in der Koalition. In der Nacht fahren Ebert und Bauer und der Rest der «Exilregierung» mit dem Zug nach Berlin. Bei Greiz in Thüringen werden zwei Reichswehrbataillone von 2000 Arbeitern eingekreist und zur Kapitulation gezwungen.

20.3. Im Ruhrgebiet und Umgebung:
Bildung des Essener Zentralrates und der Mülheimer Kampfleitung. Hamborn wird von der Reichswehr geräumt. Abzug der Reichswehr (Regiment 61 und 62) und des Freikorps Schulz unter Verlusten über Dinslaken in die Festung Wesel. Die Konferenz der Arbeitervertreter in Hagen formuliert sechs Punkte, ist aber gegen eine Diktatur des Proletariats und eine Räterepublik.

21.3. In der Republik:
Rückkehr der nach Stuttgart geflohenen Regierung und des Reichspräsidenten nach Berlin.

21.3. Im Ruhrgebiet und Umgebung:
Alle Reichswehrtruppen haben das rheinisch-westfälische Industriegebiet verlassen. Noch-Reichskanzler Bauer fordert in einem Telegramm an die Hagener Zentrale die Wiedereinsetzung der «verfassungsmäßigen Organe». Nur bei Streikabbruch und Niederlegung der Waffen durch die Arbeiter könnten Lebensmittel geliefert werden. Watter sei loyal. «Appell» Severings für Ablieferung der Waffen und «Wiederherstellung der Ordnung». Er droht mit dem Einmarsch der Reichswehr.

22.3. In der Republik:
Rücktritt Noskes. Der Vorwärts tritt für eine «Arbeiterregierung» ein, allerdings nur im Einverständnis mit SPD, DDP und Zentrum. Die lehnen ab. Die USPD gleichfalls. Sie plädiert für die Übernahme der Regierung «durch die organisierte Arbeiterschaft».

22.3. Im Ruhrgebiet und Umgebung:
Watter erlässt «Operationsbefehl Nr. 1» an seine Truppenkommandeure. Ankündigung des Einmarsches. Noske erlaubt ihm illegal das «Standrecht» mit Urteil ohne Fristen und ohne Genehmigung durch das Oberkommando, sondern nur des örtlichen Kommandanten. Ein Freibrief zum unbegrenzten Töten, wie im März 1919 in Berlin.

23.3. In der Republik: USPD für Unterbrechung des Generalstreikes
23.3. Im Ruhrgebiet und Umgebung: Konferenz in Bielefeld mit Severing, Vertretern der Vollzugsausschüsse aus SPD, USPD und KP sowie Bürgermeistern. Die Syndikalisten, große Teile der KPD und die meisten Kampfleiter der Roten Armee lehnen eine Teilnahme ab. Giesberts und Braun nehmen als Vertreter der Regierungen teil, haben aber keine Vollmacht zu verhandeln. Die Reichswehrführung schickt nur zwei beobachtende Offiziere und lehnt Verhandlungen ab.
24.3. In der Republik: Legien lehnt es ab, Kanzler einer parlamentarischen Regierung aus SPD, DDP und Zentrum zu werden.
24.3. Im Ruhrgebiet und Umgebung: Bielefelder «Abkommen». Übernahme des Berliner Achtpunkte-Programms, teils darüberhinausgehend. Zusage der Auflösung der verfassungsfeindlichen Truppen: Freikorps Lichtschlag, Lützow und Schulz. Waffenstillstand und Waffenabgabe an die Ortsräte innerhalb bestimmter Fristen, Bildung von Ortswehren. Kein Reichswehreinmarsch. Ablehnung der politischen Führung im Westen des Ruhrgebietes. Reichswehr bricht den Waffenstillstand. Die Linkskommunisten, die sich nicht an das Abkommen gebunden fühlen, greifen weiter die Festung Wesel an. Ausdehnung des verschärften Ausnahmezustandes mit illegalem «Standrecht» auf das ganze westfälische Industriegebiet.
25.3. In der Republik: SPD erklärt sich eindeutig gegen eine Arbeiterregierung.
25.3. Im Ruhrgebiet und Umgebung: Hagener rote Truppen verlassen die Front. Insgesamt sind 80–90 % der sich sammelnden Reichswehr putschistische Freikorps. Auflösung der Hagener Zentrale, Wahl eines neuen Zentralrates. Vollzugsräte im Raum Barmen-Elberfeld und im Bergischen Land akzeptieren das Bielefelder «Abkommen»; Pieck (KPD) und Hertz (USPD) billigen das Bielefelder Abkommen, glauben aber, dass die Auflösung der Reichswehr noch durchsetzbar sei.
26.3. In der Republik: Bildung einer neuen Regierung unter Kanzler Hermann Müller; Noske und Schiffer sind nicht dabei. Geßler (DDP) übernimmt das Reichswehrministerium. Die Regierung äußert sich nicht zum Bielefelder «Abkommen», ist aber intern, wie der Reichspräsident, dagegen.
26.3. Im Ruhrgebiet und Umgebung: Wiederaufnahme des Streikes im Ruhrbergbau. Etwa 75 % der Arbeiter sind im Ausstand. Das sind über 300.000 Arbeiter. Delegiertenkonferenz in Hagen. Der Zentralrat ist für neue Verhandlungen mit der Reichsregierung und für die Kampfeinstellung bis zur Beendigung dieser Verhandlungen. Die Mülheimer Kampfleitung fordert dagegen die Fortsetzung der Kämpfe auch während solcher Verhandlungen und die Auflösung der Reichswehr.

27.3. In der Republik:
In Preußen bildet sich das Kabinett Braun-Severing. Hirsch ist draußen.

27.3. Im Ruhrgebiet und Umgebung: Zentralrat beschließt Kampfeinstellung und bittet die Reichsregierung um neue Verhandlungen.

28.3. In der Republik:
Die Regierung Müller lehnt weitere Verhandlungen ab. Sie erhebt den Vorwurf, die Rote Ruhrarmee habe sich nicht an das Abkommen gehalten, beschließt ein scharf formuliertes Ultimatum und droht mit dem raschen Einmarsch der Reichswehr/Freikorps. Es wird behauptet, Putschisten seien nicht darunter. Dabei besteht die Truppe mindestens zu 80 % aus republikfeindlichen Freikorps. Watter ergänzt das Ultimatum mit unerfüllbaren Forderungen und Fristen für Waffenabgabe, Gefangenenentlassung sowie Vollzugsratsauflösung bis 31.3. mittags.

29.3.–8.4. In der Republik:
Die neu entstandenen Räte und ihre Vollversammlung in Berlin verschieben ein ums andere Mal die erneute Ausrufung des Generalstreiks. Als sie endlich beschlussfähig sind, ist das Ruhrgebiet «befriedet».

29.3. Im Ruhrgebiet und Umgebung:
Der Zentralrat diskutiert die Wiederaufnahme des Generalstreiks als Reaktion auf das Regierungsultimatum und das Watters. Doch die Bergarbeiterstreikfront bröckelt bis Anfang April wieder ab. Erneute Mobilisierungsmaßnahmen und Kontakt zur Mülheimer Führung der Roten Armee.

30.3. In der Republik:
Regierung in Berlin beschließt den Einmarsch der Freikorps-Reichswehr; ab 30.3. mittags soll Watter «freie Hand» haben.

29.3./30.3. In der Republik:
Gewerkschaftsfunktionäre, darunter Brass (USPD), vermitteln zwischen Zentralrat und Partei- und Gewerkschaftsführern in Berlin. Die Regierung verlängert das Ultimatum um 48 Stunden.

30.3. Im Ruhrgebiet und Umgebung:
Watter schert sich nicht um die Verlängerung des Ultimatums und lässt seine Truppen vorrücken. Das Hakenkreuz tragende Freikorps Loewenfeld und andere dringen ins Industriegebiet ein und begehen die ersten Morde.

31.3. Im Ruhrgebiet und Umgebung:
Severing beruft die Konferenz von Münster ein. Parteienvertreter und Vollzugsräte bestätigen das Bielefelder «Abkommen». Waffenabgabe soll bis zum 2. April erfolgen. Meinberg (KPD) wird auf der Fahrt nach Münster von Freikorps festgesetzt, misshandelt und zum Tod «verurteilt». Severing besteht gegenüber Watter auf das zugesagte freie Geleit. Severing gerät nun selbst in «Verschiss». Watter lässt schließlich Meinberg unter Protest frei, der die Konferenz versäumt. Watter reagiert auf den «Frieden» von Münster mit Empörung. Das «Standrecht» soll bei Erfüllung der Abgaben

nicht greifen. Watter verschiebt offiziell den Einmarschtermin auf den 2. April. Doch die Freikorps rücken schon überall vor und morden.
1.4. In der Republik: Die Reichsregierung (SPD, DDP und Zentrum) beschließt den Freikorpseinmarsch auch in die neutrale Zone und riskiert einen Bruch des Versailler Friedensvertrages und die Besetzung der hessischen Städte Frankfurt, Darmstadt und Homburg. Die Räte in Berlin und ihr Vollzugsorgan versäumen es, den Generalstreik auszurufen, um den Arbeitern im Ruhrgebiet zur Hilfe zu kommen.
1.4. Im Ruhrgebiet und Umgebung: Auf einer Delegiertenkonferenz in Essen plädiert Pieck für einen Abbruch der Kämpfe, um ein Blutbad zu verhindern. Die Konferenz ruft zur Auflösung der Roten Armee auf und zum Aufbau einer Volkswehr. Südlich der Ruhr wird dies teilweise mit der Waffenabgabe und Bewaffnung der Ortswehren durchgeführt.
2.4. Im Ruhrgebiet und Umgebung: Der Zentralrat flieht aus Essen.
3.4. In der Republik: Die Reichsregierung gibt ganz offiziell der Reichswehr «volle Freiheit des Handelns, zu tun was die Lage gebietet».
2./3.4. Im Ruhrgebiet und Umgebung: Die zu 80–90 % aus antirepublikanischen Freikorps bestehende Reichswehr marschiert von allen Seiten in den Raum zwischen Rhein, Lippe und Ruhr ein. Reste der Roten Ruhrarmee holen sich die bereits abgegeben Waffen wieder und kämpfen einen aussichtslosen Kampf. Die Freikorps erkennen die roten Kämpfer nicht als Kombattanten an, betrachten sie als Freischärler und morden, gedeckt von den Befehlen Watters und der Regierung, ohne Grenzen.
4.4. In der Republik: Durch Mitteilungen der den Freikorpstruppen beigestellten Zivilkommissare, die sich nicht einzugreifen trauen, sind Severing und die Regierung voll über die Gräueltaten der Freikorps informiert. Die Regierung will das «illegale» Standrecht aussetzen. Severing bietet einen Kompromiss an: Es solle bestehen bleiben, aber die Verurteilten vorläufig nicht hingerichtet werden, sondern an außerordentliche Kriegsgerichte überstellt werden.
4.4. Im Ruhrgebiet und Umgebung: Watter ist außer sich über das Erschießungsverbot der Regierung, er und zahlreiche Bürgermeister und Würdenträger verlangen die Beibehaltung des Standrechts. Die Truppen halten sich sowieso nicht daran und morden weiter ohne Bremse.

5.4. Im Ruhrgebiet und Umgebung:
Der Zentralrat gibt vom sicheren Barmen aus die Anweisung, dass sich die Reste der Roten Armee in die neutrale Zone, hauptsächlich der englisch besetzten um Köln flüchten sollen. Ca. 5000 Männern gelingt die Flucht, eine noch größere Anzahl flüchtet sich in den Raum südlich der Ruhr, ein Gebiet, das die Reichswehr auf Druck der Alliierten nicht betreten darf.

6./7.8. Im Ruhrgebiet und Umgebung:
Watters Freikorps besetzen Dortmund, Essen, Mülheim und Bochum.

7.4. In der Republik:
Französische Truppen besetzen wie angekündigt wegen Verletzung der neutralen Zone durch die Reichswehr die Städte Frankfurt, Darmstadt und Homburg.

8.4. Im Ruhrgebiet und Umgebung:
Das Gebiet zwischen Lippe und Ruhr ist von den Freikorps besetzt. Das Morden geht noch bis in den Mai weiter. Die Regierung wagt es nicht, den Bereich südlich der Ruhr von der Reichswehr besetzen zu lassen. Hier wird die Waffenabgabe durch die Sipo exekutiert.

9.4. In der Republik:
Reichskanzler Müller (SPD) rechtfertigt den Einmarsch der Reichswehr und damit auch ihre Morde vor der Nationalversammlung.

29.4. Im Ruhrgebiet und Umgebung:
Watter tritt zurück, da er den Raum südlich der Ruhr nicht besetzen darf. Im Sommer muss die neutrale Zone von der Reichswehr wieder geräumt werden.
Ca. 1200 Tote auf Seiten der Roten Ruhrarmee (und der Zivilbevölkerung), davon wurden die meisten nach dem Kampf getötet. Die Reichswehr/Freikorps und Sipo hatten zusammen etwa 400 Tote (davon ca. 120 erschossene Deserteure und Überläufer)

Bei den Kämpfen in Ost- und Mitteldeutschland sowie in Berlin wurden ca. 1000 Menschen getötet (davon etwa 200 in Berlin und 400 in Mecklenburg). Damit hat der Kapp-Putsch mindestens 2500 Menschen das Leben gekostet, den meisten nach seinem Scheitern.

6. Juni. In der Republik:
Wahlen im Reich, wie von Kapp und Lüttwitz gewünscht. Die Rechtsparteien gewinnen hinzu. Die Weimarer Koalition verliert ihre Mehrheit. Die USPD wird fast gleichstark wie die SPD. Die verliert die Kanzlerschaft. Im Ruhrgebiet, in Berlin und den mitteldeutschen Industriegebieten überflügelt die USPD die SPD bei weitem, die teils unter 10 % der Stimmen fällt.

Totenliste

Märzgefallene aus dem Rheinisch-Westfälischen Industriegebiet

Mit freundlicher Genehmigung und zusammengestellt von Günter Gleising und Anke Pfromm, aus: Kapp-Putsch und Märzrevolution 1920 (III), Bochum 2010.

Wohnort Name, Vorname	Alter	Beruf	Todestag 1920	Todesort	Todesart
Bergkamen					
Goldau, Gustav		Bergmann	01.04.		Erschossen
Gorniak, Anton					Gefallen
Gorniak, Josef	31	Bergmann	01.04.		Erschossen
Heer, Fritz			01.04.		
Heer, Gottfried			04.04.		Hingerichtet
Hoffmann, Paul	20	Bergmann	01.04.		Erschossen
John, Max Richard	24	Schlosser	01.04.		Erschossen
Jung, Josef					Gefallen
Jung, Wilhelm	17	Bergmann	01.04.		Erschossen
Kammeyer, Karl		Bergmann	04.04.		Hingerichtet
Keifert					Gefallen
Kiesel, Johann					Gefallen
Klapper, August	30	Bergmann	01.04.		Erschossen
Klauke, Karl					Gefallen
Koppe, Max	24	Bergmann	01.04.		Erschossen
Pawlowsky, Anton	38	Bergmann	01.04.		Erschossen
Phillip, August T.	42	Bergmann	01.04.		Erschossen
Phillipp, August		Bergmann	23.04.	Pelkum	Ermordet
Bochum					
Becker, Hermann				Marl	Ermordet
Becker, Wilhelm				Marl	Ermordet
Bing, Ernst					Ermordet
Block, Bernhard				Marl	Ermordet
Block, Ignaz				Marl	Ermordet
Böhm, Eduard	30/31	Schmied	17.03.		Gefallen
Burstede, Ferdinand					Gefallen
Hoffmann, Karl			21.03. b.		Gefallen
Holtmann, Gustav		Drucker	21.03. b.		Gefallen
Huhn, Franz			01.04.	Marl/Bo.	Gefallen
Karpinski, Heinrich					Gefallen
Kowallek, Wilhelm				Marl	Ermordet
Kunkel, Erich				Sinsen	Ermordet
Liebeskind, Gustav					Ermordet
Löffler, Paul					Ermordet
Lux, Karl			21.03. b.	Dortmund	Gefallen
Metten, Heinrich					Gefallen
Mohr, Emil					Gefallen
Ohrmann, Karl			22.03. b.		
Ortjohann, Gustav			22.03. b.		
Preuss			22.03.		Gefallen
Robakowski, Otto			21.03. b.		Gefallen

Wohnort Name, Vorname	Alter	Beruf	Todestag 1920	Todesort	Todesart
Sahner, Heinrich					Gefallen
Sakaschewski					Gefallen
Salewski					Gefallen
Schmacke, Ewald	19	Former	01.04.	Recklingh.	Gefallen
Studenski, Wilhelm	21	Bergmann	01.04.	Recklingh.	Gefallen
Unbekannt			27.03.	Raesfeld	Gefallen
Wiechers, Konrad	41		21.03. b.	Dortmund	Gefallen
Wilimzig, Gustav	27		21.03. b.		Gefallen
Wisser, Karl					Ermordet
Altenbochum					
Luczak, Stefan					Ermordet
Winske, Karl	25	Bergmann	30.03.	Recklingh.	Gefallen
Laer					
Dörner, Eduard			22.03.		Gefallen
Reimöller, Bernhard			01.04.	Marl	Gefallen
Schluck, Karl		Metzger	17.05.		Ermordet
Tamm, Fritz			01.04.	Marl	Gefallen
Wegmann, Diedrich			01.04.	Marl	Gefallen
Wilke, Georg		Bergmann	22.03.		Gefallen
Langendreer					
Heine, Wilhelm					Gefallen
Hoffmann, Heinrich	20	Bergmann	01.04.	Pelkum	Erschossen
Reppel, Otto					Gefallen
Sieker, Karl					Gefallen
Wuwa, Sylvester					Gefallen
Langendreer-Stockum					
Pfeffer, Gustav	43	Kohlenhauer	18.03.	Dortmund	Gefallen
Trösken, Peter Herm. E.	20	Bergmann	01.04.		Erschossen
Linden					
Bockhaus, Ernst		Bergmann	03.04.	Recklingh.	Erschossen
Stiepel					
Degener, Emil					Gefallen
Reinke, Paul					Gefallen
Unbekannt					
Unbekannt					
Unbekannt					
Unbekannt					
Vette, Wilhelm					Gefallen
Wattenscheid					
Eggert, Gustav		Bergmann		Marl	Gefallen
Fromme, Frau			21.03.	Wat.	
Marschewski, Emil		Bergmann	21.03.	Wat.	Gefallen
Miedzewski, Fritz		Schreiner	21.03.	Wat.	Gefallen
Weitmar					
Blankenkrodt, Hermann	24		04.04.	Recklingh.	Ermordet
Dullisch, Paul					Gefallen
Nösse, Wilhelm		Bergmann		Wat.	Gefallen
Osberg, Karl			31.03.	Marl	Gefallen
Unbekannt					
Unbekannt					

Wohnort Name, Vorname	Alter	Beruf	Todestag 1920	Todesort	Todesart
Unbekannt					
Unbekannt					
Unbekannt					
Werne					
Garde, Paul					
Ritzauer, Emil			19.04.	Werne	Ermordet
Tomaschewski, Gottlieb	32	Arbeiter	16.04.	Werne	Ermordet
Bönen					
Altenbögge					
Weniger, Paul	31	Bergmann	03.04.	Hamm	Erschossen
Bottrop					
Baricke					
Beckfeld		Bergmann	11.04.		
Biemke, Hans			03.-05.04.		
Bißmann, Matthias					
Blankert, Karl					Gefallen
Borucki		Schlosser	25.04.		Ermordet
Bulla, Wladislaus		Bergmann	03.-05.04.		
Bußeer, Bernhard		Bergmann	03.-05.04.		
Champiel, Theodor		Bergmann	03.-05.04.		
Delugal, Anton					Gefallen
Dudek, Viktor		Bergmann	03.-05.04.		
Finke, Wilhelm		Zechenarbeiter	03.-05.04.		
Frybischi, Paul		Bergmann	03.-05.04.		
Gertig, Joh.		Bergmann	03.-05.04.		
Girulat, Karl					Gefallen
Girulat, Otto					Gefallen
Hartmann, Frau			03.-05.04.		
Haseler, Konrad		Bergmann	03.-05.04.		
Heimann, Adolf		Bergmann	03.-05.04.		
Heimpel, Gustav		Bergmann	03.-05.04.		
Hermes, Hermann		Bergmann	03.-05.04.		
Heute, Christine			03.-05.04.		
Junker, August			03.-05.04.		
Kerschon, Fritz		Bergmann	03.-05.04.		
Kleine, Friedrich		Zimmermann	03.-05.04.		
Krokowski, Adam		Bergmann	03.-05.04.		
Kuhnke, Karl		Bergmann	03.-05.04.		
Kusenberg, Gertrud			03.-05.04.		
Langenfeld, Albert		Bergmann	03.-05.04.		
Lippert, Alberto Jose		Stukkat.	03.-05.04.		
Lusiak, Ignatz		Bergmann	03.-05.04.		
Markowski, Stanislaus			03.-05.04.		
Marzinkowski, Joh.		Bergmann	03.-05.04.		
Mawe, Hubert		Bergmann	03.-05.04.		
Meinka, Josef		Bergmann	18.05.		
Mikoleischak, Jos.		Bergmann	03.-05.04.		
Milotta, Rob		Bergmann	03.-05.04.		
Müller, Franz		Bergmann	03.-05.04.		

Wohnort Name, Vorname	Alter	Beruf	Todestag 1920	Todesort	Todesart
Mysliewiß, Joh.		Bergmann	03.-05.04.		
Nalik, Joseph			30.03.	Dorsten	Hingerichtet
Nelle, Otto			03.-05.04.		
Neu, Erich			30.03.	Dorsten	Hingerichtet
Niemann, Wilhelm		Bergmann	03.-05.04.		
Oleink, Franz		Bergmann	03.-05.04.		
Ordowski, Wilhelm		Bergmann	03.-05.04.		
Pachur, Paul		Bergmann	03.-05.04.		
Palik, Heinrich		Lehrling	03.-05.04.		
Pelledun, Richard					Ermordet
Pentoch, Fritz			06.04.		
Perk, Franz		Lehrhauer	03.-05.04.		
Plum, Peter		Bergmann	03.-05.04.		
Reichert, Josef		Arbeiter	03.-05.04.		
Reinken, Peter		Bergmann	03.-05.04.		
Riedler, Oswald		Bergmann	03.-05.04.		
Riemann, Heinrich		Bergmann	03.-05.04.		
Rogge, Bernhard		Bergmann	03.-05.04.		
Rose					Ermordet
Salzmann, Wilhelm A.		Rangiermeister	03.-05.04.		
Schmidt, Friedrich		Arbeiter			Ermordet
Schubert, August		Bergmann	03.-05.04.		
Schulz, Willy		Bergmann	03.-05.04.		
Sittek, Leopold		Maschinist	03.-05.04.		
Soyka, Josef		Bergmann	03.04.		
Stabler		Bergmann			
Steiner, Walter		Bergmann	03.-05.04.		
Suchodolski, Joh.		Bergmann	03.-05.04.		
van Bracht, Heinrich		Bergmann	03.-05.04.		
Weber, Adolf		Zimmerpolier	03.-05.04.		
Wilhelm, Johann		Bergmann	03.-05.04.		
Wittkopp, Joh.		Bergmann	03.-05.04.		
Wolf, Friedrich		Bergmann	03.-05.04.		
Zibritzki, Friedrich					Gefallen
Ziemke, Hans		Zimmermann	03.04.		
Kirchhellen					
Fockenberg, Wilhelm			03.04.	Bottrop	
Stemmer, Johann		Bergmann	03.-05.04.	Bottrop	
Datteln					
Bell, Karl	20		01.04.	Ahsen	Erschossen
Breiing, Gustav	44		01.04.	Flaesheim	Erschossen
Köhl, Louis			02.04.	Ahsen	Erschossen
Lieder, Richard	20		01.04.	Ahsen	Erschossen
Rosenbaum, Klemens	23	Arbeiter	02.04.		Hingerichtet
Schneider, Karl	21		01.04.	Ahsen	Erschossen
Urmetz, Michael	33		02.04.	Ahsen	Erschossen
Willumeit, Franz	32		02.04.	Ahsen	Erschossen

Wohnort Name, Vorname	Alter	Beruf	Todestag 1920	Todesort	Todesart
Dinslaken					
Dittes					
Kampmann, August	35		27.03.	Hünxe	Gefallen
Lienenkämper, Aug. W.	23		02.04.	Bruckhsn.	Gefallen
Pelikan, Aenne					
Rabschinski, Hedwig					
Schönau (Sohn)					
Schönau (Vater)					
Lohberg					
Badeder, Karl	17		27.03.	Hünxe	Gefallen
Blaurock, Heinr. M. P.	22		27.03.	Hünxe	Gefallen
Fromm, Ludwig	24		27.03.	Hünxe	Gefallen
Kamrowski, Stanislaus	31		27.03.	Hünxe	Gefallen
Krause, Heinrich Adam	30		27.03.	Hünxe	Gefallen
Marmowiak, Jakob	29		27.03.	Hünxe	Gefallen
Molsig, August Emil	30		01.04.	Bruckhsn.	Gefallen
Nowak, Martin	22		27.03.	Hünxe	Gefallen
Rapczinski, Hedwig			02.04.	Dinslaken	Ermordet
Schäfer, Karl Friedrich	35		27.03.	Hünxe	Gefallen
Schön, Paul		Armenpfleger	02./03.04.		Ermordet
Selert, August	23		27.03.	Hünxe	Gefallen
Skat, Friedrich	18		27.03.	Hünxe	Gefallen
Wiezorek, Carl	20		27.03.	Hünxe	Gefallen
Worff, August	40		02.04.	Hünxe	Gefallen
Dorsten					
Donnert, Aloisia	60		30.03.	Dorsten	
Fallböhmer, Gertrud	70			Dorsten	Verstorben
Jakubicak, Appolonia	40	Arbeiterin			
Rechterschott		Bergmann			
Schilp					Erschossen
Hervest-Dorsten					
Krappmann, Josef					Gefallen
Holsterhausen					
Salomon, Bruno			03.04.	Dorsten	Ermordet
Schüpp, Hermann					Ermordet
Dortmund					
Bressler, Adolf	19		19.03.	Dortmund	Gefallen
Esterhaus					Ermordet
Feith, Friedrich Wilhelm	28	Bergmann	01.04.	Pelkum	Gefallen
Fräul. Klinkhammer					Gefallen
Grubba, Alex					Gefallen
Haase, Heinz	23		17.03.	Dortmund	Gefallen
Heinrichs, Gustav		Arbeiter	12./13.04	Dortmund	
Heinrichs, Wino					Ermordet
Holze, Anton					Gefallen
Humbert, Kasper					Gefallen
Hutzler, Leonhard					Gefallen
Jagusch, Max					Ermordet

Wohnort Name, Vorname	Alter	Beruf	Todestag 1920	Todesort	Todesart
Kahl					Ermordet
Kaiser, Wilhelm	18	Arbeiter	01.04.	Pelkum	Gefallen
Kniese, August					Gefallen
Konik, Ignatz					Gefallen
Kühr, Adolf					Gefallen
Kurion, Gustav					Gefallen
Lieckfeld, Gustav Fried.				Recklingh.	
Limpe, Peter					Gefallen
Maasch, Erich		Schriftleiter	18.03.	Aplerbeck	Gefallen
Mathens, Josef					Gefallen
Milke, Max					Gefallen
Neske, Wilhelm	18		17.03.	Dortmund	Gefallen
Otto, Karl					Gefallen
Rieke					Gefallen
Rielmann, Wilhelm					Gefallen
Rosenfeld, Max	20	Schlepper	01.04.		Erschossen
Schneider, Wilhelm	36	Bergmann	01.04.	Pelkum	Gefallen
Schulte, Josef					Gefallen
Sievers, Hans	19		17.03.	Dortmund	Gefallen
Siewers, Johannes					Gefallen
Uhnig, Hermann					Gefallen
Weiss, Josef					Gefallen
Werth, Walter					Gefallen
Weyer, August					Gefallen
Wichmann, Wilhelm					Gefallen
Zelt, Paul					Ermordet
Zürn, Friedrich					Gefallen
Eving					
Sommer, Emil	30	Bergmann	01.04.	Pelkum	Erschossen
Vorbringer, Max					Gefallen
Hörde					
Hoffmann, Andreas	21			Essen	Gefallen
Klinneh, Josef					Gefallen
Manthey, Max				Essen	Gefallen
Müller, Ferdinand	59	Schmied			Gefallen
Stuhlmann, Wilheml			19.03.	Aplerbeck	Gefallen
Unbekannt				Essen	Gefallen
Weber, Karl	18	Fuhrmann	17.03.	Dortmund	Gefallen
Lütgendortmund					
Zirkel, Franz		Hilfsarbeiter	09.04.		Erschossen
Marten					
Brinkmann, Gustav	34		22.03.		Gefallen
Schüren					
Dietermann, Friedrich		Fabrikarbeiter	01.04.		Erschossen
Duisburg					
Hidding, Wilhelm		Bauarbeiter	03.04.		
v. Clev, Peter		Bauarbeiter	03.04.		
Duisburg-Beeck					
Georg		Arbeiter	03./04.04.		

Wohnort Name, Vorname	Alter	Beruf	Todestag 1920	Todesort	Todesart
Graf, Paul		Bergmann	03./04.04.		
Langer, Paul		Bergmann	03./04.04.		
Tappe		Arbeiter	03./04.04.		
Unbekannte Frau			15./16.03.	Duisburg	
Bruckhausen					
Krause, Hermann	19	Bergmann	02.04.	Bruckhsn.	Gefallen
Hamborn					
Eckert, Franziska					
Eckert, Josepha					
Neuer, Valentin	18		27.03.	Hünxe	Gefallen
Simotka, Josef	25		27.03.	Hünxe	Gefallen
Marxloh					
Hiltenfink, Elisabeth		Witwe	02.04.	Dinslaken	Gefallen
Meiderich					
Becker, Karl				Meidr. b.	
Bühig, Hugo				Meidr. b.	
Büttner, Hugo				Meidr. b.	
Hackmann, Arthur				Meidr. b.	
Heermeyer, Heinrich				Meidr. b.	
Huging, Joh.				Meidr. b.	
Unbekannt				Meidr. b.	
Unbekannt				Meidr. b.	
Unbekannt				Meidr. b.	
Unbekannt				Meidr. b.	
Wons, Anton				Meidr. b.	
Ruhrort-Meiderich					
Beckschäfer, Ferdinand			15./16.03.	Duisburg	Gefallen
Blankenheit, Johann			15./16.03.	Duisburg	Gefallen
Brettbach, Peter			15./16.03.	Duisburg	Gefallen
Brocks, Robert			15./16.03.	Duisburg	Gefallen
Ewerhard, Karl			15./16.03.	Duisburg	Gefallen
Jansen, Dirk			15./16.03.	Duisburg	Gefallen
Köppen, Johann			15./16.03.	Duisburg	Gefallen
Kröger, Josef			15./16.03.	Duisburg	Gefallen
Küpper, Hermann			15./16.03.	Duisburg	Gefallen
Lehmscheid			15./16.03.	Duisburg	Gefallen
Lingen		Kaufmann	15./16.03.	Duisburg	Gefallen
Maßen, Bernhard			15./16.03.	Duisburg	Gefallen
Ricker, Fritz			15./16.03.	Duisburg	Gefallen
Rosteck, Frau			15./16.03.	Duisburg	Gefallen
Schiff, Wilhelm			15./16.03.	Duisburg	Gefallen
Währ, Hans			15./16.03.	Duisburg	Gefallen
Wefers, Ernst			15./16.03.	Duisburg	Gefallen
Weiß, Ernst			15./16.03.	Duisburg	Gefallen
Weye, Josef			15./16.03.	Duisburg	Gefallen
Walsum					
Schürken, August Ferd.	27		01.04.	Hünxe	Gefallen

Wohnort Name, Vorname	Alter	Beruf	Todestag 1920	Todesort	Todesart
Düsseldorf					
Löhndorf, Peter Paul	27		27.03.	Hünxe	
Simon, Peter	32		02.04.	Hünxe	
Wilhelmi, Otto	19		02.04.	Hünxe	
Düsseldorf-Rath					
Becker, Hugo Phillip	27		02.04.	Bruckhsn.	
Czarkowski, Wladislaw	41		02.04.	Bruckhsn.	
Hegerkamp, Theodor	39		02.04.	Bruckhsn.	
Isler, Heinrich	23		02.04.	Hünxe	
Ennepetal					
Milspe					
Fuchs, Max			18./19.03.	Remscheid	Gefallen
Klee, Adam			18./19.03.	Remscheid	Gefallen
Essen					
Bergmann		M.-schlosser	07.04.	Essen	Erschossen
Flintrop, Theodor	18		27.03.	Hünxe	
Fuchs, Josef			10.05.		Erschossen
Maurer, Max		Straßenbahner	17./18.04		
Rogowski		Bergmann	07.04.	Essen	Erschossen
Rösner		Arbeiter	07./08.04.		
Witschel, Hermann		Arbeiter	07./08.04		
Essen-West					
Schmude, Albert	31	Kraftwagenf.	30.03.	Recklingh.	Gefallen
Altenessen					
Siek, Friedrich		Schaffner	07./08.04		
Borbeck					
Biesemann, Josef			10.05.		Erschossen
Bölling, Hugo Carl	25		27.03.	Hünxe	
Lichtenauer, Friedrich		Bergmann	07.04.	Borbeck	Ermordet
Riesner, Hermann		Bergmann	07.04.	Borbeck	Ermordet
Holsterhausen					
Kläs, Engelbert		Metallarbeiter	06.04.		
Schürmann, Johann		Arbeiter	06.04.	Mülheim	
Karnap					
Biesemann, Alfred	19		27.03.	Hünxe	
Buller, Alfred	18		27.03.	Hünxe	
Gröger, Alois	21		27.03.	Hünxe	
Koch, Kurt Ed. Walter	19		27.03.	Hünxe	
Steele					
Spies, Berta	22	Arbeiterin	02.04.	Bruckhsn.	Erschossen
Werden					
Unbekannt			15.03.	Werden	Gefallen
Unbekannt			15.03.	Werden	Gefallen
Unbekannt			15.03.	Werden	Gefallen
Unbekannt			15.03.	Werden	Gefallen
Unbekannt			20.03.		
Unbekannt			20.03.		

Wohnort Name, Vorname	Alter	Beruf	Todestag 1920	Todesort	Todesart
Gelsenkirchen					
Langfeld, Gustav			25.03.	Dülmen	Gefallen
Loose		Lehrer	18.03.	Rotthausen	Verstorben
Buer					
Gärtner, Louis					Gefallen
Greine, Martha	18	Dienstmädchen	01.04.	Haltern	Verstorben
Mutzel, Fritz					Gefallen
Buer-Hassel					
Bicking		Bergmann	22.04.		
Horst					
Esbruch					Ermordet
Kasparek, Ludwig					
Kempa, Wilhelm					
Moskitzius, Vincenz					Ermordet
Muenzner, Artur					
Nickbur, Franz					
Ruzek, Wenzel					
Sakre, Johann					
Spikowski, Heinrich					
Wagner, Friedrich					
Wazlawik, Anton					
Wesseler, Heinrich					
Horst-Emscher					
Gusowski, Paul	33		27.03.	Hünxe	Gefallen
Rudolph, Josef	27		27.03.	Hünxe	Gefallen
Gevelsberg					
Deutz, Heinrich	40		19.03.		Gefallen
Rödelborn, Ewald	28		17.04.		Verstorben
Silschede					
Karl, Otto			19.03.	Remscheid	Gefallen
Schlabach, August			19.03.	Remscheid	Gefallen
Gladbeck					
Bembeneck, Friedr.					
Biester, Wilhelm	20		27.03.	Hünxe	Gefallen
Brauer					Ermordet
Brosch, Gottlieb	20		27.03.	Hünxe	Gefallen
Demoki, Otto					
Droste					Ermordet
Faser, Wilhelm					
Fritz, Heinrich					
Grenstein, Moser	22		27.03.	Bucholtwe.	Gefallen
Jonessohn, Andr.					
Jurgeleil, Albert					
Krapp, Peukratz	18		27.03.	Hünxe	Gefallen
Kuhawa, Araslasius					
Ovetall, Wilhelm					
Ritschel, Wilhelm	20		27.03.	Hünxe	Gefallen
Roligmann, Friedrich					

Wohnort Name, Vorname	Alter	Beruf	Todestag 1920	Todesort	Todesart
Schlösch, Georg					
Siegel, Anton					
Strzalla, Rob.					
Unbekannt					
Unbekannt					
Unbekannt					
Unbekannt					
Vembeneck, Friedr.					Gefallen
Warwel, Wilhelm					
Weinemann, Karl					
Willemsen, Wilhelm	19		27.03.	Hünxe	
Brauck					
Balinski, Martin	34		03.04.		Gefallen
Muntzler, Artur	18		03.04.		Gefallen
Peiyda, Wilhelm	28		03.04.		Gefallen
Voigt, Wilhelm	19		27.03.	Hünxe	
Hagen					
Bühling, Georg					Gefallen
Gusowski, Karl	28			Remscheid	Gefallen
Märtens, Wilhelm					
Opfer, Wilhelm			17.03.	Wat.	Gefallen
Plädderich, Carl	23			Remscheid	Gefallen
Salewski					Gefallen
Sobanski, Franz Peter	21		16.03.	Herdecke	Gefallen
Hagen-Selbeck					
Fuchs, Karl				Unna	Gefallen
Berchum					
Engelking, Heinrich			16.03.	Herdecke	Gefallen
Haspe					
Oettinghaus	24	Kranführer	15.03.	Wetter	Gefallen
Hohenlimburg					
Leck, Ernst					Gefallen
Haltern					
Jostemeier, Bernhard	21	Schreiber	17./18.04.		Erschossen
Hamm-Bossendorf					
Borgmeyer, Wilhelm		Bergmann	01.04.	Bossendorf	Erschossen
Mais, Josef		Händler	01.04.		Erschossen
Hamm					
Dango, Ernst	24	Bergmann	01.04.		Erschossen
Günther					Gefallen
Bockum-Hövel					
Winter, Franz Josef	17	Bergmann	01.04.		Erschossen
Herringen					
Blaurock, Julius	27	Bergmann	01.04.	Pelkum	Gefallen
Brune, Fritz	32	Bergmann	01.04.	Pelkum	Gefallen
Chudzinskis, Johann	29	Bergmann	01.04.	Pelkum	Gefallen
Danlieg					Ermordet

Wohnort Name, Vorname	Alter	Beruf	Todestag 1920	Todesort	Todesart
Fahner, Heinrich	43	Bergmann	01.04.	Pelkum	Gefallen
Fiedler, Friedrich	33	Bergmann	01.04.	Pelkum	Gefallen
Fohner					Ermordet
Gall, Gustav E. Fried.	22	Bergmann	01.04.	Pelkum	Gefallen
Gayk, Max	21	Bergmann	01.04.	Pelkum	Gefallen
Grosser, Josef	50	Bergmann	01.04.	Pelkum	Gefallen
Hannig, Kurt	26	Bergmann	01.04.	Pelkum	Gefallen
Hilscher, Konrad	26	Bergmann	01.04.	Pelkum	Gefallen
Hudzuky					Gefallen
Hudzuky, Sohn					Gefallen
Hüffner, Bernhard	20	Bergmann	01.04.		Erschossen
Jaschinski, August	45	Bergmann	01.04.	Pelkum	Gefallen
Jasczurok, Andreas	37	Bergmann	01.04.	Pelkum	Gefallen
Jeschzarek					Gefallen
Kampmann, Hermann		Bergmann	31.03.		
Klahr, Franz	27	Bergmann	01.04.	Pelkum	Gefallen
Kramer					Gefallen
Krüger, Friedrich	17	Bergmann	01.04.	Pelkum	Gefallen
Länger, Friedrich	23	Bergmann	01.04.	Pelkum	Gefallen
Marczaneck, Albert	19	Bergmann	01.04.	Pelkum	Gefallen
Matuszcak, Andreas	48	Bergmann	01.04.	Pelkum	Gefallen
Meissner, Alfred	18	Bergmann	01.04.	Pelkum	Gefallen
Mente, Adolf Heinrich	18	Bergmann	01.04.	Pelkum	Gefallen
Müller, Daniel Friedrich	43	Bergmann	01.04.	Pelkum	Gefallen
Müller, Kurt Paul Wilh.	18	Bergmann	01.04.		Erschossen
Nietsche, Willi	17	Bergmann	01.04.	Pelkum	Gefallen
Nowack, Anton			31.03.	Pelkum	Hingerichtet
Nowack, Paul	18	Bergmann	01.04.	Pelkum	Hingerichtet
Opalla, Alfred	20	Bergmann	01.04.	Pelkum	Gefallen
Pauling, Johann	24	Bergmann	01.04.	Pelkum	Gefallen
Pfoll					Ermordet
Rosga, Ferdinand	18	Bergmann	01.04.	Pelkum	Gefallen
Rosga, Friedrich Peter	30	Bergmann	01.04.	Pelkum	Gefallen
Rospe					Gefallen
Siegmund, Theodor	45	Bergmann	01.04.	Pelkum	Gefallen
Stäbber, Erich	17	Bergmann	01.04.	Pelkum	Gefallen
Thiemt, Friedrich		Bergmann	01.04.	Pelkum	Gefallen
Weiss					Gefallen
Zwilling, Franz	21	Bergmann	01.04.	Pelkum	Gefallen
Zwilling, Karl	48	Bergmann	01.04.	Pelkum	Gefallen
Pelkum					
Büscher, Emil	16		10.05.		Verstorben
Hermani, Friedrich		Bergmann	01.04.	Pelkum	
Radau, Erich	18	Bergmann	01.04.		Erschossen
Zbogar, Stefan	22	Bergmann	01.04.		Erschossen
Radbod					
Fröhlich, Emil Kurt	39	Bergmann	01.04.		Erschossen
Wiescherhöfen					
Gerke, August	21	Schlepper	01.04.		Erschossen
John, Ewald	22	Bergmann	01.04.		Erschossen

Wohnort Name, Vorname	Alter	Beruf	Todestag 1920	Todesort	Todesart
Kwasniewski, Georg	43	Schlosser	01.04.		Erschossen
Poger					Gefallen
Pozor, Ignaz	47	Hauer	01.04.		Erschossen
Hattingen					
Wilde, Richard			13.03.	Hattingen	Erschossen
Heiligenhaus					
Cronenberg, Frau	34			Heiligenhs.	Erschossen
Dammgarten, Erich	21			Heiligenhs.	Erschossen
Kohlhaas, Heinrich		Schüler		Heiligenhs.	
Hemer					
Ihmert					
Meskendahl, Adolf	20	Fabrikarbeiter	26.03.	Hünxe	Gefallen
Herdecke					
Auferkorte, Paul					Gefallen
Blumberg, Eugen					Gefallen
Herne					
Breuning, Bomuseteur	19		01.04.	Hullern	Gefallen
Sotter, Gustav	19		19.03.	Essen-Stb.	Gefallen
Steinert, R.	34	Bergmann	09.04.		Erschossen
Winkel, Franz	19			Essen-Stb.	Gefallen
Wanne					
Bischof, Joseph				Elberfeld	Verstorben
Wanne-Eickel					
Pornoska, Wilhelmine	52	Hausfrau	26./27.03.	Raesfeld	
Unbekannt			19.03.	Essen	Gefallen
Herten					
Langenbochum					
Engelmann, Georg E.		Bergmann	03.04.	Recklingh.	Erschossen
Suhr, Emil Ernst		Bergmann	03.04.	Recklingh.	
Iserlohn					
Vogt, August					Gefallen
Vogt, Karl					Ermordet
Krefeld					
Helmis, Ernst			20.04.	Haltern	Erschossen
Unbekannt		Arbeiter	14.04.		
Lüdenscheid					
Brügge					
Schanzilors, Artur					Gefallen

Wohnort Name, Vorname	Alter	Beruf	Todestag 1920	Todesort	Todesart
Marl					
Elschner					Gefallen
Föth					Gefallen
Gunowy					Ermordet
Mattuch					Gefallen
Parnitsel					Gefallen
Rammer, Peter	23		24.03.	Dülmen	Gefallen
Stergewski, Anton	41/42			Dülmen	Verstorben
Stozewsky					Gefallen
Drever bei Hüls					
Hirth, Peter		Bergmann	30.03.	Sickingmh.	Gefallen
Hüls					
Pfingst, Gustav	43		25.03.	Dülmen	Gefallen
Mülheim					
Ellinghaus, Paul			20.04. b.		
Grunewald, Johann			08.04. b.		
Lombardt, Friedrich	22	Arbeiter	19.03.	Mülheim	
Lüttny, Werner (CH)			20.04. b.		
Meyer, Karl			20.04. b.		
Müller, August (Dudo)			31.03.	Walsum	Gefallen
Schröder, Reinhold			08.04. b.		
Unbekannt			Hfh. Mh. b.		
Unbekannt			Hfh. Mh. b.		
Unbekannt			Hfh. Mh. b.		
Unbekannt			Hfh. Mh. b.		
Unbekannt			Hfh. Mh. b.		
Unbekannt			Hfh. Mh. b.		
Unbekannt			Hfh. Mh. b.		
Unbekannt			Hfh. Mh. b.		
Unbekannt			Hfh. Mh. b.		
Unbekannt			Hfh. Mh. b.		
Unbekannt			Hfh. Mh. b.		
Unbekannt			Hfh. Mh. b.		
Unbekannt			Hfh. Mh. b.		
Unbekannt			Hfh. Mh. b.		
Unbekannt			Hfh. Mh. b.		
Unbekannt			Hfh. Mh. b.		
Wesselburg, Friedrich		Fortbg.-schüler	19.03.	Mülheim	
Mülheim-Heißen					
Buhmeyer, Hermann			06.04.		
Hütter			06.04.		
Reiber, Johann			06.04.		Erschossen
Oberhausen					
Arch, August					
Bönschke					
Clemens, Theodor					
Craser					
Flachsmeyer, Heinrich					

Wohnort Name, Vorname	Alter	Beruf	Todestag 1920	Todesort	Todesart
Heinzen, Wilhelm					
Henseider, Heinrich					
Kleinemann					
Langowski, Jakob					
Marquardt, Rudolf					
Matron, Heinrich					
Matron, Wilhelm					
Petersen					
Reinhard					
Schöneborn					
Uhlenbruck, August					
Unbekannt					
Unbekannt					
Unbekannt					
Unbekannt					
Weber					
Willemsen, Friedrich					
Witteck, Paul	19		27.03.	Hünxe	Gefallen
Osterfeld					
Bahn, Karl					Ermordet
Bahn, Wilhelm					Ermordet
Fricke, August					Ermordet
Hemmert, Heinrich		Bergmann	03.04.		
Kraft					Ermordet
Kraft, Heinrich					Ermordet
Luskowsky, Franz					Ermordet
Metzner, Theodor					Ermordet
Scheffler, Heinrich		Bergmann	05.04.		Hingerichtet
Uebermusp					Ermordet
Wender, Adolf					Ermordet
Sterkrade					
Masuch, Karl Friedrich		Bergmann	24.03.	Dinslaken	
Oer-Erkenschwick					
Erkenschwick					
Hennysch, Joseph	21	Bergmann	03.04.		Hingerichtet
Taus, Peter	19	Bergmann	03.04.	Recklingh.	Hingerichtet
Unbekannt			01.04.	Ahsen	Gefallen
Unbekannt			01.04.	Ahsen	Gefallen
Recklinghausen					
Biege, Franz	34	Zauberkünstler	03.04.	Recklingh.	Erschossen
Kämper, August	17				
Kusnierscak, Anton	20				Hingerichtet
Markuse, Wilhelm		Arbeiter	01.04.		Ermordet
Masiorek, Anton	21				
Pfeuffer, Fritz		Schmied		Recklingh.	
Steinberg, Wilhelm					
Recklinghausen-Süd					
Aust, Emil	21		25.03.	Dülmen	Gefallen

Wohnort Name, Vorname	Alter	Beruf	Todestag 1920	Todesort	Todesart
Forget, Albert (F)		Bergmann	02.04.		Erschossen
Möcklinghoff, Johann		Gastwirt	01.04.		
Möller, Friedrich Heinr.		Bergmann	16.04.		
Weber, Heinrich	33	Bergmann	03.04.		Erschossen
Bockholt					
Ernst, Otto		Bergmann	03.04.	Recklingh.	Erschossen
Essel					
Schubert, Hermann Karl		Bergmann	02.04.	Suderwich	
Speckhorn					
Hülsbusch, Stephan		Bergmann	01.04.		Erschossen
Remscheid					
Adorf, Friedrich Wilh.		Feilenhauer	17.03.	Remscheid	Gefallen
Arntz, Friedrich					
Bitzer					
Deutz			17.03.	Ba-Elberf.	Gefallen
Distel, Heinrich	52	Maurer	18./19.03.	Remscheid	Gefallen
Dörr, Emil Werner	8		18./19.03.	Remscheid	Gefallen
Gast, Adam	26	Anstreicher	18./19.03.	Remscheid	Gefallen
Gräfe, Benjamin	12		18./19.03.	Remscheid	Gefallen
Groß, Hermann August	42	Zuschläger	18./19.03.	Remscheid	Gefallen
Hahn, Gustav	20	Hilfsarbeiter	18./19.03.	Remscheid	Gefallen
Haussmann, Hermann	37	Fuhrarbeiter	18./19.03.	Remscheid	Gefallen
Hoffmann, Konstantin F.	25	Fabrikarbeiter	18./19.03.	Remscheid	Gefallen
Hofmeister, Ernst	22	Bäcker	18./19.03.	Remscheid	Gefallen
Honsberg, Mathilde	70		18./19.03.	Remscheid	Gefallen
Kister, Albert	40		27.03.	Bucholtw.	
Klein, Heinrich	42	Dreher	18./19.03.	Remscheid	Gefallen
Krämer, Frau	49		18./19.03.	Remscheid	Gefallen
Morgenstern, Arthur	37				
Müller, Helene Johanna	17		18./19.03.	Remscheid	Gefallen
Müller, Leo	49	Maurer	18./19.03.	Remscheid	Gefallen
Prinz, Ernst	44	Feilenhauer	18./19.03.	Remscheid	Gefallen
Rödel, Ernst	18	Fabrikarbeiter	18./19.03.	Remscheid	Gefallen
Schöne, Eugen Albert	20	Wzg.-Schleifer	18./19.03.	Remscheid	Gefallen
Selbach, Franz	15	Formerlehrling	18./19.03.	Remscheid	Gefallen
Sigl, Alexander Karl	28	Druckermeister	18./19.03.	Remscheid	Gefallen
Wilben, Robert	27	Feilenschmied	18./19.03.	Remscheid	Gefallen
Schermbeck					
Hoppius		Arbeiter	28.03.		Erschossen
Schwelm					
Birkelbach, Eugen	25	Presser	18./19.03.	Remscheid	Gefallen
Böhmer, Emil	23	Fabrikarbeiter	18./19.03.	Remscheid	Gefallen
von der Wische, Fritz	20		18./19.03.	Remscheid	Gefallen
Schwerte					
Rose, Gustav			16.03.	Aplerbeck	Gefallen

Wohnort Name, Vorname	Alter	Beruf	Todestag 1920	Todesort	Todesart
Solingen					
Becker, Wilhelm			17.03.	Ba.-Elberf.	Gefallen
Bergfeld, Wilhelm					
Burgmer, Paul				Herdecke	Gefallen
Decke, Ernst			30.03.	Dorsten	Erschossen
Dinger, Karl				Hahnerberg	
Esser, Johann				Hahnerberg	
Gruner, Wilhelm				Remscheid	
Heethoff, Rudolf				Hahnerberg	
Hittdorf, Werner					
Renner, Wilhelm				Remscheid	
Schumacher, Paul				Remscheid	
Wohlbold, August				Remscheid	
Unna					
Gosemärker, Wilhelm			31.03.	Hemerde	Gefallen
Hussmann, Wilhelm			31.03.	Hemerde	Gefallen
Velbert					
Schulte, Karl			16.03.	Velbert	Gefallen
Tönnes, Alfred	29		16.03.	Velbert	Gefallen
Unbekannt					
Waltrop					
Ribbrock, Josef	26		02.04.		
Wetter					
Hackenberg, Karl	23	Schleifer	15.03.	Wetter	Gefallen
Irle, Emma (Ehefrau)	49		15.03.	Wetter	Gefallen
Kastrup, Heinrich	51	Schmied	15.03.	Wetter	Gefallen
Müller, Karl	20	Schreiner	15.03.	Wetter	Gefallen
Witten					
Albersmeier, Karl					Gefallen
Arndt, Karl	21	Fabrikarbeiter	01.04.	Pelkum	Gefallen
Bäcker					Gefallen
Bruchhausen, Albert					Gefallen
Brück, Anton					Gefallen
Dengel, Jakob					Gefallen
Fischer, Paul	23	Kernmacher	01.04.	Pelkum	Erschossen
Förderer, Eduard	21	Glasmacher	01.04.	Pelkum	Erschossen
Garschinski					Gefallen
Gärtner, Fritz	20	Kupferschmied	01.04.	Pelkum	Erschossen
Glück, Anton					Gefallen
Hetzler, Herrmann					Gefallen
Hetzler, Wilhelm	17	Arbeiter	01.04.	Pelkum	Erschossen
Houben, Johann Adam	34	Lagermeister	01.04.	Pelkum	Erschossen
Kaiser, Wilhelm					Gefallen
Kranz, Friedrich					Gefallen
Müller, Josef Albert	26	Maschinist	01.04.	Pelkum	Erschossen

Wohnort Name, Vorname	Alter	Beruf	Todestag 1920	Todesort	Todesart
Nedel, Erich	20	Arbeiter	01.04.	Pelkum	Erschossen
Nockenberg, Albert			16.03.	Hörde	Gefallen
Pint, Katharina		Krankenschw.	01.04.	Pelkum	
Pries, Wilhelm					Gefallen
Rahrer, Gustav	19	Postaushelfer	01.04.	Pelkum	Erschossen
Ratajezak, Joachim	19	Arbeiter	01.04.		Erschossen
Reimann, Artur	21				Gefallen
Rittinghaus, Gustav	21				n.Verw. verst.
Rose, Johann	25	Bohrer	01.04.	Pelkum	Erschossen
Schade, Paul					Gefallen
Schäfer, Albert	26		17.03.	Aplerbeck	Gefallen
Schäfer, Wilhelm	21	Maurer	01.04.		Erschossen
Schüttenberg, Walter	21	Arbeiter	01.04.	Pelkum	Erschossen
Stedel, Erich					Gefallen
Steinhausen, Paul	20	Dreher	01.04.	Pelkum	Erschossen
Stockenberg					Gefallen
Stötzel, Robert					Ermordet
Stützel, Josef	21	Bauarbeiter	01.04.	Pelkum	Erschossen
Thomä, Martin	21	Schlosser	01.04.	Pelkum	Erschossen
Tillmann, Alfred	24	Schmied	01.04.	Pelkum	Erschossen
Unbekannt					Gefallen
Unbekannt					Gefallen
Vondey, Kasper	39			Essen	Gefallen
Wolf, Josef					Gefallen
Zwiehoff, Friedrich	31	Schlosser	01.04.	Pelkum	Erschossen
Annen					
Nordhoff, Hugo	20	Dreher	01.04.	Pelkum	Erschossen
Annen-Rüdinghausen					
Böhle					
Eckhardt					
Bommern					
Kreissler, Fritz		Bergmann	17.03.	Dortmund	Gefallen
Parchen, Albert		Bergmann		Essen	Gefallen
Schenk, Albert		Arbeiter		Essen	Gefallen
Herbede-Ost					
Wetter, Wilhelm	20	Schlosser	31.03.	Pelkum	Erschossen
Heven					
Bracht, Paul			16.03.	Dortmund	Gefallen
Patocki, Josef			17.03.	Dortmund	Gefallen
Wengern					
Hüniger					Gefallen
Wuppertal					
Barmen					
Bredtmann, Willy			17.03.	Ba-Elberf.	Gefallen
Dahl, Gustav				Krubg/Hün.	Gefallen
Diederich, Karl W. jun.				Wesel	Vermisst
Diederich, Karl W. sen.				Wesel	Vermisst
Engel			17.03.	Ba-Elberf.	Gefallen
Engels		Schutzmann	17.03.		Gefallen

Wohnort Name, Vorname	Alter	Beruf	Todestag 1920	Todesort	Todesart
Eschemann			17.03.	Ba-Elberf.	Gefallen
Gelissen, Fritz		Sanitäter	17.03.		Gefallen
Görtz, Otto Edmund			18./19.03.	Remscheid	Gefallen
Grimm, Karl			17.03.	Ba-Elberf.	Gefallen
Hochbein, Frau					Erschossen
Jellissen, Fritz		Sanitäter	17.03.	Barmen	Gefallen
Kötter			17.03.	Ba-Elberf.	Gefallen
Lenzen, Eugen				Wesel	Gefallen
Leverkus, Rudolf			17.03.	Barmen	Gefallen
Löhrl			17.03.	Barmen	Gefallen
Mortsiefer, Wilhelm			17.03.	Barmen	Gefallen
Rabenau, Johann				Remscheid	Gefallen
Rendel, Walter				Barmen	Gefallen
Ronsdorf, Fritz			17.03.	Ba-Elberf.	Gefallen
Unbekannt			17.03.	Barmen	Gefallen
v. d. Schlusen, Julius			17.03.	Ba-Elberf.	Gefallen
Wehner, Otto				Krubg/Hün.	Gefallen
Wichelhaus, Willi			17.03.	Ba-Elberf.	Gefallen
Zimmerling, Hermann			17.03.	Ba-Elberf.	Gefallen
Cronenberg					
Bertram, Ernst				Cronenberg	Gefallen
Erklinger, Axel				Cronenberg	Gefallen
Hummelbeck, Gustav				Cronenberg	Gefallen
Schwalfenberg, Wilhelm				Cronenberg	Gefallen
Steup, Hugo				Cronenberg	Gefallen
Elberfeld					
Beltz, August			24.03.	Lippedorf	Gefallen
Biehl, Hermann				Remscheid	Gefallen
Bold, Hermann			17.03.		Gefallen
Brandt, Anna	9		17.03.		Erschossen
Brück, Ferdinand			17.03.	Ba-Elberf.	Gefallen
Bulwien, Otto				Remscheid	Gefallen
Dahl, Karl			17.03.		Gefallen
Emmert, Ferdinand				Elberfeld	
Emsinghof, Emil				Elberfeld	Gefallen
Evertz, Otto			17.03.	Elberfeld	Gefallen
Grebener, Wilhelm				Elberfeld	Gefallen
Hagen, Paul				Elberfeld	Gefallen
Hauck, Erich			17.03.		Gefallen
Haug, Friedrich			17.03.		Gefallen
Hilgert, Rudolf				Elberfeld	Gefallen
Huckenbeck, Emil				Elberfeld	Gefallen
Jungheim, Emil				Elberfeld	Gefallen
Kurr, Wilhelm			17.03.	Ba-Elberf.	Gefallen
Lückenhaus, Karl			17.03.	Ba-Elberf.	Gefallen
Luckey, Maximilian	26	Schlosser	18./19.03.	Remscheid	Gefallen
Manns, Maximilian			17.03.	Ba-Elberf.	Gefallen
Meyer, Elfriede				Elberfeld	Erschossen
Pohlen, Hubert				Elberfeld	Gefallen
Rauert, Christian				Elberfeld	Gefallen

Wohnort Name, Vorname	Alter	Beruf	Todestag 1920	Todesort	Todesart
Schemann, Rudolf			17.03.	Elberfeld	Gefallen
Simons, Karl				Elberfeld	Gefallen
Stachelhaus, Paul			17.03.	Elberfeld	Gefallen
Wallmichrath, Fritz			17.03.	Ba-Elberf.	Gefallen
Weller, Willi				Wesel	Vermisst
Wilms, Rudolf			17.03.	Elberfeld	Gefallen
Zander, Paul				Elberfeld	Gefallen
Nästebreck					
Lank, Paul				Remscheid	Gefallen
Ronsdorf					
Söhrmann, Heinrich			18./19.03.	Remscheid	Gefallen
Vohwinkel					
Schnell, Karl			18./19.03.	Remscheid	Gefallen
sonstige Orte					
Alsfeld (Hessen)					
Schmidt, Peter			18./19.03	Remscheid	Gefallen
Bayern (Kreis Lohr)					
Unbekannt		Kanalarbeiter	01.04.	H.-Bossend.	Erschossen
Unbekannt		Kanalarbeiter	01.04.	H.-Bossend.	Erschossen
Unbekannt		Kanalarbeiter	01.04.	H.-Bossend.	Erschossen
Unbekannt		Kanalarbeiter	01.04.	H.-Bossend.	Erschossen
Unbekannt		Kanalarbeiter	01.04.	H.-Bossend.	Erschossen
Dortmund					
Unbekannt		Kanalarbeiter	01.04.	H.-Bossend.	Erschossen
Unbekannt		Kanalarbeiter	01.04.	H.-Bossend.	Erschossen
Unbekannt		Kanalarbeiter	01.04.	H.-Bossend.	Erschossen
Frankfurt/Main					
Faber, Willi			05.04.	Gla.-Brauck	Erschossen
Gerstungen					
Unbekannt		Kanalarbeiter	01.04.	H.-Bossend.	Erschossen
Gestemünde					
Rottmann, Fritz			05.04.	Gla.-Brauck.	Erschossen
Hamburg					
Drehfahl, Willy			05.04.	Gla.-Brauck	Erschossen
Röpke, Franz			05.04.	Gla.-Brauck	Erschossen
Weidemann, Karl			05.04.	Gla.-Brauck	Erschossen
Polen					
Unbekannt		Kanalarbeiter	01.04.	H.-Bossend.	Erschossen
Unbekannt		Kanalarbeiter	01.04.	H.-Bossend.	Erschossen
Rheinshein bei Bruchsal					
Brecht, Josef		Kanalarbeiter	01.04.	H.-Bossend.	Erschossen
Rothenbuch b. Lohr/Main					
Dann, August		Kanalarbeiter	01.04.	H.-Bossend.	Erschossen
Schweidnitz (Schlesien)					
Unbekannt		Kanalarbeiter	01.04.	H.-Bossend.	Erschossen
Unbekannt		Kanalarbeiter	01.04.	H.-Bossend.	Erschossen
Stettin					
Geisler, Willy			05.04.	Gla.-Brauck	Erschossen

Wohnort Name, Vorname	Alter	Beruf	Todestag 1920	Todesort	Todesart
USA					
Demott, Paul R.		Jounalist	07./08.04.	Mülheim	
Unbekannt					
Becker, Margarete				Lünen	Hingerichtet
Bubenzer, Theodor			18./19.03	Remscheid	Gefallen
Dagner, Emil		Arbeiter	22.03.	Wesel	Gefallen
Diekmann, Heinrich			01.04.	Haltern	Erschossen
Emmonsin, Hermann			05.04.	Gla.-Brauck	Erschossen
Engelmeier			05.04.	Gla.-Brauck	Erschossen
Erkens, Arnold	28	Fabrikarbeiter	01.04.	Haltern	Erschossen
Fäth, Heinrich	28	Bergmann	01.04.	Haltern	Erschossen
Hagen			17.03.	Ba.-Elberf.	Gefallen
Henning, Konrad			04.04.	Lünen	Hingerichtet
Hilger			17.03.	Lennep	Gefallen
Hümmer, Julius			01.04.	Haltern	Erschossen
Kornatz, Wilhelm			04.04.	Lünen	Hingerichtet
Laufenberg, Ernst Adolf			30.03.	Dorsten	Hingerichtet
Mathan, Emil			18./19.03	Remscheid	Gefallen
Nass, Heinrich			01.04.	Haltern	Erschossen
Naumann, Kurt	37	Schlosser	01.04.	Haltern	Erschossen
Niehaber, Bernhard	46	Lumpensam.	01.04.	Haltern	Erschossen
Paulsen, Ludwig			25.03.	Dülmen	Gefallen
Potlesney, Robert			04.04.	Lünen	Hingerichtet
Preuß, Heinrich	27	Fabrikarbeiter	01.04.	Haltern	Erschossen
Schunta, Josef	25	Bergmann	01.04.	Haltern	Erschossen
Tischner			17.03.	Ba.-Elberf.	Gefallen
Weil, Karl		Bergmann	03.04.	Unna	
Wietoff, Theodor			25.03.	Dülmen	Gefallen
Zwinckmann, Willy			01.04.	Haltern	Erschossen
Unbekannt			kath. Fh. b.	Dülmen	
Unbekannt			kath. Fh. b.	Dülmen	
Unbekannt		Student	01.04.	Haltern	Hingerichtet

Massengräber

Massengräber in	Tote	Gedenkstein	Todestag/Bestattungstermin
Dinslaken	387	ja	03.04./05.07.1920, Zubettungen 1931
Walsum (Duisburg)	200	ja	
Hamborn (Duisburg)	120	bis 1933	
Pelkum (Hamm)	83	ja	01.04.1920
Dülmen	60	nein	25.03.1920
Raesfeld	56	bis 1933	26.03.1920
Bottrop	55	ja	
Essen (West)	36	Erinnerungstafel	
Hamm-Bossendorf (Haltern)	32	ja	01.04.1920
Bruckhausen (Hünxe)	31	ja	01.04.1920

Abkürzungen und Erklärungen

b.	beerdigt
kath. Fh.	katholischer Friedhof
Ba.-Elberf.	Barmen-Elberfeld
Bo.	Bochum
Bruckhsn.	Bruckhausen
Bucholtw.	Bucholtwelmen
Essen-Stb.	Essen-Stoppenberg
Fortbg.-Schüler	Fortbildungsschüler
Gla.-Brauck	Gladbeck-Brauck
H.-Bossend.	Hamm-Bossendorf
Heiligenhs.	Heiligenhaus
Hfh.	Hauptfriedhof
jun.	Junior
Kraftwagenf.	Kraftwagenfahrer
Krankenschw.	Krankenschwester
Krubg/Hün.	Krudenburg/Hünxe
Lumpensam.	Lumpensammler
M.-Schlosser	Maschinenschlosser
Meidr. b.	Meiderich beerdigt
Mh.	Mülheim
Recklingh.	Recklinghausen
sen.	Senior
Sickingmh.	Sickingmühle
Wat.	Wattenscheid
Wzg.-Schleifer	Werkzeugschleifer
(CH)	Schweizer
(F)	Franzose
Vermisst	Vermisst und später für Tod erklärt
Verstorben	Nach Misshandlung oder Verwundung verstorben

Quellen und Literatur

Quellen

Bundesarchiv-Militärarchiv Freiburg (BA-MA)

Nachlass Groener, BA-MA, N 46/25.

Nachlass Haeften, BA-MA, N 35/7.

Pabst, Memoiren, Nachlass Pabst, BA-MA, N620/1-3, 8, 20.

Nachlass Schleicher, BA-MA, N 42/11, 12.

Wie die Marinebrigade Loewenfeld entstand, BA- MA, RM 135/45; Marinebrigaden I–III, BA-MA, RM 135/2.

BA-MA, PH 8 V/22.

BA-MA, PH 8 V/8.

Hauptstaatsarchiv Stuttgart

Hauptstaatsarchiv Stuttgart, M 660, Nachlass Otto Haas; M 366, Gruppe Haas.

Bundesarchiv Koblenz (BA-KO)

Nachlass Max Bauer, BA-KO, N 1022/1e, 22, 28, 29.

Nachlass Oberst Böhm, N 951-2.

Wolfgang Heine, Erinnerungen, Bd. 2, BA-KO, Kleine Erwerbungen, Nr. 371-18.

Nachlass Heuss, BA-KO, N 1221, 251 O–Pe.

Nachlass Luetgebrune, BA-KO, N 1150/24, 26, 27 und 29.

Truppeneinmarsch, R 43–2486.

Bundesarchiv Berlin-SAPMO

BA-SAPMO, R 8005/491.

BA-SAPMO, S 232/1.

Nachlass Noske, BA-SAPMO, NY 4056/4.

Teilnachlass Pabst, BA-SAPMO, NY 4035.

Hessisches Staatsarchiv

Denkschrift Pabst, Hessisches Staatsarchiv Marburg, Rep. 150, Nr. 1964.

Politisches Archiv des Auswärtigen Amtes (AA)

Nachlass Stresemann, Bd. 217.

Der Bundesbeauftragte für die Unterlagen des Staatssicherheitsdienstes der ehemaligen Deutschen Demokratischen Republik (BStU)

Aussagen vor dem Untersuchungsrichter des Staatsgerichtshofes, BStU, MfS, HA IX/11 AS 6/69, Bd. 11.

Bayerisches Hauptstaatsarchiv (BHStA)
Abt. IV Kriegsarchiv, B. u. R., Bd. 36, Akt 1.

Staatsarchiv München
Staatsarchiv München, Staatsanwaltschaft 3082 III u. VI.

Österreichisches Staatsarchiv Wien (ÖStA)
NPA 416, Personalia Pabst.

Gedruckte Quellen

Allgemeiner Kongress der Arbeiter- und Soldatenräte, Berlin, 16.–21. Dezember 1918, Stenographische Berichte, Berlin 1919, Reprint Berlin (West) 1975.

Lothar Berthold / Helmut Neef, Militarismus und Opportunismus gegen die Novemberrevolution, Berlin (Ost) 1978.

Karl Brammer (Bearb.), Fünf Tage Militärdiktatur. Dokumente zur Gegenrevolution, Berlin 1920.

Karl Brammer (Bearb.), Verfassungsgrundlagen und Hochverratsbeiträge zur Geschichte des neuen Deutschland nach stenographischen Verhandlungsberichten und amtlichen Urkunden des Jagow-Prozesses, Berlin 1922.

Ansbert Baumann (Bearb.), Die Protokolle der Regierung des Volksstaates Württemberg, Bd. 1, Die provisorische Regierung und das Kabinett Blos, November 1918 - Juni 1920, Stuttgart 2013.

Dähnhardt, Dirk / Granier, Gerhard (Hrsg.): Der Kapp-Putsch in Kiel. Eine Dokumentation zum 60. Jahrestag der Märzereignisse von 1920, Gesellschaft für Kieler Stadtgeschichte, Band 66, Kiel 1980.

Fritz Ernst, Aus dem Nachlass des Generals Walther Reinhardt, Stuttgart 1958.

Anton Golecki (Bearb.), Das Kabinett Bauer 1919/1920 (AdR), Boppard am Rhein 1980, https://www.bundesarchiv.de/aktenreichskanzlei/1919–1933/00a/bau/index.html (Abgerufen: 22.11.2019).

Heinz Hürtenn / Georg Meyer (Hrsg.), Adjutant im preußischen Kriegsministerium. Juni 1918 - Oktober 1919. Aufzeichnungen des Hauptmann Böhm, Stuttgart 1977, [Adjutant].

Heinz Hürten (Hrsg.), Zwischen Revolution und Kapp-Putsch. Militär und Innenpolitik 1918–1920, Düsseldorf 1977.

Eberhard Kolb / Reinhard Rürup (Bearb.), Der Zentralrat der deutschen sozialistischen Republik, 19.12.1918–8.4.1919. Vom ersten zum zweiten Rätekongress, Quellen zur Geschichte der Rätebewegung in Deutschland 1918/19, 2 Bde., Leiden 1968.

Erwin Könnemann / Gerhard Schulze (Hrsg.), Der Kapp-Lüttwitz-Ludendorff-Putsch. Dokumente, München 2002.

Fritz Krause (Bearb.), Arbeitereinheit rettet die Republik, Dokumente und Materialien zur Niederschlagung des Kapp-Putsches 1920, Frankfurt/Main 1970.

Schultheiss' Europäischer Geschichtskalender 1920, I (1924).
Hagen Schulze [Bearb.], Das Kabinett Scheidemann 1919 (AdR), Boppard am Rhein 1971, https://www.bundesarchiv.de/aktenreichskanzlei/1919-1933/00a/sch/index.html (Abgerufen 22.11.2019).
Ursachen und Folgen, Vom deutschen Zusammenbruch 1918 und 1945 bis zur staatlichen Neuordnung Deutschlands in der Gegenwart, 1959, 1960, Bd. III–IV.
Peter Wulf (Bearb.), (AdR), Das Kabinett Fehrenbach. 25. Juni bis 4. Mai 1921. https://www.bundesarchiv.de/aktenreichskanzlei/1919-1933/0000/feh/feh1p/index.html (Abgerufen: 22.11.2019).

Zeitungen (online)

Vorwärts 1919/20
Die Freiheit 1919/20

Literatur

Johannes Buder, Die Reorganisation der preußischen Polizei 1918–1923, Frankfurt/Main u.a. 1986.
Gerhard Colm, Beitrag zur Geschichte und Soziologie des Ruhraufstandes vom März–April 1920, Essen 1921.
Dahlmanns, Michael, Der Aufstand. Die Märzunruhen 1920 im Raum Dinslaken-Wesel, Dinslaken 1988.
Darstellungen aus den Nachkriegskämpfen deutscher Truppen und Freikorps, Bd. 9, Die Kämpfe im Ruhrgebiet 1918 bis 1920.
Wilhelm Dittmann, Erinnerungen, Bearb. u. Eingl. von Jürgen Rojahn, 3 Bde., Frankfurt / New York 1995.
Dieter Dreetz / Klaus Gessner / Heinz Sperling, Bewaffnete Kämpfe in Deutschland 1918–1923, Berlin (Ost) 1988.
Friedrich Ebert, Schriften, Aufzeichnungen, Reden, 2 Bde., Dresden 1926.
George Eliasberg, Der Ruhrkrieg von 1920, Bonn-Bad Godesberg 1920.
Johannes Erger, Der Kapp-Lüttwitz-Putsch. Ein Beitrag zur deutschen Innenpolitik 1919/20, Düsseldorf 1967.
Josef Ernst, Kapptage im Industriegebiet, nach Tagebuchblättern und Akten, Hagen 1921.
Gerald D. Feldman / Eberhard Kolb / Reinhard Rürup, Die Massenbewegungen der Arbeiterschaft in Deutschland am Ende des Ersten Weltkrieges (1917–1920), in: Politische Vierteljahresschrift 13 (1972), S. 84–105.
Ludger Fittgau, Angelika Schlüter (Hrsg.), Ruhrkampf 1920 - Die vergessene Revolution. Ein politischer Reiseführer, Essen 1995.
Robert Focken, Der Löwe von Afrika, Paul von Lettow-Vorbeck, in: FAZ vom 4.3.2019.

Forschungsanstalt für Kriegs- und Heeresgeschichte (Hrsg.), Die Wirren in der Hauptstadt und im nördlichen Deutschland 1918–1920, Berlin 1940 (Wirren 1940).

Friedrich Freska, Kapitän Ehrhardt. Abenteuer und Schicksale. Berlin 1924.

Dieter Fricke, Die bürgerlichen Parteien in Deutschland, Bd. 1, Leipzig 1970.

Paul Frölich, 10 Jahre Krieg und Bürgerkrieg, Berlin 1924.

Karl Christian Führer / Jürgen Mittag / Axel Schmidt / Klaus Tenfelde (Hrsg.), Revolution und Arbeiterbewegung in Deutschland 1918–1920, Essen 2013.

Klaus Gietinger, Eine Leiche im Landwehrkanal, Die Ermordung Rosa Luxemburgs, Hamburg 2009.

Klaus Gietinger, Der Konterrevolutionär. Waldemar Pabst – Eine deutsche Karriere, Hamburg 2008.

Klaus Gietinger / Karl Heinz Roth, Die Massaker der deutschen Gegenrevolution, in: Sozial.Geschichte, 3 (2007).

Klaus Gietinger, November 1918 – Der verpasste Frühling des 20. Jahrhunderts, Hamburg 2018.

Klaus Gietinger / Winfried Wolf, Der Seelentröster – Wie Christopher Clark die Deutschen von der Schuld am I. Weltkrieg erlöst, Stuttgart 2017.

Klaus Gietinger, Blaue Jungs mit roten Fahnen. Die Volksmarinedivision 1918/19, Münster 2019.

Günter Gleising / Anke Pfromm, Kapp-Putsch und Märzrevolution 1920, 3 Bde., Bochum 2010, 2014, 2016.

Harold J. Gordon, Die Reichswehr und die Weimarer Republik 1919–1926, Frankfurt/Main 1959.

Oskar Maria Graf, Wir sind Gefangene, München 1978 (zuerst: 1926).

Wilhelm Groener, Lebenserinnerungen, hrsg. von Friedrich Hiller von Gaertingen, Göttingen 1957.

Emil Julius Gumbel, Verschwörer. Zur Geschichte und Soziologie der deutschen nationalistischen Geheimbünde 1918–1924, Heidelberg 1979 (zuerst: Wien 1924).

Emil Julius Gumbel, Vier Jahre politischer Mord und Denkschrift des Reichsjustizministers zu «Vier Jahre politischer Mord», Heidelberg 1980 (zuerst: 1922 bzw. 1924).

Hellmut G. Haasis / Erhard Lucas (Hrsg.), Adolf Meinberg, Aufstand an der Ruhr, Reden und Aufsätze, Frankfurt/Main 1973.

Sebastian Haffner / Stephan Hermlin / Kurt Tucholsky u.a. (Hrsg.), Zwecklegenden. Die SPD und das Scheitern der Arbeiterbewegung, Berlin 1996.

Gerd Hankel, Die Leipziger Prozesse – Deutsche Kriegsverbrechen und ihre strafrechtliche Verfolgung nach dem Ersten Weltkrieg, Hamburg 2003.

Ernst Heilmann, Die Noskegarden, Berlin 1920.

Dietrich Heither, Adelheid Schulze, Die Morde von Mechterstädt 1920. Zur Geschichte rechtsradikaler Gewalt in Deutschland, Berlin 2015.

Hans Herzfeld, Die deutsche Sozialdemokratie und die Auflösung der nationalen Einheitsfront im Weltkriege, Leipzig 1928.

Holger H. Herwig, Das Elitekorps des Kaisers, Hamburg 1977.

John Horne / Alan Kramer, Deutsche Kriegsgreuel 1914 – Die umstrittene Wahrheit, Hamburg 2004.

Heinz Hürten, Der Kapp-Putsch als Wende. Über Rahmenbedingungen der Weimarer Republik seit dem Frühjahr 1920, Opladen 1989.

Institut für Marxismus-Leninismus beim ZK der SED (Hrsg.), Arbeitereinheit siegt über Militarismus. Erinnerungen an die Niederschlagung des Kapp-Putsches 1920, Berlin (Ost) 1960.

Illustrierte Geschichte der deutschen Revolution, Hamburg 1929.

Mark Jones, Am Anfang war Gewalt, Berlin 2017.

Ernst Jünger (Hrsg.), Der Kampf um das Reich, Essen 1929.

Otmar Jung, «Da gelten Paragraphen nichts, sondern da gilt lediglich der Erfolg...». Noskes Erschießungsbefehl während des Märzaufstandes in Berlin. Rechtshistorisch betrachtet, in: Militärgeschichtliche Mitteilungen, 1 (1989).

Doris Kachulle, Waldemar Pabst und die Gegenrevolution, Bulletin für Faschismus und Weltkriegsforschung, H. 5, Berlin 2007.

Peter Keller, «Die Wehrmacht der deutschen Republik ist die Reichswehr» – Die deutsche Armee 1918–1921, Paderborn 2014.

Hans von Kessel, Handgranaten und rote Fahnen. Ein Tatsachenbericht aus dem Kampf gegen das rote Berlin 1918–1920, Berlin 1933.

Ulrich Klan / Dieter Nelles, «Es lebt noch eine Flamme», Rheinische Anarchosyndikalisten/-innen in der Weimarer Republik und im Faschismus, Grafenau-Döffingen 1986.

Ulrich Kluge, Die deutsche Revolution 1918, 1919. Staat, Politik und Gesellschaft zwischen Weltkrieg und Kapp-Putsch, Frankfurt/Main 1985.

Ulrich Kluge, Soldatenräte und Revolution. Studien zur Militärpolitik in Deutschland 1918–1919, Göttingen 1975.

Claus Kristen, Ein Leben in Manneszucht – Von Kolonien und Novemberrevolution. «Städtebezwinger» Georg Maercker, Stuttgart 2018.

Erwin Könnemann, Einwohnerwehren und Zeitfreiwilligenverbände. Ihre Funktion beim Aufbau eines neuen imperialistischen Militärsystems (November 1918 bis 1920), Berlin 1971.

Erwin Könnemann / Hans-Joachim Krusch, Aktionseinheit contra Kapp-Putsch, Berlin (Ost) 1972.

Erwin Könnemann, Der Truppeneinmarsch am 10.12.1918 in Berlin. Neue Dokumente zur Novemberrevolution, in, ZfG, 12 (1968), S. 1592–1609.

Erwin Könnemann, Vom Pabst-Putsch im Juli 1919 zum Kapp-Putsch im März 1920. Zur Genesis militärischer Staatsstreiche, in: Revue Internationale d'Histoire Militaire, Nr. 71, Kommission für Militärgeschichte, Potsdam 1989.

Eberhard Kolb, Die Arbeiterräte in der deutschen Innenpolitik. 1918–1919, Frankfurt/Main 1978.

Eberhard Kolb, Die Weimarer Republik, München 2009 (zuerst 1984).

Gabriele Krüger, Die Brigade Ehrhardt. Hamburg 1971.
Klaus Kuhl, Kapp-Putsch in Kiel, Begleitheft zu einem Video-Projekt, Kiel 1980, 2005, http://www.kurkuhl.de/docs/kapp-putsch_bild-video-begleitheft.pdf (Abgerufen: 14.12.2019).
Dietmar Lange, Massenstreik und Schießbefehl, Generalstreik und Märzkämpfe in Berlin 1919, Münster 2012.
Jürgen Lange, Die Schlacht bei Pelkum im März 1920, Legenden und Dokumente, Essen 1994.
Peter Leßmann, Die preußische Schutzpolizei in der Weimarer Republik. Streifendienst und Straßenkampf, Düsseldorf 1989.
Andreas Linhardt, Die Technische Nothilfe in der Weimarer Republik, Norderstedt 2006.
Erhard Lucas, Märzrevolution 1920, Bd. 1–3, Frankfurt 1970, 1973, 1978.
Margarete Ludendorff, Als ich Ludendorffs Frau war, München 1920.
Gerd Lüdersdorf, Der Köpenicker Blutsonntag vom 21. März 1920, in: Probleme/Projekte/Prozesse, https://berlingeschichte.de/bms/bmstxt00/0003prof.htm (Abgerufen: 6.1.2020).
Lüpke/Kruppa, Revolution im Ruhrgebiet, in: Ulla Plener (Hrsg.), Die Novemberrevolution 1918/19 in Deutschland, Beiträge zum 90. Jahrestag der Revolution, Berlin 2009.
Walther von Lüttwitz, Im Kampf gegen die Novemberrevolution, Berlin 1934
Rosa Luxemburg, Gesammelte Werke (GW), Bd. 4, Berlin (Ost) 1974.
Lothar Machtan, Kaisersturz – Vom Scheitern im Herzen der Macht 1918, Stuttgart 2018.
Georg Maercker, Vom Kaiserheer zur Reichswehr. Ein Beitrag zur Geschichte der deutschen Revolution, Leipzig 1921.
Rudolf Mann, Mit Ehrhardt durch Deutschland: Erinnerungen eines Mitkämpfers von der 2. Marinebrigade, Toppenstedt 2004, (zuerst: Berlin 1921).
Werner Maser, Die Frühgeschichte der NSDAP, Frankfurt/Bonn, 1965.
Susanne Meinl: Nationalsozialisten gegen Hitler. Die nationalrevolutionäre Opposition um Friedrich Wilhelm Heinz, Berlin 2000.
Susanne Miller, Die Bürde der Macht, Die deutsche Sozialdemokratie 1918–1920, Düsseldorf 1978.
Hans Mommsen, Bergarbeiterbewegung an der Ruhr, in: Jürgen Reulecke (Hrsg.), Arbeiterbewegung an Rhein und Ruhr. Beiträge zur Geschichte der Arbeiterbewegung in Rheinland-Westfalen, Wuppertal 1974.
Walter Mühlhausen, Friedrich Ebert 1871–1925. Reichspräsident der Weimarer Republik, Berlin 2006.
Walter Mühlhausen, Friedrich Ebert, Heidelberg 1999.
Michael Mueller, Canaris. Hitlers Abwehrchef, Berlin 2006.
Hermann Müller-Franken, Die Novemberrevolution, Berlin 1928.
Martin Niemöller, Vom U-Boot zur Kanzel. Berlin 1934
Wolfgang Niess, Die Revolution von 1918/19, Der wahre Beginn unserer Demokratie, München 2017.

Gustav Noske, Von Kiel bis Kapp, Berlin 1920.

Gustav Noske, Erlebtes aus Aufstieg und Niedergang einer Demokratie Offenbach/M. 1947.

Horst G.W. Nußer, Konservative Wehrverbände in Bayern, Preußen und Österreich 1918–1933, München 1973.

Friedrich W. von Oertzen, Die deutschen Freikorps 1918–1923, München 1936.

Peter von Oertzen, Betriebsräte in der Novemberrevolution. Eine politikwissenschaftliche Untersuchung über Ideengehalt und Struktur der betrieblichen und wirtschaftlichen Arbeiterräte in der deutschen Revolution 1918/19, Berlin (West) 1976.

Waldemar Pabst, Das Kapp-Unternehmen, in: Wulf Bley (Hrsg.), Revolutionen der Weltgeschichte, München 1933.

Günter Paulus, Die soziale Struktur der Freikorps in der Novemberrevolution, in: ZfG 3 (1955).

Rainer Pöppinghege, Republik im Bürgerkrieg – Kapp-Putsch und Gegenbewegung an der Ruhr und Lippe 1919/20, Münster 2019.

Martin Polzin, Kapp-Putsch in Mecklenburg – Junkertum und Landproletariat in der revolutionären Krise nach dem 1. Weltkrieg, Rostock 1966.

Klaus Dieter Pett (Hrsg.) / Hans J. Reichardt (Bearb.), Kapp-Putsch und Generalstreik März 1920 in Berlin. Tage der Torheit, Tage der Not. Eine Ausstellung des Landesarchivs Berlin, 26.3.–31.10.1990, Berlin 1990.

Werner Raase, Zur Geschichte der deutschen Gewerkschaftsbewegung 1914–1917 und 1917–1919, Berlin (Ost) 1970.

Ludger Rape, Die österreichische Heimwehr und ihre Beziehungen zur bayerischen Rechten zwischen 1920 und 1923, Wien 1968.

Karlludwig Rintelen, Ein undemokratischer Demokrat, Gustav Bauer. Gewerkschaftsführer – Freund Friedrich Eberts – Reichskanzler. Eine politische Biografie, Frankfurt 1993.

Gerhard A. Ritter / Susanne Miller (Hrsg.), Die Deutsche Revolution 1918/1919, Dokumente, Frankfurt/Main 1983.

Regina Rocca, Der Kapp-Putsch in Kiel, in: Beirat für Geschichte, Bd. 3, S. 285–305, https://www.beirat-fuer-geschichte.de/fileadmin/pdf/band_03/Demokratische_Geschichte_Band_03_Essay22.pdf (Abgerufen 14.12.2019).

Reinhard Rürup [Hrsg.], Arbeiter- und Soldatenräte im rheinisch-westfälischen Industriegebiet, Studien zur Geschichte der Revolution 1918/1919, Wuppertal 1975.

Ernst von Salomon, Die Geächteten, Gütersloh 1930.

Ernst von Salomon, Das Buch vom deutschen Freikorps-Kämpfer, Berlin 1938.

Manfred Schmid (Hrsg.), Auf dem Stuttgarter Rathaus 1915–1922, Erinnerungen von Fritz Elsas (1890–1945), Stuttgart 1990.

Hagen Schulze, Freikorps und Republik, Boppard 1969.

Edgar von Schmidt-Pauli, Die Geschichte der Freikorps 1918–1924, Stuttgart 1936.

Kurt Schützle, Der «Kriegsrat» am 19. Juni 1919, in: Zeitschrift für Militärgeschichte, H 5, 1966.

Walter Schwengler, Völkerrecht, Versailler Vertrag und Auslieferungsfrage – Beiträge zur Militär- und Kriegsgeschichte, Band 24, Stuttgart 1982.

Carl Severing, 1919/1920 im Wetter und Watterwinkel. Aufzeichnungen und Erinnerungen, Bielefeld 1927.

Hans Spethmann, Zwölf Jahre Ruhrbergbau, Bd. II, Aufstand und Ausstand vor und nach dem Kapp-Putsch bis zur Ruhrbesetzung, Berlin 1928.

Friedrich Stampfer, Die ersten 14 Jahre der Republik, Offenbach 1947.

Dirk Stegmann, Die Erben Bismarcks, Köln/Berlin 1970.

Klaus Theweleit, Männerphantasien, 2 Bde., Frankfurt/Main 1979.

J.T. Trebitsch-Lincoln, Der größte Abenteurer des XX. Jahrhunderts!?, Leipzig/Zürich/Wien 1931.

Bruno Thoss, Der Ludendorff-Kreis 1919–1923. München als Zentrum der europäischen Gegenrevolution zwischen Revolution und Hitlerputsch, München 1978.

Mary Gerold Tucholsky / Fritz J. Raddatz (Hrsg.), Kurt Tucholsky, Gesammelte Werke, Bd. 2, Reinbeck 1978 (zuerst 1960).

Adolf Vogt, Oberst Max Bauer. Generalstabsoffizier im Zwielicht. 1869–1929, Osnabrück 1974.

Erich Otto Volkmann, Revolution über Deutschland, Oldenburg 1930.

Axel Weipert, Vor den Toren der Macht. Die Demonstration am 13. Januar 1920 vor dem Reichstag, in: Jahrbuch für Forschungen zur Geschichte der Arbeiterbewegung, H2, Mai 2012, S. 16–32, https://www.arbeitbewegung-geschichte.de/wp-content/uploads/2015/02/Weipert_Jahrbuch_2012_Heft2.pdf (Abgerufen 14.12.2019).

Axel Weipert, Die Zweite Revolution. Rätebewegung in Berlin 1919/1920, Berlin 2015.

Wolfram Wette, Gustav Noske. Eine politische Biographie, Düsseldorf 1987.

Wolfram Wette, Der Feind im Innern, in: Die Zeit Nr. 24, vom 5.6.2003,

Heinrich August Winkler, Geschichte des Westens, Bd. 2, Die Zeit der Weltkriege 1914–1945, München 2011.

Heinrich August Winkler, Von der Revolution zur Stabilisierung. Arbeiter und Arbeiterbewegung in der Weimarer Republik 1918 bis 1924, Berlin/Bonn 1985.

Peter-Christian Witt, Friedrich Ebert. Parteiführer, Reichskanzler, Volksbeauftragter, Reichspräsident, Berlin (West) 1987.

Klaus Wisotzky, Streikbewegung im Ruhrgebiet 1918/19, Manuskript.

Tonband-Interview Autor mit Johannes Erger am 11.3.1991.

Mitteilungen Erwin Könnemann, Mai 2002.

Roman/Erzählung/Theater

Kurt Kläber, Barrikaden an der Ruhr, Berlin 1925.
Friedrich Wolf, Kampf im Kohlenpott, Stuttgart/Berlin/Leipzig 1928.
Karl Grünberg, Brennende Ruhr, Rudolstadt 1929.
Hans Marchwitzka, Sturm auf Essen, Wien 1931.
Erwin Edwin Dwinger, Auf halbem Wege, Jena 1939.
Yaak Karsunke, Die Ruhrkampf-Revue, Frankfurt 1975.

Filme

Die Konterrevolution, Dokumentarspiel von Bernd Fischerauer und Klaus Gietinger, BR-Alpha 2011.
Die Rote Ruhrarme, Rainer Herde, Dokumentarfilm, NDR 1979.
Der Kapp-Putsch, Dokumentarfilm, NDR 1980.
Kapp-Putsch in Kiel, Bild-Video-Projekt auf DVD, Klaus Kuhl, 1980, 2005.
Die Aktionseinheit der Arbeiterklasse zerschlägt den Kapp-Putsch, DDR 1954 Kurz-Dokumentarfilm mit Spielhandlung.
Brennende Ruhr, Zweiteiliges Fernsehspiel nach dem Roman von Karl Grünberg, Fernsehen der DDR 1967.

Personenregister

Bildnachweis

S. 10: Buch vom Freikorpskämpfer – S. 14: Archiv Gietinger – S. 18: Bundesarchiv Bild 183-R11405 – S. 19: Bundesarchiv_Bild_102-00015 und Wilhelm Groener, Bundesarchiv Bild 183-1986-0425-500 – S. 21: gemeinfrei – S. 22: Carl Legien, gemeinfrei und Hugo Stinnes, gemeinfrei – S. 25: Archiv Gietinger – S. 26: Illustrierte Geschichte der deutschen Revolution, 1929 – S. 27: Weihnachten 1918, SAPMO, IV-6-C-4.752, Neg. 295-92 – S. 29: Gustav Noske, Bundesarchiv_Bild_183-1989-0718-501 und Hauptmann Waldemar Pabst, Archiv Gietinger – S. 32: SAPMO, Iv-7-C-1.111, Neg. 19339 – S. 33: Archiv Gietinger – S. 34: Archiv Gietinger – S. 37: gemeinfrei – S. 40: Archiv Gietinger – S. 42: Bundesarchiv Bild_183-G0506-0600-002 – S. 49: Archiv Gietinger – S. 7: gemeinfrei – S. 74: gemeinfrei – S. 75: gemeinfrei – S. 76: gemeinfrei – S. 77: Archiv Gietinger – S. 79: gemeinfrei – S. 82: Archiv Gietinger – S. 83: Bundesarchiv, Bild 146-1989-040-27 – S. 85: gemeinfrei – S. 93: Bundesarchiv_Bild_183-1989-0718-501 – S. 95: Bundesarchiv Militärarchiv Freiburg – S. 98: Deutsche Fotothek, df_pk_0000172_a_051 – S. 104: gemeinfrei – S. 106: Bundesarchiv, Bild 183-R 26033, Robert Sennecke – S. 107: gemeinfrei – S. 108: gemeinfrei – S. 109: Bundesarchiv, Bild 102-10883 – S. 110: gemeinfrei – S. 114: Buch von deutschen Freikorpskämpfer – S. 115: Hauptstaatsarchiv Stuttgart – S. 117: Postkarte – S. 118: Landesarchiv Berlin – S. 121: Bundesarchiv, Bild 146-1970-051-65 / Otto Haeckel – S. 123: Archiv Gietinger – S. 124: Archiv Gietinger – S. 125: Volkshaus in Leipzig, Archiv Gietinger und Opfer, Archiv Gietinger – S. 127: Archiv Gietinger – S. 128: Bogislav von Selchow, gemeinfrei und Grabstein, gemeinfrei – S. 130: Archiv Gietinger – S. 132: Archiv Gietinger – S. 135: Bundesarchiv Bild 146-2004-0094 – S. 136: Archiv Gietinger – S. 137: Archiv Gietinger – S. 138: Archiv Gietinger – S. 139: Schüsse und Arbeiterwehr, aus Könnemann/Krusch, Aktionseinheit contra Kapp-Putsch – S. 140: Archiv Gietinger – S. 141: Archiv Gietinger – S. 143: gemeinfrei – S. 144: Archiv Gietinger – S. 148: Weimarer Koalition, Bundesarchiv, Bild 183-R08282 und Abschiedsumtrunk, Stadtarchiv Stuttgart – S. 156: gemeinfrei – S. 157: Dreetz, Gessner, Sperling, Bewaffnete Kämpfe und Hauptmann Hasenclever, Archiv Gietinger – S. 161: Archiv Gietinger – S. 166: RuhrEcho-Archiv – S. 170: Bearb. Gietinger – S. 172: gemeinfrei – S. 174: gemeinfrei – S. 179: Könnemann/Krusch, Aktionseinheit contra Kapp-Putsch – S. 181: Marinebrigade, Illustrierte Geschichte der deutschen Revolution, 1929 und Marinebrigade II, Illustrierte Geschichte der deutschen Revolution, 1929 und Horst von Pflugk-Harttung, Archiv Gietinger – S. 183: gemeinfrei – S. 184: Wilhelm Frick, gemeinfrei – S. 185: Josef Ernst, RuhrEcho-Archiv und Die Befreiung des Ruhrgebiets, aus Dreetz, Gessner, Sperling, Bewaffnete Kämpfe – S. 187: Wehr Münster, Archiv Gietinger und Niemöllers Truppe, RuhrEcho-Archiv – S. 193: gemeinfrei – S. 195: Archiv Gietinger – S. 196/197: Archiv Gietinger – S. 201: Wilhelm Dittmann und Arthur Crispien, gemeinfrei – S. 202: Archiv Gietinger – S. 206: Bundesarchiv – S. 207: Archiv Gietinger – S. 208: Sammlung Spethmann – S. 209: Sammlung Spethmann – S. 210: RuhrEcho Archiv – S. 212: Könnemann/Krusch, Aktionseinheit – S. 213: gemeinfrei – S. 214: gemeinfrei – S. 215: gemeinfrei – S. 216: RuhrEcho Archiv – S. 219: Bundesarchiv, Bild 146-1979-122-28A, – S. 220: Bundesarchiv, Bild 146-1968-100-04A – S. 225/226: beide Archiv Gietinger – S. 227: RuhrEcho Archiv – S. 228: Illustrierte Geschichte der Deutschen Revolution, 1929 – S. 229: Brücke, Sammlung Spethmann und Weibliche Opfer, Illustrierte Geschichte der Deutschen Revolution, 1929 – S. 230: Illustrierte Geschichte der Deutschen Revolution, 1929 – S. 231: Ermordete Rotgardisten und Ermordete Arbeiter, beide Josef Kamps – S. 233: Archiv Gietinger – S. 235: Stadtarchiv Hamm – S. 239: LWL, Archivamt für Westfalen – S. 242: Das Buch vom Deutschen Freikorpskämpfer – S. 246: RuhrEcho Archiv – S. 249: Illustrierte Geschichte der Deutschen Revolution, 1929 – S. 250: Archiv Gietinger – S.: Rotarmist, Archiv Gietinger – S. 253: Archiv Gietinger – S. 257: RuhrEcho Archiv – S. 276: Stadtarchiv Dortmund

Klaus Gietinger

Blaue Jungs mit roten Fahnen

Die Volksmarinedivision 1918/19

304 Seiten | 18,00 Euro | ISBN 3-89771-263-8
mit zahlreichen historischen Abbildungen

»Gietinger gibt in seinem Buch diesen heute im Großen und Ganzen vergessenen Akteuren der Geschichte endlich wieder eine Stimme [...] ein ungemein spannendes Panorama der Ereignisse 1918/19«

Florian Schmid, der Freitag

Klaus Gietinger erzählt die Geschichte der revolutionären Matrosen, die 1918 in Kiel, auf den Kreuzern und in den Küstenstädten meuterten, den Ersten Weltkrieg beendeten, die Revolution in Deutschland hoffähig machten und den Kaiser verjagten. Sie kamen in die Hauptstadt Berlin, um die neue Regierung zu schützen und den preußisch-deutschen Militarismus zu zerschlagen. Sie hissten die rote Fahne auf dem Stadtschloss, verhafteten Plünderer und bewachten die Revolution. Ihnen ist es zu verdanken, dass der Rätekongress mit großer Mehrheit die sogenannten ›Hamburger Punkte‹ annahm, die eine radikale Demokratisierung der Armee, eine wirkliche Volkswehr verlangten. Doch Ebert und seine SPD-Genossen in der Regierung paktierten lieber mit den alten Militärs und torpedierten diese Pläne. Jetzt waren die Matrosen plötzlich das Ziel der Konterrevolution und derjenigen, die sie bisher geschützt hatten. Die Matrosen wurden schließlich hintergangen, verleumdet und verfolgt. Sie waren keine Bolschewisten, doch sie ließen sich spalten, so wie die SPD gespalten war. Schließlich wurden die Blaujacken mit den roten Bändchen gejagt und ermordet. Dabei standen führende Sozialdemokraten nicht nur Schmiere, sondern erließen die Mordbefehle. Klaus Gietinger setzt den Roten Matrosen mit diesem Buch ohne Scheuklappen und ohne Pathos ein Denkmal.

Was Gietinger zur Volksmarinedivision vorlegt, bestimmt künftig den Forschungsstand.

Jörn Schütrumpf, neues deutschland

UNRAST Verlag | www.unrast-verlag.de | kontakt@unrast-verlag.de

Claus Kristen

Ein Leben in Manneszucht

Von Kolonien und Novemberrevolution. «Städtebezwinger» Georg Maercker

306 Seiten, kartoniert, 19,80 EUR,
ISBN 3-89657-160-5

November 1918: Das deutsche Heer hat kapituliert, die bislang herrschenden Monarchisten sind sang- und klanglos verschwunden. Die Republik wird ausgerufen, die Forderung nach Entmilitarisierung und Sozialisierung ist unüberhörbar, eine grundsätzliche Umgestaltung der Gesellschaft in greifbarer Nähe. Zwei Monate später treten in den Berliner Januarkämpfen militärische Freiwilligenverbände zum ersten Mal öffentlich in Erscheinung, darunter das «Freiwillige Landesjägerkorps» des Generalmajors Georg Maercker. Maercker zieht anschließend im Auftrag der Reichsregierung kreuz und quer durch Mitteldeutschland, um revolutionäre Unruheherde zu bekämpfen. Seine Erfahrungen reichen dabei bis in die deutsche Kolonialgeschichte zurück. Dort nahm er in «Ost»- und «Südwestafrika» an den Kämpfen gegen Herero und Nama teil.

Kristen legt hier eine umfassende Biografie des «Städtebezwingers» und Freikorpsführers Georg Maercker vor, der als eine zentrale Figur der Konterrevolution gilt. Der Autor befasst sich mit preußischer Militärtradition, deutscher Kolonialherrschaft und der Niederschlagung der Novemberrevolution bis zum Kapp-Lüttwitz-Putsch.

Auf den Spuren Maerckers zeichnet Kristen ein anschauliches Bild deutscher Gewaltgeschichte von den kolonialen «Schutztruppen» bis zu den Freikorps.

En passant bietet er dabei einen leicht zugänglichen Einstieg in die aktuelle historiografische Debatte über die Revolution von 1918/1919.
Johanna Voß und Philipp Winkler in «Zeitschrift für Geschichtswissenschaft» 11/2018

Klaus Gietinger / Winfried Wolf

Der Seelentröster

Wie Christopher Clark die Deutschen von der Schuld am I. Weltkrieg erlöst

345 Seiten, kartoniert, 19,80 Euro,
ISBN 3-89657-476-0

Der I. Weltkrieg – verursacht von «Schlafwandlern»? Gab es Ähnliches nicht schon einmal? Richtig! Bis Anfang der 1960er Jahre war die These vom «Hineinschlittern» vorherrschend. Insbesondere die selbsternannten Eliten in Berlin und Wien hatten sich damit von jeglicher Verantwortung für den Großen Krieg freigesprochen. Anfang der 1960er Jahre gab es dann die entscheidende Wende. Der Historiker Fritz Fischer belegte, dass «die deutsche Reichsführung einen erheblichen Teil der historischen Verantwortung für den Ausbruch des allgemeinen Krieges» trug. Dies blieb dann – zu Recht – ein halbes Jahrhundert lang die Mehrheitsauffassung in der Geschichtswissenschaft.

Bis Christopher Clark die alte These aufwärmte, nunmehr die 1914 in Berlin, Wien, Paris, London und St. Petersburg Verantwortlichen als «Schlafwandler» bezeichnend. Plötzlich öffneten sich dem Seelentröster Clark wie von Zauberhand die Talkshows und es wendete sich die Mehrheitsmeinung der Historikerzunft.

Aber gibt es neue Dokumente? Eine neue Interpretation bestehender? Klaus Gietinger und Winfried Wolf belegen, dass dies nicht der Fall ist. Neu jedoch sind die Zeiten: Kriege werden wieder als Fortsetzung der Politik mit anderen Mitteln präsentiert. Neue Feindbilder werden gesucht. Es ist kein Zufall, wenn der Seelentröster nicht nur die Deutschen von der Schuld am I. Weltkrieg erlöst, sondern zugleich «die Serben» – Achtung: eng mit Russland verbunden! – als Hauptverantwortliche für den Großen Krieg stigmatisiert.

schmetterling verlag